実用韓国語
慣用句・ことわざ辞典

閔珍英・朴昭栄・李祉昀

発 行 者　정규도
編　　集　이숙희, 백다흰, 한지희
レイアウト　박보희, 최영란
イラスト　지창훈
声　　優　김성희, 김희승

ISBN 978-4-7946-0784-3

●無料音声一括ダウンロード●

本書の朗読音声(MP3形式)を下記URLとQRコードから無料でPCなどに一括ダウンロードすること
ができます。

https://www.ibcpub.co.jp/audio_dl/0784/

※ダウンロードしたファイルはZIP形式で圧縮されていますので、解凍ソフトが必要です。
※PCや端末、ソフトウェアの操作・再生方法については、編集部ではお答えできません。
　製造元にお問い合わせいただくか、インターネットで検索するなどして解決してください。

1000 KEY KOREAN
IDIOMS AND PROVERBS

実用韓国語
慣用句
ことわざ
辞典

閔珍英・朴昭栄・李祉昀

IBCパブリッシング

머리말

　한국어 관용어와 속담은 한국의 역사와 문화 및 사회적인 배경을 이해할 수 있는 좋은 도구이다. 그렇지만 관용어와 속담은 그 의미가 함축적일 뿐만 아니라 그 표현에 사용된 어휘와 상황에 한국의 문화가 반영된 것이 많아서 따로 학습을 하지 않으면 그 의미를 이해하기가 어렵다. 그러므로 외국인 학습자들이 관용어와 속담을 익혀 좀 더 다양한 언어 표현들을 사용하고 한국 문화를 더 깊이 이해하는 데에 도움을 주고자 이 책을 집필하게 되었다.

　이 책에서 다룬 관용어와 속담 표현은 다음과 같은 기준으로 선정하였다. 첫째, 10개 대학 부설 한국어 교육 기관 교재와 중고등학교 KSL 교재에 사용된 표현, 10종의 내국인과 외국인을 위한 관용어·속담 책, 국립국어원의 '한국어 교육 어휘 내용 개발 연구' 및 공개된 회차의 한국어능력시험(TOPIK)에 나온 표현을 정리하여 목록화하였다. 둘째, 첫 번째 과정을 통해 목록화한 표현을 빈도순으로 정리하여 총 1,000개의 관용어와 속담을 추출하였다. 셋째, 이를 각 상황별로 효과적으로 학습하고 활용할 수 있도록 범주화하여 13개의 큰 주제로 분류한 후, 이를 다시 56개의 세부 주제로 나누었다.

　예문은 실생활에서 바로 사용해 볼 수 있는 실질적인 대화문을 수록했으며, 설명하는 부분에 일본어 번역을 넣어 학습자들의 이해를 돕도록 하였다. 또한 비슷하거나 반대 상황에서 쓰일 수 있는 다양한 표현들도 제시하였고, 부록에 '문화 속 관용 표현과 속담'을 추가하여 학습자들이 한국의 생활 문화를 더 잘 이해하는 데 도움을 주고자 하였다. 또한 연습 문제와 TOPIK 유형의 연습 문제도 함께 실어 학업에 도움이 될 수 있게 하고 TOPIK 시험도 대비할 수 있게 하였다.

　많은 분들의 도움이 없었다면 이 책이 나오기 어려웠을 것이다. 사명감을 가지고 좋은 한국어 교재를 편찬하는 데 최선을 다하는 다락원 한국어 출판부 편집진께 진심으로 감사드린다. 또한 이 책의 번역을 맡아 주신 케이틀린 헴메키 씨와 책이 진행되는 동안 묵묵히 지켜보면서 응원해 준 가족들, 여러 가지 조언을 해 준 여러 선생님과 학생들 그리고 친구들에게 고마움을 전한다.

저자 일동

まえがき

　韓国の慣用句やことわざは、韓国の歴史や文化、社会的背景を理解することができる良いツールです。しかし、慣用句やことわざはその意味が含蓄的であるだけでなく、その表現に使われる単語や状況に韓国の文化が反映されているものが多いため、別途に学習しなければ意味を理解することは困難です。そこで、外国人学習者が慣用句やことわざをマスターし、より多様な言語表現を使いこなし、韓国文化をより深く理解する助けとなるように本書を執筆しました。

　本書で取り上げた慣用句とことわざは、以下の基準で選定しました。まず、大学付属の韓国語教育機関10校の教科書と中学校・高等学校のKSL（第二言語としての韓国語）教科書に使われている表現、韓国人と外国人向けの慣用句・ことわざ集10冊で使われている表現、および 国立国語院の「韓国語教育用語彙の開発に関する研究」、および公開された回の韓国語能力試験（TOPIK）に登場する表現を整理し、リストを作成しました。第二に、リスト化した表現の中から頻度の高い順に1,000の慣用句とことわざを抽出しました。第三に、これらの表現をそれぞれの場面で効果的に学習・活用できるよう13のテーマに分類し、さらに56の小テーマに分類しました。

　例文は、実生活ですぐに使える実践的な対話文を収録し、日本語訳をつけ、学習者の理解を助けるようにしました。また、似たような場面や逆の場面で使われる様々な表現が紹介されています。付録として「文化の中の慣用表現とことわざ」も追加し、韓国の生活や文化をより深く理解できるようにしました。また、練習問題やTOPIK形式の練習問題を収録し、試験対策も万全です。

　多くの方々の助けがなければ、本書を出版することはできなかったでしょう。使命感を持って良い韓国語教材の編纂に最善を尽くすDarakwon韓国語出版部編集陣に心から感謝します。また、本書が進行される間、黙々と見守りながら応援してくれた家族、色々な助言をしてくれた色々な先生と学生たち、そして友人たちにも感謝の気持ちを伝えます。

著者一同

이 책의 구성 및 활용

이 책은 외국어로서 한국어를 배우는 학습자들과 한국어를 가르치는 교사들을 위한 관용어 및 속담 표현집이다. 이 책에 수록된 표현은 총 1,000개로 크게 다섯 개의 자료를 바탕으로 빈도가 높고 교육적 효과가 큰 표현을 수록하였다. (교육부 선정 중·고등학교 학습용 속담과 관용 표현, 속담과 관용 표현 관련 교재 7종, TOPIK 기출 속담과 관용 표현, 국립국어원 한국어 표준 교육 모형에서 선정한 속담과 관용 표현, 대학 한국어 교육 교재 10종)

1,000개의 표현을 13개의 대주제로 분류하여 정리하였으며, 대주제는 다시 총 56개의 소주제로 분류하여 학습자들이 주제별로 묶어서 효율적으로 학습할 수 있도록 하였다. 본문에서 학습한 표현을 복습 및 확장할 수 있도록 부록에서는 본문과 관련된 문화를 함께 익히고, '확인해 봅시다'와 'TOPIK 속 관용 표현과 속담' 문제를 통해 학습 내용을 점검해 볼 수 있도록 하였다.

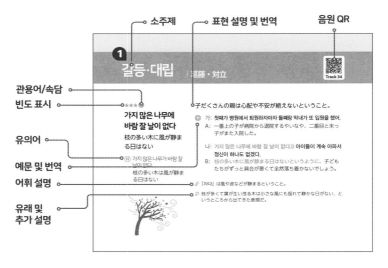

- 소주제
- 표현 설명 및 번역
- 음원 QR
- 관용어/속담
- 빈도 표시
- 유의어
- 예문 및 번역
- 어휘 설명
- 유래 및 추가 설명

1 갈등·대립 葛藤·対立

Track 34

★★★★
가지 많은 나무에 바람 잘 날이 없다
枝の多い木に風が静まる日はない
예 가지 많은 나무가 바람 잘 날이 없다
枝の多い木は風が静まる日はない

子だくさんの親は心配や不安が絶えないということ。

가: 첫째가 병원에서 퇴원하자마자 둘째랑 막내가 또 입원을 했어.
A: 一番上の子が病院に退院するやいなや、二番目と末っ子がまた入院した。

나: 가지 많은 나무에 바람 잘 날이 없다고 아이들이 계속 아파서 정신이 하나도 없겠다.
B: 枝の多い木に風が静まる日はないというように、子どもたちがずっと具合が悪くて全然落ち着かないでしょう。

「자다」は風や波などが静まるということ。

枝が多くて葉が生い茂る木は小さな風にも揺れて静かな日がない、というところから出てきた表現だ。

- 생략 가능한 조사 표시

★☆☆
맥을 놓다
脈を放す

緊張が解けてボーっとしたときに使う。

가: 맥을 놓고 뭐 하고 있니? 저녁 안 먹어?
A: ボーっとしてどうしたの？ 夕食食べないの？

나: 먹을게요. 출근 첫날이라 너무 긴장했던지 집에 오니까 힘이 빠지네요.
B: 食べます。出勤初日だから緊張しすぎたのか家に帰ってきたら力が抜けますね。

「맥(脈)」は元気や力のことを指す。

疲れすぎて元気や力が出ないときは「맥을 못 추다(すっかり参る)」を使う。

- 장별 색인

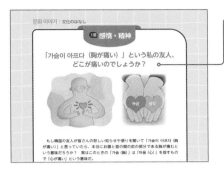

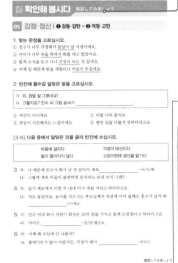

○─ **문화 이야기**

속담, 관용 표현과 관련된
한국 문화 이야기

○─ **확인해 봅시다**

각 과의 표현을 정확히 이해했는지
확인할 수 있는 연습 문제

TOPIK 속 관용 표현과 속담

TOPIK 속에 관용 표현과 속담이
출제되는 유형을 확인할 수 있는 문제

문화 이야기 | 文化のはなし

1過 感情・精神

「가슴이 아프다（胸が痛い）」という私の友人、
どこが痛いのでしょうか？

もし韓国の友人が皆さんの悲しい知らせや便りを聞いて「가슴이 아프다（胸が痛い）」と言っていたら、本当にお腹と胸の間の前の部分である胸が痛むという意味だろうか？ 実はこのときの「가슴（胸）」は「마음（心）」を指すもので「心が痛い」という意味だ。

✍ 확인해 봅시다　確認してみましょう

01 감정·정신 | ① 감동·감탄 ~ ② 걱정·고민

1 맞는 문장을 고르십시오.
① 친구가 너무 걱정돼서 몸살이 날 지경이에요.
② 아이가 너무 속을 썩여서 화를 내고 말았어요.
③ 합격 소식을 듣고 나니 간장이 녹는 것 같네요.
④ 어제 일 때문에 밤을 새웠더니 마음이 무겁네요.

2 빈칸에 들어갈 알맞은 말을 고르십시오.

가 와, 정말 잘 그렸네요!
나 그렇지요? 민수 씨 그림 솜씨가 ＿＿＿＿＿＿＿＿＿＿.

① 여간이 아니에요.
② 더할 나위 없어요.
③ 콧등이 시큰해지는 느낌이에요.
④ 벌린 입을 다물지 못하더라고요.

[3-6] 다음 중에서 알맞은 것을 골라 빈칸에 쓰십시오.

| 마음에 걸리다 | 걱정이 태산이다 |
| 발이 떨어지지 않다 | 고양이한테 생선을 맡기다 |

3 가 : 나 때문에 민수가 화가 난 것 같아서 계속 ＿＿＿＿＿＿＿-아/어/해.
　　나 : 그렇게 계속 마음이 불편하면 문자라도 보내 보지 그래?

4 가 : 일기 예보에서 이번 주 내내 비가 내릴 거라고 하더라고요.
　　나 : 저도 들었어요. 농사를 지으시는 작년에 이어 올해도 흉수가 날까 봐 ＿＿＿＿＿＿＿-아/어요.

5 가 : 민수 씨네 회사 직원이 회삿돈 20억 원을 가지고 몰래 도망쳤다고 하더라고요.
　　나 : 아이고, ＿＿＿＿＿＿＿-았/었/했군요.

6 가 : 어제 모임에 안 나왔어?
　　나 : 룸메이트가 많이 아팠거든. 걱정이 돼서 ＿＿＿＿＿＿＿-아라고.

確認してみましょう

● TOPIK 속 관용 표현과 속담　TOPIKに出てくる慣用表現とことわざ

1過 감정·정신

[1-2] 다음을 읽고 물음에 답하십시오.

서비스업에 종사하는 감정 노동자들은 어떤 상황에서도 자신의 감정을 누르고 항상 미소를 지으며 고객을 대한다. 그러다 보니 근무 중에 고객들로부터 부당한 대우를 받거나 억울한 일을 당해도 다른 사람에게 말도 못하고 ( ) 혼자서 참는 경우가 많다. 이 탓기 때문에 이들은 일반인에 비해 우울증 등과 같은 정신 질환에 걸릴 확률이 높다고 한다. 실제로 한 조사에 따르면 감정 노동자들 중 30% 이상이 치료가 필요한 우울증을 앓고 있는 것으로 나타났다. 따라서 기업들이 나서서 감정 노동자들의 정신 건강에 관심을 가지고 건강하게 일할 수 있는 환경을 조성해야 한다.

1 ( )에 들어갈 말로 가장 알맞은 것을 고르십시오.
① 속을 끓이며
② 머리를 쓰며
③ 가슴을 올리며
④ 마음에 걸리며

2 윗글의 내용과 같은 것을 고르십시오.
① 고객들은 기업에게 약속한 일을 당해도 참는다.
② 감정 노동자는 자신의 감정을 누르지 않아도 된다.
③ 감정 노동자들은 대부분이 심각한 우울증을 겪고 있다.
④ 기업은 노동자들이 건강하게 일할 수 있도록 도와야 한다.

本書の構成と使い方

　本書は、外国語としての韓国語学習者および韓国語教師のための慣用句・ことわざ集です。収録されている表現は計1,000語で、大きく5つの資料をもとに頻度が高く教育的効果が大きいものを選んで収録しています（まえがき参照）。

　1,000の慣用句とことわざは、13の主要テーマに分類し、さらに56の小テーマに分けてカナダラ順（日本語のあいうえお順に相当）に配列されています。これらのテーマを通して、あらゆる場面で韓国語の慣用句とことわざを効果的に学び、活用することができます。本文で学習した表現を復習し、さらに発展させられるように、付録では本文と関連した文化を学ぶとともに、「確認してみましょう」と「TOPIKに出てくる慣用表現とことわざ」の問題を通して学習成果をチェックできるようにしています。

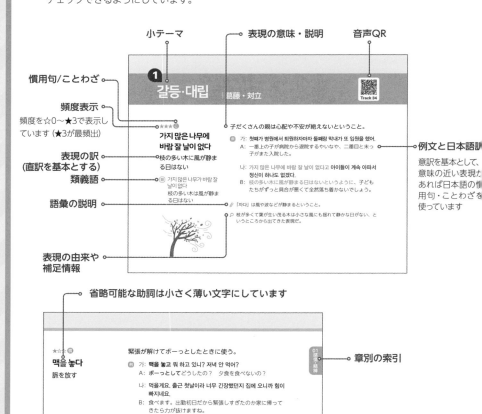

小テーマ

表現の意味・説明

音声QR

慣用句/ことわざ

頻度表示
頻度を☆0〜★3で表示しています（★3が最頻出）

表現の訳
（直訳を基本とする）

類義語

語彙の説明

表現の由来や補足情報

例文と日本語訳
意訳を基本として、意味の近い表現があれば日本語の慣用句・ことわざを使っています

省略可能な助詞は小さく薄い文字にしています

章別の索引

1課 感情・精神

「가슴이 아프다（胸が痛い）」という私の友人、
どこが痛いのでしょうか？

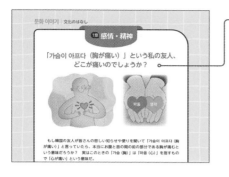

もし韓国の友人が皆さんの悲しい知らせや便りを聞いて「가슴이 아프다（胸
が痛い）」と言っていたら、本当にお腹と胸の間の前の部分である胸が痛むと
いう意味だろうか？ 実はこのときの「가슴（胸）」は「마음（心）」を指すもの
で「心が痛い」という意味だ。

文化のはなし
慣用表現・ことわざと関連
のある韓国文化を紹介

확인해 봅시다　確認してみましょう

01 감정·정신 | ❶ 감동·감탄 ～ ❷ 걱정·고민

1 맞는 문장을 고르십시오.
① 친구가 너무 걱정돼서 몸살이 날 지경이에요.
② 아이가 너무 속을 썩여서 몸을 내고 말았어요.
③ 합격 소식을 듣고 나니 간장이 녹는 것 같네요.
④ 어제 일 때문에 밤을 새웠더니 마음이 무겁네요.

2 빈칸에 들어갈 알맞은 말을 고르십시오.

> 가 와, 정말 잘 그렸네요!
> 나 그렇죠? 민수 씨 그림 솜씨가 _____.

① 여간이 아니에요
② 더할 나위 없어요
③ 콧등이 시큰해지는 느낌이에요
④ 벌린 입을 다물지 못하더라고요.

[3-6] 다음 중에서 알맞은 것을 골라 빈칸에 쓰십시오.

마음에 걸리다	걱정이 태산이다
발이 떨어지지 않다	고양이한테 생선을 맡기다

3 가 나 때문에 민수가 화가 난 것 같아서 계속 _____ -아/어/해.
　나 그렇게 계속 마음이 불편하면 문자라도 보내 보지 그래?

4 가 일기 예보에서 이번 주 내내 비가 내릴 거라고 하더라고요.
　나 저도 들었어요. 농사를 지으시는 부모님께서 작년에 이어 올해도 흉수가 날까 봐 _____ -(이)에요.

5 가 민수 씨가 회사 직원이 회삿돈 중 20억 원을 가지고 몰래 도망쳤다고 하더라고요.
　나 아이고, _____ -았/었/했구나.

확인해 봅시다
各課の表現を正確に理解してい
るか確認できる練習問題

6 가 어제 저 모임에 안 나왔어?
　나 룸메이트가 많이 아팠거든. 걱정이 돼서 _____ -더라고.

TOPIK 속 관용 표현과 속담　TOPIKに出てくる慣用表現とことわざ

1장 | 감정·정신

[1-2] 다음을 읽고 물음에 답하십시오.

서비스업에 종사하는 감정 노동자들은 어떤 상황에서도 자신의 감정을 누르고 항상 미
소를 지으며 고객을 대한다. 그러다 보니 근무 중에 고객들로부터 부당한 대우를 받거나
억울한 일을 당해도 다른 사람에게 말도 못하고 ( ) 혼자 참는 경우가 많다. 그
렇기 때문에 이들은 일반인에 비해 우울증 등과 같은 정신 질환에 걸릴 확률이 높다고
한다. 실제로 한 조사에 따르면 감정 노동자 중 30% 이상이 치료가 필요한 우울증을 앓
고 있는 것으로 나타났다. 따라서 기업들이 나서서 감정 노동자들의 정신 건강에 관심을
가지고 건강하게 일할 수 있는 환경을 조성해야 한다.

1 ( )에 들어갈 말로 가장 알맞은 것을 고르십시오.
① 속을 끓이며
② 머리를 쓰며
③ 가슴을 울리며
④ 마음에 걸리며

2 윗글의 내용과 같은 것을 고르십시오.
① 고객들은 기업에게 약울한 일을 당해도 참는다.
② 감정 노동자는 자신의 감정을 누르지 않아도 된다.
③ 감정 노동자들의 대부분이 심각한 우울증을 겪고 있다.
④ 기업은 노동자들이 건강하게 일할 수 있도록 도와야 한다.

TOPIKに出てくる慣用表現とことわざ
TOPIKで慣用表現・ことわざが出
題される形式を確認できる問題

目次

01

감정·정신
感情·精神

★★☆

가슴에 와닿다
胸に響く

ある言葉や状況によって感銘を受けたときに使う。

가: 저 교수님의 강연을 들으면 항상 마음이 따뜻해져요.
A: あの教授の講演を聞くといつも心が暖かくなります。

나: 저도 그래요. 가슴에 와닿는 말씀을 많이 하셔서 그런 것 같아요.
B: 私もそうです。心に響く言葉をたくさんお話しになるからだと思います。

○ 普通、良い言葉を聞いたり良い文章を読んで感動したときに使う。

★★☆

가슴을 울리다
胸を打つ

類 심금을 울리다
(心の)琴線に触れる

ある言葉や状況が深い感動を与えるときに使う。

가: 민지야, 왜 계속 슬픈 노래만 들어?
A: ミンジ、なんでずっと悲しい歌ばかり聞いてるの？

나: 가을이 되니까 슬픈 노래 가사가 가슴을 울리네.
B: 秋になると悲しい歌の歌詞が胸に響くね。

○ 悲しい話に接して感動したときにも使う。

★☆☆

가슴이 뜨겁다
胸が熱い

誰かに深く大きな愛と配慮を受けて感動したときに使う。

가: 어머니가 고향에서 또 음식을 보내 주셨군요.
A: お母さんが故郷からまた食べ物を送ってくれたんですね。

나: 네, 저를 생각해 주시는 어머니의 정성을 생각할 때마다 가슴이 뜨거워져요.
B: はい、私のことを考えてくれる母の真心を思うたびに胸が熱くなります。

○ 主に誰かに対する感謝の気持ちが大きいときに使う。

개 팔자가 상팔자
★☆☆ 손

犬の運勢が幸運

類 개 팔자가 상팔자라
犬の運勢が幸運だから

働かずに遊んでいられる犬がうらやましいということ。

例 가: 개 팔자가 상팔자라더니 바빠 죽겠는데 저 개는 따뜻한
곳에서 잠만 자네요.

A: 犬の運勢が幸運だというけど、こっちは忙しくて死にそ
うなのに、あの犬は暖かいところで寝てばかりいますね。

나: 그러게요. 가끔은 개 팔자가 부러워요.

B: そうですね。たまに犬の運勢がうらやましいです。

🔎 「팔자 (運勢)」は人の一生の運をいうが、主に「팔자 탓 (運のせい)、
기구한 팔자 (数奇な運命)、팔자가 사납다 (運が悪い)」のように苦しい
自分の人生を嘆くときに使う場合が多い。普通、苦労している人の状
況を運が良い犬と比べて話すときに使う。

더할 나위 없다
★★☆ 慣

非の打ち所がない

何かがとても良かったり完璧で、それ以上に必要なもの
がないということ。

例 가: 승원 씨, 결혼하니까 어때요?

A: スンウォンさん、結婚してどうですか？

나: 아직 신혼이라서 그런지 몰라도 더할 나위 없이 행복해요.

B: まだ新婚だからかこのうえなく幸せです。

✎ 「더할 나위 (申し分)」は、もっとできる余地やしなければならない必
要があるということ。

🔎 現在の状況や状態にとても満足しているときに使い、「더할 나위 없이
(このうえなく)」の次には「좋다 (良い), 행복하다 (幸せだ)」など良
い感情を表す単語を使う。

무릎을 치다
★★☆ 慣

ひざを打つ

知らなかった事実を知ったり、急に良い考えが浮かんだ
ときにする行動を表す。

例 가: 황 작가님은 정말 해박한 분인 것 같아요. 인터넷에서 강연
을 들을 때마다 새로운 것을 배우게 돼요.

A: ファン作家は本当に学識が広い方だと思います。インタ
ーネットで講演を聞くたびに新しいことを学びます。

나: 그렇죠? 저도 그분의 말을 듣고 무릎을 친 게 한두 번이
아니에요.

B: そうですよね？　私もその方の話を聞いて感心したのは
一度や二度ではありません。

🔎 昔の人々は座敷生活をしていたので、何か気づいたときに膝を手で打
つ行動をよくした。

★★☆ 慣

벌린 입을
다물지 못하다

開いた口が塞がらない

類 벌린 입이 닫히지 않다
　　開いた口が閉まらない

驚きや感嘆の様子を表す。

例 가: 태현아, 여행 잘 다녀왔어? 그곳의 풍경이 그렇게 아름답다면서?

　　　A: テヒョン、旅行は無事に行ってきた？　そこの風景がすごく美しかったんだって？

　　나: 응, 너무 아름다워서 벌린 입을 다물지 못하겠더라고.

　　　B: うん、美しすぎて言葉を失ったよ。

🔍 人々は驚くと口を開き、衝撃が大きいほど口を開けている時間が長くなる。このように驚いた姿を誇張して表現するときに使う。一方、呆れて唖然とする姿を表すときにも使う。

★☆☆ 慣

손뼉을 치다

手を叩く

あることを見て嬉しくなってする行動。

例 가: 축구 대회에서 우승을 하고 귀국하신 소감이 어떠십니까?

　　　A: サッカー大会で優勝して帰国した感想はいかがですか？

　　나: 국민 여러분들이 공항까지 나와 손뼉을 치며 환영해 주셔서 너무 감사했습니다.

　　　B: 国民の皆さんが空港まで出てきて、拍手で歓迎してくださって本当にありがとうございました。

🔍 「내 의견에 손뼉을 치며 환영했다. (私の意見に手を叩いて歓迎した) 」のようにあることに賛成するときも使う。似たような意味で「박수를 치다 (拍手をする) 」も使う。

★☆☆ 慣

여간이 아니다

並大抵ではない

類 보통이 아니다
　　普通ではない

ある人の行動や能力が普通ではなくすごいということ。

例 가: 저 가수의 노래 실력이 여간이 아니네요.

　　　A: あの歌手の歌の実力が並大抵ではありませんね。

　　나: 맞아요. 저렇게 높은음도 잘 처리하다니 정말 대단해요.

　　　B: そうです。あんなに高い音もうまく処理するなんて本当にすごいです。

✏️ 「여간 (並大抵) 」は普通の程度であるという言葉だ。

🔍 人を評価するときに使うので、自分より年上や地位の高い人には使わない。

★★☆ 慣

입이 귀밑까지 찢어지다

口が耳の下まで裂ける

類 입이 귀밑까지 이르다
口が耳元まで届く
입이 찢어지다
口が裂ける

大喜びで口を大きく開けて笑う姿を表す。

例 가: 너 오늘 왜 입이 귀밑까지 찢어졌어?
　　A: 君、今日どうしてそんなに嬉しそうなの？

　　나: 아버지께서 내 생일 선물로 새로 나온 스마트폰을 사 주셨거든.
　　B: お父さんが私の誕生日プレゼントに新しく出たスマートフォンを買ってくれたの。

🔎 普通、相手が大喜びする姿を見て気になってその理由を尋ねるときに使う。似た意味で「입이 귀에 걸리다 (口が耳にかかる)」も使う。

★☆☆ 慣

콧등이 시큰하다

鼻面がずきずきする

類 콧날이 시큰하다
鼻筋がずきずきする
코허리가 시다
鼻の腰がずきずきする
코허리가 시큰하다
鼻の腰がずきずきする

あることに感激したとき、あるいは悲しい感情から涙が出そうになるときに使う。

例 가: 양양 씨, 고향에서 오신 부모님은 잘 만났어요?
　　A: ヤンヤンさん、故郷からいらっしゃったご両親にはちゃんと会えましたか？

　　나: 네, 1년 만에 봬서 그런지 콧등이 시큰하더라고요.
　　B: はい、1年ぶりにお会いしたからか、涙が出そうになりました。

✏️ 「시큰하다 (ずきずきする)」は関節がしびれたり痛んだりするという意味。

🔎 似たような意味で「콧등이 시큰해지다 (鼻面がずきずきする)」を使うこともある。

★★☆ 慣

혀를 내두르다

舌を巻く

類 혀를 두르다
舌を丸める

非常に驚いたり呆れたりして言葉が出ないときに使う。

例 가: 저 건축물 정말 대단하지 않아?
　　A: あの建築物、本当にすごいね。

　　나: 응, 1882년부터 짓기 시작했다는데 지금도 계속 짓고 있잖아. 건축물의 엄청난 규모를 볼 때마다 혀를 내두르게 된다니까.
　　B: うん、1882年から建て始めたらしいけど、今もずっと建ててるじゃん。建築物のとんでもない規模を見るたびに圧倒されて言葉が出ないんだ。

🔎 本来は舌を丸めてしまうという意味の「혀를 두르다 (舌を丸める)」を使ったが、こうすると話せないのが当然だ。その後、「혀를 내두르다 (舌を巻く)」を同じ意味で使うようになり、肯定的、否定的を問わず驚いたときに使う。

걱정·고민 | 心配·悩み

Track 02

★☆☆ 慣

가슴이 내려앉다
胸が降りて座る

大きな衝撃でとても驚いたり、心配になって元気がなくなったときに使う。

例 가: 아까 남편이 출근하는 길에 자동차 사고가 났다는 소식을 듣고 가슴이 쿵 내려앉았는데 다행히 크게 다치지는 않았다고 해요.

A: さっき夫が出勤する途中で自動車事故に遭ったという知らせを聞いてドキッとしましたが、幸い大きな怪我はしなかったそうです。

나: 정말 놀랐겠어요. 크게 안 다쳤다니 불행 중 다행이에요.

B: 本当に驚いたでしょうね。大きな怪我をしなかったなんて不幸中の幸いです。

🔎 「덜컥(ぎくりと)、더럭(どっと)、철렁(どきっと)、덜렁(どきどきと)、쿵(どきりと)」のような副詞を使って状況を強調することができる。

★☆☆ 慣

가슴이 무겁다
胸が重い

悲しみや心配で心が沈んだときに使う。

例 가: 요즘 할 일은 많은데 일이 뜻대로 잘 풀리지 않아 가슴이 무거워요.

A: 最近やることは多いですが、仕事が思い通りにうまくいかず気が重いです。

나: 나도 그래요. 우리 스트레스도 풀 겸 이번 주말에 가까운 곳으로 여행이라도 다녀올까요?

B: 私もそうです。ストレス解消も兼ねて今週末に近い所へ旅行でも行きましょうか?

★★☆ 慣

가슴이 무너져
내리다
胸がつぶれる

激しい衝撃を受けて心がしめつけられるときに使う。

例 가: 친한 친구가 암에 걸렸다는 소식을 듣고 가슴이 무너져 내리는 것 같았어.

A: 親しい友達が癌になったと聞いて胸がつぶれるようだった。

나: 그 친구 정말 안됐다. 하지만 수술하면 나을 수 있을 테니까 너무 걱정하지 마.

B: その友達が本当に気の毒だ。でも手術すれば治るから、あまり心配しないで。

🔎 非常にひどい悲しみや絶望を感じたときに使う。 似たような意味で「가슴이 무너지다 (胸が崩れる)」や「마음이 무너지다 (心が崩れる)」も使う。

★☆☆ 慣
가슴이 타다
胸が焦がれる

あることの結果がわからず焦燥感を持って待つときに使う。

例 가: 하준아, 시험 결과는 나왔어?
　　A: ハジュン、試験の結果は出た？

　　나: 아직 안 나왔어. 너무 긴장돼서 가슴이 타는 것 같아.
　　B: まだ出てない。緊張しすぎてやきもきする。

　ひどい心配でまるで胸に火がついて燃えているように感じるときに使う。一方、あることや人のせいでとても焦るときは「가슴을 태우다(胸を焦がす)」を使う。

★☆☆ 慣
간장을 태우다
肝腸を焦がす

あることや人が心を焦らせ不安にさせるときに使う。

例 가: 엄마, 누나는요?
　　A: お母さん、姉さんは？

　　나: 아직 안 왔어. 전화도 안 받아. 얘는 왜 이렇게 사람 간장을 태우는지 몰라.
　　B: まだ来てないよ。電話にも出ない。あの子はなんでこんなに人をいらいらさせるのかしら。

　「간장」はもともと肝臓と腸のことだが、ここでは心という意味で使われている。

　強調するときは「애간장을 태우다(애肝腸を焦がす)」と言い、焦って不安なときは「간장이 타다(肝腸が焦がれる)」を使う。

★☆☆ 慣
간장이 녹다
肝腸が溶ける

とても心配だったり、切ない気持ちでじれったいときに使う。

例 가: 돼지 독감 바이러스가 또 발생했다는군요.
　　A: 豚インフルエンザウイルスがまた発生したそうです。

　　나: 그러게요. 이런 일이 발생할 때마다 돼지를 키우는 농민들은 간장이 녹는대요.
　　B: そうですね。このようなことが発生するたびに豚を育てる農家たちは悲しみではらわたがちぎれそうです。

　強調するときは「애간장이 녹다(애肝腸が溶ける)」を使い、他人をとても焦らせたり心配させたりするときは「간장을 녹이다(肝腸を溶かす)」を使う。

★★☆ 慣

걱정이 태산이다
心配事が山ほどある

解決しなければならないことが多すぎたり、心が複雑で心配が多いということ。

例 가: 요즘 아들이 공부는 뒷전이고 매일 게임만 해서 걱정이 태산이에요.
　　A: 最近息子が勉強は後回しにして毎日ゲームばかりしてとても心配です。

　　나: 우리 아이도 마찬가지예요. 정말 어떻게 해야 좋을지 모르겠어요.
　　B: うちの子も同じです。本当にどうすればいいのかわかりません。

🔍 「태산 (泰山)」はもともと中国にある高くて大きな山を意味するが、普通あるものが大きい・多いことを比喩的に表現するときに使う。

★☆☆ 속

고양이한테 생선을 맡기다
猫に魚を預ける

類 고양이한테 반찬 가게 지키라는 격이다
　猫におかず屋を守れという格好だ
　고양이한테 반찬 그릇 맡긴 것 같다
　猫におかずの皿を預けたようだ

ある物事を信用できない人に任せておいて、安心できず心配するときに使う。

例 가: 상우야. 나 화장실에 다녀올 테니까 이 과자 좀 가지고 있어. 절대 먹지 마.
　　A: サンウ、トイレに行ってくるからこのお菓子持ってて。絶対食べないで。

　　나: 내가 가지고 있을게. 동생한테 그 과자를 맡기면 고양이한테 생선을 맡기는 격이지.
　　B: 私が持ってるよ。弟にそのお菓子を預ければ猫に鰹節のようなものだもんね。

🔍 猫が食べてしまうことを知りながら猫に魚を預けるという言葉で、信用できない人に何かを任せざるを得ない不安な状況を比喩的に話すときに使う。

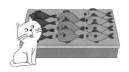

★★☆ 慣

마음에 걸리다
心にかかる

あることや人について心配で気が休まらないときに使う。

例 가: 태현아, 네 생일 파티인데 즐겁게 놀아야지 왜 표정이 안 좋아?
　　A: テヒョン、あなたの誕生日パーティーなのに楽しく遊ばないと。暗い顔してどうしたの？

　　나: 민지를 초대하지 않은 것이 계속 마음에 걸려서 그래.
　　B: ミンジを招待しなかったことがずっと気にかかっているんだよ。

✏️ 「걸리다 (かかる)」は目や心が満足せず気分が良くないという意味だ。

★★☆ 慣

마음이 무겁다
心が重い

心配事が多くて負担を感じるときに使う。

例 가: 제가 실수를 하는 바람에 이번 시합에서 진 것 같아 마음이 무겁습니다.

A: 私がミスをしたせいで今回の試合で負けたようで気が重いです。

나: 네 잘못이 아니니까 절대 그런 생각하지 마.

B: あなたのせいじゃないから絶対そんなこと考えないで。

「발표 준비를 다 못해서 마음이 무겁네. (発表の準備が全部できてなくて心が重いね)」のように何か解決されていないことによって負担があるときも使う。一方、ある問題が解決され負担や心配がないときは「마음이 가볍다 (心が軽い)」を使う。

★★☆ 慣

머리가 무겁다
頭が重い

気分が悪かったり、何かを気にして頭が痛いときに使う。

例 가: 민지야, 이따 저녁 같이 먹을래?

A: ミンジ、後で夕食一緒に食べる？

나: 미안해. 하루 종일 전공 시험을 봤더니 머리가 너무 무거워. 오늘은 일찍 쉬어야겠어.

B: ごめんね。一日中専攻試験を受けたから頭が重すぎる。今日は早く休まないと。

心が楽だったり体の状態が良いときは「머리가 가볍다 (頭が軽い)」を使う。

★☆☆ 慣

몸살이 나다
体調不良になる

あることをやりたくてうずうずするときに使う。

例 가: 나 다음 달에 유럽으로 여행 가.

A: 僕は来月ヨーロッパへ旅行に行くんだ。

나: 부럽네. 나도 여행 가고 싶어서 몸살이 날 지경인데 회사 일이 바빠서 갈 수가 없어.

B: うらやましいね。私も旅行に行きたくてうずうずしているんだけど、会社の仕事が忙しくて行けないんだ。

「몸살 (過労、疲れからくる体調不良)」は主に体がとても疲れたときにかかる病気で、全身が痛くて元気がなくて熱が出る病気をいう。

体調を崩すと、まともに眠れず、あちこち寝返りを打ちながらうんうんうなるようになる。このような姿があることをしたくてうずうずする姿と似ているために出てきた表現だ。

몸이 무겁다
体が重い

あることで疲れすぎて体調が悪いときに使う。

例 가: 마크 씨, 힘들어 보이는데 괜찮아요?
　　A: マークさん、大変そうですが大丈夫ですか？

　　나: 어제 밤을 새웠더니 몸이 좀 무거워요. 커피 한잔 마셔야겠어요.
　　B: 昨夜徹夜したから体がちょっと重いです。コーヒーを一杯飲みます。

🔍 強調するときは「몸이 천근만근이다 (体が千斤万斤だ〔＝とても重い〕)」を使う。 一方、「언니는 출산이 얼마 남지 않아 몸이 많이 무거워 보였다. (姉は出産まであと少しなので、体が重く見えた)」のように女性が妊娠した状態を表すときにも使う。

★★☆ 慣

발이 떨어지지 않다
足が離れない

類 발걸음이 떨어지지 않다
　　足取りが離れない
　　발길이 떨어지지 않다
　　足先が離れない

心配や気掛かり、心残りなどで安心して立ち去ることができないときに使う。

例 가: 아까 집에 오다가 길에서 헤매는 새끼 고양이를 봤는데 차마 발이 떨어지지 않았어요. 엄마, 우리가 그 고양이 데려다가 키우면 안 돼요?
　　A: さっき家に帰る途中、道で迷う子猫を見たんだけど、その場からどうしても離れることができませんでした。お母さん、僕たちがその猫を連れてきて飼っちゃダメですか？

　　나: 안타깝지만 안 돼. 형이 고양이 털 알레르기가 있잖아.
　　B: 気の毒だけどダメよ。お兄ちゃんは猫アレルギーじゃない。

🔍 「차마 발이 떨어지지 않는다 (どうしても足が離れない)」という形で使うことが多い。

★★☆ 慣

밥맛이 떨어지다
ご飯の味が落ちる

相手の言葉や行動などによって不快で嫌な気持ちになったときに使う。

例 가: 저 선배는 왜 항상 저렇게 무례하게 행동하는지 모르겠어요. 정말 밥맛이 떨어져요.
　　A: あの先輩はどうしていつもあんなに無礼に行動するのかわかりません。本当に嫌気が差します。

　　나: 원래 저런 사람이니까 승원 씨가 참아요.
　　B: 元々ああいう人だから、スンウォンさんが我慢してください。

🔍 似た表現で「밥맛없다 (ご飯の味がない)」という言葉を使うこともあるが、相手が聞くと気分が悪くなることもあるので気をつけなければならない。

★☆☆ 慣

속을 끓이다
中を煮る

あることのせいで心が不自由で思いわずらうときに使う。

例 가: 친구가 빌려 간 돈을 안 갚아서 어떻게 해야 할지 모르겠어요.

　A: 友達が借りたお金を返さないので、どうすればいいかわかりません。

　나: 그렇게 혼자 속을 끓이지 말고 직접 가서 달라고 해 보세요.

　B: そうやって一人で気をもまずに直接行って、返してくれと言ってみてください。

✎ 「속 (内、中)」はもともと人の腹の中を意味するが、ここでは心という意味で使われている。

🔎 誰かが他人に自分の本音を話すことができず、一人で心配するときに使う。

★★★ 慣

속을 썩이다
中を腐らせる

あることが思い通りにいかず心を痛めるときに使う。

例 가: 사랑이 너, 학교도 안 가고 말도 안 듣고……. 요즘 왜 이렇게 속을 썩이니?

　A: サラン、おまえ、学校にも行かないし言うことも聞かずに……。最近どうしてこんなに心配させるんだ？

　나: 아빠는 제 마음을 너무 몰라요. 정말 학교 가기 싫단 말이에요.

　B: お父さんは私の気持ちをまったくわかっていません。本当に学校行きたくないんですよ。

🔎 良くないことでひどく苦しむときにも使う。親子間あるいは職場の上司と部下の関係で起こったことに使うことが多い。

★★☆ 慣

애가 타다
애 が焦がれる

類 복장이 타다
胸の真ん中が焼ける

非常にもどかしかったり、残念だということ。

例 가: 아까 오후에 애가 아프다고 연락이 와서 빨리 가야 하는데 오늘따라 왜 부장님이 퇴근을 안 하시는지 애가 타네요.

　A: さっき午後に子どもが病気だと連絡が来て早く行かなければならないのに、今日に限ってなぜ部長が退勤しないのか気が気じゃないです。

　나: 말씀 드리고 먼저 들어가세요.

　B: お話ししてから先に行ってください。

✎ 「애」は焦っていらいらする心の中を意味する。

🔎 普通、事がうまくいかなかったり、悩みがあって心配事が多いときに使う。

★☆☆ 慣

애를 말리다
애を乾かす

もどかしくていらいらしたり、動揺したりするときに使う。

例 가: 큰아들이 좋은 대학교에 합격했다면서요? 축하해요.

A: ご長男が良い大学に合格したそうですね？　おめでとうございます。

나: 말도 마세요. 합격 소식 들을 때까지 얼마나 애를 말렸는데요. 내년에는 둘째 아들이 대학을 가야 해서 또 걱정이에요.

B: とんでもないです。合格の知らせを聞くまでどれだけ気苦労が絶えなかったか。来年は次男が大学に行かなければならないので、また心配です。

🔍 強調するときは「애간장을 말리다 (애肝腸を乾かす)」を使う。

❸ 고통 》》苦痛

Track 03

★☆☆ 慣

가슴에 멍이 들다

胸にあざができる

類 가슴에 멍이 지다
胸にあざができる

心の中に苦痛や悲しみが大きくこびりついているということ。

例 가: 아직도 한국 사람들은 한국 전쟁의 아픔을 잊지 못하고 있지요?
A: 今でも韓国の人々は朝鮮戦争の痛みを忘れられずにいますよね？

나: 당연하지요. 그 전쟁으로 인해 가슴에 멍이 든 채 살아가는 사람이 많아요.
B: 当然です。その戦争によって心に傷を負ったまま生きていく人が多いです。

✎ 「멍 (あざ)」はひどく怪我をして青く固まった血のことだが、ここではあることによって生じた心の傷や衝撃という意味で使われている。

★★☆ 慣

가슴에 못을 박다

胸に釘を打ち込む

ある人が他人の心を奥深く傷つけたときに使う。

例 가: 왜 하준 씨하고 말을 안 하세요?
A: どうしてハジュンさんと話さないんですか？

나: 며칠 전에 저한테 심한 말을 해서 제 가슴에 못을 박았거든요. 당분간은 말하고 싶지 않아요.
B: 数日前に私にひどいことを言って、私の心を深く傷つけたんです。当分は話したくないです。

🔍 主に言葉によって傷ついたときに使い、強調するときは「가슴에 대못을 박다 (胸に大釘を打ち込む)」を使う。一方、他人のせいで心の奥底に傷が残ったときは「가슴에 못이 박히다 (胸に釘が刺さる)」を使う。

★★★ 慣

가슴이 찢어지다

胸が裂ける

悲しみや怒りに苦しむということ。

例 가: 어젯밤에 아이가 아파서 한숨도 못 잤어요.
A: 昨夜、子どもの具合が悪くて一睡もできませんでした。

나: 자식이 뭔지……. 저도 아이가 조금만 아파도 가슴이 찢어지더라고요.
B: 子どものことになると何だか……。私も子どもが少し体調を崩しただけでも胸が張り裂けます。

🔍 親子間あるいは親しい関係で悲しいことが起きたときによく使う。

★★☆ 慣

귀가 닳다
耳がすり減る

類 귀가 젖다
耳が慣れる

ある言葉や話を何度も聞いて嫌になったときに使う。

例 가: 윤아 씨, 혹시 이 노래 알아요? 옛날 노래이기는 하지만 제가 좋아하는 노래예요.

A: ユナさん、この歌知ってますか？　昔の歌ではありますが、私が好きな歌です。

나: 알아요. 이 노래가 처음 나왔을 때 저도 귀가 닳도록 들었어요.

B: 知ってます。この歌が初めて出たとき、私も耳にたこができるほど聞きました。

🔍 主に「귀가 닳도록 듣다 (耳がすり減るほど聞く)」あるいは「귀가 닳도록 얘기하다 (耳がすり減るほど話す)」の形で使う。

★☆☆ 慣

눈물을 머금다
涙を含む

悲しみや苦痛を無理やり我慢しようと努めるときに使う。

例 가: 잘못한 것도 없는데 사장님이 혼을 내셔서 너무 억울했어요. 그래도 눈물을 머금고 그 상황을 참았어요.

A: 間違ったこともしていないのに社長に怒られてとても悔しかったです。それでも涙をのんでその状況を我慢しました。

나: 잘했어요. 아마 사장님도 나중에 지원 씨가 잘못한 것이 없다는 것을 알게 되실 거예요.

B: よくやりました。おそらく社長も後でジウォンさんが悪いことをしたのではないということがわかるでしょう。

🔍 主に「눈물을 머금고 참다 (涙をのんでこらえる)」あるいは「눈물을 머금고 견디다 (涙をのんで耐える)」の形で使う。

★☆☆ 慣

돼지 멱따는 소리
豚ののどを刺したときの声

聞きたくないような声を表現するときに使う。

例 가: 서영아, 이 늦은 시간에 어디를 가니?

A: ソヨン、こんな遅い時間にどこに行くの？

나: 합창 대회가 있어서 노래 연습을 하는데 오빠가 계속 돼지 멱따는 소리를 낸다고 놀려서 노래방에 가서 연습하고 오려고요.

B: 合唱大会があって歌の練習をしているんですが、お兄ちゃんにずっと耳障りな声を出しているとからかわれたので、カラオケに行って練習してこようと思います。

✏️ 「멱 (喉頸)」は首の前の部分を意味する。

🔍 一般的に大きすぎて聞きたくない音、気に障る音または歌声を表現するときに使う。

★☆☆ 慣

등골이 빠지다
背筋が抜ける

耐え難いほど非常に大変だということ。

例 가: 아무리 **등골이 빠지게** 일해도 애가 세 명이다 보니 형편이 나아지를 않네요.

A: いくら骨身を削って働いても子どもが3人いるので、状況がよくなりませんね。

나: 교육비가 좀 비싸야 말이죠. 월급만으로 아이들 키우는 게 보통 일이 아니에요.

B: 教育費が少し高いからこそですね。月給だけで子どもを育てるのは普通のことではありません。

🔎 主に自分のためではなく、ある物事や人のために苦労するときに使用し、「등골이 빠지게 일하다 (背筋が抜けるように働く)」あるいは「등골이 빠지도록 일하다 (背筋が抜けるほど働く)」という形で使う。

★☆☆ 慣

머리에 쥐가 나다
頭にけいれんが起こる

怖くて嫌な状況で、あることをする意欲や考えがなくなるときに使う。

例 가: 언니, 이 서류는 뭐가 이렇게 복잡한지 아무리 읽어도 이해가 안 돼. 정말 **머리에 쥐가 날** 지경이야.

A: お姉ちゃん、この書類は何がこんなに複雑なのかいくら読んでも理解できない。本当に頭が痛い。

나: 다시 읽어 봐. 차분하게 천천히 여러 번 읽어 보면 이해가 될 거야.

B: もう一度読んでみて。落ち着いてゆっくり何度も読んでみれば理解できるよ。

✏️ 「쥐」は体の一部にけいれんが起き、部分的に筋肉が収縮する現象。

🔎 主に「머리에 쥐가 날 지경이다」あるいは「머리에 쥐가 날 것 같다」(頭にけいれんが起こりそうだ) のような形で使う。

★★☆ 慣

몸살을 앓다
疲労を患う

何かのことで苦しむときに使う。

例 가: 연휴가 되니 고속도로가 교통 체증으로 또 **몸살을 앓고** 있네요.

A: 連休になると高速道路の交通渋滞でまたひどく悩まされますね。

나: 이렇게 막힐 줄 알면서도 다들 가족을 만나기 위해 이동한다는 게 신기해요.

B: こんなに渋滞すると知りながらも、みんな家族に会うために移動するというのが不思議です。

🔎 普通、環境汚染や交通渋滞のような解決が難しいことによって大変なときに使う。

★☆☆ 🈩

벙어리 냉가슴 앓듯
口のきけない人が人知
れず気をもむように

もどかしい事情や本音を話すことができず、一人で苦しん
で心配するときに使う。

🈸 가: 하준이 너, 한 달 용돈이 든 지갑을 통째로 잃어버렸다면서?
　　 벙어리 냉가슴 앓듯 하지 말고 용돈을 다시 달라고 부모님께
　　 말씀드려.
　　A: ハジュン、あなた、一か月のお小遣いが入った財布を丸ご
　　 となくしたんだって？　一人で悩まずにお小遣いをまたく
　　 れないかと両親に聞いてみなよ。

　　 나: 너무 죄송해서 어떻게 그래?
　　B: 申し訳ない気持ちでいっぱいなのに、どうしてそんなこと
　　 ができる？

🔍 「벙어리 (啞者)」は発話障がい者を低くして呼ぶ言葉なので、この単語
　 は使わない方が良い。

★★☆ 🈑

뼈를 깎다
骨を削る

🈔 뼈를 갈다
　 骨を研ぐ

耐え難いほど苦しいときに使う。

🈸 가: 저분은 판소리 명창이 되기까지 30년이 넘는 세월이 걸렸대요.
　　A: あの方はパンソリ*の名人になるまで30年以上かかった
　　 そうです。　*歌と鼓の音楽で物語を口演する韓国の伝統芸能。

　　 나: 대단하신 분이네요. 명창이 되기 위해서 뼈를 깎는 노력을
　　 하셨겠죠?
　　B: すごい方ですね。名人になるために骨身を削るような努力
　　 をされたんでしょうね。

🔍 普通、あることを成し遂げるために血のにじむ努力をするときに使用
　 し、「뼈를 깎는 고통 (骨を削るような苦痛)」、「뼈를 깎는 노력 (骨を削
　 るような努力)」の形で使う。

★★☆ 🈑

뼈에 사무치다
骨にしみる

恨みや苦痛などが非常に強いときに使う。

🈸 가: 마크 씨, 10년 동안의 유학 생활은 어땠어요?
　　A: マークさん、10年間の留学生活はどうでしたか？

　　 나: 가족과 고향에 대한 그리움이 뼈에 사무친 기억밖에 없는 것
　　 같아요.
　　B: 家族と故郷に対する懐かしさをしみじみと感じた記憶しか
　　 ないです。

🔍 強調するときは「골수에 사무치다 (骨髄にしみる)」を使う。

★★☆ 慣

손이 맵다
手が辛い

類 손끝이 맵다
手先が辛い
손때가 맵다
手垢が辛い

手で軽く叩いても非常に痛いときに使う。

例 가: 왜 그렇게 팔이 빨개요?

A: どうしてそんなに腕が赤いんですか？

나: 제 룸메이트의 손이 어찌나 매운지 장난으로 때렸는데도 자국이 남았어요.

B: 私のルームメイトの叩く力が強いのか、いたずらで叩いたのに跡が残りました。

🔍 「지원 씨는 손이 매워서 무슨 일이든지 잘 처리한다. (ジウォンさんは手が辛くて何事もうまく処理する)」のように、ある人が仕事の腕が良いという意味でも使う。

☆☆☆ ㄹ

손톱 밑의 가시
爪の下のとげ

いつも気に障ることを表す。

例 가: 요즘 젊은 사람들이 환하게 웃는 모습을 보기가 점점 어려워지네요.

A: 最近、若い人たちが明るく笑う姿を見るのがますます難しくなっていますね。

나: 젊은이들이 밝게 웃는 모습을 보려면 취업 대란이라는 손톱 밑의 가시부터 빼 줘야 하지 않을까요?

B: 若者たちが明るく笑う姿を見るには、就職大乱という爪の下のとげを抜いてあげる必要があるのではないでしょうか？

🔍 「가시 (とげ)」は針のように尖った形で表に出てきたもので、これが爪の下に刺さると邪魔になり、抜けることもなく非常に苦しい。このようにずっと不便を感じさせることを話すときに使う。

★☆☆ 慣

어깨를 짓누르다
肩を押さえつける

何らかの義務や責任、制約により負担を感じるときに使う。

가: 윤아야, 왜 잠을 못 자고 뒤척이니?

A: ユナ、なんで寝られずにもぞもぞしているの？

나: 회사에서 새로 맡게 된 업무를 잘할 수 있을지 모르겠어요. 부담감이 어깨를 짓눌러서 잠이 안 와요.

B: 会社で新しく引き受けることになった業務をうまくこなせるかわかりません。プレッシャーに押しつぶされそうで眠れません。

✏️ 「짓누르다 (押さえつける)」はむやみに強く押すという意味だが、ここでは心理的に激しく抑圧するという意味で使われている。

★☆☆ 慣

피가 거꾸로 솟다
血が逆さまに上る

(類) 피가 거꾸로 돌다
血が逆さまに回る

悪いことや不条理な状況で非常に興奮したときに使う。

例 가: 주말 아침인데 갑자기 회사에 출근하라고 연락을 하다니! 정말 피가 거꾸로 솟네.

A: 週末の朝なのに急に会社に出勤しろと連絡するなんて！本当に怒り心頭だよ。

나: 화가 나지만 어떻게 하겠어? 방법이 없잖아. 어서 아침 먹고 출근해.

B: 腹を立てたってどうするの？ 仕方がないじゃん。早く朝食を食べて出勤して。

🔎 腹が立って理性を失うほどになったときに使う。

★★☆ 慣

피가 마르다
血が乾く

とても苦しいときや気が気でないときに使う。

例 가: 딸이 혼자 여행을 갔는데 며칠째 연락이 안 돼서 피가 말라 죽을 지경이에요.

A: 娘が一人で旅行に行ったのですが、数日間連絡が取れず、心配すぎて死にそうです。

나: 별일 있겠어요? 아마 구경하느라고 정신이 없어서 연락을 못 받는 걸 테니까 너무 걱정하지 마세요.

B: 変わったことはないんでしょう？ たぶん見物で忙しくて連絡が取れないと思うので、心配しすぎないでください。

🔎 体の血が乾いたら人は生きられない。それほど辛い状況を強調するときに使う。

★★☆ 慣

피를 말리다
血を乾かす

他の人をひどく苦しめたり、焦らせたりするということ。

例 가: 어제 우리 대학 농구 팀 경기 봤어요?

A: 昨日うちの大学のバスケットボールチームの試合を見ましたか？

나: 네. 상대 팀이 어찌나 잘하는지 끝까지 피를 말리는 경기였어요. 우리 팀이 이겨서 얼마나 기뻤는지 몰라요.

B: はい。相手チームがあまりに上手なので最後までハラハラする試合でした。うちのチームが勝ってどれほど嬉しかったかわかりません。

🔎 川や井戸などの水を減らして徐々になくしていくように、誰かが他人を苦しめ続けるときに使う。

④ 관심 | 関心

★☆☆ 慣

가슴에 불붙다
胸に火がつく

ある感情や考えが強くなるときに使う。

例 가: 양양, 마라톤을 해 보니까 어땠어?
　　A: ヤンヤン、マラソンをやってみてどうだった？

　　나: 비록 이번에는 완주를 못했지만 다음번에는 꼭 완주해 보고 싶다는 생각이 가슴에 불붙었어.
　　B: 今回は完走できなかったけど、次は必ず完走してみたい という気持ちが沸々とわいてきたよ。

🔎 今すぐ何かをしてみたい気持ちが切実なときに使う。

★☆☆ 慣

고삐를 조이다
手綱を締める

類 고삐를 잡다
手綱を握る

ある事態や状況で少しの余裕も与えず緊張させるときに 使う。

例 가: 태현아, 오늘 일찍 들어가야 돼?
　　A: テヒョン、今日早く帰らないといけないの？

　　나: 응. 요즘 계속 늦게 들어갔더니 아버지께서 일찍 들어오라고 고삐를 조이셔서 말이야.
　　B: うん。最近続けて遅く帰ってたら、父が早く帰ってこい と手綱を締められちゃってね。

🔎 「고삐를 죄다 (手綱を締める)」の形でも使われる。一方、あることに 縛られなかったり統制を受けず勝手に行動するときは「고삐가 풀리다 (手綱が緩む)」を使う。

★★☆ 慣

귀가 가렵다
耳がかゆい

類 귀가 간지럽다
耳がくすぐったい

他人が自分に関することを言っているような気がすると きに使う。

例 가: 너희들 내 얘기했지? 오는 동안 계속 귀가 가렵더라고.
　　A: 君たち、僕の話をしただろう？ 来る間ずっと噂話をされ ているような気がしたんだ。

　　나: 어떻게 알았어? 왜 이렇게 늦냐고 흉을 보고 있었는데.
　　B: どうしてわかったの？ なんでこんなに遅いのかって悪 口を言っていたんだよ。

🔎 普通、他人が自分の悪口を言っているように感じるときに使う。

★★★ 慣
귀가 번쩍 뜨이다
耳がぱっと開く

人の言葉や話を聞いて強い好奇心が生じたときに使う。

例 가: 어제 텔레비전에 전문가가 나와서 돈을 잘 모으는 방법에 대해서 이야기하더라고.
　　A: 昨日テレビに専門家が出てきて、お金をよく貯める方法について話していたんだ。

　　나: 그래? 무슨 이야기를 했는데? 귀가 번쩍 뜨이는 이야기라도 했어?
　　B: そう？ 何の話をしたの？ 引きつけられるような話でもしたの？

🔍 人々が「귀가 번쩍 트이다」と言う場合があるが、これは誤った表現だ。

★★★ 慣
귀가 솔깃하다
耳がひかれる

人の話を聞いて興味が生じたときに使う。

例 가: 우리 사장님이 이 프로젝트에 관심이 많으신가 보네요?
　　A: うちの社長がこのプロジェクトに関心が高いようですね？

　　나: 네. 투자 수익이 대단하다고 하니 귀가 솔깃하신가 봐요.
　　B: はい。投資収益がすごいそうで乗り気のようですね。

🔍 誰かから良い提案を受けたり、自分に得になる情報や知らせを聞いたときに使う。

★★☆ 慣
마음에 두다
心に置く

あることを忘れずに心の中にしまっているときに使う。

例 가: 지점장님, 제 실수로 큰 손해를 보게 돼서 죄송합니다.
　　A: 支店長、私のミスで大きな損害を被ることになって申し訳ありません。

　　나: 나는 벌써 다 잊어버렸으니까 더 이상 마음에 두지 말고 앞으로 더 열심히 일하세요.
　　B: 僕はもう全部忘れてしまったので、これ以上気にしないでこれからもっと頑張って働いてください。

🔍 「나는 윤아 씨를 마음에 두고 있어.(僕はユナさんに思いを寄せている)」のように、あることや物、人が好きなときにも使う。

★★★ 慣
마음에 들다
気に入る

自分の感じや考えとよく合って好感をもてるときに使う。

例 가: 어제 소개팅에서 만난 사람이 아주 마음에 들어요. 그래서 몇 번 더 만나 보려고 해요.
　　A: 昨日合コンで会った人がとても気に入りました。それで、もう何回か会ってみようと思います。

　　나: 그래요? 앞으로 잘됐으면 좋겠어요.
　　B: そうなんですか？　これからうまくいくといいですね。

🔍 普通、初めて接して良い感じがしたときに使う。

★☆☆ 慣
마음에 없다
心にない

何かをしたい、何かが欲しいと思わないときに使う。

例 가: 하준아. 오늘은 동생한테 공부 좀 시켜.
　　A: ハジュン。今日は弟に勉強させて。

　　나: 동생이 공부는 전혀 마음에 없는데 어떻게 공부를 시켜요? 그냥 놔두세요.
　　B: 弟が全然やる気になっていないのに、どうやって勉強させるんですか？　そのままほっといてください。

🔍 何かをしたい、何かが欲しいという考えがあるときは「마음에 있다(心にある)」を使う。

★☆☆ 慣
마음에 차다
心に満ちる

ある物事や人に満足したときに使う。

例 가: 지난주 내내 이사 갈 집을 찾았는데 마음에 차는 곳이 없어요.
　　A: 先週ずっと引っ越す家を探しましたが、気に入るところがありません。

　　나: 요즘 집 구하기가 쉽지 않아요. 어떤 집을 원하는지 말해 주면 나도 좀 찾아볼게요.
　　B: 最近、家を探すのが簡単ではありません。　どんな家をお望みなのか教えていただければ、私もちょっと探してみます。

🔍 否定形である「마음에 차지 않다 (心に満ちない)」を使って満足していない状態を表現する場合が多い。

마음을 먹다
心を食べる

何かをしようと決心したときに使う。

例 가: 형, 올해는 굳게 마음을 먹고 영어 공부를 시작하기로 했어.

A: 兄さん、今年は固く心に決めて英語の勉強を始めることにしたよ。

나: 작심삼일로 끝나지 말고 꼭 성공하기를 바랄게.

B: 三日坊主で終わらずに必ず成功することを願うよ。

★★☆ 慣

마음을 붙이다
心を寄せる

ある一つのことに関心を持って楽しむときに使う。

例 가: 회사를 그만두었더니 마음을 붙일 곳이 없네.

A: 会社を辞めたら心の拠り所がないね。

나: 당분간은 그럴 거야. 가볍게 할 만한 취미 거리라도 좀 찾아 봐.

B: 当分はそうでしょう。軽くできる趣味でも探してみて。

🔎 発音が同じで「마음을 부치다」と書く場合があるが、これは誤った表現だ。

★★☆ 慣

마음을 쓰다
心を使う

ある人や問題について関心を持って深く考えたり心配したりするときに使う。

例 가: 저희 회사는 규모는 작지만 사장님께서 직원 한 명 한 명에게 마음을 써 주셔서 회사 분위기가 좋아요.

A: 弊社は規模は小さいですが、社長が社員一人ひとりに気を遣ってくださって、会社の雰囲気がいいです。

나: 사장님께서 직원들을 가족처럼 대해 주시나 봐요.

B: 社長が社員たちを家族のように扱ってくれるようですね。

🔎 考えや関心がしきりに一方に向かうときは「마음이 쓰이다 (心が使われる)」を使う。

★☆☆ 慣

마음을 주다
心をあげる

誰かを好きな心を持つようになったときに使う。

例 가: 1년 이상 너를 좋아한다고 했으면 이제 너도 나에게 마음을 줄 때가 되지 않았니?

A: 1年以上君のことが好きだと言ったら、もう君も僕に心を許すときが来たんじゃない？

나: 미안하지만 나는 너를 친구 이상으로 생각해 본 적이 없어.

B: 悪いけど、私はあなたを友達以上に考えたことがない。

🔎 物事には使わず、人やペットにだけ使う。

★★☆ 慣
마음이 가다
心が行く

ある人や物に関心が集まるときに使う。

例 가: 제시카 씨, 여행 가서 뭐 하려고 해요?
　　A: ジェシカさん、旅行に行って何をしようと思いますか？

　　나: 아무것도 결정하지 않았어요. 그냥 가서 마음이 가는 대로 하려고 해요.
　　B: 何も決めていません。ただ行って気の向くままにしようと思います。

🔍 「마음이 오다 (心が来る)」という言葉は使わない。

★★☆ 慣
마음이 굴뚝 같다
心が煙突のようだ

何かを望んだり恋しがったりする気持ちが切実なときに使う。

例 가: 여보, 아직도 잠을 자고 있으면 어떻게 해요? 오늘 아침부터 운동하기로 했잖아요.
　　A: おまえ、まだ寝ているのか？　今朝から運動することにしたじゃないか。

　　나: 나도 운동하고 싶은 마음이 굴뚝 같은데 몸이 말을 안 들어요.
　　B: 私も運動したい気持ちが山々なのに体が言うことを聞かないんです。

🔍 煙突から煙が出るということは、食べ物を準備するという意味だ。昔は食べ物がなくて飢える人が多かったが、このような人たちは煙突から煙が出ることを願ってやまなかったのだろう。このように何かを望む心が大きいときにこの表現を使い、「마음은 굴뚝 같다 (心は煙突のようだ)」の形で使う場合が多い。

☆☆☆ 慣
마음이 돌아서다
心が背を向ける

もともと持っていた気持ちが大きく変わったり、これ以上好きにならなくなったときに使う。

例 가: 헤어진 여자 친구의 마음을 돌릴 수 있을까?
　　A: 別れた彼女の心を振り向かせることができるだろうか？

　　나: 한 번 마음이 돌아서면 다시 돌리기는 어려울 거야. 그만 잊어.
　　B: 一度心が変わってしまったらまた振り向かせるのは難しいでしょう。もう忘れなよ。

🔍 親しかった人に対する愛情がなくなったときや、夫婦あるいは恋人の間に愛する気持ちがなくなったときに使う。

마음이 콩밭에 있다
心が豆畑にある

마음이 콩밭에 가다
心が豆畑に行く

現在やっていることには関心がなく、心が違うところに行っているときに使う。

例 가: 김 대리는 사장님이 어제까지 끝내라고 하신 서류 작업을 아직도 하고 있네요.
　A: キム代理は社長が昨日までに終わらせろとおっしゃった書類作業をまだやっていますね。

　나: 다음 달 결혼식 때문에 마음이 콩밭에 있어서 집중을 못 하는 것 같아요.
　B: 来月の結婚式があるから心ここにあらずで集中できないようです。

🔍 もともと「비둘기 마음은 콩밭에 있다 (ハトの心は豆畑にある)」という言葉から始まった。ハトが一番好きな穀物は豆だという。ハトは、体は他のところにいても心はいつも豆畑に行きたがり、暇さえあれば豆畑に飛んで豆を食べるというところから出てきた表現だ。

맛을 들이다
味をつける

あることを好きになったり楽しむようになったときに使う。

例 가: 요즘 기타 배우는 데에 맛을 들였는데 아주 재미있어. 너도 같이 배울래?
　A: 最近ギターを習うのに味を占めて、とても面白い。あなたも一緒に習う？

　나: 기타? 나는 시간이 없어. 나중에 시간이 나면 배울게.
　B: ギター？　僕は時間がない。後で時間ができれば習うよ。

🔍 「요즘 공부하는 데 맛이 들었어. (最近勉強するのが面白くなった)」のようにあることが好きになったり楽しくなったというときは「맛이 들다 (味がつく)」を使う。一方、あることに面白みを感じるときは「맛을 붙이다 (味をつける)」を使う。

머리를 굴리다
頭をひねる

良い方法を探すためにああだこうだ考えること。

例 가: 너 지금까지 어디 있었니? 핑계 대려고 머리를 굴리지 말고 사실대로 말해.
　A: あなた、今までどこにいたの？　言い訳するために知恵を絞ろうとせず、事実の通りに言って。

　나: 죄송해요. 게임이 하고 싶어서 피시방에 있다가 왔어요.
　B: ごめんなさい。ゲームがしたくてネットカフェに行って来ました。

🔍 「아무리 머리를 굴려도 해결 방법이 생각 안 나. (いくら頭をひねっても解決方法が思いつかない)」のように、ある問題を解決しようとするときに使う。また、誰かが自分が直面した困難から抜け出すために言い訳する姿を否定的に見るときに使う。

★★☆ 慣
머리를 쓰다
頭を使う

あることについてあれこれ考えたり悩んだりすること。

例 가: 누나, 숙제 좀 도와줘. 이 문제를 못 풀겠어.

A: 姉さん、宿題をちょっと手伝って。この問題が解けない。

나: 나한테 묻지 말고 머리를 좀 써 봐. 조금만 더 생각해 보면 답이 나올 거야.

B: 私に聞かないで頭を使ってみて。もう少し考えてみれば 答えが出るよ。

○ 考えを深めて解決策を探したり、良いアイデアを見つけようとするときに使う。

★☆☆ 慣
머리에 맴돌다
頭でぐるぐる回る

ある考えが忘れられず、ずっと思い浮かぶときに使う。

例 가: 엄마, 어제 텔레비전에서 본 아이에게 후원을 좀 하고 싶어 요. 부모님이 안 계시다고 하니까 생활이 힘들 것 같아서요.

A: お母さん、昨日テレビで見た子どもを後援したいです。 両親がいないということなので、生活が大変そうだから です。

나: 안 그래도 나도 그 아이의 얼굴이 계속 머리에 맴돌았는데 같이 후원하자.

B: そうでなくても私もその子の顔がずっと頭から離れな かったから、一緒に後援しよう。

✎ 「맴돌다（ぐるぐる回る）」は自分の位置や何かの周囲で丸く回るとい う意味だが、ここでは同じ考えや感じなどが繰り返されるという意味 で使われている。

★☆☆ 慣
속을 차리다
中を整える

分別のある行動をするということ。

例 가: 내일 친구가 회사 근처로 이사를 가는데 나도 가서 돕기로 했 어.

A: 明日友達が会社の近くに引っ越すんだけど、私も行って 手伝うことにした。

나: 다른 사람을 도와주는 것도 중요하지만 이제 속을 좀 차려. 다음 주에 입사 시험을 본다면서 너도 준비해야지.

B: 他の人を助けることも重要だけど、今は気を引き締めて。 来週入社試験を受けるんでしょ。君も準備しないと。

○ 普通、誰かに自分の実利や利益を得るよう助言するときに使う。

★★☆ 慣

이를 악물다

歯を食いしばる

類 이를 깨물다
歯をかみしめる
이를 물다
歯をかむ

困難な状況を乗り越えていく決心をするときに使う。

例 가: 저는 어려운 일이 있을 때마다 반드시 성공하겠다고 이를 악물었습니다. 그래서 지금의 이 자리까지 오게 되었습니다.

A: 私は困難なことがあるたびに必ず成功するのだと歯を食いしばりました。それで今のこの地位まで上り詰めることができました。

나: 김 대표님, 정말 대단하십니다.

B: キム代表、本当にすごいです。

🔎 普通「이를 악물고 (歯を食いしばって)」の次に「참다 (我慢する)、견디다 (耐える)、버티다 (辛抱する)」のような動詞を使って、非常に難しく大変な状況に耐えたことを強調するときに使う。

★☆☆ 慣

일손이 잡히다

仕事の手がつかまる

あることをする気になったり、あることに集中したりするときに使う。

例 가: 아픈데 혼자 누워 있는 딸을 생각하니 영 일손이 잡히지가 않아요.

A: 具合が悪いのに一人で横になっている娘のことを考えると、仕事が全く手につきません。

나: 그럼 부장님께 말씀드리고 조퇴를 하세요.

B: それでは部長に申し上げて早退してください。

✏️ 「일손」は仕事をしている手または手でする仕事を意味する。

🔎 普通、否定形で「영 일손이 잡히지 않다 (全く仕事が手につかない)」、「일손이 영 안 잡히다 (仕事が全く手につかない)」を使う。

⇒ 「손에 잡히다」 p.201

★★★ 慣

제 눈에 안경

自分の目に眼鏡

どんなにつまらない人や物も、自分が気に入ればよく見えるということ。

例 가: 제 눈에 안경이라더니 지수는 자기 남편이 저렇게 좋을까?

A: あばたもえくぼというけど、ジスは自分の夫があんなに好きなんだね。

나: 그러게나 말이야. 자기 남편이 세상에서 제일 잘생겼다고 하잖아.

B: その通りだよ。自分の夫が世界で一番ハンサムだと言うじゃない。

🔎 「제 눈에 안경이라고 (自分の目に眼鏡だと)」あるいは「제 눈에 안경이라더니 (自分の目に眼鏡だというが)」の形をよく使う。

Track 05

★☆☆ 價
가슴에 칼을 품다
胸に刀を抱く

他人に対して悪事をたくらむ心を持ったときに使う。

例 가: 할머니, 이 드라마에서 윤아가 아버지의 원수인 김 회장에게 복수할 생각으로 **가슴에 칼을 품고** 저 회사에 입사한 거지요?

　　 A: おばあちゃん、このドラマではユナが父の仇であるキム会長への復讐心を抱いてあの会社に入社したんですよね？

　　 나: 맞아. 앞으로 드라마가 어떻게 전개가 될지 너무 궁금해.

　　 B: そうだね。これからドラマがどのように展開されるのか、とても気になる。

🔍 短く「칼을 품다 (刀を抱く)」を使うこともある。普通、他人に復讐する気持ちを持っているときに使う。

★★★ 價
가슴을 치다
胸を叩く

悔しくて胸がふさがったり後悔したりする気持ちで、非常にもどかしいときにする行動。

例 가: 요즘 돌아가신 아버지가 너무 보고 싶어요. 살아 계실 때 좀 더 잘해 드릴 걸 그랬어요.

　　 A: 最近亡くなった父にとても会いたいです。生きていらっしゃるとき、もっとよくしてあげればよかったです。

　　 나: 부모님이 돌아가신 후에는 아무리 **가슴을 치며** 후회를 해도 소용이 없어요.

　　 B: 両親が亡くなった後には、もどかしくていくら後悔しても無駄です。

🔍 主に「가슴을 치며 (胸を叩いて)」の形で使い、後ろに「후회하다 (後悔する)、통곡하다 (慟哭する)、울다 (泣く)」と一緒に使う。

★☆☆ 慣

가시가 돋다
とげが生える

ある行動や言葉に悪い意図や不満があるということ。

例 가: 승원 씨, 웬일로 대낮부터 술을 마셔요? 무슨 일 있어요?

　　A: スンウォンさん、どうして真昼からお酒を飲むんですか？
　　　 何かあったんですか？

　　나: 제가 지난달 월급의 반을 술값으로 썼더라고요. 그래서 아침부터 아내한테 가시가 돋은 말을 듣고 나니 속상해서 한잔하고 있어요.

　　B: 私が先月の給料の半分を飲み代として使っていました。
　　　 それで朝から妻のとげのある言葉を聞いたら悔しくて一杯飲んでいます。

🔎 誰かが相手を傷つける言葉を言うときに使う。主に「가시가 돋은 말(とげの生えた言葉)」の形で使用し、強調するときは「가시가 돋치다(とげが突き出る)」を使う。

☆☆☆ 慣

감정을 해치다
感情を害する

他人の気分を悪くすること。

例 가: 마크 씨는 항상 말을 조심해서 하려고 노력하는 것 같아요.

　　A: マークさんはいつも言葉に気をつけようと努力しているようです。

　　나: 예전에 친구에게 심한 말을 해서 크게 다툰 적이 있대요. 그 뒤로는 다른 사람의 감정을 해치지 않으려고 노력한대요.

　　B: 以前友達にひどいことを言って大喧嘩したことがあったそうです。その後は他人の感情を害さないように努力しているそうです。

🔎 主に行動よりは悪い言葉で他人を傷つけたときに使う。

★☆☆ 慣

골수에 맺히다
骨髄に結ばれる

類 골수에 사무치다
骨髄にしみる
뼈에 사무치다
骨にしみる

鬱憤が忘れられず、心の奥底に悪い感情として残っているということ。

例 가: 민수 씨 아버지께서 5년 전에 지인에게 보증을 잘못 서는 바람에 집이 망했대요.

　　A: ミンスさんのお父さんが5年前に知人の保証人になったのが間違いで、家が崩壊したそうです。

　　나: 저도 들었어요. 그래서 시간이 지났는데도 그 지인에 대한 원한이 골수에 맺혀서 매일 힘들어하신다고 하더라고요.

　　B: 私も聞きました。それで時間が経ったのに、その知人に対する恨みが骨髄に結ばれて毎日苦しんでいるそうです。

✏️ 「골수(骨髄)」はもともと骨の中心部を満たす物質という意味だが、ここでは心の奥底という意味で使われている。

🔎 他人に対する不平や恨みが解けずに積もっているときに使う。

★☆☆ 慣

귀에 거슬리다
耳に障る

ある言葉や音を聞いて気分が悪くなるときに使う。

例 가: 제시카, 제발 충고 좀 그만해. 친구 사이인데도 매일 네 충고
　　　를 들으니까 너무 **귀에 거슬려**.
　　A: ジェシカ、どうか忠告するのはやめて。友達なのに毎日
　　　君の忠告を聞くからとても**耳に障る**。

　　나: 나는 너 잘되라고 한 말이었는데 기분 나빴다면 미안해.
　　　앞으로는 조심할게.
　　B: 私はあなたがうまくいくように言った言葉だったけど、
　　　気分を害したならごめんね。これからは気をつけるよ。

🔍 目上の人には使わない。静かな中で急に聞きたくない音が聞こえ続け
てイライラするときも使う。

★☆☆ 慣

눈꼴이 시리다
目つきがまぶしい

類 눈꼴이 사납다
　目つきが険しい
　눈꼴이 시다
　目つきがまぶしい
　눈이 시다
　目がまぶしい

他の人の行動が気になるときや嫌がるときに使う。

例 가: 요즘 젊은 사람들은 아무 데서나 애정 행각을 벌여서 민망할
　　　때가 많아요.
　　A: 最近の若い人たちはどこでもいちゃついていて、恥ずか
　　　しいときが多いです。

　　나: 맞아요. 지하철 안에서도 **눈꼴이 시리게** 애정 행각을 벌이는
　　　사람들이 있잖아요.
　　B: そうです。地下鉄の中でも**目障りな**ほどいちゃつく人が
　　　いるじゃないですか。

✐ 「눈꼴 (目つき)」は目の形や目を動かす形を悪く表す言葉であり、「시
리다 (まぶしい)」は主に目と一緒に使われて、光が強すぎて見えにく
いという言葉だ。

★★★ 慣

눈에 거슬리다
目に障る

類 눈에 걸리다
　目にかかる

何かの見た目が悪くて不快に感じるときに使う。

例 가: 저 건물은 공사를 언제까지 미룬대요? 공사를 하다가 말아
　　　서 여기저기 쓰레기도 나뒹굴고 너무 **눈에 거슬려요**.
　　A: あの建物は工事をいつまで延ばすんですか？　工事をや
　　　りかけで止めてあちこちゴミも転がってとても**目障りで**
　　　す。

　　나: 공사를 진행하던 회사가 부도가 나서 다시 공사하려면 시간
　　　이 좀 걸릴 거래요.
　　B: 工事を進めていた会社が不渡りになって、再び工事する
　　　には時間が少しかかるそうです。

🔍 主に見たくない姿や物を見たときに使う。また、ある人の行動が気に
入らなくて見たくないときにも使う。

★★☆ 慣

눈에 불이 나다
目に火が出る

類 눈에 천불이 나다
目に天火が出る

全く考えもしなかったことに遭って感情が激しくなった
ときに使う。

例 가: 아까 회의실에서 승원 씨가 저에 대해 나쁜 이야기를 하는
걸 들으니 눈에 불이 나더라고요. 왜 그랬는지 따져야겠죠?

　A: さっき会議室でスンウォンさんが私について悪い話をす
るのを聞いて、とても腹が立っています。なぜそうした
のか問い詰めなければなりませんよね？

나: 그게 좋겠어요. 일단 승원 씨가 뭐라고 하는지 들어보세요.

　B: それがいいですね。まずスンウォンさんが何と言ってい
るのか聞いてみてください。

🔍 「지원이는 눈에 불이 나게 공부한 끝에 공무원 시험에 합격할 수 있었
다. (ジウォンは目に火が出るくらい勉強した末に公務員試験に合格す
ることができた)」のように、ある人が何かを非常に集中してすると
きにも使う。

★☆☆ 慣

뒷맛이 쓰다
後味が苦い

あることが終わった後に残った感じが良くないときに使う。

例 가: 감독님, 이번 경기를 마치신 소감이 어떠십니까?

　A: 監督、今回の試合を終えた感想はどうですか？

나: 심판이 판정을 잘못 내린 부분이 있어서 뒷맛이 씁니다.
이 문제에 대해서는 정식으로 항의할 생각입니다.

　B: 審判が判定を間違えた部分があって後味が悪いです。こ
の問題については正式に抗議するつもりです。

✍ 「뒷맛 (後味)」は食べ物を食べた後に口から感じられる味のことで、
ここでは物事を終えた後に残る気分や感じの意味で使われている。

★☆☆ 慣

땅을 칠 노릇
地面を叩くこと

とても悔しくて胸がふさがるような思いをしたときに使う。

例 가: 몸은 괜찮으세요? 자동차 사고가 났다면서요?

　A: 体は大丈夫ですか？　自動車事故に遭ったそうですね。

나: 다행히 몸은 괜찮아요. 그런데 상대방이 제 차를 박으면서
오히려 제가 자기 차를 박았다고 우기니까 땅을 칠 노릇이에요.

　B: 幸い体は大丈夫です。しかし、相手が私の車にぶつかっ
たのに、むしろ私が自分の車をぶつけたと言い張るから、
悔しくてたまりません。

✍ 「노릇 (事情)」はあることの状況または成り行きをいう。

🔍 主に「땅을 칠 노릇이다 (地面を叩くことだ)」という形で使う。

★☆☆ 慣
말을 잃다
言葉を失う

あまりにも衝撃を受けたり驚いたりして言葉が出ないときに使う。

例 가: 이번 학기에 'F'를 두 개나 받았다고 하니까 부모님께서 말을 잃으셨어.

A: 今学期に「F」を２つももらったと言ったら、両親が言葉を失った。

나: 그러니까 공부 좀 열심히 하지. 매일 게임만 하니까 그렇지.

B: だから勉強を頑張ればいいのに。毎日ゲームばかりするからだよ。

🔍 驚いたりあきれたりして言おうとした言葉を忘れたときは「말을 잊다 (言葉を忘れる)」を使う。

★☆☆ 慣
비위가 상하다
脾胃が傷む

類 비위가 뒤집히다
脾胃がひっくり返る

ある人や物事が気に障るときに使う。

例 가: 민수 씨는 별로 친하지도 않은데 만날 때마다 비위가 상하게 나한테 반말을 하더라고요.

A: ミンスさんはあまり親しくもないのに、会うたびに僕にタメ口で話してくるので癪に障ります。

나: 그래요? 제가 민수 씨한테 한번 이야기하겠습니다.

B: そうですか？ 私がミンスさんに一度話してみます。

✏️ 「비위 (脾胃)」はもともと脾臓と胃を指す言葉で、ある食べ物を食べたいという気持ちを意味するが、ここではあることをしたいという気持ちや考えという意味で使われている。

🔍 癪に障ることや嫌なことによく耐える人には「비위가 좋다 (機嫌が良い〔好き嫌いがない〕)」と言い、他の人の気に入るように行動するときは「비위를 맞추다 (機嫌を取る)」を使う。

★☆☆ 慣
속이 뒤집히다
中がひっくり返る

ある人の行動や言葉がとても癪に障って憎らしく感じるときに使う。

例 가: 김 부장님은 결재만 올리면 마음에 안 든다고 다시 해 오라고 하셔서 짜증나 죽겠어요.

A: キム部長は決裁さえ上げると、気に入らないからもう一度やって来いと言われてイライラします。

나: 그러게나 말이에요. 구체적인 수정 의견도 없이 다시 하라고만 하니까 속이 뒤집힌다니까요.

B: その通りですね。具体的な修正意見もなしにもう一度しろとだけ言うので、腹が立ちますよ。

🔍 気分を害して吐きたくなるほど腹が立ったときに使う。

★☆☆ 慣

속이 터지다
中が張り裂ける

もどかしかったり腹が立ったりしたときに使う。

例 가: 도대체 몇 번을 설명해야 알아듣겠니? 속이 터져 죽겠네.
　　A: いったい何度説明すればわかるだろうか？　腹が立つな。

　　나: 죄송해요. 이해가 잘 안 돼요. 할아버지, 한 번만 더 설명해 주세요.
　　B: すみません。よく理解できません。おじいちゃん、もう一度説明してください。

🔎 物事が思い通りにならなかったり、誰かがとんでもないことを言ったとき、あるいはいくら説明をしても相手が聞き取れないときに使う。

★☆☆ 慣

이를 갈다
歯ぎしりする

あまりにも悔しくて腹が立ち、心を厳しくしてあることを成し遂げようと機会をうかがうこと。

例 가: 하준이가 또 도서관에서 밤을 새웠대.
　　A: ハジュンがまた図書館で徹夜したんだって。

　　나: 걔도 대단해. 계속 과 수석을 하다가 지난 학기에는 아깝게 놓쳤잖아. 이번 학기에는 다시 과 수석을 하겠다고 이를 갈면서 공부하더라고.
　　B: あいつもすごい。ずっと科の首席だったのに、前学期には惜しくも逃したじゃん。今学期にはまた科の首席になると悔しそうな様子で勉強していたよ。

🔎 普通、ある競争で負けた後に負けたことがとても残念で、次は必ず勝たないといけないと決心するときに使う。 また、非常に悔しい目にあった後に、その悔しさを晴らすと決心するときにも使う。

★☆☆ 慣

치가 떨리다
歯が震える

類 이가 떨리다
　　歯が震える

我慢できないほど非常に悔しかったり、苦しくて嫌なときに使う。

例 가: 아빠, 어릴 때 옆집에 사는 덩치가 큰 친구에게 자주 맞았던 걸 생각하면 지금도 치가 떨려요.
　　A: お父さん、幼い頃隣に住んでいた大柄な友達によく殴られたことを考えると、今でも身震いします。

　　나: 그때 왜 맞고만 있었어? 같이 때리지.
　　B: そのとき、なんで殴られっぱなしだったんだ？　殴り返さないと。

🔎 「치 (歯)」は人や動物の歯をいうが、全身が震えて歯までも震えるほどとても腹が立つときに使う。

☆☆☆ 慣
핏대가 서다
青筋が立つ

類 핏대가 나다
青筋が出る
핏대가 돋다
青筋が吹き出る
핏대가 오르다
青筋が上る

顔が赤くなるほどひどく怒ったり興奮したりしている状態を指す。

例 가: 저 운전자는 자기가 술을 마셔 놓고 오히려 핏대가 서도록 경찰한테 화를 내고 있어요.

A: あの運転手は自分がお酒を飲んでおいて、むしろ青筋を立てるほど警察に怒っています。

나: 술을 마셔서 정신이 없나 봐요. 음주운전이 얼마나 위험한데 아직도 술을 마시고 운전하는 사람이 있네요.

B: お酒を飲んで正気ではないようです。飲酒運転は本当に危険なのに、まだお酒を飲んで運転する人がいるんですね。

🔍 普通、腹が立つと首の青筋に血が集中し顔が赤くなるが、ここから出てきた表現だ。一方、顔が赤くなるほどひどく怒ったり興奮する場合には「핏대를 세우다 (青筋を立てる)」を使う。

★☆☆ 慣
혈안이 되다
血眼になる

あることに狂ったように打ち込むときに使う。

例 가: 요즘 돈 버는 데만 혈안이 된 젊은이들이 많아지고 있어서 걱정이에요.

A: 最近、お金を稼ぐことだけに躍起になる若者が増えているので心配です。

나: 맞아요. 자기가 하고 싶은 일과 적성에 맞는 일을 찾아야 하는데 무조건 돈을 많이 주는 회사만 가고 싶어 하잖아요.

B: そうです。自分がしたい仕事と適性に合う仕事を探さなければならないのに、お金をたくさんくれる会社にだけなんとしても行きたがるじゃないですか。

✏️ 「혈안 (血眼)」とは、本来は赤く充血した目のことだが、ここでは何かに躍起になって殺気立った状態という意味で使われている。

🔍 ある人が良くないことをしようと努力する姿を否定的に評価するときに使う。

불안·초조 不安·焦り

Track 06

★☆☆ 慣

가슴에 찔리다
胸に刺さる

類 가슴이 찔리다
胸が刺さる

良心の呵責を受けるときに使う。

例 가: 형, 우리 게임 조금만 하고 공부할까?
　　A: 兄さん、ゲームを少しだけやって勉強しようか？

　　나: 아니야. 그냥 공부하자. 우리가 열심히 공부하는 줄 알고 간식 챙겨 주시는 엄마를 보니까 가슴에 찔려서 안 되겠어.
　　B: いや、このまま勉強しよう。僕たちが一生懸命勉強していると思っておやつを用意してくれるお母さんを見ると、胸が痛いから。

🔍 似たような意味で「양심에 찔리다 (良心に刺さる)」や「양심에 걸리다 (良心に引っかかる)」も使う。

★☆☆ 慣

가슴을 태우다
胸を焦がす

ひどく焦っているときに使う。

例 가: 면접 시간 전에 잘 도착했니?
　　A: 面接時間の前に無事に着いた？

　　나: 네. 간신히 도착했어요. 택시를 탔는데 차가 얼마나 막히던지 가슴을 태웠어요.
　　B: はい。辛うじて到着しました。タクシーに乗りましたが、道が渋滞していてハラハラしました。

🔍 とても心配で気をもむときは「속을 태우다 (中を焦がす)」と言い、他人の心を焦って不安にさせるときは「간장을 태우다 (肝腸を焦がす)」という。

★★★ 慣

가슴이 뜨끔하다
胸がぎくっとする

胸に刺さることがあって不安だったり良心の呵責を受けたりするときに使う。

例 가: 어제 아프다고 거짓말을 하고 모임에 안 나갔는데 민지한테 많이 아프냐고 연락이 왔더라고.
　　A: 昨日具合が悪いと嘘をついて集まりに出なかったけど、ミンジからとても悪いのかと連絡が来ていた。

　　나: 가슴이 뜨끔했겠다. 그래서 거짓말은 안 하는 게 좋아.
　　B: ぎくっとしたでしょう。だから嘘はつかない方がいい。

🔍 主に誰かに自分の過ちを指摘されて慌てたときに使う。

★★☆ 慣

간담이 떨어지다
肝胆が落ちる

類 간담이 내려앉다
肝胆が降りて座る
간이 떨어지다
肝が落ちる

突然起こったことによって瞬間的に非常に驚いたときに
使う。

例 가: 어머! 깜짝이야. 갑자기 골목에서 자전거를 타고 튀어나오면
어떻게 해요? 간담이 떨어지는 줄 알았잖아요.
　A: わあ！　びっくりした。急に路地から自転車が飛び出し
てきたら危ないじゃないですか。腰が抜けるかと思いま
したよ。

　나: 죄송합니다. 자전거를 배운 지 얼마 안 돼서 그랬어요.
　B: すみません。自転車を習ったばかりだからです。

📝「간담 (肝胆)」は肝臓と胆のうを意味する。

🔍 主に「간담이 떨어지는 줄 알았다 (肝胆が落ちるかと思った)」の形で使
う。

★★☆ 慣

간담이 서늘하다
肝胆がひやりとする

怖かったり脅威的なことで驚いたときに使う。

例 가: 나는 공포 영화는 간담이 서늘해서 못 보겠는데 남자 친구는
공포 영화만 보자고 해서 난감해.
　A: 私はホラー映画はぞっとして見られないけど、彼氏はホ
ラー映画だけ見ようと言うから困ってる。

　나: 내 남자 친구도 그래. 나도 공포 영화는 무섭고 싫거든.
　B: 私の彼氏もそうだよ。私もホラー映画は怖くて嫌なんだ。

📝「서늘하다 (冷ややかだ)」は物体の温度や気温が低いという意味だが、
ここでは突然驚いたり怖くて体が冷たい感じがあるという意味で使わ
れている。

★☆☆ 慣

간을 졸이다
肝をもむ

とても心配や不安になって安心できないときに使う。

例 가: 여보, 아직도 등산하다가 실종된 사람들을 못 찾았대요?
　A: なあ、まだ登山中に行方不明になった人たちを見つけら
れなかったんだって？

　나: 네. 계속 찾고 있다고 뉴스에 나오기는 하는데 아직 못 찾았
나 봐요. 가족들은 얼마나 간을 졸이며 소식을 기다리겠어요.
　B: はい。ずっと探しているとニュースに出てくるのですが、
まだ見つかっていないようです。家族たちはどれだけ気
をもみながら消息を待つのでしょうか。

🔍「졸이다 (〔気を〕もむ)」と「조리다 (煮詰める)」は発音が同じで「간
을 조리다」と書く場合があるが、これは誤った表現だ。

★☆☆ 慣

간이 떨리다
肝が震える

類 속이 떨리다
中が震える

非常に恐れているときや怯えているときに使う。

例 가: 저 산 위에 있는 다리를 건너 볼까요?
A: あの山の上にある橋を渡ってみましょうか？

나: 미안해요. 저는 고소 공포증이 있어서 높은 곳에 올라가면
간이 떨려요. 혼자 다녀오세요.
B: ごめんなさい。私は高所恐怖症があって高い所に上がる
と震えが止まらないんです。一人で行ってきてください。

★★☆ 慣

간이 조마조마하다
肝がはらはらする

焦燥感にかられて不安なときに使う。

例 가: 하준아, 기차는 잘 탔니?
A: ハジュン、電車にはちゃんと乗った？

나: 응. 길이 너무 막혀서 기차 시간에 못 맞출까 봐 간이
조마조마했는데 다행히 시간 안에 도착해서 잘 탔어.
B: うん。道が混んでいて電車に間に合わないかとひやひや
したけど、幸い時間内に到着してちゃんと乗れたよ。

✐ 「조마조마하다 (はらはらする)」は迫ってくることが心配で心が落ち着
かないほど不安だという意味。

★☆☆ 慣

간이 철렁하다
肝がびくっとする

類 간이 덜렁하다
肝がどきっとする
간이 덜컹하다
肝がぎくっとする

非常に驚いて衝撃を受けた状態。

例 가: 민수 씨, 괜찮아요? 아침에 사무실에 도착하자마자 쓰러졌다
고 해서 간이 철렁했어요.
A: ミンスさん、大丈夫ですか？　朝、事務室に着いてすぐ
倒れたと聞いて心臓が縮み上がりました。

나: 지금은 괜찮습니다. 며칠 동안 무리해서 그런 것 같습니다.
B: 今は大丈夫です。数日間無理をしたからだと思います。

✐ 「철렁하다 (びくっとする)」は何かに大きく驚いて胸がどきどきする
ことを表す言葉。

★★☆ 個
간이 콩알만 해지다
肝が豆粒ほどになる

題 간이 오그라들다
肝が縮む

あることによって非常に恐怖を感じたり怯えたりするときに使う。

例 가: 이번 주말부터 암벽 등반을 배워 볼까 해.
　　A: 今週末からロッククライミングを習ってみようかと思う。

　　나: 암벽 등반? 난 깎아지른 듯한 절벽만 봐도 아찔해서 **간이 콩알만 해지던데** 대단하다.
　　B: ロッククライミング？　私は切り立ったような絶壁を見ても、めまいがして**怖気づいてしまうけど**、すごいね。

🔎 本来、肝臓は手のひらほどの大きさだが、豆粒ほどに小さくなるくらいとても驚いて怯えたことを比喩的に表現するときに使う。

★★☆ 고
꿩 구워 먹은 소식
キジを焼いて食べた便り

消息や連絡が全くないときに使う。

例 가: 하준이 소식 들었어? 지난여름에 부산으로 이사 간 후로 **꿩 구워 먹은 소식이네**.
　　A: ハジュンの消息を聞いた？　去年の夏に釜山に引っ越してからは**何の便りもない**ね。

　　나: 안 그래도 문자를 여러 번 보냈는데 답이 없더라고.
　　B: そうでなくてもメッセージを何回も送ったのに返事がなかったんだ。

🔎 昔、食べ物が貴重だった時代にキジ肉は特別だったが、キジ一匹の量が少ないため、他の人たちと分けて食べる余裕がなかった。それでキジ肉があれば他の人たちに内緒で食べ、痕跡も残さなかった。ここから何の便りもないときにこの表現を使うようになり、主に「꿩 구워 먹은 소식이다 (キジを焼いて食べた便りだ)」の形で使う。

★★☆ 고
도둑이 제 발 저리다
泥棒は自分の足がしびれる

犯した罪があると自然と心が落ち着かなくなるということ。

例 가: 엄마, 저 절대 피시방에 안 가고 친구들과 공부하다 왔어요.
　　A: お母さん、私ネットカフェには行かずに友達と勉強してきました。

　　나: 물어보지도 않았는데 갑자기 왜 그래? **도둑이 제 발 저리다더니** 얼굴도 빨개지고 말까지 더듬네.
　　B: 聞いてもいないのに急にどうしたの？　**泥棒は自分の足がしびれるというけど**（嘘を隠すための言い逃れでもしたいのか）、顔も赤くなってどもっているね。

🔎 誰かが何とも言わなくても罪を犯せば見つかるのではないかと気が気ではない。それで、自分も知らないうちにどんな形であれ不安感を表わすようになる。無意識に手や足を震わせたり、他人と目を合わせられない姿を比喩的に表した言葉だ。

★☆☆ 慣

등골이 서늘하다
背筋がひやりとする

背筋に鳥肌が立つほど非常に驚いたり怖がったりすると
きに使う。

例 가: 아빠, 조금 전에 집에 오는데 뒤에서 갑자기 발자국 소리가 나더
　　라고요. 그 소리에 등골이 서늘해져서 엄청 빨리 뛰어왔어요.

　　A: お父さん、さっき家に帰るときに後ろから急に足音がし
　　　たんです。その音に背筋がひやりとして、ものすごく速
　　　く走ってきました。

　　나: 무서웠겠다. 그럴 때는 나한테 전화를 해서 나와 달라고 해.
　　B: 怖かっただろうね。そんなときは私に電話をして出てき
　　　てくれと言って。

　🔎 さらに怖い感じを強調するときは「등골이 오싹하다 (背筋がぞっとす
　　る)」を使う。

★★★ 慣

마음을 졸이다
心をもむ

心配しながらはらはらするときに使う。

例 가: 왜 이렇게 늦었어? 연락도 안 돼서 얼마나 마음을 졸였는지
　　알아?

　　A: なんでこんなに遅れたの？　連絡も取れなくてどれだけ
　　　気をもんだかわかる？

　　나: 미안해. 갑자기 지하철이 고장이 났는데 핸드폰 배터리도
　　방전이 되는 바람에 연락을 못 했어.
　　B: ごめんね。急に地下鉄が故障したんだけど、携帯のバッ
　　　テリーも切れて連絡できなかった。

　🔎 待っている人が来なかったり何の連絡もなかったりして焦るとき、あ
　　るいは合格の知らせのようにある結果を待ち焦がれているときに使う。

★☆☆ 慣

머리털이 곤두서다
髪の毛が逆立つ

類 머리칼이 곤두서다
　　髪の毛が逆立つ

とても怖かったり驚いたりして緊張したときに使う。

例 가: 주말에 놀이공원에 갔을 때 '귀신의 집'에도 갔다며? 어땠어?

　　A: 週末に遊園地に行ったとき「お化け屋敷」にも行ったん
　　　だって？　どうだった？

　　나: 응. 재미있었어. 그런데 벽 쪽에 서 있던 귀신이 손을 내미는
　　바람에 어찌나 놀랐던지 머리털이 곤두설 정도로 무서웠어.
　　B: うん。面白かった。ところが壁の方に立っていたお化け
　　　が手を差し出したせいであまりに驚いて身の毛がよだつ
　　　ほど怖かった。

　✏ 「곤두서다 (逆立つ)」は逆さまにまっすぐ立つという意味だ。

　🔎 髪の毛が一本ずつすべて逆さまに立ち上がるほど恐ろしい状況を強調
　　する言葉で、普通「머리털이 곤두서는 느낌이었다 (髪の毛が逆立つ感
　　じだった)」あるいは「머리털이 곤두설 정도로 (髪の毛が逆立つほど)」
　　の形で使う。

★★☆ 慣

발을 구르다
足を踏み鳴らす

非常にもどかしくて差し迫っている状況でする行動。

例 가: 어제 태풍으로 집을 잃은 사람들에 대한 뉴스를 보고 너무 안타까웠어요.

A: 昨日台風で家を失った人たちのニュースを見てとても気の毒でした。

나: 저도 그랬어요. 사람들이 산으로 올라가서 발을 구르며 구조대가 오기만을 기다리고 있는 모습을 보니까 마음이 아프더라고요.

B: 私もそうでした。人々が山に登って地団駄を踏みながら救助隊が来ることだけを待っている姿を見て心が痛かったです。

🔎 強調するときは「발을 동동 구르다 (足をバタバタと踏み鳴らす)」を使う。

★☆☆ 慣

살얼음을 밟다
薄氷を踏む

非常に危なっかしくて心が落ち着かないときに使う。

例 가: 제품 주문량이 또 떨어졌어요. 이러다가 공장이 문을 닫을까 봐 걱정이 돼서 매일 살얼음을 밟는 기분이에요.

A: 製品の注文量がまた落ちました。このままでは工場が閉鎖されるのではないかと心配になり、毎日薄氷を踏む思いです。

나: 시간이 지나면 좀 나아지지 않을까요? 너무 걱정하지 마세요.

B: 時間が経てば少しよくなるのではないでしょうか？ あまり心配しすぎないでください。

✏️ 「살얼음 (薄氷)」は薄く少し凍った氷のことだが、ここでは比喩的に非常に危険できわどい状況という意味で使われている。

🔎 怯えて何かをとても慎重に行うときは「살얼음을 밟듯이 (薄氷を踏むように)」を使う。

★★★ 慣

속이 타다
中が焦げる

心配で気持ちが落ち着かないときに使う。

例 가: 태현아, 아직 공모전 수상자 발표 안 났지? 수상자 발표가 계속 지연이 되니까 속이 타.

A: テヒョン、まだ公募展の受賞者は発表されてないよね？ 受賞者の発表がずっと遅れてるからやきもきする。

나: 나도 속이 타서 전화해 봤더니 이번에 출품한 사람이 너무 많아서 심사하는 데 시간이 오래 걸린다고 하더라고.

B: 僕も気が気じゃなくて電話してみたら、今回出品した人が多すぎて審査に時間がかかるそうなんだ。

🔎 とても心配で気をもむときは「속을 태우다 (中を焦がす)」を使う。

★★★ 例

손에 땀을 쥐다
手に汗を握る

緊迫した状況で心がとても緊張したときに使う。

例 가: 두 후보가 <u>손에 땀을 쥐게</u> 하는 득표 경쟁을 벌이고 있습니다.
A: 両候補が<u>手に汗握る</u>得票争いを繰り広げています。

나: 네, 그렇습니다. 과연 누가 이번 선거에서 대통령으로 당선이 될지 결과가 궁금합니다.
B: はい、そうです。果たして誰が今回の選挙で大統領に当選するのか、結果が気になります。

🔎 主に一瞬たりとも目が離せない負けず劣らずの競争やスポーツの試合、絶えず観客を緊張させる映画などを見るときに使う。

★★☆ こ

자라 보고 놀란 가슴 솥뚜껑 보고 놀란다
スッポンを見て驚いた胸、釜の蓋を見て驚く

あることに大きく驚いた人は似たような物だけを見ても怖がるということ。

例 가: 어머, 깜짝이야. <u>자라 보고 놀란 가슴 솥뚜껑 보고 놀란다</u>고 바닥에 떨어진 까만 콩이 순간 바퀴벌레로 보였어.
A: あら、びっくりした。<u>羹に懲りて膾を吹く</u>ように、床に落ちた黒い豆がとっさにゴキブリに見えた。

나: 저번에 집에서 바퀴벌레를 봤다더니 그 충격이 오래 가나 보네.
B: この前、家でゴキブリを見たって言ってたけど、その衝撃が長く続いているみたいだね。

🔎 スッポンの甲羅と釜の蓋が似ていることから出てきた言葉だ。「자라（スッポン）」は噛む力が非常に強く、何でも噛むだけで死ぬまで離さないという。したがって、人々はスッポンをとても怖がり、形が似ている釜の蓋だけを見てもびっくりしたため、このようなことわざを使うようになったという。

52 불안 · 초조

7

안도 ⟩ 安堵

Track 07

★★☆ 慣

가려운 곳을
긁어 주다

かゆいところを掻いて
やる

類 가려운 데를 긁어 주다
かゆいところを掻いて
やる

人が知りたいことや必要なものをよくわかっていて、満足させるときに使う。

例 가: 언니, 수학 문제 하나가 안 풀려서 며칠 내내 답답했는데 연우한테 물어봤더니 바로 알려 줬어.

A: お姉ちゃん、数学の問題が一つ解けなくて何日もずっともどかしかったけど、ヨヌに聞いてみたらすぐ教えてくれた。

나: 연우가 네 가려운 곳을 긁어 줬구나! 고마운 친구네.

B: ヨヌがあなたのかゆいところを掻いてくれたんだ！　ありがたい友達だね。

🔎 普通、気になることを教えてくれたり辛いことを解決してくれた人に感謝の気持ちを表現するときに使う。

★★☆ 慣

가슴을 쓸어내리다

胸をなでおろす

困ったことや心配がなくなり安心したときにする行動。

例 가: 누나, 아빠가 할머니 수술이 끝나실 때까지 안절부절 못하시더니 무사히 끝났다는 얘기를 듣고 그제서야 가슴을 쓸어내리셨어.

A: 姉さん、父さんがおばあちゃんの手術が終わるまでそわそわしていたけど、無事に終わったという話を聞いてやっと胸をなでおろしたよ。

나: 안 그래도 일 때문에 못 가 봐서 걱정이 많이 됐는데 수술이 잘 끝났다니 나도 안심이다.

B: そうでなくても仕事で行けなくてすごく心配だったけど、手術がうまく終わったなんて私も安心した。

✏ 「쓸어내리다（なでおろす）」は下になでながらさすることを意味する。

🔎 韓国人がこの行動をするときは、無意識に安心して長く吐き出す音である「후유（ふうっ）」あるいは「휴（ふう）」というため息をつく。

★☆☆ 慣

가슴이 후련해지다
胸がすっとする

さっぱりしない気持ちが爽快になったときに使う。

例 가: 푸엉 씨, 이제 좀 괜찮아요?
　　A: プオンさん、もう大丈夫ですか？

　　나: 네. 실컷 울고 났더니 가슴이 좀 후련해졌어요.
　　B: はい。思う存分泣いたのですっきりしました。

🔎 似た意味で「속이 후련해지다 (中がすっきりする)」、「마음이 후련해지다 (心がすっきりする)」を使う。

★☆☆ 慣

고삐를 늦추다
手綱を緩める

警戒心や緊張を和らげるときに使う。

例 가: 연장전까지 가서 지칠 만도 한데 선수들이 고삐를 늦추지 않고 열심히 싸우고 있습니다.
　　A: 延長戦まで行ってへとへとに疲れそうなのに、選手たちが手綱を緩めず一生懸命戦っています。

　　나: 맞습니다. 저렇게 열심히 싸워 주는 선수들을 보니 대견합니다.
　　B: そうです。あんなに一生懸命戦ってくれる選手たちを見ると誇らしいです。

🔎 状況が悪くならないように緊張しなければならないという意味で、否定形の「고삐를 늦추지 않다」あるいは「고삐를 늦추지 말다」(手綱を緩めない) を多く使う。

★★☆ 慣

다리를 뻗고 자다
脚を伸ばして寝る

悩みや心配していたことが解決され、安心して気楽に眠ることができるということ。

類 다리를 펴고 자다
脚を伸ばして寝る

발을 뻗고 자다
足を伸ばして寝る

발을 펴고 자다
足を伸ばして寝る

例 가: 이제 기말시험이 모두 끝나서 다리를 뻗고 잘 수 있겠어.
　　A: もう期末試験が全部終わったから安心して寝られそう。

　　나: 그러게. 나도 오늘은 실컷 자야겠어.
　　B: そうだね。僕も今日は思う存分寝ないと。

🔎 心が不安なときは体を丸めるようになり、反対に心が楽になれば体ごと脚を伸ばすようになることから出てきた表現だ。

★★★ 慣

마음을 놓다
心をほどく

心を楽にするということ。

例 가: 잠깐 화장실 좀 다녀올게. 내 가방 좀 봐 줄래?
　　A: ちょっとトイレに行ってくる。私のカバンを見ててくれる？

　　나: 응. 잘 보고 있을 테니까 마음을 놓고 다녀와.
　　B: うん。ちゃんと見ているから安心して行ってきて。

🔎 あることに対して安心している、心配にならないときは「마음이 놓이다 (心が緩む)」を使う。

★★☆ 慣
마음을 비우다
心を空にする

心の中の欲をなくした状態を表す。

例 가: 어머, 우리 아들이 웬일로 시험 점수가 이렇게 잘 나왔니?
　A: あら、うちの息子はどうしてこんなに試験の点数がいいの？

나: 마음을 비우고 시험을 봤더니 오히려 점수가 잘 나온 것 같아요.
　B: 心を空にして試験を受けたら、むしろ点数がよく出たようです。

✐ 「비우다 (空ける)」はもともと中に入ったものをなくして空にするという意味だが、ここでは欲や執着を捨てるという意味で使われている。

★★☆ 慣
마음을 풀다
心をほぐす

緊張していた心を緩めるときに使う。

例 가: 드디어 6개월간 진행되었던 프로젝트가 끝이 났어요.
　A: ついに6か月間行われていたプロジェクトが終わりました。

나: 이제 긴장했던 마음을 풀고 여행이라도 좀 다녀오세요.
　B: もう安心して旅行でも行ってきてください。

🔍 緊張していた心がなくなった状態を表すときは「마음이 풀리다 (心がほぐれる)」を使い、「친구가 먼저 사과해서 마음을 풀기로 했어요. (友達が先に謝ったので心を緩めることにしました)」のように怒った心をなくすという意味でも使う。

★★★ 慣
머리를 식히다
頭を冷やす

複雑な考えから抜け出し、心を楽にするということ。

例 가: 머리가 너무 복잡한데 차라도 한잔 마실까? 머리를 좀 식혀야 할 것 같아.
　A: 頭の中が混乱しているから、お茶でも一杯飲もうか？頭を少し冷やさないと。

나: 그래. 계속 고민한다고 해서 해결되는 것도 아니니까 일단 좀 쉬자.
　B: そうだね。ずっと悩んでいても解決できるわけでもないから、とりあえず休もう。

✐ 「식히다 (冷やす)」はもともと暑さをなくして冷たくするという意味だが、ここでは意欲や考えを減らしたり沈めたりするという意味で使われている。

🔍 普通あることによるストレスを解消する必要があると言うときに使う。

속이 시원하다
中がすっとする

良いことが起こったり悪いことがなくなって気持ちがすっきりしたときに使う。

例 가: 그동안 참고 못했던 말을 동아리 선배에게 다 해 버렸어.
　A: これまで我慢して言えなかったことをサークルの先輩に全部言ってしまった。

　나: 잘했어. 참는 게 다는 아니지. 속에 있는 얘기를 다 하니까 속이 시원하지?
　B: よくやった。我慢することがすべてじゃないよ。胸の内にある話を全部するとすっきりするよね？

🔎 似たような意味で「가슴이 후련하다 (胸がすっきりする)、속이 후련하다 (中がすっきりする)」を使い、逆に心が不自由なときは「가슴이 답답하다 (胸が重苦しい)、속이 답답하다 (中が重苦しい)」を使う。

숨이 트이다
息が開ける

息苦しい状態や厳しくて困難な状態から抜け出したときに使う。

例 가: 김태환 선수, 오랜만에 경기를 하시는 소감이 어떠십니까?
　A: キム・テファン選手、久しぶりに試合をされる感想はいかがですか？

　나: 부상으로 인해 벤치를 지키는 동안 무척 답답했는데 이제 경기를 뛸 수 있어서 숨이 트이는 느낌입니다.
　B: 怪我のためにベンチを守っている間とてももどかしかったのですが、ようやく試合に出られて道が開けたような感じです。

🔎 あることのせいで息が苦しいほどもどかしさを感じるときは「숨이 막히다 (息が詰まる)」を使う。

십 년 묵은 체증이 내리다
10年続いた胃もたれが消化する

長い間気にしていたことが解決され、心がすっきりするということ。

例 가: 부엌 싱크대가 막혀서 일주일간 고생했는데 오늘에서야 간신히 뚫었어요.
　A: 台所の流し台が詰まって一週間苦労しましたが、今日やっと貫通しました。

　나: 십 년 묵은 체증이 내리는 느낌이었겠어요.
　B: 長年の胸のつかえが下りる感じだったでしょうね。

✏️ 「체증 (胃もたれ)」は食べたものがよく消化されない症状をいう。

🔎 主に比喩的に使うので「십 년 묵은 체증이 내려가는 것 같다. (10年続いた胃もたれが消化するようだ)」と話す。たまに「십 년 먹은 체증이 내리다」という場合があるが、これは誤った表現だ。

★★☆ 관

앓던 이 빠진 것 같다
虫歯が抜けたみたいだ

心配事がなくなってすっきりしたときに使う。

例 가: 사랑아, 밀린 방학 숙제를 다 하고 나니 앓던 이 빠진 것 같지?

A: サラン、溜まってた休みの宿題を全部やったら、すっきりしたでしょ?

나: 네, 엄마. 다음부터는 미루지 말고 그때그때 해야겠어요.

B: はい、お母さん。次からは後回しにせず、その都度やっていこうと思います。

🖉 「앓다 (病む)」は病気にかかって苦しむという言葉だが、ここでは心配や懸念のために苦しかったりもどかしいという意味で使われている。

🔎 「앓던 이가 빠진 것 같다 (虫歯が抜けたみたいだ)」の形でも使う。

★★★ 観

어깨가 가볍다
肩が軽い

重い責任から自由になったり、あることに対する責任が減って心が楽になったときに使う。

例 가: 집을 사려고 받았던 대출금을 다 갚았더니 어깨가 너무 가볍네요.

A: 家を買おうと思って受けたローンを全部返したら肩の荷が下りました。

나: 부러워요. 저는 아직도 대출금 다 갚으려면 멀었는데…….

B: うらやましいです。私はローンを全部返済するにはまだ遠いですが……。

🔎 肩に背負っていた重い荷物を下ろしたときのように軽くてすっきりした感じがするときに使う。一方、辛くて重大な仕事を引き受けて責任を感じ、心の負担が大きいときは「어깨가 무겁다 (肩が重い)」を使う。

★★★ 観

직성이 풀리다
直星が解ける

事が思い通りに成し遂げられて満足するときに使う。

例 가: 내가 아까 서류 정리를 다 해 놨는데 정 대리님이 다시 하시네.

A: 私がさっき書類整理を全部しておいたのに、チョン代理がやり直してるね。

나: 그냥 놔둬. 정 대리님은 무슨 일이든 본인이 직접 해야 직성이 풀리는 분이야.

B: そのまま放っておいて。チョン代理はどんなことでも本人が直接しなければ気が済まない方だよ。

🖉 「직성 (直星)」は生まれつきの性質や気性のことを指す。

★★★ 慣

천하를 얻은 듯
天下を得たように

これ以上望むことがないほど、とても嬉しくて満足している様子を表す。

例 가: 몇 년 동안 짝사랑하던 지원이하고 결혼을 하게 돼서 너무 기뻐요.
A: 数年間片思いしていたジウォンと結婚できてとても嬉しいです。

나: 축하해요. 천하를 얻은 듯 기쁘겠어요.
B: おめでとうございます。天下を得たような喜びでしょう。

✎ 「천하 (天下)」は空の下にあるすべての世界を意味する。

🔎 普通「천하를 얻은 듯 기쁘다 (天下を得たように嬉しい)」を使う。

★★☆ 慣

한숨을 돌리다
一息つく

類 숨을 돌리다
息をつく

厳しい山場を乗り越えて余裕を持つこと。

例 가: 태현아, 산 중간까지 올라왔으니 여기서 한숨을 좀 돌리고 정상까지 올라가자.
A: テヒョン、山の中間まで登ったから、ここで一息ついて頂上まで登ろう。

나: 그래. 여기 앉아서 물 좀 마시면서 쉬었다가 가자.
B: そうだね。ここに座って水を飲みながら休んでから行こう。

🔎 普通、あることをしていて疲れて途中でしばらく休むときに使う。

8

욕심·실망 | 欲·失望

★★★ 慣

귀를 의심하다

耳を疑う

信じられないほど驚くべき話を聞いて、聞き間違えたのではないかと思うときに使う。

例 가: 윤아 씨가 10년 넘게 사귀었던 남자 친구하고 헤어졌다면서요?

　A: ユナさんが10年以上付き合っていた彼氏と別れたんだって？

　나: 그렇다고 하네요. 둘 사이가 너무 좋아 보여서 처음 들었을 때 귀를 의심했는데 사실이래요.

　B: そのようですね。二人の仲がとてもよさそうで、初めて聞いたとき耳を疑ったんですが、事実だそうです。

🔍 耳で聞いた言葉を信じられず疑うという意味であり、強調するときは「귀를 의심하지 않을 수가 없다 (耳を疑わざるを得ない) 」という。

★★★ 慣

그림의 떡

絵の餅

気に入ったとしても実際に使ったり持ったりできないものを表す。

例 가: 민지야, 저 광고에 나오는 노트북 정말 멋지지 않니? 펜으로 글씨도 쓸 수 있고 말이야.

　A: ミンジ、あの広告に出てくるノートパソコン本当にすてきじゃない？　ペンで字も書けるしね。

　나: 저게 얼마나 비싼 줄 알아? 우리 형편에는 그림의 떡이야.

　B: あれがどれだけ高いか知ってる？　私たちにとっては絵に描いた餅だよ。

🔍 絵にある餅は見た目はおいしそうだが食べられない。このように自分の都合で実際に持てないものを話すときに使う。人々が「그림에 떡」という場合があるが、これは誤った表現だ。

★★☆ 관

놓친 고기가 더 크다
逃した魚がもっと大き
い

(類) 놓친 고기가 더 커 보인다
逃した魚がもっと大き
く見える

現在持っているものより先に持っていたものの方が良
かったと思ったときに使う。

例 가: 아버지, 이렇게 취직이 안 될 줄 알았으면 전에 다니던 직장
　　을 그만두지 말 걸 그랬어요.

　A: お父さん、こんなに就職できないとわかっていたら、前
　　に通っていた職場をやめなければよかったです。

　나: 지금 취직이 안 되니 놓친 고기가 더 커 보이는 거야. 더 좋
　　은 회사에 취직할 수 있을 테니 걱정 마.

　B: 今就職できないから逃した魚がもっと大きく見えるんだ
　　よ。もっといい会社に就職できるから心配しないで。

🔎 「놓친 고기가 더 커 보인다 (逃した魚がもっと大きく見える)」という形
でよく使い、他人が過去の選択に対して後悔するのを見て慰めてあげ
るときに使う。

★★★ 慣

눈독을 들이다
目毒をつける

(類) 눈독을 올리다
目毒を上げる
눈독을 쏘다
目毒を射る

欲が出てとても関心を持って見るときに使う。

例 가: 형, 그 가방 정말 좋아 보인다. 나 주면 안 돼?

　A: 兄さん、そのカバン本当にすてきだね。僕にくれない？

　나: 절대 눈독을 들이지 마. 대학 입학 선물로 아버지께서 나한
　　테 사 주신 거니까.

　B: 絶対に欲しがるなよ。大学入学のプレゼントとして父さ
　　んが僕に買ってくれたものだから。

✏️ 「눈독 (目毒)」はもともと目の毒気をいうが、ここでは欲を出して注
目する気配の意味として使われている。

★★★ 慣

눈에 불을 켜다
目に火をつける

非常に欲張ったり関心を持った状態を表す。

例 가: 웬일로 연우가 이 시간까지 잠을 안 자고 공부를 하고 있어
　　요?

　A: ヨヌはどうしてこの時間まで寝ないで勉強をしているん
　　ですか？

　나: 말도 마요. 다음 시험에서 1등을 하겠다고 어제부터 눈에 불
　　을 켜고 공부하고 있어요.

　B: 本当よね。次の試験で1位になるんだと昨日から目の色
　　を変えて勉強しています。

🔎 見るに恐ろしいほど目を大きく開けて睨むという意味で、とても腹が
立って目を見開いた姿を話すときにも使う。

눈에 쌍심지를 켜다

目に灯心をつける

類 눈에 쌍심지가 돋우다
目に灯心をかき上げる
눈에 쌍심지를 세우다
目に灯心を立てる
눈에 쌍심지를 올리다
目に灯心を上げる

ひどく腹が立って目を大きく見開いた姿を表す。

例 가: 요즘 뉴스를 보면 사람들이 사소한 일에도 눈에 쌍심지를 켜고 싸우는 일이 많은 것 같아요.

　　A: 最近のニュースを見ると、人々が些細なことでも目を血走らせて争うことが多いようです。

　　나: 맞아요. 눈앞의 감정에 사로잡혀 평생 후회할 일을 만들지 말아야 할 텐데요.

　　B: そうです。目の前の感情にかられて一生後悔することを作ってはいけません。

🔎 「쌍심지」は油皿にある２つの灯心を意味し、ここに火をつけると灯心２つを灯したように明るくなるが、炎が強くなって危険でもある。このように目から火が出るほど非常に怒った状態を表現するときに使う。

눈에 차다

目に満足する

★★☆ 慣

何かがとても気に入るということ。

例 가: 이 치마는 디자인이 별로고 저건 색깔이 별로야. 이 가게는 옷들이 마음에 들지 않으니 다른 가게에 가 보자.

　　A: このスカートはデザインがいまいちで、あれは色がいまいちだよ。この店は服が気に入らないから他の店に行ってみよう。

　　나: 도대체 네 눈에 차는 게 있기는 해? 이제 그만 고르고 좀 사.

　　B: 果たして君の満足するものがあるの？　もう選ぶのをやめて買って。

🔎 気に入らないときは「눈에 차지 않다 (目に満足しない)」、「눈에 차는 것이 없다 (目に満足するものがない)」のように否定形を使う。

눈을 의심하다

目を疑う

★☆☆ 慣

驚いて見間違えたのではないかと疑念が生じたり信じられないときに使う。

例 가: 할아버지, 이곳도 완전히 도시가 돼 버렸어요. 어렸을 때의 풍경이 하나도 없어요.

　　A: おじいちゃん、ここもすっかり都会になってしまいました。幼い頃の風景が一つもありません。

　　나: 나도 너무 많이 바뀌어서 눈을 의심하게 되네. 옛날 우리 집이 어디였는지도 모르겠다.

　　B: 私も、変わりすぎて目を疑うようになるね。昔の我が家がどこだったのかもわからない。

🔎 普通、大きな変化やある人の優れた実力、全く予想できなかったことなどを見て驚いたときに使い、「제 눈을 의심했어요. (自分の目を疑いました)」のように言ったりもする。

★★☆ 慣

면목이 없다
面目がない

恥ずかしかったり、非常に申し訳なくて他人に接する勇気がないときに使う。

例 가: 제가 설명을 잘 못해서 계약이 안 된 것 같아서 사장님을 뵐 면목이 없어요. 어떻게 하지요?

A: 私が説明をうまくできなくて契約ができていないようで社長にお会いする面目がありません。どうしましょうか？

나: 그래도 우선은 회사에 들어가서 말씀드립시다.

B: それでもまずは会社の中でお話ししましょう。

✎ 「면목 (面目)」はもともと顔と目のことだが、ここでは体面という意味で使われている。

🔎 主に自らの過ちを悔いているというときに使う。似たような意味で「볼 낯이 없다 (合わせる顔がない)」を使うこともある。

★★☆ 慣

뱃속을 채우다
腹の中を満たす

ある人が臆面もなく自分の欲を出すときに使う。

例 가: 지진이 나서 모두가 어려운 상황인데 생필품을 사재기하는 사람들이 저렇게 많네요.

A: 地震が起きてみんなが厳しい状況なのに生活必需品を買いだめする人たちがあんなに多いですね。

나: 그러니까요. 자기 뱃속을 채우려고만 하는 사람들을 보면 이해가 안 돼요.

B: そうですよね。私腹を肥やそうとする人たちを見ると理解できません。

🔎 「뱃속 (腹の中)」は心を俗に表す言葉だ。強調するときは「검은 뱃속을 채우다 (黒い腹の中を満たす)」と言い、似たような意味で「속을 채우다 (中を満たす)」を使うこともある。

★★★ ㄷ

사촌이 땅을 사면 배가 아프다
いとこが土地を買うと腹が痛い

他人がうまくいくことを喜んであげられず、むしろ嫉妬すること。

例 가: 승원 씨가 오늘 왜 저렇게 시무룩해요?

A: スンウォンさんは今日なんであんなに仏頂面をしているんですか？

나: 사촌이 땅을 사면 배가 아프다고 회사 동기가 먼저 승진해서 기분이 안 좋은 것 같아요.

B: いとこが土地を買うと腹が痛くなるというように、会社の同期が先に昇進したことが悔しくて嫉んでいるのでしょうね。

🔎 精神的にストレスを受けると体が痛くなるという意味だ。「남이 잘되면 배가 아프다 (他人がうまくいけば腹が痛い)」を使ったりもする。

어깨가 움츠러들다
肩がすくむ

★★☆ 慣

堂々としていられなかったり、きまりが悪くて恥ずかしいときに使う。

例 가: 지훈이는 뭐든지 잘하니까 지훈이 앞에만 가면 어깨가 움츠러들어.

A: ジフンは何でも上手だから、ジフンの前に行くと肩身が狭い。

나: 그러지 마. 너는 노래를 잘하잖아. 그것을 너의 장점으로 삼으면 되지.

B: そう言わないで。あなたは歌が上手じゃない。それをあなたの長所にすればいいのよ。

🔎 他人の前で自分の実力が足りないと感じたり、ある過ちを犯して元気を出せずに落ち込んでいる状態になるときに使う。

어깨가 처지다
肩が垂れ下がる

★★☆ 慣

類 어깨가 낮아지다
肩が低くなる
어깨가 늘어지다
肩が垂れ下がる

失望して元気がないときに使う。

例 가: 경제 불황이 계속되니까 장사가 잘 안 돼서 남편 어깨가 축 처진 것 같아요.

A: 経済不況が続くので商売がうまくいかず、夫が肩を落としています。

나: 그럼 오늘 저녁에는 기운 나는 음식을 좀 해 드리세요.

B: では、今日の夕食には元気が出る料理を作ってあげてください。

🔎 他の人が力なく疲れている姿を見て話すときに使い、強調するときは「어깨가 축 처지다 (肩がだらりと垂れ下がる)」を使う。

쥐구멍을 찾다
ネズミの穴を探す

★☆☆ 慣

恥ずかしかったりとても気まずかったりしてどこかに隠れてしまいたいときに使う。

例 가: 친구들한테 왜 약속을 못 지켰는지 사실대로 이야기했어요?

A: 友達になぜ約束を守れなかったのかきちんと話しましたか？

나: 네. 처음에는 제가 거짓말한 것이 들통이 나서 쥐구멍을 찾고 싶었는데 왜 그랬는지 설명을 하니까 친구들이 이해해 줬어요.

B: はい。はじめに私の嘘がばれたときは穴があったら入りたいくらいでしたが、なぜそうしたのか説明したら友達が理解してくれました。

🔎 ネズミの穴は小さすぎて入れないが、そこにでも入って身を隠したいほど恥ずかしさを感じるときに使う。普通「쥐구멍이라도 찾고 싶은 심정이다 (ネズミの穴でも探したい気持ちだ)」と使う場合が多い。似たような意味で「쥐구멍에라도 들어가고 싶은 심정이다 (ネズミの穴にでも入りたい気持ちだ)」を使うこともある。

정신 상태 <small>精神状態</small>

★★☆ 慣

김이 빠지다
湯気が抜ける

類 김이 새다
湯気が漏れる
김이 식다
湯気が冷める

興味や意欲が消えて面白くなくなったときに使う。

例 가: 너 그 영화 본다고 했지? 내가 결말을 이야기해 줄까?
　A: 君、その映画を見るって言ってたよね？　僕が結末を話
　　 してあげようか？

　나: 됐어. 영화 보기 전에 결말부터 알고 나면 김이 빠져서 재미
　　 가 없잖아.
　B: いいよ。映画を見る前に結末から知ったら、気が抜けて
　　 面白くないじゃん。

🔎 期待が膨らんでいたことが途中で間違っていたり失敗に終わってがっ
かりしたときに使う。

★☆☆ 慣

나사가 풀리다
ねじが緩む

緊張がほぐれて心や精神状態が緩むということ。

例 가: 손지성 선수가 경기하는 것을 보니 오늘 몸 상태가 안 좋은
　　 가 봅니다.
　A: ソン・ジソン選手が試合しているのを見るに、今日は体
　　 調が良くないようです。

　나: 맞습니다. 마치 나사가 풀린 것처럼 패스 실수를 반복하고
　　 있네요. 교체를 해 줘야 할 것 같습니다.
　B: その通りです。まるでねじが緩んだようにパスミスを繰
　　 り返していますね。交代しなければならないようです。

🔎 「나사가 풀어지다 (ねじが緩む)」の形でも使われ、似たような意味で
「나사가 빠지다 (ねじが抜ける)」を使うこともある。

★☆☆ 慣

나사를 죄다
ねじを締める

緊張がほぐれていた心を再び引き締めるときに使う。

例 가: 연휴도 끝났으니 오늘부터 나사를 죄서 다시 운동을 시작해
　　 보려고 해.
　A: 連休も終わったから、今日から気を引き締めてまた運動
　　 を始めようと思う。

　나: 그래. 운동을 하면 체력도 길러지고 건강해지니 제발 꾸준히
　　 좀 해.
　B: そうだね。運動をすれば体力もついて健康になるから、
　　 どうか地道にやって。

✏️ 「나사를 조이다 (ねじを締める)」の形でも使われ、似たような意味で
「고삐를 잡다 (手綱を握る)」を使うこともある。

★★☆ 慣
넋을 놓다
魂を放す

類 넋을 잃다
魂を失う

正気を失ってボーっとした状態になったときに使う。

例 가: 우와! 저렇게 신기한 마술을 하다니 믿을 수가 없어요.
　A: うわー！　あんなに不思議なマジックをするなんて信じられません。

　나: 그렇죠? 저도 어찌나 신기한지 넋을 놓고 보게 되네요.
　B: そうですよね？　僕もあまりに不思議なのでボーっと見てしまいますね。

✐ 「넋 (魂)」は精神や心のことを指す。

★★☆ 慣
넋이 나가다
魂が出ていく

何も考えがなかったり、正気を失ったときに使う。

例 가: 무슨 일인데 그렇게 넋이 나가 있어?
　A: 何があってそんなに魂が抜けてるの？

　나: 지금 뉴스에서 들었는데 내가 투자한 회사가 부도가 났대. 투자한 돈을 다 날리게 생겼어.
　B: 今ニュースで聞いたんだけど、私が投資した会社が不渡りになったんだって。投資したお金が全部吹き飛ぶことになりそう。

🔍 似たような意味で「얼이 빠지다 (気が抜ける)」を使うこともある。

★☆☆ 慣
넋이 빠지다
魂が抜ける

他のことを何も考えられないほど、何かに熱中するということ。

例 가: 여보, 서영이가 요즘 텔레비전을 너무 많이 보는 거 아니에요?
　A: あなた、ソヨンが最近テレビを見すぎじゃないですか？

　나: 그러게 말이에요. 자기가 좋아하는 배우가 나오는 드라마만 하면 저렇게 넋이 빠지게 보더라고요. 그만 보라고 잔소리를 해도 소용이 없어요.
　B: そうなんだ。自分の好きな俳優が出てくるドラマが始まると、あんなに夢中になって見るんだよ。もう見るなと小言を言っても無駄だね。

★★☆ 慣

눈을 똑바로 뜨다
目をまっすぐに開ける

気を引き締めて注意を払うときに使う。

例 가: 윤아 씨, 정신이 있는 거예요? 또 실수를 했잖아요.
A: ユナさん、正気なんですか？　またミスをしたじゃない
ですか。

나: 죄송합니다. 다시는 실수를 하지 않도록 눈을 똑바로 뜨고
일하겠습니다.
B: 申し訳ありません。二度とミスをしないように気を取り
直して働きます。

🔎 気絶して正気を失った人や寝ていた人が気がついて目を覚ますところ
から出てきた表現だ。似たような意味で「눈을 크게 뜨다 (目を大きく
開ける) 」を使うこともある。

★☆☆ 慣

마음을 잡다
心をつかむ

類 마음을 다잡다
心を引き締める

乱れた考えを正しく持ち直したり、新たに決心するとい
うことを指す。

例 가: 태현이가 여자 친구랑 헤어지고 한동안 방황하더니 이제는
마음을 잡은 것 같아서 안심이야.
A: テヒョンが彼女と別れてしばらく彷徨っていたけど、今
はもう心を入れ替えたみたいで安心した。

나: 맞아. 동아리 모임에도 열심히 나오더라고.
B: そうだよ。サークルの集まりにも頑張って出てくるんだ。

★★☆ 慣

맛이 가다
味が行く

ある人の行動や精神などが正常でないときに使う。

例 가: 김 과장한테 전화 좀 해 봐요. 어제 술을 너무 많이 마셔서
맛이 갔었잖아요.
A: キム課長に電話してみてください。昨日お酒を飲みすぎ
ておかしくなったじゃないですか。

나: 네. 알겠습니다. 바로 전화해 보겠습니다.
B: はい、わかりました。すぐ電話してみます。

🔎 俗語なので目上の人や親しくない人には使わない方が良い。一方、「이
컴퓨터는 너무 오래 써서 맛이 갔어. (このパソコンは使いすぎておかし
くなった) 」のように物が故障したときにも使う。

★☆☆ 慣

맥을 놓다
脈を放す

緊張が解けてボーっとしたときに使う。

例 가: **맥을 놓고** 뭐 하고 있니? 저녁 안 먹어?

A: ボーっとしてどうしたの？　夕食を食べないの？

나: 먹을게요. 출근 첫날이라 너무 긴장했던지 집에 오니까 힘이 빠지네요.

B: 食べます。出勤初日だから緊張しすぎたのか家に帰ってきたら力が抜けますね。

✐ 「맥 (脈)」は元気や力のことを指す。

🔎 疲れすぎて元気や力が出ないときは「맥을 못 추다 (すっかり参る)」を使う。

★★☆ 慣

어안이 벙벙하다
어안이 呆然とする

予期せぬ驚きや途方もないことにあって面食らったときに使う。

例 가: 김민수 씨, 회사 사정이 안 좋아져서 어쩔 수 없이 해고를 하게 되었습니다.

A: キム・ミンスさん、会社の事情が悪くなり、やむを得ず解雇することになりました。

나: 뭐라고요? 갑자기 이러시면 저는 어떻게 살라는 말씀입니까? **어안이 벙벙해서** 뭐라고 해야 할지 모르겠습니다.

B: 何ですって？　急にそんなこと言われても私はどうやって暮らせというのですか？　あっけにとられて何と言えばいいのかわかりません。

✐ 「어안」はあきれて物も言えない舌の中を意味する。

🔎 主に良くないことにあったときに使うが、「갑자기 상을 받게 돼서 어안이 벙벙해요.(突然賞をもらうことになって、あっけにとられています)」のように良いことで驚いたときにも使う。

★☆☆ 慣

어처구니가 없다
어처구니がない

あまりにばかげていたり事が意外すぎて、言葉を失ったときに使う。

例 가: 오늘 **어처구니가 없게** 택시비로 오천 원짜리를 낸다는 게 오만 원짜리를 내고 내렸어요.

A: 今日、タクシー代として五千ウォン札を出すはずが五万ウォン札を出して降りてしまって、あきれて言葉も出ないよ。

나: 택시 기사님도 그걸 모르고 그냥 받으셨어요?

B: タクシーの運転手さんもそれを知らずにそのまま受け取られたのですか？

🔎 「어처구니」は宮殿の屋根の上に幽霊を追うために置いていた彫像、または石臼の取っ手を意味する。宮殿を建てたまでは良かったが遅れて彫像がないことを発見したり、石臼を使おうとしたが取っ手がなかったり、荒唐無稽だというときに使う。

★★☆ 慣

정신을 차리다
気を引き締める

道理をわきまえられる精神状態を持つときに使う。

例 가: 오늘 시합에서 꼭 이겨야만 결승전에 갈 수 있어. 그러니까 정신을 번쩍 차리고 해야 돼.
　　A: 今日の試合で必ず勝たないと決勝戦に行けない。だから気を引き締めてやらないと。

　　나: 네. 알겠습니다. 최선을 다하겠습니다.
　　B: はい、わかりました。最善を尽くします。

🔍 強調するときは「정신을 번쩍 차리다 (気をシャキッと引き締める)」または「정신을 바싹 차리다 (気をグッと引き締める)」を使う。一方、事の道理を見分けられる正気がついたときは「정신이 나다 (気がつく)」を使う。

★☆☆ 慣

진이 빠지다
精根尽きる

類 진이 떨어지다
　　精根が落ちる

あまりにも苦労したり悩まされたりして元気がなくなったときに使う。

例 가: 양양 씨, 여의도 벚꽃 축제 잘 다녀왔어요?
　　A: ヤンヤンさん、汝矣島の桜祭りは楽しんできましたか？

　　나: 사람이 어찌나 많은지 꽃구경을 하기도 전에 진이 다 빠져 버렸어요.
　　B: 人が多すぎて、お花見をする前に疲れきってしまいました。

🔍 「진」は植物の茎や樹皮などから出てくる粘り強い物質だが、これが抜け出ると植物や木が乾いて死んでしまう。このように人に気力や力がないときに使う。一方、あることをするときに力を使い果たし、力がなくなったときは「진을 빼다 (精根を使い果たす)」を使う。

★☆☆ 慣

필름이 끊기다
フィルムが切れる

お酒を飲みすぎて正気や記憶を失ったときに使う。

例 가: 태현아, 나 어제 몇 시에 기숙사에 들어왔어?
　　A: テヒョン、私昨日何時に寮に帰ってきたの？

　　나: 기억을 못 하는 게 당연하지. 필름이 끊겨서 하준이가 업고 왔잖아.
　　B: 覚えてないのは当然だよ。記憶が飛んで、ハジュンがおぶってきたじゃん。

🔍 人の記憶も写真フィルムのようにつながっているが、あることによってその記憶のフィルムが切れて思い出せないときに使う。俗語なので目上の人や親しくない人には使わない方が良い。

02

소문·평판
噂 · 評判

1

간섭·참견 干渉・おせっかい

Track 10

★☆☆ 관

간에 붙었다
쓸개에 붙었다 한다

肝臓にくっついたり胆の
うにくっついたりする

類 간에 붙었다 염통에 붙었
다 한다
肝臓にくっついたり心
臓にくっついたりする
간에 가 붙고 쓸개에 가 붙
는다
肝臓へ行ってくっつき
胆のうに行ってくっつ
く

自分にとって少しでも利益になる方向に移り続けるとい
うこと。

例 가: 태현이는 필요에 따라 간에 붙었다 쓸개에 붙었다 하니 믿을
수가 없어.
A: テヒョンは必要に応じて日和見な態度をとるから、信じ
ることができない。

나: 맞아. 어제도 우리랑 같이 프로젝트를 한다고 하더니 다른
팀 구성원이 더 좋으니까 바로 그쪽으로 가 버렸잖아.
B: そうだよ。昨日も僕たちと一緒にプロジェクトをするっ
て言ってたけど、他のチームのメンバーがもっと良いか
らすぐそっちに行っちゃったじゃん。

🔎 普通、節操なしに状況によって誰にでもお世辞を言う人を非難すると
きに使う。

★★☆ 관

공자 앞에서
문자 쓴다

孔子の前で文字を書く

あることについてより多く知識のある人の前で、知った
かぶりをするときに使う。

例 가: 지난 주말에 동창회에 가서 주식으로 돈을 버는 방법에 대해
한참 이야기했는데 동창 중에 한 명이 증권 회사에 다니지 뭐
야.
A: 先週末、同窓会に行って株でお金を稼ぐ方法についてし
ばらく話したんだけど、同窓生の一人が証券会社に勤め
ていたんだ。

나: 그야말로 공자 앞에서 문자 썼구나?
B: まさに釈迦に説法だね。

🔎 「공자 (孔子)」は儒教を創った中国の思想家であり学者であるが、そ
のようなすごい人の前で難しい文字を書いて偉そうに振る舞う姿を比
喩的に表現した言葉だ。

★☆☆ 곧

구더기 무서워
장 못 담글까

ウジ虫が怖くて醤が仕
込めないのか

🗒 범 무서워 산에 못 가랴
　　トラが怖くて山に行け
　　ないのか

　　장마가 무서워 호박을 못
　　심겠다
　　梅雨が怖くてカボチャ
　　を植えられない

多少の邪魔物があってもやらなければならないこと、や
りたいことは必ずしなければならないということ。

例 가: 아이가 자꾸 자전거를 사 달라고 하는데 타다가 사고가 날까
　　봐 못 사 주겠어.
　　A: 子どもがしきりに自転車を買ってくれと言うけど、乗っ
　　ていて事故が起きるんじゃないかと思って買ってあげら
　　れない。

　　나: 구더기 무서워서 장 못 담글까 봐 걱정이야? 자전거가 없으
　　면 학교 다니기 불편할 거야. 하나 사 줘.
　　B: まだやってみてもいないのに心配してどうする。自転車
　　がないと学校に通うのが不便でしょう。一台買ってあげ
　　て。

🔍 味噌、醤油、コチュジャンのような醤類をよく発酵させるためには、
夏場に醤を入れておいた甕の蓋を開けておかなければならないが、こ
こにハエが卵を産むとウジができる。しかし、醤は韓国料理の味を出
すのに欠かせない調味料なので、このようなことが起きても必ず漬け
るべきだということに由来する表現だ。

★★★ 곧

남의 떡이
더 커 보인다

他人の餅がもっと大き
く見える

🗒 남의 손의 떡은 커 보인다
　　他人の手の餅は大きく
　　見える

　　제 떡보다 남의 떡이 더 커
　　보인다
　　自分の餅より他人の餅
　　がもっと大きく見える

自分が持っているものより他人のものがもっと良く感じ
られるときに使う。

例 가: 마크 차가 내 차보다 더 좋아 보이지 않니?
　　A: マークの車が僕の車よりもっと良さそうに見えない？

　　나: 남의 떡이 더 커 보인다더니 네 차가 훨씬 더 비싼 거잖아.
　　B: 隣の芝生は青く見えるというけど、あなたの車の方が
　　よっぽど高いじゃない。

🔍 実際そうではないにもかかわらず、他人の物や置かれた状況が自分よ
り良く見えてうらやましがるときに使う。

★☆☆ **김**

남의 잔치에 감 놓아 라 배 놓아라 한다

他人の祝宴に柿を置け、梨を置けと言う

類 남의 제사에 감 놓아라 배 놓아라 한다

他人の祭事に柿を置け、梨を置けと言う

사돈집 잔치에 감 놓아라 배 놓아라 한다

縁家の祝宴に柿を置け、梨を置けと言う

他人のことにあれこれ干渉するときに使う。

例 가: 제시카는 왜 저렇게 옷을 촌스럽게 입고 다니니?

A: ジェシカはどうしてあんなに野暮ったい服を着ているの？

나: 괜히 남의 잔치에 감 놓아라 배 놓아라 하지 말고 우리나 잘 입고 다니자고.

B: 人のことに余計な口出ししないで、僕たちはカッコいい服を着て過ごそうよ。

🔎 自分と関係もないことに割り込んで余計に口出しするのが好きな人を叱るときに使う。短く「감 놔라 배 놔라 (柿を置け、梨を置け)」と言ったりもする。

★☆☆ **김**

남의 장단에 춤춘다

他人の拍子に踊る

類 남의 장단에 엉덩춤 춘다

他人の拍子に尻踊りを踊る

남의 피리에 춤춘다

他人の笛に踊る

남이 친 장단에 엉덩춤 춘다

他人の打った拍子に尻踊りを踊る

自分の意見なしに他人の言う通りに従うということ。

例 가: 언니, 나 미국 말고 캐나다로 유학을 갈까 봐. 요즘에는 사람들이 캐나다로 많이 가더라고.

A: お姉ちゃん、私アメリカじゃなくてカナダに留学に行こうかと思って。最近は多くの人がカナダに行くんだよ。

나: 남의 장단에 춤추지 말고 잘 판단해. 괜히 남들 따라 하다가 큰일 나.

B: 人の考えに流されないでちゃんと自分で判断して。人に従ってばかりいたら大変なことになるよ。

🔎 何かをするときには他人の真似をせず、自分の考えと意志で判断して決めなければならないと忠告するときに使う。

★★★ **김**

떡 줄 사람은 생각도 않는데 김칫국부터 마신다

餅をくれる人は考えもしないのにキムチの汁から飲む

類 떡 줄 사람은 꿈도 안 꾸는데 김칫국부터 마신다

餅をくれる人は夢にも見ないのにキムチの汁から飲む

김칫국부터 마신다

キムチの汁から飲む

相手は何かをしてくれる気もないのに、一人で早合点して望んだことをしてもらえるものと勘違いしているときに使う。

例 가: 어머! 태현아, 그 꽃다발 나한테 주려고 사 온 거야?

A: あら！ テヒョン、その花束を私にくれようと買ってきたの？

나: 수아야, 떡 줄 사람은 생각도 않는데 김칫국부터 마시지 마. 오늘 내 여자 친구 생일이라 준비한 거야.

B: スア、それは捕らぬ狸の皮算用だよ。今日は僕の彼女の誕生日だから、それで準備したものだよ。

🔎 昔は餅を食べるときにキムチの汁を一緒に飲んだという。このことわざは隣所で餅を作れば、自分の家にも当然持ってきてくれると思って、あらかじめキムチの汁を準備して飲む行動を比喩的に表現したものだ。

★☆☆ 곤

목마른 놈이
우물 판다

のどの渇いた者が井戸
を掘る

題 갑갑한 놈이 우물 판다

息の詰まった者が井戸
を掘る

差し迫った不便のある人が急いで速やかにあることを始める
ということ。

例 가: 조금만 기다리면 아빠가 새로 사 줄 텐데 그걸 못 참고 가방
을 미리 샀어?

　　A: もう少し待てばパパが新しく買ってくれるのに、それを
　　　我慢できずにカバンを先に買ったの？

　　나: 목마른 놈이 우물 판다고 다음 주부터 학교에 가야 하는데
　　　아직까지 안 사 주셔서 제가 샀어요.

　　B: のどの渇いた者が井戸を掘るように、来週から学校に行
　　　かなければならないのにまだ買ってくれないので自分で
　　　買いました。

★★☆ 곤

번갯불에 콩 볶아
먹겠다

稲妻の火で豆を炒めて
食べるようだ

題 번갯불에 콩 구워 먹겠다

稲妻の火で豆を焼いて
食べるようだ

何かをするときにせっかちだったり、ある行動をすぐに進め
られなくてじれったくなる様子を指す。

例 가: 엄마, 수학 문제 다 풀었어요. 이제 나가서 놀아도 되지요?

　　A: お母さん、数学の問題を全部解いたよ。もう外に出て遊
　　　んでもいいよね？

　　나: 10분도 안 됐는데 다 풀었다고? 번갯불에 콩 볶아 먹겠네.
　　　천천히 다시 풀어 보고 다 풀면 나가서 놀아.

　　B: 10分も経ってないのに全部解いたの？　稲妻の火で豆を
　　　炒めて食べたように大急ぎでやったのね。ゆっくりもう
　　　一度解いてみて、全部解いたら遊んでもいいよ。

🔎 ある人の辛抱強さがないせっかちな性格をからかうときに使う。

★★★ 慣

변덕이 죽 끓듯 하다

移り気がお粥が沸き上
がるように起こる

言葉や行動、感情などが頻繁に変わるときに使う。

例 가: 수아는 자기가 먼저 약속을 잡아 놓고 갑자기 나오기 귀찮다
고 우리끼리 만나래.

　　A: スアは自分が先に約束をしておいて、急に出てくるのが
　　　面倒だからと俺たちだけで会えって。

　　나: 걔는 원래 변덕이 죽 끓듯 하잖아. 그냥 우리끼리 재미있게 놀
　　　자.

　　B: あの子はもともと気まぐれじゃない。私たちだけで楽し
　　　く遊ぼう。

🔎 つかみどころのないほど心がよく変わる人を、お粥が沸騰し始めてあ
ちこちに飛び散ってしまう姿にたとえた表現だ。

★☆☆ 곧

술에 술 탄 듯
물에 물 탄 듯

酒に酒を入れたように、
水に水を入れたように

類 물에 물탄 듯 술에 술탄 듯
　　水に水を入れたように、
　　酒に酒を入れたように

自分の意見や主張がないということ。

例 가: 친구가 자꾸 저한테 돈을 빌려 달라고 하는데 어쩌지요?
　　A: 友達が何度も私にお金を貸してくれと言うのですが、ど
　　　うすればいいのでしょうか？

　　나: 당연히 거절해야지. 네가 술에 술탄 듯 물에 물탄 듯 하니까
　　　친구들이 자꾸 뭔가를 빌려 달라고 하는 거야.
　　B: 当然断らないと。君が曖昧な態度でいるから、友達がし
　　　きりに何かを貸してくれと言うんだよ。

🔍 酒に酒をもっと入れたり、水に水をもっと入れても、酒や水の性質は
変わらない。このように誰かが自分の考えがなく優柔不断で他人の意
見に無条件に従うときに使う。

★★☆ 慣

쓸개가 빠지다

胆のうが抜ける

行動が理にかなっておらず、主体性がないときに使う。

例 가: 그런 쓸개 빠진 행동 좀 그만해. 다시는 연락하지 말라고
　　냉정하게 돌아선 사람한테 또 연락을 했다고?
　　A: そんな腑抜けた行動はもうやめて。二度と連絡するなと
　　　冷たく背を向けられた人にまた連絡をしたって？

　　나: 그러게요. 하지 말아야지 하면서도 왜 자꾸 연락하게 되는지
　　　저도 모르겠어요.
　　B: そうですね。やめなければと思いながらも、どうして何
　　　度も連絡してしまうのか私にもわかりません。

✎ 「쓸개 (胆のう)」は肝臓から出る胆汁を入れておく袋状の臓器のこと
だが、ここでは主体性という意味で使われている。

🔍 誰かが主体性がなかったり、正気でないときに使う。一方、誰かを「쓸
개 빠진 놈 (腑抜けたやつ)」と呼ぶとあまりにもひどい悪口になるの
で、使うときは気をつけなければならない。

★☆☆ 곧

약방에 감초

薬方に甘草

どんなことにも必ず首をつっこむ人のこと。

例 가: 이번에 선배님들이 하시는 워크숍에 저도 참여하면 안 돼요?
　　A: 今回、先輩たちのワークショップに私も参加してはいけ
　　　ませんか？

　　나: 너는 약방에 감초처럼 다 끼려고 하니? 이번에는 선배들만
　　　하는 거니까 넌 오지 마.
　　B: 君、全部加わろうとするのは出しゃばりだよ。今回は
　　　先輩たちだけでやることだから、君は来ないで。

🔍 「약방 (薬方)」は「처방전 (処方箋)」を意味する言葉で、韓方医が韓
方薬を調製するたびにほとんどの処方箋に甘草を使ったが、ここから
出てきた表現だ。

74 간섭・참견

★☆☆ ㄷ

얌전한 고양이가 부뚜막에 먼저 올라간다

おとなしい猫がかまどに先に上がる

類 얌전한 강아지가 부뚜막에 먼저 올라간다

おとなしい子犬がかまどに先に上がる

表向きはおとなしいふりをするが、実際はそうでない人のこと。

例 가: 윤아야. 다음 달에 동생이 결혼한다면서?

A: ユナ。来月妹が結婚するんだって？

나: 응. 얌전한 고양이가 부뚜막에 먼저 올라간다고 공부만 하는 줄 알았는데 남자 친구를 사귄 지 3년이나 되었더라고.

B: うん。人は見かけによらず、勉強ばかりしていると思っていたのに、彼氏と付き合って3年も経ったんだって。

寒い日にかまどに火をつけて暖かくなると、おとなしくしていた猫が一番先にそこに上がって座るという言葉で、見た目が上品でおとなしい人が意外な行動をしたときに使う。

★☆☆ ㄷ

어느 집 개가 짖느냐 한다

どの家の犬が吠えているのやら

類 어디 개가 짖느냐 한다

どこの犬が吠えているのやら

人の言うことを聞くふりもしないということ。

例 가: 내가 말하고 있는데 왜 아무 반응이 없어? 지금 어느 집 개가 짖느냐 하면서 다른 생각하는 거야?

A: 私が話しているのにどうして何の反応もないの？　どの家の犬が吠えているのやらって他のこと考えてるの？

나: 아니야. 오늘 내가 몸이 좀 안 좋아서 그래.

B: いいや、今日僕は体調が悪いんだよ。

他人がいくら大声で騒いでも聞きたくないので無視するときに使う。

★★★ ㄷ

우물에 가 숭늉 찾는다

井戸に行っておこげ湯を探す

類 보리밭에 가 숭늉 찾는다

麦畑に行っておこげ湯を探す

事の順序を知らず性急に突っ走るときに使う。

例 가: 엄마, 제 옷의 단추 다 다셨어요?

A: お母さん、私の服のボタンは全部縫ってくれましたか？

나: 우물에 가 숭늉 찾겠다. 왜 이렇게 급하니? 이제 바늘에 실을 꿰고 있잖아.

B: せっかちねえ。なんでそんなに急いでるの？　今針に糸を通しているじゃない。

「숭늉（おこげ湯）」はご飯を炊いた後、おこげに水を注いで煮込んでこそ得られるもので、ただ水のある井戸に行って探しても出てくるはずがない。このように短気な人を指す言葉で、目上の人や親しくない人には使わない方が良い。「우물에서 숭늉 찾다（井戸からおこげ湯を探す）」を使うこともある。

★★☆ 慣

입에 오르내리다

口に上がったり下がっ
たりする

ある人が他人の話の種になるときに使う。

例 가: 오늘 첫 출근이니 회사 사람들의 입에 오르내리지 않도록
행동을 잘해야 된다.

A: 今日は初出勤だから会社の人たちに噂されないように、
きちんと行動しなければならない。

나: 제가 알아서 잘할 테니까 걱정하지 마세요.

B: 私がついているので、心配しないでください。

🔍 人々の間で誰かについての噂が流れているときに使う。

★★☆ 慣

입이 싸다

口が安い

口数が多く秘密をきちんと守らないということ。

例 가: 내가 민지한테 말한 비밀을 친구들이 다 알고 있더라.

A: 僕がミンジに言った秘密を友達が全部知っていたよ。

나: 민지가 입이 싼 걸 몰랐어? 그래서 걔한테는 절대 비밀을
말해선 안 돼.

B: ミンジが口が軽いのを知らなかったの？ だからあの子
には絶対秘密を言ってはだめ。

🔍 俗語なので目上の人や親しくない人には使わない方が良い。

★★★ 慣

콧대가 높다

鼻っ柱が高い

ある人が偉そうにしてうぬぼれているときに使う。

例 가: 수아가 명문 대학에 가더니 너무 콧대가 높아졌어.

A: スアは名門大学に入ったから、あまりにも鼻高々になっ
た。

나: 그러게. 어찌나 잘난 척을 하는지 꼴 보기 싫을 때가 있어.

B: そうだね。あまりに偉そうな様子で会うのが嫌になると
きがある。

🔍 自分のうぬぼれや自尊心を捨てるときは「콧대를 낮추다 (鼻っ柱を低
くする)」を使う。

★★☆ 慣

하늘 높은 줄 모르다

空が高いのを知らない

自分の身の程を知らず偉そうにしてうぬぼれているときに使う。

例 가: 하준이가 하늘 높은 줄 모르고 잘난 척하니까 친구들이 걔를 다 싫어해.

　　A: ハジュンが空が高いのも知らずに偉そうにするから、友達がみんなその子を嫌がる。

　　나: 그래서 사람은 항상 겸손해야 하는 거야.

　　B: だから人はいつも謙虚でなければならないの。

🔍 主に偉そうな人を皮肉るときに使う。一方、「물가가 하늘 높은 줄 모르고 치솟아 서민들의 형편이 점점 어려워지고 있다. (物価が天井知らずに急騰し、庶民の暮らし向きがますます厳しくなっている)」のように物価が非常に高く上がるときにも使う。

★★☆ 속

하룻강아지 범 무서운 줄 모른다

生まれたばかりの子犬はトラの怖さを知らない

何の経験もない人が分別なくむやみに突っかかるときに使う。

例 가: 지난주에 입사한 신입 사원이 이사님의 말씀에 말대꾸를 했대요.

　　A: 先週入社した新入社員が理事の言葉に口答えをしたそうです。

　　나: 하룻강아지 범 무서운 줄 모른다더니 사회생활이 뭔지 모르는군.

　　B: 生まれたばかりの子犬はトラの怖さを知らないと言いますが、社会生活が何なのかわきまえていないね。

🔍 トラを見たことのない子犬が初めてトラを見て、どれほど恐ろしい存在なのかも知らずむやみに吠えるという言葉だ。このように身の程も知らず他の人にひるむことなく食ってかかるのを見て皮肉りながら話すときに使う。

02 噂・評判

★☆☆ 慣

맺힌 데가 없다
こだわりがない

心が広くて寛大だということ。

例 가: 선생님, 우리 지훈이가 학교생활을 잘하나요?

　　A: 先生、うちのジフンは学校生活をうまくやっていますか？

　　나: 네. 공부도 열심히 하고 맺힌 데가 없이 싹싹해서 친구도 많아
　　　　요.

　　B: はい。勉強も頑張っていて、こだわりがなく気さくで友
　　　　達も多いです。

🔍 似たような意味で「맺힌 구석이 없다 (こだわる一面がない)」を使う。
一方、ある人の心が狭く寛大でないときは「맺힌 데가 있다 (こだわり
がある)」を使う。

★★☆ 慣

물 샐 틈이 없다
水が漏れる隙がない

性格に隙がなく徹底していたり、あることを徹底的かつ
完璧に処理するときに使う。

例 가: 왜 저만 이렇게 많은 업무를 맡게 되는지 모르겠어요. 매일매
　　　일 정신이 없어요.

　　A: なぜ私だけがこんなに多くの業務を引き受けることにな
　　　　るのかわかりません。毎日毎日慌ただしくてバタバタで
　　　　す。

　　나: 지원 씨가 무슨 일이든지 물 샐 틈이 없이 처리하니까 상사들
　　　　이 믿고 맡기는 거겠죠.

　　B: ジウォンさんが何でも抜け目なく完璧に処理するので、
　　　　上司たちが信じて任せるのでしょう。

🔍 水を注いでも漏れる隙間がなく、一滴の水も漏れないという意味で、
少しも隙のない性格を比喩的に表現した言葉だ。

★☆☆ 慣
반죽이 좋다
性格が良い

怒りをむき出しにしたり、恥ずかしがったりしないということを指す。

例 가: 승원 씨가 우리 모임에 새로 들어와도 적응을 잘할까요?
A: スンウォンさんが私たちの集まりに入ってきてもうまく適応できるでしょうか？

나: 그럼요. 승원 씨는 **반죽이 좋아** 사람들과도 잘 어울리고 금방 적응할 거예요.
B: 大丈夫です。スンウォンさんは物怖じしないし、人々ともうまく付き合い、すぐ慣れると思います。

✎ 「반죽」は物事や人に対する好き嫌いがなくて、与えられた状況によく適応する性格だという言葉だ。

🔎 人々が「변죽이 좋다」と言うことがあるが、これは誤った表現だ。

★☆☆ 慣
배짱이 좋다
度胸がいい

胆力と迫力があってどんな物事も恐れないということ。

例 가: 모두 이 일은 위험 부담이 크니까 하지 말라고 말리는데도 밀고 나가는 걸 보니 민수 씨는 **배짱이 좋네요**.
A: みんながこの仕事は危険で負担が大きいからやめなと止めているのに押し進めていくのを見ると、ミンスさんは度胸がありますね。

나: 저도 놀랐어요. 평소에 너무 조용해서 저렇게 추진력이 있는지 몰랐거든요.
B: 私も驚きました。普段はとても静かなので、あんなに推進力があるとは知らなかったです。

🔎 「배짱 (度胸)」はお腹の中に入っている腸のことだが、昔の人たちはこの腸が丈夫でこそ怖がらないと思った。一方、他の人を怖がったり意識したりせずに自信満々な態度を見せるときは「배짱이 두둑하다 (度胸が据わっている)」を使う。

★☆☆ 慣
배포가 크다
肝っ玉が大きい

考えが深くて度胸があるということ。

例 가: 승원 씨가 천 명이 넘는 사원들 앞에서 발표를 잘할 수 있을지 걱정이에요.
A: スンウォンさんが千人を超える社員の前で発表をうまくできるか心配です。

나: 걱정하지 마세요. 생각보다 **배포가 큰** 사람이라 발표를 잘할 거예요.
B: 心配しないでください。思ったより肝が据わった人なので、発表をうまくやると思います。

🔎 似たような意味で「배포가 두둑하다 (肝が据わっている)」や「배포가 남다르다 (肝が並外れている)」も使う。

법 없이 살다

法がないままに暮らす

法がなくても悪いまねをしないほど、人が正しく善良だ
ということ。

例 가: 아래층에 새로 이사 온 사람은 어때요? 지난번에 살던 사람
　　 은 층간 소음 문제로 너무 예민하게 굴어서 힘들었잖아요.

　　A: 下の階に新しく引っ越してきた人はどうですか？　前に
　　 住んでいた人は階間の騒音問題であまりにも敏感に振る
　　 舞って大変だったじゃないですか。

　　 나: 글쎄요. 아직은 잘 모르겠지만 첫인상은 법 없이 살 사람처
　　 럼 착해 보이던데요.

　　B: そうですね。まだよくわかりませんが、第一印象は真面
　　 目で人がよさそうに見えました。

🔍 強調するときは「법 없이도 살 사람 (法がなくても暮らす人)」の形で
　　 使う。

신경을 쓰다

神経を使う

些細なことにまで細心の注意を払うということ。

例 가: 제시카 씨는 일을 하면서 혼잣말을 자주 하네요.

　　A: ジェシカさんは仕事をしながら独り言をよく言いますね。

　　 나: 안 그래도 제시카 씨한테 물어봤는데 일할 때 집중하면 자기
　　 도 모르게 혼잣말을 하게 된다고 하더라고요. 너무 신경을
　　 쓰지 마세요.

　　B: ジェシカさんに聞いてみたんですが、仕事中に集中する
　　 と無意識のうちに独り言を言うようになるそうです。あ
　　 まり気にしないでください。

✏️ 「신경 (神経)」はもともと動物や人にある身体の器官のことだが、こ
　　 こではあることに対する感じや考えという意味で使われている。

🔍 あることに心や神経が傾いたりするときには「신경이 쓰이다 (神経が
　　 使われる〔気になる〕)」を使う。一方、あることにこれ以上関心を寄
　　 せたり考えたりしないときは「신경을 끊다 (神経を断つ)」を使う。

엉덩이가 무겁다
★★☆ 慣

尻が重い

類 궁둥이가 무겁다
尻が重い

一度席に座ると立ち上がることを考えずに、同じ席に長く座っているということ。

例 가: 푸엉이는 정말 엉덩이가 무거운 것 같아. 3시간이 넘도록 꼼짝도 안 하고 기말 보고서를 쓰고 있어.

A: プオンは長居しているね。３時間が過ぎても少しも動かずに期末報告書を書いている。

나: 진짜 대단하다. 난 한 시간만 앉아 있어도 힘든데…….

B: 本当にすごい。僕は１時間座っているだけでも大変なのに……。

🔎 같은 席に長く座っていられず、すぐ立ち上がるときは「엉덩이가 가볍다 (尻が軽い)」を使う。

입이 무겁다
★★★ 慣

口が重い

口数が少なく秘密をきちんと守るということ。

例 가: 민지하고 하준이가 사귀는 건 아무도 모르니까 절대 다른 사람한테 이야기하지 마.

A: ミンジとハジュンが付き合っていることは誰も知らないから、絶対に他の人に話さないで。

나: 나는 입이 무거운 사람이니까 걱정하지 마.

B: 私は口が堅い人だから心配しないで。

🔎 口数が多く秘密をきちんと守らない人には「입이 가볍다 (口が軽い)」を使う。

피가 뜨겁다
★☆☆ 慣

血が熱い

意志や意欲などが非常に強いということ。

例 가: 영화배우 허지은 씨가 영화 제작에 참여한다면서요?

A: 映画俳優のホ・ジウンさんが映画制作に参加するそうですね？

나: 아니래요. 인터뷰한 것을 봤는데 자기는 연기할 때 가장 피가 뜨거운 것 같다며 제작은 생각도 해 본 적이 없다고 하더라고요.

B: 違うようです。インタビューしたのを見ましたが、あの人は演技するときが一番血が騒ぐそうで、制作は考えたこともないと言っていました。

✎ 「뜨겁다 (熱い)」は本来あるものの温度が高いという意味だが、ここでは比喩的に感情や情熱などが激しく強いという意味で使われている。

부정적 평판 ▎否定的な評判

★☆☆ 慣

간도 쓸개도 없다

肝臓も胆のうもない

自尊心がないかのように他人に屈するということ。

例 가: 왜 자꾸 우리 팀이 제일 못했다고 놀리는 민지 편을 드는 거야? 넌 간도 쓸개도 없니?

A: なんでしきりにうちのチームが一番下手だとからかうミンジの味方になるの？ 君にはプライドがないの？

나: 민지 편을 드는 게 아니라 좀 냉정하게 생각해 보자는 거야. 그래야 다음번에 더 잘할 수 있잖아.

B: ミンジの味方になるんじゃなくて、ちょっと冷静に考えてみようってことだよ。そうしてこそ、次はもっと上手くできるじゃん。

🔎 ある人が自分の役に立ちそうな人に無条件によくしてあげたり、その人がお願いしてくることはすべてやるのを見て非難するときに使う。

★★☆ 慣

간이 붓다

肝が腫れる

立場や状況に合わないほど非常に勇敢になること。

例 가: 승원 씨가 갑자기 간이 부었는지 사장님이 빨리 마무리하라고 말씀하신 서류 작업을 계속 안 하고 있어요.

A: スンウォンさんが大胆不敵にも、社長が早く仕上げろとおっしゃった書類作業をずっとしていません。

나: 결재를 올릴 때마다 사장님이 뭐라고 하시니까 그동안 쌓였던 게 폭발한 거지요.

B: 決裁を上げるたびに社長が何かおっしゃるから、これまで溜まっていたものが爆発したんです。

🔎 大胆すぎるほど虚勢を張って無謀な行動をするときに使用し、普通否定的な状況で使われる。「간덩이가 붓다」、「간땡이가 붓다」(肝っ玉が腫れる) を使うこともあるが、これは俗な表現だ。

★★☆ 慣

간이 작다
肝が小さい

臆病で気が弱いということ。

例 가: 번지점프를 하자고? 나는 간이 작아서 절대 못 해.

A: バンジージャンプをしようって？　僕は肝が小さいから
絶対できない。

나: 그래? 그럼 나 혼자 하고 올 테니까 응원이나 해 줘.

B: そう？　じゃあ、私一人でやってくるから応援でもして。

🔍 韓医学では肝臓が精神活動までつかさどる、非常に重要な臓器と考え
られているが、肝臓が冷たいと体積が小さくなり、小さなことにも怖
がるようになるという。「간덩이가 작다」、「간땡이가 작다」（肝っ玉が
小さい）を使うこともあるが、これは俗な表現だ。

★☆☆ 慣

간이 크다
肝が大きい

怖いもの知らずだということ。

例 가: 내 동생이 한 달 동안이나 아프리카로 배낭여행을 가겠대.

A: 私の弟が一か月間もアフリカにバックパック旅行に行く
って。

나: 네 동생은 정말 간이 크구나? 난 겁이 나서 혼자서는 국내
여행도 못하겠던데.

B: 君の弟は本当に肝が大きいね。僕は怖くて一人では国内
旅行もできなかったけど。

🔍 韓医学では肝臓が熱いと大きくなり、大抵のことでは驚かなくなると
考えられている。「간덩이가 크다」、「간땡이가 크다」（肝っ玉が大きい）
を使うこともあるが、これは俗な表現だ。

★★☆ 己

겉 다르고 속 다르다
表と裏が異なる

表に現れる行動と心の中で抱いている考えが互いに違う
ということ。

類 겉과 속이 다르다
表と裏が異なる
겉 보기와 안 보기가 다르
다
外見と内心が異なる

例 가: 수아가 자기가 발표를 도와주겠다면서 우리 팀 발표 제목이
뭔지 좀 알려 달래.

A: スアが発表を手伝ってあげるから、うちのチームが発表
するタイトルが何なのか教えてほしいって。

나: 수아는 겉 다르고 속 달라서 믿으면 안 돼. 아마 우리 팀에서
뭘 발표하는지 미리 알고 싶어서 그런 걸 거야.

B: スアは裏表があるから信じちゃだめだよ。たぶん、うち
のチームで何を発表するのか事前に知りたかったからだ
と思う。

🔍 ある人の人柄が良くないので、信じてはいけないと言うときに使い、
似た意味で「앞뒤가 다르다（前後が異なる）」を使う。

★★★ 慣

귀가 얇다
耳が薄い

他人の話をよく信じて提案を簡単に受け入れるということ。

例 가: 민지야. 나 쇼핑하러 가는데 같이 가 줄래? 난 귀가 얇아서 점원이 예쁘다고 하면 다 사 버리잖아.

A: ミンジ。僕ショッピングしに行くんだけど、一緒に行ってくれる？　僕は真に受けやすいから店員さんが似合ってると言ったら全部買っちゃうじゃん。

나: 알았어. 같이 가 줄게.

B: わかった。一緒に行ってあげる。

🔎 誰かが他人の話に心ひかれて主体性なく行動するときに使う。

★★★ 慣

낯을 가리다
顔を選ぶ

見知らぬ人を見て、恥ずかしがったり嫌がること。

例 가: 아이가 말이 별로 없고 부끄러움을 많이 타네요.

A: お子さん、あまり口数がなくて恥ずかしがり屋ですね。

나: 우리 아이가 낯을 많이 가려서 그래요. 친해지면 말도 많이 하고 명랑해져요.

B: うちの子は人見知りをするんです。親しくなるとたくさん話して明るくなります。

🔎 普通、新しい環境や人に不慣れでぎこちないときに使う。主に「낯을 많이 가리다 (とても人見知りをする)」という形で使う。

★☆☆ 慣

놀부 심보
ノルブの心根

類 놀부 심사
ノルブの根性

欲張りで意地悪な心のあり方を示す。

例 가: 민지가 남자 친구 자랑을 그렇게 하더니 크게 싸우고 헤어졌대. 너무 고소하지 않니?

A: ミンジが彼氏をあんなに自慢してたのに大喧嘩して別れたんだって。とてもいい気味じゃない？

나: 너는 친구에게 안 좋은 일이 있는데 위로는 못 해 줄망정 무슨 놀부 심보니?

B: 君は友達に悪いことがあるのに慰めてあげるどころか、どうしてそんなに意地悪なの？

🔎 「놀부 (ノルブ)」は「興夫伝 (흥부전)」という古代小説に出てくる欲張りで意地悪な人だ。そして「심보 (心根)」は心を使う態度のことだが、主に「심보가 고약하다」あるいは「심보가 못됐다」(心根が悪い)のように良くない心を指すときに使う。ここから他の人がうまくいくのを見ることができずに嫉妬する悪い心を「놀부 심보 (ノルブの心根)」という。

☆☆☆ 慣

뒤끝이 흐리다
終わりが濁る

言葉や行動の結末がはっきりしないということ。

例 가: 민수 씨, 이번 일은 확실하게 끝맺음을 해야 합니다.
　　　　지난번처럼 **뒤끝이 흐리게** 처리하면 절대 안 됩니다.
　　A: ミンスさん、今回の仕事は確実に仕上げなければなりません。この前のようにうやむやに処理しては絶対にいけません。

　　나: 알겠습니다. 마무리까지 확실하게 하겠습니다.
　　B: わかりました。最後までしっかりと仕上げます。

✎ 「흐리다（濁る）」は純粋なものに他のものが混じってきれいではないという意味だが、ここでは記憶や考えなどが明確ではないという意味で使われている。

★★☆ 慣

모가 나다
角が立つ

性格や態度が円満ではなく気難しいということ。

例 가: 수아는 친구가 별로 없나 봐. 항상 혼자 다니잖아.
　　A: スアは友達があまりいないみたい。いつも一人でいるじゃん。

　　나: 수아가 성격이 좀 **모가 났잖아**. 그래서 사람들이 같이 다니는 걸 별로 안 좋아하는 것 같아.
　　B: スアの性格はちょっと尖ってるじゃん。だからみんな一緒にいるのがあまり好きじゃないみたい。

✎ 「모（角）」は物の尖った部分をいう。

🔎 性格が柔和でなく、とても気難しい人には「성격이 까칠하다（性格がとげとげしい）」を使うこともある。

밴댕이 소갈머리

サッパの了見

밴댕이 소갈딱지
サッパの了見

思いやりがなく、小さなことにもよく腹を立てる狭くて浅はかな心を表す。

例 가: 형처럼 좀 부지런해지라고 잔소리 좀 했다고 또 삐졌어? 밴댕이 소갈머리 같기는.

A: 兄のように勤勉になれって小言を言ったからって、また拗ねたの？　偏狭な子ね。

나: 엄마가 자꾸 형하고 비교하니까 그렇잖아요. 제발 비교 좀 그만하세요.

B: お母さんが何度も兄さんと比較するからじゃないですか。頼むから比べないでください。

✐ 「소갈머리」は内心を俗に指す言葉だ。

♀ サッパ（ママカリとも呼ばれる魚）は体の大きさに比べて内臓が入っている中身がとても小さく、せっかちで捕まるやいなや死んでしまう。それで漁師たちが心が狭く、すぐにすねる人をサッパにたとえたことから生まれた表現だ。

세월아 네월아

歳月よ四月よ

行動がのんびりしているときや仕事の処理が遅いときに使う。

例 가: 연우야, 시험이 코앞인데 공부는 안 하고 게임만 하면서 세월아 네월아 하고 있으면 어떻게 하니?

A: ヨヌ、試験が目前なのに勉強はしないでゲームばかりしながら、時間を無駄にしていたらどうするの？

나: 알았어요. 딱 오 분만 더 하고 공부할게요.

B: わかりました。きっぱりあと5分だけやって勉強します。

♀ 「세월」は歳月の意味だが、この慣用句は言葉遊びで「세は3、네は4」の意味でそのまま時間が過ぎゆくことや時間を無駄にしていることを表す。概して、やるべきことを後回しにして無意味に時間を送る人を責めるときに使う。

속이 시커멓다

中が真っ黒だ

속이 검다
中が黒い

心が純粋ではなく、考えることが腹黒いということ。

例 가: 김 대리님이 점장님께 가서 불만 사항을 같이 말하자고 하는데 그래도 될까요?

A: キム代理が店長のところに行って不満に思っていることを一緒に話そうと言っていますが、そうしてもいいのでしょうか？

나: 글쎄요. 김 대리님은 속이 시커먼 사람이라 하자는 대로 다 하면 안 될 것 같아요.

B: そうですね。キム代理は腹黒い人なので、すべて言われた通りにするのはよくないと思います。

✐ 「시커멓다（真っ黒だ）」は色が黒すぎるという意味の「꺼멓다（真っ黒い）」を強調する言葉。

★☆☆ 괜

앉은 자리에
풀도 안 나겠다

座ったところに草も生
えそうにない

人の態度が非常に冷淡だということ。

例 가: 김 선배님은 얼마나 쌀쌀맞은지 앉은 자리에 풀도 안 나겠어
요.

A: キム先輩は取りつく島もないほど冷淡です。

나: 맞아요. 후배들을 조금만 따뜻하게 대해 주시면 좋겠는데 항
상 냉정하게 대하셔서 조금 서운하기도 해요.

B: そうです。後輩たちにもう少しだけ暖かく接してくださ
れば良いのに、いつも冷たく接して少し寂しいです。

★☆☆ 慣

얼굴에 철판을 깔다

顔に鉄板を敷く

類 철판을 깔다
鉄板を敷く

恥も外聞もなく非常に図々しいということ。

例 가: 하준이는 정말 뻔뻔해. 태현이가 만든 PPT인데 어떻게 저렇
게 당당하게 자기가 만든 거라고 거짓말을 할 수 있어?

A: ハジュンは本当に図々しい。テヒョンが作ったPPTなの
に、どうしてあんなに堂々と自分が作ったんだって嘘を
つくことができるの？

나: 그러게. 얼굴에 철판을 깔았나 봐.

B: ほんと、面の皮が厚いね。

🔍 鉄板のように非常に厚い顔の皮を持っているという意味で、誰かが顔
色を変えずに平気で行動するときに使う。

★★★ 慣

얼굴이 두껍다

顔が厚い

類 낯이 두껍다
顔が厚い
얼굴 가죽이 두껍다
顔の皮が厚い

恥じらいや遠慮もなく図々しくて厚かましいということ。

例 가: 앞으로는 절대 민지하고 밥을 같이 안 먹을 거야. 밥값을
한 번도 낸 적이 없어.

A: これからは絶対ミンジとご飯を一緒に食べない。食事代
を一度も払ったことがない。

나: 걔는 왜 그렇게 얼굴이 두껍니? 나하고 밥 먹을 때도 한 번
도 돈을 안 냈어.

B: あの子はどうしてあんなに厚かましいの？　私とご飯を
食べるときも一度もお金を払わなかった。

🔍 主に過ちを犯しても謝らなかったり、知らないふりをしたりするとき
に使う。

★★☆ **ㄹ**

찔러도 피 한 방울 안 나겠다

刺しても血一滴も出そうにない

(類) 이마를 찔러도 피 한 방울
안 나겠다
額を刺しても血一滴も
出そうにない

冷静かつ冷徹で人情がないということ。

(例) 가: 여보, 어떻게 하죠? 집주인한테 이번 달 월세를 며칠만 미뤄
달랬더니 절대 안 된대요. 찔러도 피 한 방울 안 나겠더라고
요.

A: なあ、どうしよう？　家主に今月の家賃の支払いを数日
だけ延ばしてほしいと言ったら、絶対にだめだそうだ。
情け容赦もないよ。

나: 그래요? 할 수 없지요. 내가 친구한테 좀 빌려 볼게요.

B: そうなんですか？　仕方ないですね。私が友達にちょっ
と借りてみます。

○ 「찔러도 피 한 방울 안 나올 사람 (刺しても血一滴出ない人)」の形でよ
く使う。一方、隙がなく人に欠点を見せない完璧主義者を指すときに
も使う。

★☆☆ **慣**

콧대가 세다

鼻っ柱が強い

(類) 콧등이 세다
鼻筋が強い

自尊心が強くて相手に屈しないということ。

(例) 가: 할아버지, 누가 봐도 연우가 잘못했으니까 저한테 사과하라
고 해 주세요. 다른 때는 제가 형이라서 항상 양보하잖아요.

A: おじいちゃん、誰が見てもヨヌが悪かったから私に謝る
ように言ってください。他のときは僕が兄だから、いつ
も譲歩するじゃないですか。

나: 연우가 콧대가 세서 누가 뭐라고 해도 잘 안 듣잖아. 스스로
잘못을 깨달을 때까지 좀 더 기다려 보자.

B: ヨヌは鼻っ柱が強いから、誰が何と言ってもよく聞かな
いじゃないか。自分で過ちを悟るまでもう少し待ってみ
よう。

○ 偉そうにしてとても横柄に振る舞うときは「콧대를 세우다 (鼻っ柱を
立てる)」という。

★☆☆ 慣

피도 눈물도 없다

血も涙もない

人情や思いやりが少しもないということ。

例　가: 너는 피도 눈물도 없니? 어떻게 아픈 아빠를 놔두고 유학 간다는 말을 하니?
　　A: おまえは血も涙もないの？　よくも病気のお父さんを置いて留学に行くなんて言えるね。

　　나: 저도 오랫동안 고민했는데 더 늦추면 안 될 것 같아서요.
　　B: 私も長い間悩みましたが、これ以上遅らせてはいけないと思いまして。

🔎 冷静かつとても冷酷で、他人の事情を考慮できない人間的でない人に使う。

★★☆ こ

한 귀로 듣고
한 귀로 흘린다

一方の耳で聞き
一方の耳で流す

人の言うことを集中して聞かず適当に聞き流すこと。

例　가: 누나, 요즘 엄마의 잔소리가 더 심해지셔서 너무 힘들어. 나도 누나처럼 독립할까?
　　A: 姉さん、最近母さんの小言がもっとひどくなってとても大変だよ。僕も姉さんのようにひとり立ちしようかな？

　　나: 엄마한테 죄송하기는 하지만 매일 같은 말씀을 하시니까 한 귀로 듣고 한 귀로 흘려.
　　B: お母さんに申し訳ないけど、毎日同じことを言うから、聞き流して。

🔎 主に誰かが小言を言ったり聞きたくないことを言ったりしたら、耳を傾けて聞かないよう助言するときに使う。

★☆☆ 慣

호박씨를 까다

かぼちゃの種をむく

類 뒤로 호박씨를 까다
後ろでかぼちゃの種を
むく

表向きはおとなしいふりをしながら、裏では密かにあらゆる振る舞いをするということ。

例 가: 전 호박씨를 까는 사람이 정말 싫어요. 윤아 씨가 저하고 제일 친하다고 생각했는데 뒤에서 제 욕을 하고 다니면 어떡해요?

A: 私は猫を被る人が本当に嫌いです。ユナさんは私と一番親しいと思っていたのに、陰で私の悪口を言いふらしてどうするんですか？

나: 무슨 소리예요? 전 그런 적 없어요. 뭔가 오해를 하신 것 같아요.

B: 何言ってるんですか？　私はそんなのしたことありません。何か誤解をされているようです。

🔎 裏でかぼちゃの皮をむいて口にする姿から生まれた慣用句だ。表向きはおとなしい人が陰で悪口を言ったり、人前ではそうでないふりをしながら後ろでは人々が知らないような行動をするなど、こっそりと恥ずかしいことやとんでもないことをすることを非難するときに使う。

태도

態度

----

1. **겸손·거만** 謙遜 · 傲慢
2. **선택** 選択
3. **의지** 意志

① 겸손·거만 謙遜・傲慢

Track 13

★★★ 속

개구리 올챙이 적 생각 못 한다

カエルはオタマジャク
シだったときを忘れる

類 올챙이 적 생각은 못하
고 개구리 된 생각만 한
다

オタマジャクシだった
ときは考えられず、カ
エルになったことばか
り考える

状況や地位が前より良くなった人が過去の苦労を忘れて、
もとから優れていたように自慢するときに使う。

例 가: 개구리 올챙이 적 생각 못 한다더니 민수가 돈 좀 벌었다고
너무 으스대는 거 같아.

A: カエルはオタマジャクシだったときを忘れると言うよう
に、ミンスがお金を稼いだとずいぶん威張っているみた
い。

나: 맞아. 자기가 언제부터 부자였다고 돈 없는 친구들을 무시하
고 다니더라고.

B: そうだよ。自分があるときから金持ちだったからって、
お金のない友達を無視しているんだって。

🔎 成功した後は過去の苦労を忘れて偉そうなふりをする人を、自分がオ
タマジャクシだった事実を忘れて威張るカエルにたとえた言葉。

★☆☆ 관

거울로 삼다

鏡にする

他人のことや過ぎ去ったことなどを見て模範としたり警
戒したりするということ。

例 가: 시험에 떨어졌다고 너무 실망하지 마. 다음에 잘 보면 되지.

A: 試験に落ちたからといってがっかりしすぎないで。次に
ちゃんと受ければいいじゃん。

나: 알겠어. 이번 실패를 거울로 삼아 열심히 공부해서 다음에는
꼭 합격하고 말 거야.

B: わかった。今回の失敗を教訓にして、一生懸命勉強して
次は必ず合格してやる。

🔎 間違ったことや状況を見て同じミスを繰り返さないように気をつける
ときに使う。また、「부모님을 거울로 삼아 열심히 살 거야. (両親を鏡に
して一生懸命生きるんだ)」のようにあることを教訓の対象にしてそ
のまま真似するときも使う。

★★☆ 慣
고개가 수그러지다
首が下がる

誰かを尊敬する思いが生じるときに使う。

例 가: 여보, 어제 뉴스를 봤는데 어떤 남자가 물에 빠진 아이를 구하고 대신 죽었대요.

　　A: あなた、昨日ニュースを見ましたが、ある男性が溺れた子どもを助け、代わりに亡くなったそうです。

　　나: 정말요? 그 사람의 희생정신에 저절로 고개가 수그러지네요.

　　B: 本当か？　その人の犠牲的精神におのずと頭が下がるね。

🔍 尊敬する人には自然と頭を下げて挨拶することから出てきた表現だ。強調するときは「저절로 고개가 수그러지다」、「절로 고개가 수그러지다」（おのずと首が下がる）を使う。

★★★ 慣
고개를 숙이다
首を下げる

誰かに対して尊敬する気持ちを表現するときに使う。

例 가: 스승의 날을 맞아 저희를 늘 사랑으로 대해 주시는 선생님의 은혜에 고개를 숙여 감사의 뜻을 전합니다.

　　A: 先生の日を迎えるにあたり、私たちにいつも愛情をもって接してくださる先生の恩に（頭を下げて）深い感謝の意を伝えます。

　　나: 이렇게 찾아와 줘서 정말 고맙구나.

　　B: こんな風に訪ねてきてくれて本当にありがたいね。

🔍 似たような意味で「머리를 숙이다（頭を下げる）」を使うこともある。また「자존심이 상했지만 상대에게 고개를 숙이고 말았다.（プライドが傷ついたが相手に首を下げてしまった）」のように自尊心を捨てて誰かに降伏したり屈服するという意味でも使う。

★★★ 慣
귀를 기울이다
耳を傾ける

類 귀를 재다
　　耳をそばだてる

他人の言葉や話に関心を持って注意深く聞くことを表す。

例 가: 하준아, 앞에서 발표하는 사람이 뭐라고 하는 거야? 잘 안 들려.

　　A: ハジュン、前で発表している人は何て言っているの？よく聞こえない。

　　나: 네가 핸드폰을 하면서 들으니까 그렇지. 집중해서 발표에 귀를 기울여 보면 잘 들릴 거야.

　　B: 君が携帯電話を見ながら聞くからだよ。集中して発表に耳を傾けてみればよく聞こえるよ。

✍ 「기울이다（傾ける）」は片側を斜めに下げたり曲げたりするという意味だが、ここでは誠意や努力などを一か所に集めるという意味で使われている。

🔍 普通「발표（発表）」、「주장（主張）」、「의견（意見）」、「말（言葉）」などと一緒に使う。

★★☆ 慣

귀를 열다
耳を開く

人の言うことを聞く態勢を整えること。

例 가: 언니, 그러니까 이 일이 모두 나 때문에 생겼다는 말이지?

A: お姉ちゃん、だからこのことが全部私のせいで起きたって言いたいんでしょ？

나: 아니, 그 말이 아니잖아. **귀를 열고** 지금부터 내가 하는 말을 다시 잘 들어 봐.

B: いや、そういうことじゃないじゃん。今から私が言うことに**耳を傾けて**もう一度よく聞いてみて。

🔎 普通、他の人に自分の話を集中して聞いてほしいと言うときに使う。

★★☆ 慣

몸 둘 바를 모르다
身の置き所を知らない

類 몸 둘 곳을 모르다
身の置き所を知らない

とてもありがたくてどう行動したらいいかわからないということ。

例 가: 수아야, 이번 논문은 정말 완벽했어. 앞으로의 연구도 기대되는구나.

A: スア、今回の論文は本当に完璧だった。これからの研究も期待できるね。

나: 과찬이세요. 교수님께서 그렇게 칭찬해 주시니 **몸 둘 바를 모르겠습니다**.

B: 身に余ります。教授がそんなに褒めてくださるので、どうすればいいかわかりません。

🔎 普通、賞をもらったり、他の人に褒められたりするなどの状況が恥ずかしくて、どのように表現すればいいのかわからないときに使う。主に「몸 둘 바를 모르겠다 (身の置き所がわからない)」の形で使う。

★★★ 慣

어깨에 힘을 주다
肩に力を入れる

誰かの態度が傲慢だということ。

例 가: 너 대기업에 취직했다고 너무 **어깨에 힘을 주고** 다니는 거 아니니?

A: 君、大企業に就職したからといって威張りすぎじゃない？

나: 난 그런 적 없어. 네가 괜히 오해하는 거야.

B: 私はそんなふうにしたことない。あなたが訳もなく誤解しているんだよ。

🔎 普通、相手に対して傲慢ではなく謙虚に行動するよう言うときに使う。「시험에 합격하고 나니까 나도 모르게 어깨에 힘이 들어간다. (試験に合格したら思わず肩に力が入る)」のように傲慢な態度を持つようになるときは「어깨에 힘이 들어가다 (肩に力が入る)」を使う。

★☆☆ 慣

코가 땅에 닿다
鼻が地面につく

丁寧に頭を深く下げる姿を表す。

例　가: 저 사람이 누군데 모든 직원들이 코가 땅에 닿도록 인사하는 거예요?

　　A: 社員がみんな鼻が地面につくほど深く挨拶するあの人は 誰ですか？

　　나: 회장님이시잖아요. 지금까지 회장님의 얼굴도 모르고 회사를 다닌 거예요?

　　B: 会長じゃないですか。今まで会長の顔も知らずに会社に 通っていたんですか？

🔎 主に「코가 땅에 닿게, 코가 땅에 닿도록 (鼻が地面につくように)」の後 に「인사하다 (挨拶する)」、「사과하다 (謝罪する)」、「빌다 (詫びる)」、 「절하다 (お辞儀する)」などを使う。

❷ 선택 ┊ 選択

Track 14

★☆☆ 慣

갈림길에 서다

岐路に立つ

選択をしなければならない状況に置かれたときに使う。

例 가: 남자 친구가 결혼한 후에 외국에 가서 살자고 해서 고민이
　　돼.
　　A: 彼氏に結婚した後外国に行って暮らそうと言われて悩ん
　　　でる。

　　나: 외국에 가게 되면 가족들과 헤어져야 하니 고민되겠다. 중요
　　한 선택의 갈림길에 서 있네.
　　B: 外国に行くことになれば家族たちと離れなければならな
　　　いから悩むだろうね。重要な選択の岐路に立っているね。

🖉「갈림길 (岐路)」は本来いろいろな方向に分かれた道を意味するが、
　ここではどちらか一方を選択しなければならない状況という意味で使
　われている。

🔎 主に「갈림길에 서 있다 (岐路に立っている)」という形で使い、自分の
　未来に大きな影響を及ぼしかねない重要な決定を下さなければならな
　いときに使う。

★★★ 慣

강 건너 불구경

川向こうの火事見物

類 강 건너 불 보듯
　川向こうの火事を見る
　ように

自分と関係のないことだと思って無関心に眺めてばかり
いるときに使う。

例 가: 어제 길에서 큰 싸움이 벌어졌는데 사람들이 모두 구경만
　　하고 있더라고.
　　A: 昨日道で大きな喧嘩が起きていたけど、みんな見ている
　　　だけだった。

　　나: 요즘 누가 다른 사람 일에 나서겠어? 대부분 강 건너
　　불구경이지.
　　B: 近ごろ誰が他人のことに乗り出すと思う？　ほとんどが
　　　対岸の火事だよ。

🔎 川の向こう側にある家で火事が起きれば、自分には全く被害が及ばな
　いので、助けてあげずに見物ばかりするようになる。このように自分
　の助けが必要だったり、助けてあげられることであるにもかかわらず、
　関心を持たなかったり、助けないときに使う。

☆☆☆ 慣
곁을 주다
傍らを与える

他人が自分に近づけるように本心を見せるということ。

例 가: 하준이하고 친하게 지내고 싶은데 쉽게 곁을 주지 않네.

A: ハジュンと親しくしたいのに、簡単には気を許してくれないね。

나: 하준이가 무뚝뚝한 편이라 다른 사람과 친해지는 데에 시간이 좀 걸리는 것 같더라고. 좀 더 기다려 봐.

B: ハジュンは無愛想な方だから、他の人と親しくなるのに時間がかかるみたい。もう少し待ってみて。

★☆☆ 은
굿이나 보고
떡이나 먹다
祭祀でも見て
餅でも食べる

類 굿이나 보고 떡이나
먹으면 된다
祭祀でも見て餅でも食べればいい

他人のことにむやみに干渉せず、物事が進んでいる状況を見守って利益を得ること。

例 가: 저비용 항공사들이 경쟁적으로 할인 이벤트를 너무 많이 하네요. 저러다가 망하는 거 아닌지 모르겠어요.

A: 格安航空会社が競争して割引イベントをやりすぎですね。あれじゃあつぶれるかもしれませんよ。

나: 다 할 만해서 하는 거 아니겠어요? 우린 굿이나 보고 떡이나 먹으면 돼요.

B: 全部できそうだからやるんじゃないですか？ 私たちは余計な干渉をしなくていいんですよ。

🖉 「굿 (祭祀)」は巫女が食べ物を準備して、歌って踊りながら幽霊に福を祈ったり悪いことを退けてほしいと祈る儀式をいう。

🔎 巫女が儀式を終えると、見物していた人たちに儀式に使った餅を配ったことに由来した表現だ。

★★☆ 慣
귓등으로도 안 듣다
耳の背でも聞かない

人の言うことを全く聞かないということ。

例 가: 서영아, 일찍 들어오라고 했잖아. 왜 엄마 말을 귓등으로도 안 듣는 거야?

A: ソヨン、早く帰ってきなさいって言ったじゃない。どうしてお母さんの言うことに聞く耳を持たないの？

나: 죄송해요. 앞으로는 일찍 들어올게요.

B: ごめんなさい。これからは早く帰ってきます。

🔎 耳の外側にある耳の背でも聞かないということは、他人の言うことに全く神経を使わないという意味だ。普通、他人の言うことを無視していい加減に行動する人に対して不満があるときに使う。一方、他人の話を誠意なく適当に聞くときは「귓등으로 듣다 (耳の背で聞く)」を使う。

★★☆ 慣

나 몰라라 하다

私は知らないと言う

何事にも関心を持たず干渉もしないということ。

例 가: 이 일은 김 대리가 해야 하는 일인데 나 몰라라 하면 어떻게 해요?

A: この仕事はキム代理がしなければならないことなのに、知らん振りしてどうするんですか？

나: 죄송합니다, 부장님. 깜빡했습니다.

B: すみません、部長。うっかりしていました。

🔎 자신과 관계가 있거나, 자신의 도움이 필요한 것에 전혀 신경을 쓰지 않고, 모르는 척하는 사람을 탓할 때 사용한다.
自分と関係があったり、自分の助けが必要なことに全く気を使わず、知らないふりをする人を責めるときに使う。

★★☆ 속

눈 가리고 아웅

目を覆ってニャー

類 가랑잎으로 눈을 가리고 아웅 한다
枯れ葉で目を覆ってニャーと言う

すぐにばれるようなごまかしで人をだまそうとすること。

例 가: 한 과자 업체가 물가 안정을 위해 과자 가격을 내린다고 발표했는데 실제로는 제품의 용량을 줄인 거라고 하더라고요.

A: あるお菓子メーカーが物価安定のためにお菓子の価格を下げると発表したんですが、実際は製品の容量を減らしたんだそうです。

나: 정말요? 완전 눈 가리고 아웅이네요.

B: 本当ですか？　完全に臭いものに蓋をするですね。

🔎 幼い子どもたちは母親、父親が手で顔を隠すと消えたと思うが、手を離して「아웅 (ニャー)」とあやすと母親、父親が再び現れたと思って喜ぶ。このように単純で中途半端な行動で人を騙そうとするのを見て批判調で話すときに使う。人々が「눈 가리고 야옹」と言う場合があるが、これは誤った表現だ。

★★★ 속

달면 삼키고 쓰면 뱉는다

甘ければ飲み込み
苦ければ吐き出す

類 쓰면 뱉고 달면 삼킨다
苦ければ吐き出し甘ければ飲み込む

맛이 좋으면 넘기고 쓰면 뱉는다
味が良ければ流し込んで苦ければ吐き出す

他のことには全く神経を使わず、ただ自分の利害だけを考えること。

例 가: 지난주에 하준이가 발표를 도와 달라고 해서 열심히 도와줬거든. 그런데 발표를 끝내고 나더니 인사도 안 하고 가 버리더라고.

A: 先週ハジュンが発表を手伝ってほしいと言って、一生懸命手伝ってあげたんだ。ところが発表を終えてから挨拶もしないで行ってしまったの。

나: 달면 삼키고 쓰면 뱉는다더니 하준이가 그렇게 행동할 줄 몰랐어.

B: 甘ければ飲み込んで苦ければ吐き出すって言うけど、ハジュンがそんな行動をするとは思わなかった。

🔎 誰かが自分にとって利益になれば近づいて、そうでなければ遠ざけるなど、自分にだけ有利になるよう行動するときに使う。

☆☆☆ ㉢

당장 먹기엔
곶감이 달다
すぐさま食べるには
干し柿が甘い

後先考えず、すぐにやりやすくて良いことばかりすると いうこと。

例 가: 술을 마시면 스트레스도 풀리고 기분이 좋아져서 자주 마시다 보니 이제는 습관이 돼 버렸어.

A: お酒を飲むとストレスも解消されて気分が良くなるので よく飲んでいたら、今は習慣になってしまった。

나: 당장 먹기엔 곶감이 단 법이지. 계속 그렇게 하다가는 건강이 나빠질 거야.

B: すぐさま食べるには干し柿が甘いよ。ずっとそうしていると健康が悪くなるよ。

🔍 甘くて弾力のある干し柿を食べ過ぎると甘みに飽きたり口が痛くなったりする。このように誰かが近視眼的にすぐ目の前に見える簡単なことだけを選択するときに使う。

★☆☆ ㉙

뒷짐을 지다
後ろ手を組む

類 뒷짐을 짚다
後ろ手をつく

自分は全く関係ないかのように何かを見ているときに使う。

例 가: 민수 씨는 자기 부서에서 문제가 발생했는데도 뒷짐을 지고 방관만 하고 있네요.

A: ミンスさんは自分の部署で問題が発生したのに、後ろ手を組んで傍観ばかりしていますね。

나: 민수 씨가 일이 생길 때마다 저러는 게 하루 이틀이에요? 이제는 그러려니 해요.

B: ミンスさんは事が生じるたびにああするのが一度や二度じゃないよ。いつものことだよ。

🔍 普通「뒷짐만 지고 (後ろ手だけ組んで)」の形で使い、誰かが自分と関係があったり責任があることに対処することを考えもせず、何の行動もしないときに使う。

★☆☆ ㉙

물고 늘어지다
食いついてぶら下がる

あることをあきらめず、辛抱強く長く取り組むこと。

例 가: 지훈아. 아직도 그 문제를 못 풀었어?

A: ジフン、まだその問題を解けてないの?

나: 네. 30분째 물고 늘어졌는데도 못 풀겠어요. 아무래도 내일 학교에 가서 선생님께 여쭤봐야겠어요.

B: はい。30分間食い下がったのに解けません。どうも明日 学校に行って先生に聞いてみたほうがよさそうです。

🔍 「수아는 제가 무슨 말만 하면 물고 늘어져서 짜증 나요. (スアは私が何かを言うと食い下がってうんざりします)」のように、言いがかりをつけるために他の人が言う言葉や行動を問題視するときにも使う。

❷ 選択　**99**

03
態度

★★☆ 慣
손바닥을 뒤집듯
手のひらを返すように

いとも簡単に態度を変えるときに使う。

例 가: 민지가 이번 동창회에는 꼭 오겠다고 했어.

　　A: ミンジが今度の同窓会には必ず来ると言っていたよ。

　　나: 걔는 매번 손바닥을 뒤집듯 말을 바꾸니까 나는 그 말을 믿기가 힘들어.

　　B: あいつは毎回手のひらを返すように言葉を変えるから、僕はその言葉が信じ難い。

🔎 誰かがその時々の気分によって行動や言葉を変えるときに使う。

★☆☆ 慣
안면을 바꾸다
顔面を変える

普段からよく知って付き合っていた人が良くない状況に置かれると、わざとその人を知らないふりをすること。

例 가: 김 회장님, 사업을 하시면서 가장 힘들었던 순간이 언제였습니까?

　　A: キム会長、事業をしながら一番大変だった瞬間はいつでしたか？

　　나: 사업에 위기가 왔을 때 평소 친하게 지내던 사람들이 안면을 바꾸고 연락을 피하더라고요. 그때가 가장 힘들었습니다.

　　B: 事業に危機が訪れたとき、普段親しく過ごしていた人たちが態度を変えて連絡を避けたんです。そのときが一番大変でした。

★☆☆ 慣
엿장수 마음대로
飴売りの気ままに

類 엿장수 맘대로
　　飴売りの気ままに

事を自分勝手にああしたりこうしたりするときに使う。

例 가: 여보, 피곤해서 좀 쉬어야겠어요. 오늘 아르바이트생이 쉬는 날인데 나오라고 해야겠어요.

　　A: あなた、疲れたからちょっと休みたいんだけど。今日アルバイトの子が休みだけど、出て来てと言わなければならないわ。

　　나: 사장이라고 너무 엿장수 마음대로 하는 거 아니에요? 내가 아르바이트생이라면 너무 싫을 것 같아요.

　　B: 社長だからといって自分勝手にしすぎじゃないか？ 俺がアルバイトの人間だったらとても嫌だと思うよ。

🔎 飴売りが飴の棒を思いのままに伸ばすように、誰かが何の原則もなしに勝手に事を決めたり、すでに決まったことを勝手に変えるときに使う。普通「엿장수 마음대로 하다 (飴売りの気ままにする)」の形で使う。

입맛대로 하다
口当たりの通りにする

事を自分の思い通りにするということ。

例 가: 너는 왜 모든 일을 네 **입맛대로 하려고만** 하니? 다른 팀원 의견도 좀 들어봐.
　A: 君はどうしてすべてのことを自分の好き勝手にしようとするの？　他のチームメンバーの意見も聞いてみて。

　나: 싫어. 내가 왜 다른 사람의 의견을 들어야 해?
　B: いやだ。私がどうして他人の意見を聞かなければならないの？

🔍 普通、何をするにも意地を張って自分の好きなようにしようとする人に使う。

★☆☆ 속

잘되면 제 탓
못되면 조상 탓
うまくいけば自分のおかげ、うまくいかなければ祖先のせい

類 못되면 조상 탓 잘되면 제 탓
　うまくいかなければ祖先のせい、うまくいけば自分のおかげ
　안되면 조상 탓
　うまくいかなければ祖先のせい

事がうまくいけば自分がうまくやっているからだと考え、うまくいかなければ他人のせいだと考えるということ。

例 가: 이번 시험에서 또 떨어졌어. 태현이가 매일 놀자고 해서 그래.
　A: 今度の試験でまた落ちた。テヒョンが毎日遊ぼうって言ったからだよ。

　나: **잘되면 제 탓 못되면 조상 탓이라더니** 네가 놀고 싶어서 놀아 놓고 왜 태현이 탓을 해?
　B: うまくいけば自分のおかげ、うまくいかなければ祖先のせいだと言うけど、おまえが遊びたくて遊んでおいて、なんでテヒョンのせいにするの？

🔍 普通、あることがうまくいかないときに自分の中に原因を探さずに、無条件に他人のせいにして責任を転嫁する人を責めるときに使う。

★☆☆ 慣

팔짱을 끼다
腕を組む

何かが起きても前へ出て解決しようとせずに見ているだけだということ。

例 가: 지훈아, 왜 이렇게 표정이 안 좋아? 무슨 일 있어?
　A: ジフン、なんでこんなに表情が暗いの？　何かあった？

　나: 아까 청소하는데 제가 **팔짱을 끼고** 구경만 하고 있다고 형이 짜증을 내잖아요.
　B: さっき掃除していたのに、僕が腕を組んで見てるだけだって先輩が怒るから。

🔍 誰かが目の前で起きていることを見ても、自分とは関係がないように傍観するときに使う。

★☆☆ 慣

헌신짝 버리듯

古い履物を捨てるように

ある人や物を自分の利益のために使った後、惜しむことなく捨てるときに使う。

例 가: 나 어제 여자 친구와 헤어졌어. 갑자기 유학을 가게 됐다고 헤어지자고 하더라고.

　A: 僕、昨日彼女と別れた。急に留学に行くことになったから別れようと言ったんだ。

나: 뭐? 어떻게 사람을 그렇게 헌신짝 버리듯 할 수 있어?

　B: 何ですって？　どうしたら人をそんな古い履物を捨てるようにできるの？

🖉 「헌신짝」はもともと古くてすり減った靴のことだが、ここでは価値がなく捨てても惜しくないものという意味で使われている。

🔍 「헌신짝처럼 버리다 (古い履物のように捨てる)」の形でも使われる。

3

의지 ｜意志

Track 15

★☆☆ 慣

가슴에 새기다
胸に刻む

忘れないように心の中にしっかりと記憶しておくこと。

例 가: 이제 발령을 받았으니 교사로서 항상 학생들을 사랑하는 마음을 잃지 말아야 하네.

A: もう辞令を受けたからには、教師としていつも生徒たちを愛する心を失ってはならないね。

나: 네, 교수님의 말씀을 가슴에 새겨서 좋은 교사가 되도록 하겠습니다.

B: はい、教授の言葉を胸に刻んで、良い教師になるようにします。

🖉 「새기다 (刻む)」はあるものに文字や絵などを彫るという意味だが、ここでは心の中に忘れないように深く記憶するという意味で使われている。

🔎 普通、目上の人や尊敬する人から聞いた言葉の意味を長く記憶しながら生きようとする意志を表現するときに使う。

★☆☆ 慣

가슴에 손을 얹다
胸に手を置く

良心に従って行動すること。

例 가: 네가 뭘 잘못했는지 가슴에 손을 얹고 생각해 보는 게 어떠니?

A: 自分が何を間違ったのか胸に手を置いて考えてみたらどう?

나: 이미 여러 번 생각해 봤는데 도대체 내가 뭘 잘못했는지 모르겠어.

B: もう何度も考えてみたけど、いったい僕が何を間違ったのかわからない。

🔎 主に「가슴에 손을 얹고 생각해 보다 (胸に手を置いて考えてみる)」の形で使われ、悪いことを犯しても反省しない人にもう一度考えてみろと言うときに使う。

★☆☆ 慣

가슴을 열다
胸を開く

何かに対して率直で開放的な態度をとること。

例 가: 민지야, 우리 사이에 오해가 많이 쌓인 것 같아. 오늘 서로
　　 가슴을 열고 솔직하게 이야기해 보면 좋겠어.

　　 A: ミンジ、私たちの間に誤解がたくさん積もったみたい。
　　 今日はお互いに心を開いて率直に話してみたらいいと思
　　 う。

　　 나: 그래. 나도 수아 너하고 오해를 풀고 싶었어.

　　 B: そうだね。私もスア、あなたと誤解を解きたかった。

🔍 ある葛藤や問題を解決するために、嘘偽りなく積極的な態度で行動す
るときに使う。

★☆☆ 慣

간이라도 빼어 줄 듯
肝臓でも取り出して与
えるように

類 간이라도 뽑아 줄 듯
肝臓でも抜き出して与
えるように

惜しみなく何でもしてくれるような態度や行動を表す。

例 가: 요즘 지원 씨를 안 만나나 봐요?

　　 A: 最近ジウォンさんに会っていないみたいですね？

　　 나: 네, 평소에는 간이라도 빼어 줄 듯 행동하더니 정작 중요한
　　 부탁을 하니까 피하더라고요. 그래서 좀 실망했어요.

　　 B: はい、普段は人々のためによく尽くしているような人な
　　 のに、いざ重要なお願いをしたら避けられてしまいまし
　　 た。それでちょっとがっかりしました。

🔍 一つしかない肝臓を取り出して他人に与えるということは、命までも
捧げるという意味になる。このように誰かが他の人によく見せるため
にすべてを与えるかのごとく、あらゆる甘い言葉と行動で媚びるとき
に使う。

★★☆ 慣

고개를 들다
首を上げる

類 얼굴을 들다
　　顔を上げる
　　낯을 들다
　　顔を上げる

他人に潔く堂々と接するということ。

例 가 : 너 어제 회식 때 술에 취해서 큰소리로 노래 불렀던 거 기억 나?
　　A : 君、昨日の会食のときに酒に酔って大声で歌ったの覚えてる？

　　나 : 응, 너무 창피해서 동아리 사람들 앞에서 고개를 들 수가 없 어.
　　B : うん、恥ずかしすぎてサークルの人たちに合わせる顔が ない。

🔍 普通「고개를 못 들다, 고개를 들지 못하다, 고개를 들 수 없다（首を上げ られない）」などの否定形で使う場合が多く、他の人の顔が見られな いほど恥ずかしいと話すときに使う。

★☆☆ 慣

꼼짝 않다
微動だにしない

類 꼼짝 아니 하다
　　微動だにしない

自分の意見を主張したり反抗したりしないということ。

例 가 : 승원 씨는 또 야근을 하고 있네요.
　　A : スンウォンさんはまた夜勤をしていますね。

　　나 : 네, 부장님이 시키시는 일은 꼼짝 않고 하니까 늘 일이 많아 요. 가끔은 거절도 해야 하는데 전혀 안 하더라고요.
　　B : はい、部長がさせる仕事は逆らうことなくやっているの で、いつも仕事が多いです。たまには断らなければなら ないのに全然しないんですよ。

🔍 「민수는 자기 일이 아니면 절대 꼼짝 않는다.（ミンスは自分のことでな ければ絶対微動だにしない）」のように少しも活動したり働いたりし ないという意味でも使う。

★☆☆ 慣

눈 딱 감다
目をぴたっとつぶる

類 눈 꼭 감다
　　目をぎゅっとつぶる

もうこれ以上他のことは考えないということ。

例 가 : 건조기가 고장 나서 새로 사야 하는데 이 제품은 너무 비싸네 요.
　　A : 乾燥機が故障して新しく買わなければならないのに、こ の製品は高すぎますね。

　　나 : 최신형이라서 그래요. 성능이 좋으니까 필요하면 눈 딱 감고 사세요.
　　B : 最新型だからです。性能がいいから必要なら思い切って 買ってください。

🔍 普通「눈 딱 감고（目をぴたっとつぶって）」の形で使う。一方、「한 번 만 눈 딱 감고 넘어가 주세요.（一度だけ目をぴたっとつぶって次に行っ てください）」のように、相手に対して自分が間違ったことを見なか ったふりをしてほしいと頼むときにも使う。

눈 하나 깜짝 안 하다

目が瞬き一つしない

普段とは違う状況や行動を見ても何事もないように振る舞うこと。

例 가: 네가 아까 카페에 있는 걸 본 사람이 있는데 어떻게 눈 하나 깜짝 안 하고 엄마한테 거짓말을 할 수 있니?

A: あなたがさっきカフェにいるのを見た人がいるのに、どうしたら眉一つ動かさずにお母さんに嘘をつくことができるの？

나: 그 사람이 잘못 본 거겠지요. 저는 정말로 그 시간에 도서관에서 공부하고 있었어요.

B: その人が見間違えたのでしょう。私は本当にその時間に図書館で勉強していました。

🔎 悪いことや嘘をつきながらも、少しも緊張せず自然に行動する人を見てあきれるときに使う。また、「눈도 깜짝 안 하다 (目も瞬きしない)」を使うこともある。

눈도 거들떠보지 않다

目も見向きもしない

あるものを低く見たり、取るに足りないと思って見向きもしないということ。

例 가: 제시카 씨 생일 선물로 이 귀걸이를 사 주면 어떨까요?

A: ジェシカさんの誕生日プレゼントにこのイヤリングを買ってあげたらどうですか？

나: 글쎄요. 제시카 씨는 눈이 높아서 이런 유치한 액세서리는 눈도 거들떠보지 않을걸요.

B: そうですね。ジェシカさんは目が高くて、このような幼稚なアクセサリーには目も向けないと思います。

🔎 ある人や物事を無視する傲慢な態度を表すときに使う。短く「거들떠보지도 않다 (見向きもしない)」を使うこともある。

★★☆ 慣

눈이 빠지게 기다리다

目が抜けるほど待つ

類 눈이 빠지도록 기다리다
目が抜けるほど待つ
눈알이 빠지게 기다리다
目玉が抜けるほど待つ

とても長い間、切実に待っているということ。

例 가: 수아야, 오늘 공무원 시험 합격자 발표 날이라면서…….
결과 나왔어?
A: スア、今日は公務員試験の合格者発表の日なんだって
……。結果は出た？

나: 아니, 지금 눈이 빠지게 기다리고 있는데 아직 안 나와서 너
무 긴장돼.
B: いや、首を長くして待っているのに、まだ出なくてすご
い緊張する。

🔎 誰かを待つときは目を大きく開けていつ来るのか目を配ることになる
が、この姿を誇張して表現した言葉だ。似たような意味で「목이 빠지
게 기다리다 (首が抜けるほど待つ) 」を使う。

★★☆ 慣

비가 오나 눈이 오나

雨が降っても雪が降っ
ても

類 눈이 오나 비가 오나
雪が降っても雨が降っ
ても

いつも変わらないということ。

例 가: 수아야, 요즘 네 동생을 통 못 봤네. 어떻게 지내?
A: スア、最近君の弟に全然会ってないね。どうしてる？

나: 항상 똑같아. 비가 오나 눈이 오나 집에서 핸드폰만 보고 있지
뭐.
B: いつも同じ。雨が降っても雪が降っても家で携帯だけ見
てるよ。

🔎 誰かがどんな状況でもいつも同じ行動をするときに使う。

★★☆ 慣

손꼽아 기다리다

指折り数えて待つ

あることを日数を数えながら非常に切実に待つこと。

例 가: 민수 씨, 계속 병원에만 있으니까 너무 답답하겠어요.
A: ミンスさん、ずっと病院にいるのでとてももどかしいで
しょうね。

나: 맞아요. 날짜를 세어 보니까 입원한 지 두 달이 넘었더라고
요. 그래서 매일 퇴원 날짜만 손꼽아 기다리고 있어요.
B: そうです。日数を数えてみたら入院して２か月が過ぎて
いました。それで毎日退院日だけを指折り数えて待って
います。

🔎 普通、来るべき未来のことをそわそわしながら待つときに使う。

★★☆ 慣

손을 내밀다
手を差し出す

ある人と親しくなろうと先に前へ出るということ。

例 가: 두 사람은 어떻게 친해졌어요?
　　A: 二人はどのように親しくなりましたか？

　　나: 산악회에서 처음 만났을 때 지원 씨가 먼저 손을 내밀며 말을 걸어 줬어요. 그 후로 자주 만나다 보니 친해졌어요.
　　B: 山岳会で初めて会ったとき、ジウォンさんが先に (手を差し出して) 声をかけてくれました。その後、よく会っているうちに親しくなりました。

🔍 「말다툼 후에 언니가 먼저 나에게 손을 내밀었다. (言い争いの後、姉が先に私に手を差し出した)」のように、関係が離れた人と再び親しくなるために積極的に行動するときにも使う。

★★★ 慣

시치미를 떼다
名札を外す

類 시침을 떼다
　 名札を外す
　 시침을 따다
　 名札を取る

自分がしてもしていないふりをしたり、知っていても知らないふりをするということ。

例 가: 어머! 컵이 깨졌네? 이거 언니가 아끼는 컵이었잖아.
　　A: あら！　コップが割れてるね？　これお姉ちゃんが大事にしてるコップだったじゃん。

　　나: 네가 아까 설거지하다가 깨는 거 봤거든. 시치미를 좀 떼지 마.
　　B: あんたがさっき皿洗いをしていて割るのを見たんだ。しらを切らないで。

✏️ 「시치미」は主人を明らかにするために住所を書いて鷹の尾に結んでおいた付け札のこと。

🔍 昔、狩りに使われていた鷹は価値が高いだけでなく、飼い慣らすことも難しく、盗もうとする人が多かった。したがって鷹の飼い主は鷹の尾に「시치미」をぶら下げておいた。それでも、この名札がついた鷹を盗んで、名札を外して自分が鷹の主人であるかのように行動する人がいたことから由来した表現だ。

★★★ 慣

어깨를 으쓱거리다

肩をいからせる

類 어깨가 으쓱거리다
肩をいからせる

自慢したい気分になったり、堂々と誇らしい気分になったりするときに使う。

例 가: 이번 시험에서 우리 아들이 전교 1등을 했대. 그 소식을 들으니까 나도 모르게 어깨를 으쓱거리게 되더라고.

　A: 今度の試験でうちの息子が全校1位になったんだって。その知らせを聞いたから、僕も思わず肩をいからせるようになった。

나: 축하해.

　B: おめでとう。

🔎 誰かに褒められたり、自分が望むことを成し遂げたりするなどの良いことが起きて、うぬぼれた気持ちになるときに使う。

★★☆ 慣

어깨를 펴다

肩を張る

他人に屈することなく堂々としているということ。

例 가: 하준아, 왜 이렇게 풀이 죽어 있어? 네가 잘못한 거 하나도 없으니까 어깨를 펴고 다녀.

　A: ハジュン、なんでこんなにしょげているの？ あなたが間違ったことは一つもないんだから胸を張って。

나: 그래도 우리 팀이 시합에서 진 것이 꼭 내 잘못인 것만 같아서 마음이 무거워.

　B: それでもうちのチームが試合に負けたことがまるで僕の過ちのようで気が重いよ。

🔎 普通、あることをする前に緊張していたり、あることで落ち込んでいたりする人に自信を持ってと言うときに使う。主に「어깨 좀 펴다 (肩を少し張る)」の形で使い、似たような意味で「가슴을 펴다 (胸を張る)」を使うこともある。

죽기 살기로
死ぬか生きるかで

あることを必死にするということ。

例 가: 어제 뉴스에서 김민아 선수의 인터뷰를 봤는데 올림픽에
　　 나가기 위해서 하루에 12시간씩 연습을 했다고 하더라고.
　　A: 昨日のニュースでキム・ミナ選手のインタビューを見た
　　　 んだけど、オリンピックに出るために１日に１２時間ずつ
　　　 練習したんだって。

　　 나: 대단하다. 역시 어떤 분야에서 최고가 되려면 죽기 살기로
　　　 해야 되는구나.
　　B: すごい。やっぱりある分野で最高になるためには死に物
　　　 狂いでやらないといけないんだ。

🔎 非常に切迫した状況であらゆる力を尽くして最善の努力を傾けるとき
　 に使う。強調するときは「죽기 살기로 하지 않으면 안 된다 (死に物狂い
　 でやらなければならない)」を使うこともある。

촉각을 곤두세우다
触角を逆立てる

精神を集中させ、神経を尖らせて、あることに直ちに対
応する態度を取るということ。

例 가: 손 기자, 요즘 환율이 급격히 떨어지면서 수출 업계가 큰
　　 타격을 입고 있다면서요?
　　A: ソン記者、最近為替レートが急激に下がり、輸出業界が
　　　 大きな打撃を受けているそうですね？

　　 나: 네, 그래서 정부가 환율 변동에 촉각을 곤두세우고 대책 마련
　　　 에 고심하고 있다고 합니다.
　　B: はい、そのため政府が為替レートの変動に神経を尖らせ
　　　 て対策の準備に苦心しているそうです。

✎ 「촉각 (触角)」は昆虫の頭の部分にある触角のことだが、ここでは周
　 囲で起きるさまざまな変化を感じる能力という意味で使われている。

🔎 昆虫は触角を鋭敏に動かし、敵が来ることを探って避けるが、このよ
　 うに何かを警戒し、非常に鋭敏で慎重な態度で調べるときに使う。ま
　 た、「촉각을 세우다 (触角を立てる)」を使うこともある。

04

행동
行動

----

1. **대책** 対策
2. **반응** 反応
3. **방해** 妨害
4. **소극적 행동** 消極的な行動
5. **적극적 행동** 積極的な行動

★☆☆ 慣

걸음아 날 살려라

歩みよ、我を助けたま
え

類 다리야 날 살려라
脚よ、我を助けたまえ

全力を尽くして非常に急いで逃げるということ。

例 가: 오늘 오전 서울 시내에서 일어난 일입니다. 갑자기 빌딩이
무너져 시민들이 '걸음아 날 살려라' 하고 뛰고 있습니다.
　　A: 今日の午前、ソウル市内で起こったことです。突然ビル
が崩れ、市民たちが「一目散に逃げろ」と走っています。

　　나: 멀쩡하던 빌딩이 갑자기 무너지다니 정말 믿기지가 않네요.
박 기자, 어떻게 된 일입니까?
　　B: 丈夫だったビルが急に崩れるなんて本当に信じられませ
んね。パク記者、何が起きたのでしょうか？

🔎 普通「걸음아 날 살려라 하고 (歩みよ、我を助けたまえと言って)」の
後に「뛰다 (走る)」、「도망가다 (逃亡する)」、「달아나다 (逃走する)」、
「내빼다 (逃げる)」などを使う。

★☆☆ 慣

고삐 풀린 망아지

手綱を解かれた仔馬

類 고삐 놓은 망아지
手綱を放した仔馬
고삐 없는 망아지
手綱のない仔馬
고삐 풀린 말
手綱を解かれた馬

拘束や統制から脱して、体が自由であることを表す。

例 가: 어쩜 저렇게 잘 노는지 아이들을 공원에 데리고 오길 잘했어
요.
　　A: 本当によく遊んでいますね、子供たちを公園に連れてき
てよかったです。

　　나: 그러게요. 고삐 풀린 망아지처럼 뛰어다니는 걸 보니 뿌듯해
요.
　　B: そうですね。糸の切れた凧のように走り回るのを見ると
胸がいっぱいです。

🔎 統制できない人や対象を否定的に評価するときにも使う。

★★☆ こ

고양이 세수하듯

猫が顔を洗うように

顔に水だけちょっとつけて洗顔を済ませるということ。

例 가: 또 늦잠을 자서 고양이 세수하듯 하고 학교를 가니?
　　A: また寝坊して、ちゃんと顔も洗わずに学校へ行くの？

　　나: 지각하는 것보다는 낫잖아요. 다녀오겠습니다.
　　B: 遅刻するよりはましじゃないですか。行ってきます。

🔎 ほとんどの猫は体に水がつくのを嫌がって、水なしに前足で鼻の甲を
こすることで洗顔を終えてしまう。こうした猫のような適当に顔を洗
う姿を見て叱るときに使う。

★★★ 곤

누워서 침 뱉기

横になって唾を吐く

類 내 얼굴에 침 뱉기
私の顔に唾を吐く
자기 얼굴에 침 뱉기
自分の顔に唾を吐く
하늘 보고 침 뱉기
天を仰いで唾する

自分の悪い行動が自分に悪い結果をもたらすということ。

例 가: 정 실장님은 왜 항상 자기 아내 흉을 보는지 모르겠어요.
이제는 정말 듣기가 싫어요.
　A: チョン室長はどうしていつも自分の妻の欠点を見るのか
わかりません。もう本当に聞きたくないです。

　나: 누워서 침 뱉기인 걸 몰라서 그러는 거니까 신경 쓰지 마세
요.
　B: 寝て吐く唾は身にかかるのも知らずにああしているので、
気にしないでください。

🔎 まっすぐ横になって唾を吐くと、その唾は当然自分に落ちる。普通、
他人を蔑視したり無視したりするときに唾を吐くが、結局その唾を自
分が浴びることになるという言葉。主に自分と近い人の悪口を言って、
むしろ自分が悪口を言われるようになったときに使う。

★★★ 慣

등을 떠밀다

背中を強く押す

他人に何かを無理強いするということ。

例 가: 얌전한 줄만 알았던 네가 장기자랑 대회에 나가서 춤을
추다니 정말 놀랐어.
　A: おとなしいと思っていた君が、特技自慢大会に出て踊る
なんて本当に驚いた。

　나: 반 친구들이 등을 떠미는 바람에 어쩔 수 없이 나간 거야.
　B: クラスの友達が無理やり押しつけたせいで仕方なく出た
んだよ。

✐ 「떠밀다」は「밀다 (押す)」を強調した言葉で、もともと力を入れて前
に進ませるという意味だが、ここではあることや責任を他人に転嫁す
るという意味で使われている。

★☆☆ 慣

떡 주무르듯 하다

餅を揉むようにする

物事を人の思いのままに扱うということ。

例 가: 저 회사 사장 아들이 아버지가 아프신 틈을 타 회사를 떡
주무르듯 하고 있다면서요?
　A: あの会社の社長の息子が、お父さんが病気の隙を狙って
会社を自分勝手に動かしているそうですね？

　나: 맞아요. 그래서 직원들의 불만이 많대요.
　B: そうです。それで社員たちの不満が多いそうです。

🔎 「기술자이신 아버지는 웬만한 기계는 떡 주무르듯 하신다. (技術者である
父は、たいていの機械は餅を揉むようにしている)」のように、ある
ことを手際よく行うときにも使う。

★★☆ 慣

뜬구름을 잡다
浮雲をつかむ

確実ではなく、実りのないことを追い求めるということ。

例 가: 제 친구가 천만 원을 투자하면 오천만 원을 만들어 줄 수 있다는데 마크 씨도 투자해 볼래요?

A: 私の友人が、千万ウォンを投資すれば五千万ウォンを作ることができるそうですが、マークさんも投資してみますか？

나: 민수 씨는 그런 뜬구름을 잡는 소리를 믿어요?

B: ミンスさんはそんな雲をつかむような話を信じますか？

✎ 「뜬구름 (浮雲)」は空に漂う雲のことだが、ここでは儚い世の中、または一定の方向や意味のない人生という意味で使われている。

🔎 普通、誰かが荒唐無稽な夢を見たり、現実性が全くない考えをしたりするときに使う。

★★★ 속

병 주고 약 준다
病を与えて薬を与える

他人に迷惑をかけてから助けるふりをするということ。

例 가: 어제 약속 시간에 늦어서 태현이가 화가 많이 났어?

A: 昨日は約束の時間に遅れて、テヒョンがすごく怒ったの？

나: 응, 실컷 화를 내놓고 병 주고 약 주듯이 화내서 미안하다면서 밥을 사겠다고 하더라고.

B: うん、病を与えて薬を与えるように、さんざん怒っておきながら怒って申し訳ないからご飯をおごるなんて言ってた。

🔎 他人事にならないように、密かに妨害しておいて、その後に助けてくれるふりをする人をあざ笑うときにも使う。

★☆☆ 慣

북 치고 장구 치다
太鼓を叩いてチャングを叩く

一人であれこれ全部やるということ。

例 가: 하준이 혼자 북 치고 장구 치고 다 하니까 같이 동아리 활동을 하는 사람들이 힘들어한대.

A: ハジュンが一人であれこれ全部やってしまうから、一緒に部活動をする人たちが大変そうだって。

나: 다른 사람들과 협력하는 게 중요한데 하준이는 그걸 모르나 봐.

B: 他の人たちと協力してやらないといけないのに、ハジュンはそれをわかっていないみたい。

🔎 昔、一人で太鼓やチャング、鉦 (韓国の伝統楽器) などを叩きながら物乞いをする人々の姿から出てきた表現。主に誰かが一人で前に出て何かをしながら偉そうにするときに使う。

★★☆ 慣

삼십육계 줄행랑을 놓다
三十六計の行廊をする

類 삼십육계 줄행랑을 치다
三十六計の行廊をする
삼십육계 줄행랑을 부르
다
三十六計の行廊をする

過ちを犯してから非常に急いで逃げるということ。

例 가: 엊그제 저 앞에서 뺑소니 사고를 내고 **삼십육계 줄행랑을
놓았던** 운전자가 경찰에 잡혔대요.

A: 数日前、私の前でひき逃げ事故を起こして逃亡していた
運転手が、警察に捕まったそうです。

나: 그래요? 잡혔다니 다행이에요. 죄를 지었으니 죗값을
치러야지요.

B: そうですか？　捕まってよかったです。罪を犯したから
には代償を支払わなければなりません。

🔎 朝鮮時代、両班の家の奴婢たちが住んでいたところを「行廊 (行廊)」
と言い、このような行廊が多くて列のように並んだことを指して「줄
행랑」と言った。ところが、戦争が起きた後に行廊に住んでいた奴婢
たちが相次いで逃亡すると「줄행랑」という言葉が「도망 (逃亡)」と
いう意味に変わったという。この表現は誰かが危機的な状況から逃げ
るときに使う。普通は短く「줄행랑을 놓다」あるいは「줄행랑을 치다」
を使う。

★☆☆ 慣

일손을 놓다
仕事の手を休める

やっていたことをしばらく止めるということ。

例 가: 점심시간이니 잠깐 **일손을 놓고** 식사하러 갈까요?

A: 昼休みなので、ちょっと仕事の手を休めて食事をしに行
きましょうか？

나: 벌써 점심시간이에요? 어쩐지 배가 고프더라고요.

B: もう昼休みですか？　なんとなくお腹が空いてきてたん
ですよ。

✐ 「일손」は仕事をしている手または手でする仕事をいう。

★☆☆ 慣

쥐도 새도 모르게
ネズミも鳥も知らない
ように

ある行動や事の処理が跡形もなく、誰にも知られないよ
うに行われるということ。

例 가: 어머! 내 돈이 어디 갔지? 잠깐 통화하는 사이에 **쥐도 새도
모르게** 없어졌어요.

A: あら！　私のお金はどこに行ったの？　ちょっと通話し
ている間に、ネズミも鳥も知らないようになくなってし
まいました。

나: 혹시 주머니 안에 넣은 거 아니에요? 다시 한번 잘 찾아보세
요.

B: もしかしてポケットの中に入れたんじゃないですか？
もう一度よく探してみてください。

🔎 昼に活動する鳥も知らず、夜に活動するネズミも知らないようにするとい
う言葉で、誰かが他人に知られたら困るので、あることを非常に隠密に処
理するときに使う。

★★☆ 慣

한눈을 팔다
一目を売る

類 곁눈을 팔다
横目を売る

딴눈을 팔다
他の目を売る

本来するべきことに注意を払わず、心がどこか他のところに向いてしまうこと。

例 가: 민지가 이번에 장학금을 받게 되었다며?
A: ミンジが今度奨学金をもらうことになったんだって？

나: 응, 민지는 우리가 놀 때도 절대 한눈을 팔지 않고 공부만
했잖아. 장학금을 받는 게 당연해.
B: うん、ミンジは私たちが遊んでいるときも絶対に脇目もふらずに勉強ばかりしていたじゃん。奨学金をもらって当然だよ。

✐ 「한눈 (一目)」は本来、一度見ることあるいは少し見ることという意味だが、ここでは当然見るべきところを見ずに、他のところを見ることという意味で使われている。

🔎 何かの誘惑に陥って重要なことをしない人に対して、忠告するときに「한눈을 팔지 마세요.(一目を売らないでください)」と使うこともある。

★☆☆ 慣

가면을 벗다
仮面を脱ぐ

類 탈을 벗다
仮面を脱ぐ

自分の正体や本心を明らかにすること。

例 가: 부지점장님은 언제쯤 저 **가면을 벗으실까**?

　A: 副支店長はいつあの仮面を脱ぐのでしょうか？

나: 나도 그게 궁금해. 우리한테는 화만 내시는데 지점장님 앞에서는 저렇게 순한 양이 되시잖아.

　B: 僕も気になる。僕たちには怒ってばかりいるのに、支店長の前ではあんなにおとなしい羊になるじゃん。

🔍 「가면 (仮面)」は本当の顔を隠そうとして表に見せる姿を意味し、仮面を外せば偽りで飾った正体が明らかになる。一方、偽りの正体を明らかにするときは「가면을 벗기다 (仮面を脱がせる)」を、本音を隠しておいて違うふりをするときは「가면을 쓰다(仮面をかぶる)」を使う。

★☆☆ 慣

곁눈을 주다
横目を与える

他の人がわからないように相手にある意味を知らせるということ。

例 가: 아까 빨리 일어나서 가자고 계속 **곁눈을 주었는데** 왜 못 알아차렸어?

　A: さっき早く行こうとずっと目配せをしていたのに、どうして気づかなかったの？

나: 알아차렸는데 다른 친구들이 계속 이야기를 하니까 미안해서 못 일어났어.

　B: 気づいたんだけど、他の友達がずっと話し続けるから申し訳なくて席を外せなかったんだ。

✏️ 「곁눈 (横目)」は他の人がわからないように、顔を回さずに目玉だけを横に転がして見る視線をいう。

🔍 注意を払うべきところに気を使わず、他のところに関心を示すときは「곁눈을 팔다 (横目を売る)」を使う。

고개를 끄덕이다
首を縦に振る

首を上下に振って良いという意味を表すときに使う。

例 가: 오늘 피아노 연주 아주 잘했어. 수고했어.
　　A: 今日のピアノの演奏、とてもよかったよ。ご苦労さま。

　　나: 선생님, 감사합니다. 아까 제 연주가 끝나자 관객들이 모두
　　　 고개를 끄덕이며 박수를 쳐 줘서 기분이 좋았어요.
　　B: 先生、ありがとうございます。さっき私の演奏が終わると、
　　　 観客の皆さんがうなずきながら拍手をしてくれて嬉しか
　　　 ったです。

🔎 主に相手の言葉に対する同意を表すときに使う。一方、否定や拒絶の
　 意を表すときは「고개를 젓다 (首を横に振る)」あるいは「고개를 흔들
　 다 (首を揺らす)」を使う。

기가 차다
気がいっぱいになる

相手の言葉や行動にあきれて言葉が出ないということ。

例 가: 저 사람이 우리 가게에서 물건을 훔치는 게 CCTV에 다
　　　 찍혔는데도 자기는 안 그랬다고 우기니 정말 기가 차네요.
　　A: あの人がうちの店から物を盗むのがCCTVに全部撮られ
　　　 ているのに、自分はやっていないと言い張るなんて本当
　　　 にあきれますね。

　　나: 점장님, 혼자 해결하려고 하지 말고 빨리 경찰서에 신고하세
　　　 요.
　　B: 店長、一人で解決しようとせずに早く警察署に届け出て
　　　 ください。

✎ 「기 (気)」は活動する力という意味だ。

🔎 普通「기가 찰 노릇이다 (あきれることだ)」という形でよく使う。

놀란 토끼 눈을 하다
驚いたウサギの目をする

予想できなかった意外なことに驚いて目を大きく開ける
様子を表す。

例 가: 어제 윤아한테 프러포즈 잘했어?
　　A: 昨日ユナへのプロポーズはうまくできた？

　　나: 응. 그런데 전혀 예상을 못 했는지 내가 반지를 주니까 놀란
　　　 토끼 눈을 하고 한참을 쳐다봐서 얼마나 당황스러웠는지 몰라.
　　B: うん。でも全然予想していなかったのか、僕が指輪をあげ
　　　 たらウサギのように目を丸くして、しばらく見上げながら
　　　 とても驚いていたよ。

🔎 ある理由で驚いて大きくなった人の目をウサギの丸くて大きな目にた
　 とえた表現だ。

★★☆ 慣

배꼽을 쥐다

へそを握る

類 배꼽을 잡다
へそをつかむ

あまりにも笑えるので腹を抱えて大笑いするということ。

例 가: 무슨 책을 읽는데 그렇게 배꼽을 쥐면서 웃니?
　　A: 何の本を読んでそんなにお腹を抱えて笑うの？

　　나: 한국 사람들이 외국 여행을 하면서 겪은 실수담을 쓴 책인데
　　　　너무 웃겨서 참을 수가 없어요.
　　B: 韓国人が海外を旅行しながら経験した失敗談を書いた本
　　　　があまりにも面白すぎて。

🔎 あまりに大きく笑うと腹が痛くて抱える場合があるが、ここから出て
きた表現だ。腹が痛いのが問題にならないほど笑いが我慢できないと
きに使う。似たような意味で「배를 잡다 (腹を抱える)」を使うことも
ある。

★★☆ 慣

배꼽이 빠지다

へそが抜ける

類 배꼽을 빼다
へそを抜く

ある人や状況がとても面白いときに使う。

例 가: 저 코미디언은 정말 웃겨.
　　A: あのコメディアンは本当に面白い。

　　나: 맞아. 나도 저 코미디언만 나오면 배꼽이 빠지도록 웃는다니
　　　　까.
　　B: そうだね。私もあのコメディアンが出てくると、お腹の
　　　　皮がよじれるほど大笑いするよ。

🔎 普通は「배꼽이 빠지게 웃다 (へそが抜けるように笑う)」または「배꼽
이 빠지도록 웃다 (へそが抜けるほど笑う)」を使う。

★☆☆ 慣

손사래를 치다

手のひらを振る

拒絶や否認をしながら手を広げて両側に振る動作。

例 가: 여행 준비를 하면서 승원 씨 도움을 많이 받았으니까 밥이라
　　　　도 한 끼 사 줘야 하지 않을까요?
　　A: 旅行の準備をしながらスンウォンさんにたくさん助けて
　　　　もらったので、一度ご飯でもおごらないといけないんじ
　　　　ゃないですか？

　　나: 안 그래도 저녁을 사겠다고 했더니 괜찮다며 손사래를
　　　　치더라고요.
　　B: そうでなくても夕食をおごると言ったら、大丈夫だと言
　　　　って断られたんだ。

🔎 主にある提案や依頼をできないと断るとき、このような動作をする。
また、ある言葉や状況が事実ではないと強調するときもこの動作をす
る。日本では「バイバイ」と手を振る動作に近いので、注意が必要だ。

★☆☆ 속

숭어가 뛰니까 망둥이도 뛴다
ボラが跳ねるから
ハゼも跳ねる

(類) 잉어가 뛰니까 망둥이도 뛴다
コイが跳ねるからハゼ
も跳ねる

망둥이가 뛰면 꼴뚜기도 뛴다
ハゼが跳ねるとイイダ
コも跳ねる

自分の身の程も知らずに、他人のすることをむやみに真似
しようとすること。

(例) 가: 엄마, 갑자기 왜 서영이가 무용 학원에 보내 달라고 난리예
요?

A: お母さん、突然どうしてソヨンがダンス教室に行かせてほ
しいと大騒ぎしているんですか？

나: 옆집에 사는 사랑이가 이번에 무용 대회에서 1등을 했거든.
그랬더니 **숭어가 뛰니까 망둥이도 뛴다**고 갑자기 자기도
무용을 배우겠다고 저러는 거야.

B: 隣に住んでいるサランが今回のダンス大会で1位になった
んだって。そしたらボラが跳ねるからハゼも跳ねるみたい
に、急に自分もダンスを習うってあんな風に言うのよ。

🔎 ハゼは海辺の砂場や干潟に住んでいて、体長が20cm程度と小さい方
なので、体長が70cmにもなるボラほど高く跳び上がることはできな
い。このハゼのように自分の身の程や境遇を考えずに、優れた人をむ
やみに真似するときに使う。

★☆☆ 慣

엉덩이를 붙이다
尻をくっつける

あることをしながら同じ席にじっと座っていること。

(例) 가: 수아는 도대체 몇 시간이나 꼼짝도 안 하고 공부를 하는 거야?

A: スアはいったい何時間も微動だにしないで勉強しているの？

나: 그러게나 말이야. 저렇게 수아처럼 **엉덩이**를 오래 **붙이고**
공부를 해야 1등을 하겠지?

B: その通りだね。ああやってスアみたいにお尻を長くくっつ
けて勉強をしてこそ1位になれるんじゃない？

🔎 「엉덩이를 붙이고（尻をくっつけて）」の形でよく使い、強調するときは
「엉덩이를 오래 붙이다（尻を長くくっつける）」を使う。

☆☆☆ 속

은혜를 원수로 갚다
恩を仇で返す

(類) 공을 원수로 갚는다
功を仇で返す

感謝すべき人にかえって害を及ぼすということ。

(例) 가: 어릴 때 입양해서 40년이나 키워 준 부모의 재산을 모두
가지고 도망간 자식에 대한 기사 봤어요?

A: 幼いときに養子縁組をして、40年も育ててくれた両親の
財産をすべて持って逃げた子どもに関する記事を見ました
か？

나: 네. 봤어요. **은혜를 원수로 갚아도** 유분수지 어떻게 그럴 수가
있죠?

B: はい、見ました。恩を仇で返すにもほどがあります。どう
したらそんなことができますか？

🔎 誰かがある人を裏切って被害を与えて心を傷つけるときに使う。

★☆☆ 慣

찬밥 더운밥 가리다
冷や飯か温かい飯を選ぶ

そのような状況にない人があれこれ勘定するということ。

例 가: 이 회사는 너무 멀고 저 회사는 월급이 너무 적은데 어딜 가지?
　　A: この会社は遠すぎて、あの会社は給料が少なすぎるけど、どこに行けばいいの？

　　나: 생활비도 없다면서 네가 지금 찬밥 더운밥 가릴 때야?
　　B: 生活費もないって言いながら、選り好みしている場合なの？

🔎 普通「찬밥 더운밥 가릴 때가 아니다 (冷や飯か温かい飯を選んでいる場合ではない)」の形で、自分が置かれた状況をよく把握するよう忠告するときに使う。

★☆☆ 慣

침을 뱉다
唾を吐く

とても卑しいとか下品だと思って振り返りもせずに蔑視すること。

例 가: 민수 씨는 엄청 힘든 곳에서 군 생활을 했다면서요?
　　A: ミンスさんはすごく大変なところで軍生活をしたそうですね？

　　나: 말도 마요. 제대할 때 부대 쪽에 침을 뱉고 다시는 그 근처에도 안 가겠다고 다짐했을 정도였어요.
　　B: 言うまでもありません。除隊するとき、部隊の方に唾を吐いて二度とその近くにも行かないと誓ったほどでした。

🔎 強調するときは「침을 내뱉다 (唾を吐き出す)」を使う。しかし、このような言動は他の人を本当に軽んじて見下していることになるので、しない方がよい。

★★★ 慣

코웃음을 치다
鼻でせせら笑う

他人を蔑視してあざ笑うということ。

例 가: 우와! 너 농구 실력이 엄청 늘었다. 언제 그렇게 연습을 했어?
　　A: うわ！　あなたのバスケットボールの実力がすごく伸びたね。いつそんなに練習したの？

　　나: 네가 나 농구 못한다고 계속 코웃음을 치길래 밤마다 혼자 연습을 좀 했지.
　　B: 君が僕をバスケットボールが下手だとずっと鼻でせせら笑ってたから、毎晩一人で練習をしたんだ。

✎ 「코웃음」とは、鼻先で軽く出す相手をとても不愉快にさせる笑い。

🔎 相手を蔑む行動と見られるので、目上の人や親しくない人にはこのような行動をしてはならない。

콧방귀를 뀌다

★☆☆ 慣

鼻でおならをする

類 콧방귀를 날리다
鼻でおならを放つ

他人の言葉が癪に障ったり気にくわなかったりして無視してしまうこと。

例 가: 오늘도 룸메이트하고 싸운 거야?

　　A: 今日もルームメイトと喧嘩したの？

　　나: 응. 룸메이트한테 청소 좀 하라고 했더니 나도 안 하면서 자기한테 잔소리한다고 **콧방귀를 뀌지** 뭐야.

　　B: うん。ルームメイトに掃除しなさいと言ったら、私もしないくせに自分に小言を言うからって鼻であしらったんだよ。

🔎 相手を蔑む行動と見られるので、目上の人や親しくない人にはこのような行動をしてはならない。

한술 더 뜨다

★★★ 慣

一さじもっとすくう

すでにある程度間違っている状態から一段階さらに進んで、とんでもないことをするということ。

例 가: 왜 그렇게 화가 났어?

　　A: どうしてそんなに怒っているの？

　　나: 같은 연구실 선배가 처음에는 자료 정리만 도와 달라더니 이제는 **한술 더 떠서** 자기 보고서까지 써 달래.

　　B: 同じ研究室の先輩が最初は資料整理だけ手伝ってほしいと言っていたのに、今はさらに欲を出して自分の報告書まで書いてほしいと言ってるから。

🔎 他の人が食べるより一さじ分もっと食べるという言葉で、ある人がすでに良くない状況をより深刻な状況にしてしまうときに使う。

혀를 차다

★★☆ 慣

舌を打つ

類 혀끝을 차다
舌先を打つ

気に入らなかったり、物足りなくて残念な意を表すときに使う。

例 가: 신입 사원이 철없는 행동을 할 때마다 부장님이 **혀를 차시는데** 그 사람이 듣기라도 할까 봐 걱정이에요.

　　A: 新入社員が分別のない行動をするたびに部長が舌打ちをしますが、その人が聞いてしまうのではないかと心配です。

　　나: 그러게요. 못마땅한 게 있으면 직접 말씀해 주시면 좋을 텐데요.

　　B: そうですね。不満なことがあれば、直接おっしゃっていただければと思います。

🔎 強調するときは「혀를 쯧쯧 차다, 혀를 끌끌 차다 (舌をちぇっちぇっと打つ)」を使う。

Track 18

★★☆ 慣

기름을 붓다
油を注ぐ

類 기름을 끼얹다
油をかける

感情や行動を煽り、状況をさらに深刻にするということ。

例 가: 정부가 버스와 지하철 요금을 또 올린다고 해요.
　　A: 政府がバスと地下鉄の料金をまた引き上げるそうです。

　　나: 가뜩이나 물가가 올라서 성이 난 국민들에게 기름을 붓는
　　　　격이군요.
　　B: ただでさえ物価が上がっているのに、怒った国民に対して
　　　　油を注ぐようなものですね。

★★☆ 慣

눈을 속이다
目を欺く

他人がだまされるように行動すること。

例 가: 민지야. 요즘도 음악 학원에 다니는 거야?
　　A: ミンジ。最近も音楽教室に通ってるの？

　　나: 응. 음악 공부를 반대하시는 부모님의 눈을 속이는 것이 마음에
　　　　걸리기는 하지만 내가 하고 싶은 것을 공부할 수 있어서 좋아.
　　B: うん。音楽の勉強に反対する両親の目を欺くのは気にかか
　　　　るけど、私がやりたいことを勉強できるのはいいよ。

🔍 ある手段や方法を使って、自分がしていることを他人が知らないよう
にするときに使う。

★★★ 속

다 된 죽에 코 풀기
できあがった粥に鼻を
かむ

完成しかけた物事を台無しにすること。

例 가: 엄마, 지훈이가 자기랑 안 놀아 준다고 숙제한 공책에 물을
　　　　부어 버렸어요.
　　A: お母さん、ジフンが自分と遊んでくれないからって宿題し
　　　　たノートに水を注いでしまいました。

　　나: 지훈아. 다 된 죽에 코 풀기라고 형 숙제를 망쳐 놓으면 어떻게 해?
　　B: ジフン。できあがったお粥に鼻をかむように、お兄ちゃん
　　　　の宿題を台無しにしておいてどうするの？

✏️ ここでいう「코 (鼻)」は鼻水という意味だ。

🔍 似たような表現として「다 된 밥에 재 뿌리기 (できあがったご飯に灰を
まく)」を使うこともある。

⇒ 「코를 빠뜨리다」 p.355

못 먹는 감 찔러나 본다

食べられない柿を突き刺してみる

(類) 못 먹는 밥에 재 집어넣기
食べられないご飯に灰を投じる

못 먹는 호박 찔러 보는 심사
食べられないカボチャを刺してみる根性

나 못 먹을 밥에는 재나 넣지
自分が食べられないご飯には灰でも入れる

自分が持てなくなったものを他の人も持てないように邪魔するときに使う。

(例) 가: 아무래도 이번 그림 대회에서 내가 상을 타기는 어려울 것 같아. 서영이 그림에 낙서나 해 버릴까?

A: どうやら今回の絵画大会で僕が賞を取るのは難しそう。ソヨンの絵に落書きしちゃおうか？

나: 뭐라고! 못 먹는 감 찔러나 보는 거야? 네가 갖지 못한다고 남의 것을 망치면 안 되지!

B: 何ですって！ 食べられない柿を突き刺してみるってこと？ あなたが入賞できないからといって人のものを台無しにしてはいけない！

🔍 誰かがあることが自分に不利になると、意地悪をして事を台無しにするときに使う。

불난 집에 부채질한다

火事になった家を扇ぐ

(類) 불난 데에 부채질한다
火事になったところを扇ぐ

悪いことに遭った人をもっと苦しめたり、怒った人をさらに怒らせたりするということ。

(例) 가: 민지야. 이 치킨 안 먹을 거야? 정말 맛있는데.

A: ミンジ。このチキン食べないの？ 本当においしいのに。

나: 불난 집에 부채질하는 것도 아니고 나 요즘 다이어트 중인 거 몰라?

B: 火に油を注ぐつもり？ 私が最近ダイエット中なのを知らないの？

🔍 火事が起きたときに扇ぐと風が起き、炎がさらに激しく広がることから出てきた表現。

사람을 잡다

人を捕まえる

ある人をひどく苦しめ、困難な状況に陥れるということ。

(例) 가: 솔직하게 말해. 진짜 이번 일에 대해서 아무것도 모른다는 말이야?

A: 正直に言って。本当に今回のことについて何も知らないというの？

나: 정말 아무것도 모른다니까 왜 이렇게 사람을 잡아?

B: 本当に何も知らないんだって。なんで濡れ衣を着せるの？

✏️ 「잡다」はもともと手で握って離さない（＝つかむ）という言葉だが、ここでは獣のようなものを殺すという意味で使われている。

🔍 強調するときは「생사람을 잡다 (無実の人を捕まえる)」を使う。

★☆☆ 慣

산통을 깨다
算筒を割る

誰かのミスや過ちでうまくいっていたことを台無しにするということ。

例 가: 저기 태현이하고 수아가 커피 마시고 있는데 우리도 가서 같이 마실까?
A: あそこでテヒョンとスアがコーヒーを飲んでるんだけど、私たちも行って一緒に飲もうか？

나: 태현이가 오늘 수아한테 고백한다고 했어. 괜히 산통을 깨지 말고 다른 데로 가자.
B: テヒョンが今日スアに告白するって言ってた。台無しにしないように他のところへ行こう。

🔍 「산통 (算筒)」は占い師たちが占いをするときに使う道具で、竹の棒を入れた小さな筒のことだが、この筒を割るとこれ以上占えないことから出てきた表現だ。一方、他の人のせいであることがうまくいかなかったときは「산통이 깨지다 (算筒が割れる)」を使う。

★☆☆ 慣

속을 긁다
腹を掻く

憎らしい行動や話をして他人の気分を悪くすること。

例 가: 오늘 새 옷을 입고 갔는데 회사 동료가 옷이 촌스럽다면서 속을 긁지 뭐니? 이 옷이 그렇게 촌스러워?
A: 今日新しい服を着て行ったんだけど、会社の同僚が服がダサいって傷つくようなことを言うのは何なの？ この服がそんなにダサいの？

나: 아니야. 하나도 촌스럽지 않아. 아마 네가 부러워서 그랬을 거야.
B: いや、全然ダサくない。たぶんあなたがうらやましくてそうしたんでしょ。

🔍 他人の瘤に触るように機嫌をそっと刺激するときに使う。

★☆☆ 慣

약을 올리다
薬を高める

他の人を怒らせたり、気分を害して不快にさせたりすること。

例 가: 이제 축구 경기가 거의 끝나가는데 상대 선수들이 공을 서로 돌리면서 우리 팀 선수들의 약을 올리고 있어요.
A: もうサッカーの試合が終わりそうですが、相手選手たちがボールをお互いに回しながら、うちのチームの選手たちの怒りを高めています。

나: 자기들이 이기고 있으니까 시간을 끌려는 생각인 거지요.
B: 自分たちが勝っているから時間を稼ごうという考えなのでしょう。

✏️ 「약」はもともとある植物が持つ辛いもしくは苦い成分のことだが、その意味が拡大して腹が立ったり気分を害して生じる苦い感情を表すようになった。

🔍 他人にからかわれて腹が立ったときは「약이 오르다 (薬が高まる)」を使う。

★★★ 償

찬물을 끼얹다
冷や水を浴びせる

類 고춧가루를 뿌리다
粉唐辛子をまく

うまくいっている場に乱入して雰囲気を壊したり、事を台無しにしたりするということ。

例 가: 이 자리는 피자 가게를 하기에는 적당하지 않은 것 같아요.
　　A: この場所はピザ屋をするには適当ではないようです。

　　나: 잘되라고 해 줘도 모자랄 판에 왜 찬물을 끼얹고 그래요?
　　B: うまくいくようにと言ってくれるだけでいいのに、どうして冷や水を浴びせたりするんですか？

🔍 誰かが和気あいあいとした雰囲気をぎこちなくしたり、楽しく働いているのに、その仕事への興味を失わせるような言動をするときに使う。

★☆☆ 償

초를 치다
酢をかける

うまくいっていたり、うまくいきそうなことを妨害して、台無しにすること。

例 가: 누나, 이 드라마 재미없는데 다른 프로그램 보자.
　　A: 姉さん、このドラマ面白くないから他の番組を見よう。

　　나: 한참 재미있게 보고 있는데 왜 초를 치고 그래? 다른 거 보고 싶으면 이 드라마 끝나고 봐.
　　B: まさに楽しく見ているのに、どうして邪魔するの？　他のものが見たいなら、このドラマが終わったら見て。

✏️ 「초 (酢)」は酸味のある調味料のこと。
🔍 酢を必要以上に入れてしまい、食べられなくさせる状況から出てきた表現。目上の人には使わない方がいい。

★☆☆ 償

화살을 돌리다
矢を向ける

叱られたり非難されたりする対象を変えること。

例 가: 네가 이 운동화를 사라고 해서 샀는데 발이 아파서 못 신겠잖아.
　　A: 君がこの運動靴を買えと言うから買ったのに、足が痛くて履けないじゃん。

　　나: 난 다른 걸 추천했는데 네가 디자인이 예쁘다고 그걸 골랐으면서 왜 나한테 화살을 돌리고 그래?
　　B: 私は他のものをおすすめしたのに、あなたがデザインがかわいいとそれを選んだのに、どうして私に矢を向けるの？

🔍 ある人が自分が間違ったことの責任を他人に押し付けるときに使う。

소극적 행동 消極的な行動

Track 19

★★☆ **己**

구렁이 담 넘어가듯
大蛇が塀を越すように

あることを明確にきちんと処理せず、いい加減にごまかしてしまうということ。

例 가: 여보, 일이 좀 있어서 늦었어요. 너무 피곤하니까 빨리 씻고 자야겠어요.

A: あなた、ちょっと仕事があって遅くなりました。とても疲れたから早くシャワーして寝ます。

나: 오늘도 **구렁이 담 넘어가듯** 슬쩍 넘어가려고요? 이렇게 늦게 들어온 게 벌써 며칠째예요? 도대체 무슨 일 때문에 계속 늦는지 말 좀 해 봐요.

B: 今日も大蛇が塀を越すようにこっそりやり過ごそうとしているの？ こんなに遅く帰ってきたのがもう何日目？ いったい何の仕事のために遅くなり続けているのか、話してみなさい。

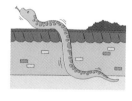

🔎 主に「구렁이 담 넘어가듯이 (大蛇が塀を越すように)」の形で使う。大蛇が音もなく這い回ってこっそりと塀を越すように、誰かがあることにおいて態度を明確にせず、ただ適当にやり過ごそうとするときに使う。

★★☆ **慣**

꼬리를 감추다
しっぽを隠す

類 꼬리를 숨기다
しっぽを隠す

痕跡を消して隠れること。

例 가: 비리가 드러나자 증권사 대표가 **꼬리를 감추고** 도망갔다면서요?

A: 不正が明らかになると証券会社の代表が逃げて姿をくらましたそうですね？

나: 네. 해외로 도망을 가 버려서 찾기도 쉽지가 않다는 말을 들었어요.

B: はい。海外に逃げてしまって探すのも簡単ではないと言われました。

✏️ 「꼬리 (しっぽ)」は動物の体の後ろ端についていたり出ていたりする部分を意味するが、ここではあることや人が残した痕跡や手がかりという意味で使われている。

🔎 普通、悪いことをした人がどこにいるのか全くわからないように姿を隠したり、逃げたときに使う。

★★☆ 慣

꼬리를 내리다
しっぽを下ろす

気持ちがくじけて退くということ。

例 가: 하준이는 다른 애들 앞에서는 안 그러면서 왜 항상 민지 앞에서만 꼬리를 내리지?

　　A: ハジュンは他の子たちの前ではそうじゃないのに、なんでいつもミンジの前でだけしっぽを巻くんだろう？

　　나: 뭔지는 모르겠는데 하준이가 민지한테 약점 잡힌 게 있나 봐.

　　B: 何なのかはわからないけど、ハジュンがミンジに弱みを握られているみたい。

🔍 本人より力が強かったり、強い相手の圧力によって自分の意志や主張を抑えて順応するときに使う。脈絡によっては聞く人の気分を悪くさせることもあるが、この表現自体が人を卑下するものではない。

★☆☆ 慣

꼬투리를 잡다
手掛かりをつかむ

他人の言葉や行動にやたらと言いがかりをつけて喧嘩を売るということ。

例 가: 넌 도대체 뭐가 그렇게 마음에 안 들어서 내 말끝마다 꼬투리를 잡고 그러니?

　　A: 君はいったい何がそんなに気に入らなくて、僕が話すたびに揚げ足を取るの？

　　나: 내가 언제 그랬다고 그래?

　　B: 私がいつそうしたって言うの？

✏️ 「꼬투리」はもともと豆と植物の実を包んでいる皮（さや）のことだが、ここではある話や事件の糸口という意味で使われている。

🔍 常に否定的な意味で使われ、強調するときは「꼬투리를 잡고 늘어지다 (言葉尻をとらえてぶら下がる)」を使う。

⇒ 「말꼬리를 물고 늘어지다」p.149

★★☆ 慣

꽁무니를 빼다
尻を引く

類 뒤꽁무니를 빼다
尻を引く

ある場所をこっそり避けて逃げるということ。

例 가: 지원 씨 어디 갔어요? 다음에 노래 부를 차례인데요.

　　A: ジウォンさん、どこに行きましたか？　次に歌を歌う番です。

　　나: 벌써 꽁무니를 빼고 도망갔지요. 지원 씨가 노래 부르는 거 정말 싫어하잖아요.

　　B: 尻込みしてとっくに逃げましたよ。ジウォンさんは歌うのが本当に嫌いじゃないですか。

✏️ 「빼다」は俗語で「避けて逃げる」という言葉であり、強調するときは「내빼다 (逃げ出す)」を使う。

🔍 普通何かをするのが怖いとき、あるいは何かに責任を負わないように席を避けるときに使う。

★☆☆ 慣

눈을 피하다
目を避ける

他人が自分を見るのを嫌がって避けるということ。

例 가: 공연 시간이 얼마 안 남았는데 왜 이렇게 늦었어요?
　　A: 公演の時間まで残りわずかなのに、どうしてこんなに遅れたんですか？

　　나: 빨리 오려고 팬들의 눈을 피해 뒷문으로 나왔는데 거기에도 팬들이 서 있어서 사인을 해 주느라 늦었어요.
　　B: 早く来ようとファンの目を避けて裏口から出てきたんですが、そこにもファンが立っていてサインをしてあげていたら遅れました。

🔍 普通、ある人が誰かに会いたくなかったり、自分の姿を見せたくないときにする行動をいう。

04 行動

★★☆ 慣

눈치를 보다
様子を見る

他人の気持ちや態度を察するということ。

例 가: 다른 사람의 눈치를 보지 말고 자신의 생각을 솔직하게 말해 주기 바랍니다.
　　A: 他人の顔色をうかがわずに、自分の考えを率直に言ってください。

　　나: 그럼 제가 먼저 말씀드리겠습니다. 저는 이번 프로젝트 진행은 무리라고 봅니다.
　　B: それでは私が先に申し上げます。私は今回のプロジェクトの進行は無理だと思います。

🔍 主に誰かが他人を意識しすぎて言動を慎むときに使う。一方、他人の気分や態度のせいで神経を使うときは「눈치가 보이다 (様子が見える〔気になる〕)」を使う。

★★★ こ

닭 잡아먹고
오리 발 내놓기
鶏を取って食いカモの
足を出しておく

過ちを犯しておいて反省するどころか、違うと言い張ったり知らないとしらを切るときに使う。

例 가: 진짜야! 네 케이크 내가 안 먹었다니까?
　　A: 本当だよ！　君のケーキ僕は食べてないってば。

　　나: 닭 잡아먹고 오리 발 내놓기라더니 입에 묻은 생크림이나 닦고 말해!
　　B: しらばっくれるんじゃないわよ、口についた生クリームでも拭いてから言って！

僕の鶏食べ
たよね？

🔍 他人の鶏をこっそり食べた人が鶏の飼い主が自分を犯人だと疑うと、自分は鶏は食べずにカモを食べたと言ってカモの足を差し出したという話から由来した表現。短く「오리 발을 내밀다 (カモの足を出す)」を使うこともある。

★☆☆ 慣

등을 보이다
背を見せる

人の困難を見えないふりをしてそっぽを向くということ。

例 가: 우리도 형편이 어려운데 친구한테 또 돈을 빌려줬어요?
　　A: うちも事情が厳しいのに、友達にまたお金を貸したんですか？

　　나: 친구가 돈을 빌려 달라고 어렵게 말을 꺼내서 차마 등을 보일 수가 없었어요.
　　B: 友達がお金を貸してくれとすまなそうに言い出したので、どうしても見て見ぬふりをできませんでした。

🔎 普通、会話をするときは顔を見ながら話す。ところが会話をしながら背中を見せるということは、相手の言うことを全く聞かずに知らんぷりをするということだ。

★★☆ 慣

뜸을 들이다
蒸らしを入れる

あることをしたり話したりする前に時間を稼ぐこと。

例 가: 오늘 소개팅에서 만난 사람이 말이야. 음……. 아무것도 아니야.
　　A: 今日合コンで会った人がね。うん……何でもない。

　　나: 뜸을 들이지 말고 빨리 말해 봐. 그러니까 더 궁금해 죽겠잖아.
　　B: もったいぶらずに早く言ってみて。余計に気になってたまらないじゃん。

🔎 時間を置いて食べ物を蒸らすように、誰かがある言葉や行動をする前にためらうときに使う。

★★★ 慣

몸을 아끼다
身を惜しむ

精一杯力を尽くさないということ。

例 가: 민수 씨, 몸을 너무 아끼는 거 아니에요? 지원 씨도 저렇게 무거운 짐을 옮기고 있잖아요.
　　A: ミンスさん、身を惜しみすぎじゃないですか？　ジウォンさんもあんなに重い荷物を運んでるじゃないですか。

　　나: 미안해요. 주말에 이사하다가 허리를 삐끗해서 그래요.
　　B: ごめんなさい。週末に引っ越しでぎっくり腰になったんです。

🔎 普通、あることに最善を尽くして仕事をするときは「몸을 아끼지 않고 일하다 (身を惜しまず働く)」を使う。一方、あることに積極的に臨まず、そろそろと避けながら身を惜しむときは「몸을 사리다 (身を出し惜しむ)」を使う。

★★☆ 慣

바람을 쐬다
風に当たる

気分転換のために外や他の場所を歩いたりすること。

例 가: 할머니, 오늘 날씨가 좋은데 산책도 할 겸 바람을 쐬러
나갈까요?

A: おばあちゃん、今日天気がいいので散歩も兼ねて風に当
たりに出かけましょうか？

나: 그럴까? 어디로 갈까?

B: そうしようか？　どこに行こうか？

🔎 他の場所の雰囲気や生活を見たり聞いたりするときは「바깥 바람을 쐬
다 (外の風に当たる)」という。

★★★ 慣

발을 빼다
足を抜く

あることを中断し、もうこれ以上関与しないということ。

例 가: 아침부터 왜 그렇게 피곤해 보여요?

A: 朝からどうしてそんなに疲れて見えるのですか？

나: 동업하기로 한 친구가 갑자기 발을 빼겠다고 하니까 앞으로
의 일이 걱정돼서 어젯밤에 한숨도 못 잤거든요.

B: 同業することにした友達が急に手を引くと言ったので、
これからのことが心配で昨夜一睡もできなかったんです
よ。

🔎 普通、人々はあることに責任を負いたくないときにこのような行動を
する。一方、悪いことから関係を完全に絶って退くというときは「손
을 씻다 (手を洗う)」(→p.216) を使う。

☆☆☆ 慣

억지 춘향이
ごり押しの春香

望まないことを仕方なくするということ。

例 가: 이번에 지점장으로 오신 분이 사장님 조카라면서요?

A: 今回支店長として来られた方が社長の甥なんですって？

나: 그렇대요. 조카분은 하기 싫다고 했는데 억지 춘향이로
하라고 했다나 봐요.

B: だそうです。甥の方はやりたくないと言ったのに、ごり
押しでやれと言ったようです。

🔎 韓国の古典小説「춘향전 (春香伝)」に出てくる女性主人公の春香が、
自分に側仕えを無理強いする官吏の命令に服従せず投獄されたことか
ら由来した表現。

옆구리를 찌르다
わき腹を突く

ひじや指で相手のわき腹を突いて人に内緒で合図を送る行動。

例 가: 어른들이 계신 데서는 말을 조심하라고 했지? 아까 그렇게 옆구리를 찔렀는데 눈치를 못 채니?

　　A: 年上の人たちがいらっしゃるところでは言葉に気をつけてと言ったよね？　さっきあんなにわき腹を突い（て合図を送っ）たのに気づかなかったの？

　　나: 죄송해요. 사촌들이랑 이야기하는 데 정신이 팔려서 몰랐어요.

　　B: すみません。いとこたちと話すのに気を取られていてわかりませんでした。

🔍 いくら顔色をうかがっても相手が気づかないときにこのような行動をする。一方、秘密裏にする行動を強調するときは「옆구리를 꾹 찌르다（わき腹をぐっと突く）」を使う。

울며 겨자 먹기
泣きながらカラシを食べる

類 눈물 흘리면서 겨자 먹기
涙を流しながらカラシを食べる

嫌なことを無理にするということ。

例 가: 승원 씨, 요즘 주말마다 등산을 다닌다면서요?

　　A: スンウォンさん、最近週末のたびに登山に行くんですって？

　　나: 네. 부모님이 하도 같이 다니자고 하셔서 울며 겨자 먹기로 시작했는데 등산이 좋아져서 요즘은 제가 먼저 가자고 해요.

　　B: はい。両親が一緒に行こうとあまりにも言うので、仕方なく始めたんですが、登山が良いと思うようになって最近は私が先に行こうと言います。

🔍 朝鮮時代に唐辛子が入ってくる前はカラシが辛さを出す食材として多く使われた。ところが、カラシは味と香りが独特なだけでなく、少しだけ食べても涙が出るほど辛かった。それでも辛さを感じたい人たちは涙を流しながらもカラシを食べたということから出てきた表現だ。

5

적극적 행동 積極的な行動

Track 20

★★☆ 慣

눈을 돌리다
目を移す

関心を他の方向に置くということ。

例 가: 수영을 배우는 것이 지겨우면 다른 운동으로 눈을 돌리는 게 어때?

A: 水泳を習うのにうんざりしてるなら、他の運動に目を移すのはどう？

나: 나도 그렇게 하고 싶은데 의사 선생님이 수영을 하는 게 지금 내 몸에 좋다고 하셔서 어떻게 해야 할지 고민이야.

B: 僕もそうしたいんだけど、お医者さんが水泳をするのが今の僕の体に良いんだと言ってて、どうしたらいいか悩んでる。

🖉 「눈 (目)」は物を見る働きをする器官のことだが、ここでは人々の目が行く道や方向という意味で使われている。

★★☆ 속

달리는 말에 채찍질
走る馬にむち打ち

今もうまくやっているが、満足せずにもっと努力するようにせきたてる様子を表す。

例 가: 감독님, 오늘 전국 체전에서 우승을 하셨는데 앞으로의 계획은 무엇입니까?

A: 監督、今日の全国体育大会で優勝されましたが、今後の計画は何でしょうか？

나: 달리는 말에 채찍질하듯이 선수들을 더욱 격려하여 내년에도 우승하도록 노력하겠습니다.

B: 走る馬にむち打つように、選手たちをもっと励まして来年も優勝できるよう努力します。

🖉 「채찍질 (むち打ち)」は本来むちで打つことを言うが、ここでは非常に催促して急き立てたり力が出るように励ましたりすることの意味で使われている。

★☆☆ 괸

동에 번쩍 서에 번쩍

東にちらっと西にちら
っと

どこにいるのか見当がつかないほど、あちこちを行った
り来たりするということ。

例 가: 오늘도 등 번호 11번 선수의 활약이 눈부십니다.
　　A: 今日も背番号11の選手の活躍が華々しいです。

　　나: 그렇습니다. 오늘도 동에 번쩍 서에 번쩍 하면서 공격과
　　　　수비를 도맡아 하고 있습니다.
　　B: そうです。今日も東にちらっと西にちらっとあちこち動
　　　　き回りながら、攻撃と守備を一手に引き受けています。

　🔎 主に「동에 번쩍 서에 번쩍 하다 (東にちらっと西にちらっとする)」の
　　形で使い、誰かがあちこち場所を移動しながらとても忙しく働く姿を
　　表すときに使う。

★☆☆ 괸

딱 부러지게

ぽきっと折れるほど

非常に断固として話したり行動したりするということ。

例 가: 왜 그렇게 얼굴 표정이 안 좋아요?
　　A: どうしてそんなに顔の表情が暗いんですか？

　　나: 인턴사원에게 복사 좀 해 달라고 했더니 자기 일이 아니라고
　　　　딱 부러지게 거절하더라고요. 그래서 기분이 별로 안 좋아요.
　　B: インターン社員にちょっとコピーをしてほしいと言った
　　　　ら、自分の仕事ではないときっぱり断られました。それ
　　　　で気分があまり良くないです。

　✐ 「부러지다 (折れる)」は本来硬い物体が折れて二つに重なったり分か
　　れることを意味するが、ここでは言葉や行動などを確実かつ正確にす
　　るという意味で使われている。

　🔎 似たような意味で「딱 잘라 (ぷっつり切って)」を使うこともあり、後
　　ろには「말하다 (話す)、거절하다 (断る)」などが来る。

★★☆ 괸

마음을 사다

心を買う

他人の関心が自分に向くようにするということ。

例 가: 이 브랜드가 SNS 마케팅을 그렇게 잘한다면서?
　　A: このブランドはSNSマーケティングがとても上手なん
　　　　だって？

　　나: 맞아. SNS를 통해 친근감 있게 다가가서 소비자들의 마음을
　　　　산다고 하더라고.
　　B: そうだよ。SNSを通じて親近感を持たせるように近づい
　　　　て、消費者の歓心を買うって言ってた。

　✐ 「사다 (買う)」はもともとお金を払ってある物や権利などを自分のも
　　のにするという意味だが、ここでは他人にある感情を持たせるという
　　意味で使われている。

★★☆ 慣
머리를 싸매다
頭を抱える

慣 머리를 싸다
　　頭を包む

最善を尽くして努力して何かをするということ。

例　가: 연우가 웬일로 저렇게 머리를 싸매고 공부를 열심히 해요?
　　A: ヨヌはどうして頭を抱えながら一生懸命勉強しているんで
　　　すか?

　　나: 내일 중간시험 보잖아요. 평소에는 놀다가 꼭 시험 전날이
　　　돼야 공부를 해요.
　　B: 明日、中間試験を受けるじゃないですか。普段は遊んでい
　　　て、試験前日になって勉強をするのです。

🔍 主に「머리를 싸매고 (頭を抱えて)」の後に「공부하다 (勉強する)」、「고
　민하다 (悩む)」を使う。

★★☆ 慣
머리를 쥐어짜다
頭を絞る

あることを解決するために非常に苦心して深く考えると
いうこと。

例　가: 아무리 머리를 쥐어짜도 좋은 아이디어가 떠오르지 않습니다.
　　A: いくら頭を絞っても良いアイデアが浮かびません。

　　나: 오늘까지 신제품 기획안을 꼭 완성해야 하니 잠시 쉬었다가
　　　계속 아이디어를 모아 봅시다.
　　B: 今日まで新製品の企画案を必ず完成しなければならないの
　　　で、しばらく休んでから引き続きアイデアを集めてみまし
　　　ょう。

✏️ 「쥐어짜다 (絞る)」は本来無理に絞り出すという意味だが、ここではあ
　れこれ悩んで精神を集中して考えるという意味で使われている。

🔍 ある問題を解決する方法がなかなか浮かばず、思いつくよう頭を使う
　ときに使う。

★☆☆ 慣
물결을 타다
波に乗る

ある時代の雰囲気や状況に合わせて行動するということ。

例　가: 착한 소비의 물결을 타고 환경을 생각하는 소비자가 늘어나
　　　고 있다고 합니다.
　　A: 善良な消費の波に乗って環境を考える消費者が増えている
　　　そうです。

　　나: 그렇습니다. 실제로 친환경 제품의 매출이 매년 증가하고 있
　　　는 추세입니다.
　　B: そうです。実際、環境にやさしい製品の売上が毎年増加す
　　　る傾向にあります。

🔍 「물결을 타고 (波に乗って)」の形でよく使われ、後ろには「달라지다,
　변하다, 변화하다 (変わる、変化する)」などがくる。主にその時代のト
　レンドを反映して変化する文化、社会現象などを語るときに使う。

❺ 積極的な行動　**135**

★★★ 慣

물불을 가리지 않다
水火を問わない

類 물불을 헤아리지 않다
水火を数えない

いくら大きな困難や危険があっても気にせず、あることを進めるときに使う。

例 가: 밤을 새워서 하는 아르바이트를 하겠다고?
　　A: 徹夜でバイトするんだって?

　　나: 다른 아르바이트를 구하기가 어려우니 어쩔 수가 없어. 다음 학기 학비를 벌기 위해서는 물불을 가리지 않고 일해야 돼.
　　B: 他のアルバイトを探すのが難しいから仕方がないよ。来学期の学費を稼ぐためには水火も辞せず働かなければならない。

✐ 「물불 (水火)」は本来、水と火を一緒に言うものだが、ここでは困難や危険という意味で使われている。

◯ 肯定的な意味と否定的な意味の両方で使うことができる。否定的な意味で使われるときは「그 사람은 돈과 권력을 쥐기 위해서는 물불을 가리지 않아. (その人はお金と権力を握るためには水火を問わない)」のように、良いことか危険なことかを考えもせず頑なに行動するという意味がある。

★★★ 慣

발 벗고 나서다
足を脱いで乗り出す

類 맨발 벗고 나서다
裸足を脱いで乗り出す

何かに積極的に乗り出すということ。

例 가: 다음 달에 대통령 선거가 있는데 좋은 지도자가 당선됐으면 좋겠어요.
　　A: 来月に大統領選挙がありますが、良い指導者が当選してほしいです。

　　나: 맞아요. 국민을 위해 옳다고 생각하는 일이라면 항상 발 벗고 나서는 사람이 뽑혔으면 좋겠어요.
　　B: そうです。国民のために正しいと思うことなら、常に積極的に取り組む人が選ばれてほしいです。

◯ 昔は農業をするとき、隣人同士がお互いの仕事を手伝う場合が多かった。このとき、田んぼに入って仕事をするためには靴と靴下をすべて脱いで裸足で入らなければならなかった。このような行動から出てきた言葉で、誰かがあることに積極的に参加するときに使う。

★★☆ 慣

발이 빠르다
足が速い

あることへの対策を素早く立てるということ。

例 가: 경쟁 회사에서 신제품을 출시했다고 합니다.
　　A: ライバル会社が新製品を発売したそうです。

　　나: 그 회사에 시장 점유율을 뺏기지 않으려면 우리도 발이 빠르게 움직여야 합니다.
　　B: その会社に市場シェアを奪われないためには、我々も素早く動かなければなりません。

◯ 問題を解決したり、ある流れに合わせて対応したりするために早く動くということ。主に「발이 빠르게 움직이다 (足が速く動く)」あるいは「발이 빠르게 대처하다 (足が速く対処する)」を使う。

본때를 보이다
手本を見せる

二度と過ちを犯さないように厳しく叱るということ。

例 가: 학생이 선생님 몰래 수업 촬영한 것을 충분히 반성하고 있는 것 같은데 이제 봐줘도 되지 않아요?

A: 生徒が先生に内緒で授業を撮影したことを十分反省しているようですが、もう大目に見てもいいんじゃないですか？

나: 처음에 본때를 보여 주지 않으면 나중에 잘못을 되풀이할 수도 있으니 좀 더 반성의 시간을 갖게 해야 합니다.

B: 最初に思い知らせないと、後で過ちを繰り返すこともあるので、もう少し反省の時間を持たせなければなりません。

✎ 「본때」は模範になったり自慢したりできる点という意味。

불을 끄다
火を消す

急を要する問題を解決するということ。

例 가: 어머니, 오늘 퇴근이 늦을 것 같아요. 회사에 문제가 생겨서 급한 불을 끄고 가야 해서요.

A: お母さん、今日退勤が遅くなりそうです。会社に問題が生じて急務を処理しないといけないんです。

나: 그래. 아무리 급해도 저녁은 챙겨 먹고 일해.

B: そう。どんなに急いでいても夕食はちゃんと食べて働いて。

💡 非常に切迫した問題を解決するときは「급한 불을 끄다 (急な火を消す)」あるいは「발등의 불을 끄다 (足元の火を消す)」を使う。

소매를 걷어붙이다
袖をまくり上げる

本格的にある物事に乗り出すこと。

例 가: 요즘 환경 보호에 관한 광고가 부쩍 많아졌어요.

A: 最近、環境保護に関する広告がぐっと多くなりました。

나: 정부가 환경 보호에 소매를 걷어붙이고 나서서 그런 게 아닐까요?

B: 政府が環境保護に本格的に乗り出したからじゃないですか？

類 소매를 걷다
袖をまくる
팔소매를 걷어붙이다
袖をまくり上げる
팔소매를 걷다
袖をまくる

💡 働くときは服の袖をまくれば楽なので、人々が仕事をする前にこのようにしたことから出てきた言葉だ。主に「소매를 걷어붙이고 (袖をまくり上げて)」の形で使い、似たような意味で「팔을 걷고 나서다 (腕をまくって乗り出す)」、「팔을 걷어붙이다 (腕まくりをする)」を使うこともある。

손을 뻗다
手を差し伸べる

意図的に他人に何らかの影響を及ぼすということ。

例 가: 적은 돈을 투자해 큰돈을 벌 수 있다며 사람들에게 유혹의 손을 뻗어 돈을 갈취한 일당이 검거되었대요.

A: 少ないお金を投資して大金を稼ぐことができるとし、人々に誘惑の手を差し伸べてお金をゆすり取った一味が検挙されたそうです。

나: 잘됐네요. 그런 사람들은 평생 감옥에서 살아도 모자라요.

B: よかったですね。そんな人たちは一生監獄で暮らすべきです。

✐ ここでいう「손 (手)」とは、ある人の影響力や権限が及ぶ範囲を意味する。

손이 발이 되도록 빌다
手が足になるくらい許しを乞う

類 발이 손이 되도록 빌다
足が手になるくらい許しを乞う

自分のミスや過ちを許してほしいと相手に切実に祈ることを表す。

例 가: 언니와 아직도 냉전 중이야?

A: お姉さんと今もまだ冷戦中なの？

나: 응, 언니한테 다시는 언니 옷 안 입겠다고 손이 발이 되도록 빌었는데도 소용이 없어.

B: うん、お姉ちゃんに二度とお姉ちゃんの服を着ないと必死に許しを乞うたけど無駄だったよ。

얼굴을 들다
顔を上げる

堂々と他人に接するということ。

例 가: 제가 잘못해서 계약이 안 된 것이 아니라는 사실이 드디어 밝혀졌어요.

A: 私が誤って契約にならなかったわけではないという事実がついに明らかになりました。

나: 잘됐어요. 이제는 얼굴을 들고 공장 사람들을 볼 수 있겠어요.

B: よかったです。これからは堂々と工場の人たちに会うことができます。

♀ 堂々としていられないことがあるときは「얼굴을 들지 못하다 (顔を上げられない)」や「얼굴을 들 수가 없다 (顔を上げることができない)」のような否定形を多く使う。

★★☆慣

열 일 제치다
十のことを差し置く

一つの重要なことのために他のことをすべて後回しにしたりやめにしたりすること。

例 가: 지원 씨, 다음에도 제가 도와 달라고 부탁하면 들어줄 거지요?

A: ジウォンさん、次回も私が手伝ってほしいと頼めば聞いてくれますよね？

나: 당연하지요. 제시카 씨 일이라면 언제든지 열 일 제치고 도와줄게요.

B: もちろんです。ジェシカさんの仕事ならいつだって、他のことを差し置いてでも手伝います。

🔍 主に「열 일 제치고 (十のことを差し置いて)」の形で使い、あることを最優先にするときに使う。

★☆☆慣

이리 뛰고 저리 뛰다
こっちに走りあっちに走る

とても忙しく動き回るということ。

例 가: 요즘 집 구하기가 만만치 않지요?

A: 最近、家探しが大変ですよね？

나: 네, 괜찮은 곳을 알아보려고 이리 뛰고 저리 뛰고 있는데 쉽지 않네요.

B: はい、いい場所を探そうとあちこち見て回っていますが、簡単ではありませんね。

🔍 普通は誰かがあることや問題を解決するために、あちこち忙しく動き回っている様子を表すときに使う。

★★☆慣

주먹을 불끈 쥐다
拳をぐっと握る

何かに対する確固たる意志を示すときの行動。

例 가: 이번 시합에서는 꼭 이길 거라고 주먹을 불끈 쥐더니 연습 많이 했어요?

A: 今回の試合では必ず勝つと、拳をぐっと握って練習をたくさんしましたか？

나: 네. 걱정하지 마세요. 이번 시합은 정말 자신 있어요.

B: はい。心配しないでください。今回の試合は本当に自信があります。

🔍 あることをすると固く決心したり、誓いを立てるときにも使う。

★☆☆ 慣

총대를 메다
銃床を担ぐ

誰かが先頭に立ってあることを引き受けるということ。

例 가: 제가 총대를 메고 사장님께 월급을 올려 달라고 말씀드릴
　　 테니 여러분은 너무 걱정하지 마십시오.
　　A: 私が銃床を担いで社長に月給を上げてくれと申し上げる
　　　 ので、皆さんはあまり心配しないでください。

　　 나: 감사합니다. 제발 사장님과 이야기가 잘 되었으면 좋겠습니
　　　 다.
　　B: ありがとうございます。どうか社長と話がうまく運べれ
　　　 ばと思います。

🔍 普通、大変だったり危険だったりして誰も前に出て引き受けたくない難題
を自ら進んでするときに使う。

★☆☆ 慣

침 발라 놓다
唾をつけておく

あるものが自分のものだと示しておくということ。

例 가: 사랑아. 이거 내가 침 발라 놓은 과자니까 절대로 먹지 마.
　　A: サラン。これは私が唾をつけておいたお菓子だから絶対
　　　 に食べないで。

　　 나: 언니, 그 과자 맛있던데 나도 좀 먹으면 안 돼? 한 개만 줘.
　　B: お姉ちゃん、そのお菓子おいしかったから、私もちょっ
　　　 と食べちゃだめ？　一つだけちょうだい。

🔍 普通、他の人に自分のものに手を出すなと言うときに使う。

★☆☆ 慣

콧대를 꺾다
鼻っ柱を折る

類 콧대를 누르다
　 鼻っ柱を押さえる

他人のうぬぼれや自尊心をくじいて気勢をそぐこと。

例 가: 넌 뭐가 그렇게 잘나서 항상 잘난 척이야? 내가 네 콧대를
　　 꺾어 놓고 말겠어.
　　A: 君は何がそんなにすごくていつも偉そうにしているの？
　　　 僕が君の鼻っ柱を折ってやる。

　　 나: 어디 한번 해 봐. 네 실력으로는 어림도 없을걸.
　　B: どれ、一度やってみて。あなたの実力では到底及ばない
　　　 でしょう。

✐ 「콧대 (鼻っ柱)」はもともと鼻筋の高くそびえている部分をいうが、
ここでは自慢したり傲慢な態度の意味で使われている。

05

언어
言語

----

❶ 과장 誇張
❷ 말버릇 口ぐせ
❸ 행위 行為

★☆☆ 慣

공수표를 날리다
空手形を振り出す

守れない約束をするということ。

例 가: 선거일은 다가오는데 누구를 뽑아야 할지 모르겠어요. 공약을 보고 뽑으려고 해도 다들 실현이 어려운 공약들만 내세우고 있으니까요.

A: 選挙日は近づいていますが、誰を選べばいいのかわかりません。公約を見て選ぼうとしても、みんな実現が難しい公約ばかり打ち出していますからね。

나: 맞아요. 국회의원들이 하도 공수표를 날리니까 이제는 못 믿겠어요.

B: そうです。国会議員たちがあまりにも守れない約束をするので、今はもう信じられません。

☆☆☆ 속

나중에 보자는 사람 무섭지 않다
後で会おうという人は怖くない

類 나중에 보자는 양반 무섭지 않다
後で会おうという両班は怖くない
두고 보자는 건 무섭지 않다
覚えておけというのは怖くない

すぐに腹いせできず、後で会おうという人は恐れる必要がないということ。

例 가: 두고 봐. 다음번에는 내가 꼭 이길 거야.

A: 覚えておけ。次こそは俺が必ず勝つ。

나: 나중에 보자는 사람 무섭지 않거든. 테니스 연습 좀 더 하고 와.

B: 今すぐどうこうできない人に何言われても怖くないもんね。テニスの練習をもう少ししてきな。

🔎 勝負、競争、戦いなどの状況で「나중에 보자 (後で会おう)」と大口を叩いて退く相手に全く怖くないと言うときに使う。

★☆☆ 慣

두말 못하다
二言を言えない

あることについて、これ以上不平を言ったり意見などを述べたりできないということ。

例 가: 아저씨, 저희 집 택배를 몰래 가져간 사람이 뭐래요?

A: おじさん、我が家の宅配をこっそり持って行った人は何と言っていましたか？

나: 처음에는 자기가 한 일이 아니라고 딱 잡아떼더니 CCTV 영상을 보여 주니까 두말 못하더라고요.

B: 最初は自分がやったことではないときっぱりしらを切っていたのに、CCTV映像を見せたら何も言えなくなりました。

🔎 ある過ちを犯した人が最初はとやかく言い訳をしても、自分の過ちだと確実に明らかになって認めざるを得ないときに使う。

★☆☆ 慣
두말하면 잔소리
二言すれば小言

すでに述べた内容に間違いないので、これ以上話す必要は
ないと強調するときに使う。

例 가: 수아야, 기차표는 예매했어? 출입구하고 먼 데가 조용하고
좋은데 거기로 했어?

A: スア、電車の切符は予約した？　出入口から遠いところが
静かでいいけど、そこにしたの？

나: 두말하면 잔소리지. 좋은 자리로 예매해 뒀으니까 걱정하지 마.

B: 言うまでもないよ。いい席を予約しておいたから心配しな
いで。

🔍 普通、確実にしておいたことについてしきりに心配しながら聞いてく
る相手に安心してと言うときに使う。似たような意味で「두말하면 입
아프다 (二言すれば口が痛い)」、「두말할 나위가 없다, 두말할 필요가 없
다 (二言する必要がない [言うまでもない])」を使うこともある。

★★★ 四
말 한마디에
천 냥 빚도 갚는다
一言で千両の借金も返
す

類 천 냥 빚도 말로 갚는다
千両の借金も口先で返
す

納得できる言葉であれば難題も解決できるということ。

例 가: 제가 알아서 할 테니까 제발 좀 나가 계세요. 짜증 나 죽겠어요.

A: 自分でどうにかするから、お願いだから出ていってくださ
い。イライラして死にそうです。

나: 말 한 마디에 천 냥 빚도 갚는다는데 아빠한테 말 좀 예쁘게
하면 안 되니?

B: 一言で千両の借金も返すというけど、お父さんにもう少し
優しく話してくれない？

🔍 普通、不作法に話す人に言葉に気をつけて丁寧に話すことが重要だと言う
ときに使う。

★☆☆ 慣
말이 되다
話になる

言うことが理にかなっていて納得がいくということ。

例 가: 내일부터 하루에 3시간씩 운동하면서 근육을 만들면 이번
보디빌더 대회에서 1등을 할 수 있겠지?

A: 明日から一日に３時間ずつ運動しながら筋肉を作れば、
今回のボディビルダー大会で１位になれるよね？

나: 태현아, 말이 되는 소리를 해. 졸업 작품 때문에 식사할 시간
도 없다면서 3시간씩 운동을 한다고?

B: テヒョン、話にならないよ。卒業作品のために食事をす
る時間もないと言いながら、３時間ずつ運動をするって？

🔍 言うことが道理に合わなくて納得がいかないときは「말이 안 되다 (話にな
らない)」を使う。

★★★ㄹ
발 없는 말이
천 리 간다
足のない言葉が
千里を行く

言葉が瞬く間に広がるということ。

例 가: 장사가 잘 안 돼서 가게 홍보 방법을 문의하러 왔습니다.
　　A: 商売がうまくいかなくて、店の宣伝方法を問い合わせに
　　　来ました。

　　나: 그래요? 요즘은 입소문 마케팅이 대세입니다. **발 없는 말**
　　　이 천 리 간다고 입소문 마케팅을 활용하는 건 어때세요? 방
　　　법은 저희 기관에서 알려 드릴 수 있습니다.
　　B: そうですか。最近は口コミマーケティングが主流になっ
　　　ています。足のない言葉が千里を行くと言うように、口
　　　コミマーケティングを活用するのはいかがですか？　方
　　　法は私どもの機関でお教えできます。

✎ 「천리 (千里)」は約400キロのことだが、ここでは非常に遠い距離を
　表す言葉として使われている。

🔍 人が話す「言葉(말)」を同音異義語である動物の「馬(말)」になぞらえて、
　馬が速く走るように、ある噂や言葉が非常に速く遠くまで行けることを強
　調するときに使う。

★☆☆ 慣
새빨간 거짓말
真っ赤な嘘

類 빨간 거짓말
　　赤い嘘

嘘であることが簡単にわかるほどのとんでもない嘘。

例 가: 민지야, 우리 그만 헤어지자.
　　A: ミンジ、僕たちもう別れよう。

　　나: 뭐라고? 나 없이는 못 산다고 하더니 그 말이 다 **새빨간**
　　　거짓말이었어?
　　B: 何ですって？　私なしでは生きていけないって言ってた
　　　のに、その言葉は真っ赤な嘘だったの？

🔍 「새빨갛다 (真っ赤だ)」はとても赤いという意味だ。普通赤は火を意味す
　るが、火はその色が強烈で遠くからでも火が出たことに誰もが気づく。こ
　のように誰もが簡単にわかるほど明らかな嘘をつくときに使う。

☆☆☆ㄹ
속에 뼈 있는 소리
中に骨のある話

誰かが話す言葉の中に隠れた意味があることを指す。

例 가: 장학금 받은 거 축하해. 그런데 너는 노력에 비해 항상 성과
　　　가 잘 나오더라.
　　A: 奨学金を受け取れてよかったね。ところで、あなたは努
　　　力に比べていつも成果がよく出るね。

　　나: **속에 뼈 있는 소리** 같긴 하지만 그래도 축하해 줘서 고마워.
　　B: なんだかトゲのある言い方だけど、それでも祝ってくれ
　　　てありがとう。

🔍 ある人が自分の本心を直接的に相手に言わず、遠回しに表すときに使う。

★★☆ ❷

손가락에 장을 지지겠다

指で醤を煮詰める

園 손바닥에 장을 지지겠다
手のひらで醤を煮詰める

손톱에 장을 지지겠다
爪で醤を煮詰める

相手方があることができないと断言するときに使う。

例 가: 오늘은 하준이가 진짜 약속 시간에 맞춰서 온다고 했으니까 한번 믿어 보자.
A: 今日はハジュンが本当に約束の時間に合わせて来ると言ったから、一度信じてみよう。

나: 넌 그 말을 믿어? 걔가 제시간에 오면 내 손가락에 장을 지지겠다.
B: あなたはその言葉を信じるの？　あの子が時間通りに来るなんてあり得ないよ。

𝒫 短く「손에 장을 지지겠다 (手で醤を煮詰める)」という形でも使う。一方、「내 말이 거짓이면 내 손가락에 장을 지지겠다. (私の言葉が嘘なら、私の指で醤を煮詰める)」のように、自分の主張が間違いないと断言するときにも使う。

★☆☆ 慣

어림 반 푼어치도 없다

おおよそ半文もない

誰かの言うことが再考する必要もないほどに突拍子もないということ。

例 가: 아버지, 저도 이제 성인이 됐으니까 독립할게요.
A: お父さん、私ももう成人になったので独立します。

나: 돈 한 푼 없는 네가 독립을 하겠다고? 어림 반 푼어치도 없는 소리 좀 하지 마라.
B: お金が一文もないおまえが独立するって？　とんでもないことを言うな。

𝒫 相手方の言葉が突拍子もない、あるいは実現する可能性が低いと言うときに使う。

★★☆ 慣

입만 아프다

口だけ痛い

いくら言っても相手に受け入れてもらえず甲斐がないということ。

例 가: 엄마, 친구들은 방학에 다 해외로 여행을 간단 말이에요. 저도 이번 방학에는 꼭 해외여행을 가게 해 주세요.
A: お母さん、友達は休みにみんな海外に旅行に行くんですよ。僕も今度の休みには必ず海外旅行に行かせてください。

나: 위험해서 안 된다고 몇 번을 말해? 네 마음대로 해. 계속 말해 봤자 내 입만 아프지.
B: 危ないからダメだって何回言わないといけないの？　好きなだけ言ってなさい。言い続けたところで無駄よ。

𝒫 誰かを説得したいが、話し続けても無駄なので相手との対話をあきらめるときに使う。

★☆☆ 慣

입에 자물쇠를 채우다

□に錠をかける

知っている事実をやたらに言わないときに使う。

例 가: 여보, 수아가 당신한테는 갑자기 학교를 그만두고 싶은 이유를 말해요?

A: あなた、スアがあなたには急に学校を辞めたい理由を言いましたか？

나: 아니요. 입에 자물쇠를 채운 것처럼 계속 아무 말도 하지 않고 있어요.

B: いいや。口を固く閉ざしてずっと何も言わずにいるよ。

🔍 「절대 부모님께 말씀드리지 못하도록 동생의 입에 자물쇠를 채웠다. (絶対に両親に言えないように弟の口に錠をかけた)」のように、あることに対して話せなくするときにも使う。

★★★ 慣

입에 침이 마르다

□の唾が渇く

類 침이 마르다
唾が渇く

他の人や物について何度も繰り返し話すということ。

例 가: 처음 뵙겠습니다. 김민수라고 합니다.

A: 初めまして。キム・ミンスと申します。

나: 드디어 김민수 씨를 직접 만나게 됐군요. 마크 씨가 입에 침이 마르도록 칭찬을 해서 직접 만나고 싶었거든요.

B: ついにキム・ミンスさんと直接お会いすることになりましたね。マークさんがしきりに褒めていたので、直接お会いしたかったんです。

🔍 普通「입에 침이 마르게 (口の唾が渇くように)」や「입에 침이 마르도록 (口の唾が渇くほど)」の後に「칭찬하다 (褒める)」、「자랑하다 (自慢する)」などを使う。

★★☆ 慣

입이 간지럽다

□がかゆい

類 입이 근질근질하다
□がむずむずする
입이 근지럽다
□がむずむずする

他の人にある話をしたくてたまらないということ。

例 가: 지원 씨, 차 바꿨어요? 못 보던 차네요!

A: ジウォンさん、車変えたんですか？ 見たことのない車ですね！

나: 네, 한 달 전에 바꿨는데 아무도 몰라보더라고요. 그동안 자랑하고 싶어서 얼마나 입이 간지러웠는지 몰라요.

B: はい、1か月前に変えたのですが、誰も気づかなかったんです。これまで自慢したくてどれだけうずうずしていたかわかりません。

🔍 何かが肌に触れてくすぐったい感じがすると、掻きたくてたまらなくなる。このように、ある人が自慢したいときや秘密などを他の人に話したくてやきもきしたときに使う。

★★★ ❷

입이 열 개라도
할 말이 없다

口が十個あっても言う
言葉がない

類 입이 광주리만 해도
말 못한다
口が籠ぐらいでも話せ
ない

過ちが明らかで弁解したり釈明したりする方法がないと
いうこと。

例 가: 이 안무를 하루 이틀 연습한 것도 아닌데 아직도 틀리면 어떻
게 해요?
A: この振り付けはずっと前から練習しているのに、いまだに
間違えてたらどうするんですか？

나: 죄송합니다. 입이 열 개라도 할 말이 없습니다. 더 열심히
연습해서 틀리지 않도록 하겠습니다.
B: すみません。弁解の余地がありません。もっと一生懸命練
習して間違えないようにします。

🔎 普通、過ちを犯した人が自分の過ちを自ら認めるときに使う。

☆☆☆ ❷

혀 아래 도끼 들었다

舌の下に斧が入った

類 혀 밑에 죽을 말 있다
舌の下に死ぬ言葉があ
る

不用意な発言をすれば災いを被ることになるので、言葉に
気をつけなければならないということ。

例 가: 선생님, 제가 무심코 한 말에 친한 친구가 상처를 받고 절교를
선언해서 속상해요.
A: 先生、私が何気なく言ったことに親しい友達が傷ついて絶
交を宣言されたので悩んでいます。

나: 아이고, 속상하겠다. 그런데 혀 아래 도끼 들었다고 무심코
하는 말이 누군가에게는 상처가 될 수도 있으니까 말을 할 때
항상 조심해야 해.
B: ああ、気に病むだろうね。しかし、口は災いの元といって、
何気なく言うことが誰かを傷つけることになるかもしれな
いから、話すときはいつも気をつけなければならないよ。

🔎 何の意図や考えもなく言った言葉が、時には斧のように鋭い武器に
なって相手を傷つける恐れがあるので慎重に話さなければならないと
助言するときに使う。

☆☆☆ 慣

혀에 굳은살이
박이도록

舌にたこができるほど

口が痛くなるほどたくさん話すということ。

例 가: 지훈 엄마, 지훈이가 핸드폰을 너무 가까이 보는 거 아니에
요? 저러다 눈 나빠지겠어요.
A: ジフンのお母さん、ジフンが携帯を近くで見すぎじゃない
ですか？ ああしたら目が悪くなりそうです。

나: 그러면 안 된다고 혀에 굳은살이 박이도록 잔소리를 해도
소용이 없어요.
B: そうしたらダメだと口酸っぱく言っているのに無駄なの
よ。

🔎 普通、同じ言葉を何度も繰り返して話したということを誇張して話す
ときに使う。

★★★ 관

가는 말이 고와야
오는 말이 곱다

かける言葉が優しくて
こそ返ってくる言葉も
優しい

類 가는 떡이 커야 오는 떡이
크다
行く餅が大きくてこそ
来る餅が大きい

가는 정이 있어야
오는 정이 있다
行く情があってこそ来
る情がある

自分が他の人に良く話してこそ、他の人も自分に良いこと
を言うということ。

例 가: 사랑아, 말 좀 예쁘게 하면 안 돼?
　A: サラン、もう少し優しく話してくれない？

　나: 가는 말이 고와야 오는 말이 고운 법이야. 서영이 너도 그동안
　　　나한테 어떻게 말을 했는지 한번 생각해 봐.
　B: かける言葉が優しくてこそ返ってくる言葉が優しくなるも
　　　のだよ。ソヨンもこれまで私にどう言葉をかけてきたのか
　　　一度考えてみて。

🔎 他の人から愛想よく振る舞ってもらいたければ、自分が先に他の人を
尊重しなければならないと言うときにも使う。

★☆☆ 관

꼬집어 말하다

つねって言う

ある事実や考えを明確に指摘して話すということ。

例 가: 너 연봉 많이 주는 데로 회사를 옮긴다고 다니던 회사를 그만
　　　두더니 아직도 놀아?
　A: 君、年収の高い会社に移るために勤めていた会社を辞めた
　　　のに、まだ遊んでいるの？

　나: 너는 꼭 남의 상처를 꼬집어 말하더라. 그렇게 하면 기분이 좋니?
　B: あなたはいつも人の痛いところをつくんだ。そうすれば気
　　　分がいいの？

🔎 他人のミスや過ち、弱点などを正確に指摘して話すときに使う。

★★☆ 관

똥 묻은 개가
겨 묻은 개 나무란다

糞のついた犬がぬかの
ついた犬をけなす

類 숯이 검정 나무란다
炭が黒を責める

自分の大きな欠点は考えず、他人の小さな欠点をあざ笑
うこと。

例 가: 연우야, 너 이렇게 쉬운 문제를 틀렸어?
　A: ヨヌ、あなたこんなに簡単な問題を間違えたの？

　나: 똥 묻은 개가 겨 묻은 개 나무란다더니 너는 그 문제만 맞고
　　　나머지는 다 틀렸잖아.
　B: 目くそ鼻くそを笑うというけど、君はその問題だけ当た
　　　って、残りは全部間違えたじゃん。

🔎 誰かが自分の状況や立場は考えず、他人の小さな過ちを指摘するとき
に使う。

★☆☆ 慣
말꼬리를 물고
늘어지다
言葉尻をくわえてぶら
下がる

相手の発言で不十分な箇所や言い間違いをとらえていち
いち問い詰めるということ。

例 가: 민수 씨, 조금 전에 승원 씨하고 심각하게 이야기하던데 무슨
　　일 있어요?
　　A: ミンスさん、先ほどスンウォンさんと深刻に話していま
　　　したが、何かあったんですか?
　　나: 회의 시간에 승원 씨가 자꾸 제 말꼬리를 물고 늘어지니까
　　　짜증이 나더라고요. 그래서 제가 한 소리 했어요.
　　B: 会議の時間にスンウォンさんが何度も私の言葉尻をとら
　　　えるからイライラしたんですよ。それで私がひと言言っ
　　　てやったんです。

🔍 「말꼬리를 잡다 (言葉尻をとらえる)」を使うこともある。

⇒「꼬투리를 잡다」p.128

★☆☆ 慣
말만 앞세우다
言葉だけを先に立たせ
る

ある人が言葉を口にするだけで、実践はしないときに使う。

例 가: 저 정당을 지지하는 사람들이 점점 줄어드는 것 같아요.
　　A: あの政党を支持する人たちがだんだん少なくなっている
　　　ようです。
　　나: 정치를 개혁하겠다는 말만 앞세우고 정작 하는 일은 하나도
　　　없으니 지지율이 떨어지는 게 당연하지요.
　　B: 政治を改革するという言葉だけを前面に出して、実際に
　　　やっていることは一つもないので、支持率が下がるのは
　　　当然ですよ。

🔍 言葉だけもっともらしく、実行には全く移さない人を非難するときに
　　使う。

★☆☆ こ
말이 많으면
쓸 말이 적다
口数が多ければ
使う言葉が少ない

類 군말이 많으면 쓸 말이 적
다
無駄口が多ければ使う
言葉が少ない

いたずらにたくさん話すと、中身のある言葉が少なくな
るということ。

例 가: 한 시간 동안 입 아프게 상담해 줬는데 고객이 그냥 가 버려
　　서 힘이 빠져요.
　　A: 1時間何度も説明して相談に乗ったのに、お客さんがそ
　　　のまま行ってしまって力が抜けます。
　　나: 또 쓸데없는 농담만 하고 정작 중요한 할인율이나 사은품
　　　같은 건 말 안 했죠? 말이 많으면 쓸 말이 적다고 하잖아요.
　　꼭 필요한 말만 하세요.
　　B: また無駄な冗談ばかり言って、肝心の割引率や謝恩品の
　　　ことは言わなかったでしょう? 　無駄口が多いと必要な
　　　言葉が少なくなると言うじゃないですか。きっちりと必
　　　要なことだけ言ってください。

🔍 必ず必要なことだけを言う方が、口数多く話すより良いのだと言葉を
　　慎むよう助言するときに使う。

★★★ 은
말이 씨가 된다
言葉が種になる

言ったことがそのまま現実になるということ。

例 가: 여보, 휴게소에 들러서 좀 쉬었다 가요. 비가 너무 많이 와서 앞이 안 보이는데 이렇게 가다가 사고라도 나면 어떻게 해요?

　A: あなた、休憩所に寄ってちょっと休んで行きましょう。雨が降りすぎて前が見えないのに、このまま行って事故でも起こったらどうするんですか？

　나: 말이 씨가 된다고 하잖아요. 그런 소리 좀 하지 마세요.

　B: 言ったことが現実になると言うじゃないですか。そんなこと言わないでください。

🔍 未来に良くないことが起こるだろうと言う人に、本当にそうなるかもしれないからそんなことを言うなと話すときに使う。

★☆☆ 慣
밑도 끝도 없다
下も終わりもない

前後の関係や脈絡なしに話を突然持ち出して不意を突かれるということ。

例 가: 수아야, 너 정말 너무한 거 아냐?

　A: スア、君本当にひどいんじゃない？

　나: 밑도 끝도 없이 그게 무슨 말이야? 내가 뭘 어쨌는데?

　B: やぶから棒にそれは何の話？　私が何をどうしたっていうの？

✏️ 「밑（下）」はもともと物体の下や下方をいうが、ここでは基本、根本、初めなどの意味で使われている。

🔍 普通「밑도 끝도 없이（下も終わりもなく）」や「밑도 끝도 없는（下も終わりもない）」の形で使い、ある人が突然わけのわからない話を持ち出してきて慌てるときに使う。

★☆☆ 은
사돈 남 말한다
姻戚が他人の話をする

類 사돈네 남의 말한다
　　姻戚が他人の話をする

　　사돈 남 나무란다
　　姻戚が他人をけなす

自分の過ちは棚に上げておいて、他人の過ちだけを指摘すること。

例 가: 하준아, 또 딴짓하는 거야? 너는 5분도 집중을 못 하니?

　A: ハジュン、またふざけたことしてるのか？　おまえは5分も集中できないの？

　나: 사돈 남 말하네. 태현이 너도 만만치 않잖아.

　B: 自分のことは棚に上げて。テヒョン、おまえも人のこと言えないじゃん。

✏️ 「사돈（姻戚）」は婚姻によって結ばれた関係にある人をいう。

🔍 誰かが自分の欠点や過ちは考えずに、他人の欠点をあげつらうときに使う。

☆☆☆ 관

쓰다 달다 말이 없다
苦いとも甘いとも言わない

あることに対して何の反応や意思表示もないということ。

例 가: 태현아, 교수님은 만나 봤어? 어때? 이번에는 논문이 통과될 것 같아?
A: テヒョン、教授にはお会いした？　どう？　今度は論文が通りそう？

나: 쓰다 달다 말이 없어서서 모르겠어. 아무래도 안 될 것 같아.
B: うんともすんとも言わないからわからない。いずれにしてもダメだと思う。

🔎 他人の意見や考えを聞きたいのに、相手が何も言わずもどかしいときに使う。

★★★ 관

아 해 다르고
어 해 다르다
「あ」と言って違うし
「お」と言って違う

類 에 해 다르고 애 해 다르다
「え」と言って違うし
「あ」と言って違う

同じ言葉でもどう話すかによって相手が違うように受け入れるということ。

例 가: 일을 이렇게밖에 못해요? 자료를 연도 별로 추려 놓으라고 했잖아요.
A: こんな風にしか仕事ができないんですか？　資料を年度別に抜き出しておいてと言ったじゃないですか。

나: 선배님, 아 해 다르고 어 해 다르다고 같은 말이라도 좀 부드럽게 해 주시면 안 돼요?
B: 先輩、「あ」と言って違うし「お」と言って違うように、同じ言葉でももう少し柔らかく話してくれませんか？

🔎 「아 다르고 어 다르다(「あ」は違うし「お」は違う)」の形でもよく使う。

★★☆ 관

아픈 곳을 건드리다
痛いところを触る

類 아픈 곳을 찌르다
痛いところを突く

아픈 데를 건드리다
痛いところを触る

아픈 데를 찌르다
痛いところを突く

相手の欠点や弱点を話したり指摘したりすること。

例 가: 이제 나이도 있는데 공무원 시험은 그만 포기하고 취직을 해. 계속 공부만 하고 있으니 부모님께서 얼마나 속이 상하시겠어?
A: もう年も取ったから公務員試験はあきらめて就職しなよ。ずっと勉強ばかりしているから、ご両親がどれだけ心を痛めていらっしゃるだろうか？

나: 너는 꼭 사람 아픈 곳을 건드리더라.
B: あなたは決まって人の痛いところをつくよね。

🔎 相手が考えると心が痛くて考えたがらないことや個人的に敏感な部分をわざと取り出して話すときに使う。

★☆☆ 慣

앓는 소리
病む声

わざと大げさに痛がったり困ったりして話す言葉。

例 가: 이번 달은 직원들 월급도 못 주게 생겼네. 은행에 가서 대출이라도 받아야 되나?

A: 今月は社員たちの給料も払えなさそうだね。銀行に行って融資でも受けるべきかな？

나: 사장님, 연봉 협상 때가 되니까 일부러 앓는 소리 하시는 거 아니에요?

B: 社長、年俸交渉の時期になったから、わざと泣き言をおっしゃっているんじゃないですか？

🔎 相手がわざと口実をつけて心配する姿を見て話すときに使う。普通「앓는 소리를 하다 (泣き言を言う)」の形で使う。

★☆☆ 慣

입만 살다
口だけ生きる

行動はせずに言葉だけもっともらしく並べるということ。

例 가: 할아버지, 전 평소 실력이 있어서 공부를 안 해도 시험을 잘 볼 거예요.

A: おじいちゃん、私は普段から実力があるので勉強をしなくても試験をうまくやります。

나: 쯧쯧, 입만 살아 가지고……. 너 그러다 성적이 잘 안 나오면 어떻게 할래?

B: ちっちっ、口ばかり……。おまえ、それで成績がよくなかったらどうするんだ？

🔎 普通「입만 살아서 (口だけ生きて)」や「입만 살아 가지고 (口だけ生きていて)」の形で使い、行動はせず自信があると大口を叩く人が気に入らないときに使う。

★★☆ 慣

입에 달고 다니다
口にぶら下げて過ごす

ある言葉を頻繁に使ったり、繰り返したりするということ。

例 가: 승원이한테도 연락해 볼까? 오랜만에 같이 보면 좋잖아.

A: スンウォンにも連絡してみようか？ 久しぶりに一緒に会えばいいじゃん。

나: 연락해 봤자 소용없어. 바쁘다는 말을 입에 달고 다니는데 모임에 나오겠어?

B: 連絡してみても無駄だよ。忙しいが口癖なのに集まりに出ると思う？

🔎 「입에 달고 살다 (口にぶら下げて暮らす)」という表現もよく使う。一方、「나는 커피를 입에 달고 다닌다. (私はコーヒーを口にぶら下げて過ごしている)」のように、特定の飲食物をよく口にすることを話すときにも使う。

★☆☆ 慣

입에 발린 소리

□に塗られた声

(類) 입에 붙은 소리
□についた声

心にはないのに誰かにとって聞こえの良い言葉を言うときに使う。

例 가: 민지 너한테는 다 잘 어울려. 고민하지 말고 네 마음에 드는 옷으로 사.

A: ミンジ、君には全部よく似合うよ。悩まないで君の気に入った服を買って。

나: 입에 발린 소리 하지 말고 솔직하게 말해 봐. 어떤 게 더 나아?

B: 心にもないことを言わないで率直に言ってみて。どっちの方がいい？

🔎 他人の機嫌をとるために良いふりをしたり、聞こえの良い言葉ばかり言うという意味だ。普通「입에 발린 소리 좀 그만해.(お世辞はやめて)」、「입에 발린 소리 좀 하지 마.(お世辞は言わないで)」のように使い、無条件に聞こえの良い言葉を話す相手に率直に言えと言うときに使う。

★★★ 속

입은 비뚤어져도 말은 바로 해라

□は曲がっていても話は正しくせよ

(類) 입은 비뚤어져도 말은 바로 하랬다
□は曲がっていても話は正しくせよと言った

どんな状況でも常に正しく話さなければならないということ。

例 가: 민수 씨가 저보다 먼저 승진하는 게 말이 돼요? 일도 잘 못하는데…….

A: ミンスさんが私より先に昇進するってあり得ますか？仕事もできないのに……。

나: 입은 비뚤어져도 말은 바로 하라고 솔직히 민수 씨가 일은 잘하잖아요.

B: □は曲がっていても話は正しくせよと言うけど、率直にミンスさんは仕事をしっかりやるじゃないですか。

🔎 誰かが他人の能力をけなしたり、事実と違うことを言うときに使う。

★★★ 속

핑계 없는 무덤이 없다

理由のない墓はない

過ちを犯しても、それを認めず言い訳するときに使う。

例 가: 엄마, 죄송해요. 늦는다고 연락하려고 했는데 핸드폰 배터리가 없어서 못했어요.

A: お母さん、ごめんなさい。遅れると連絡しようとしましたが、携帯電話のバッテリーがなくてできませんでした。

나: 핑계 없는 무덤이 없다더니 그걸 지금 변명이라고 하는 거야?

B: 理由のない墓はないと言うけど、それは今言い訳することなの？

🔎 誰かが自分の過ちや失敗を認めずに苦しい言い訳をするときに使う。

05 言語

❷ □ぐせ   153

③ 행위 行為

Track 23

★☆☆ 🔵

고양이 목에
방울 달기

猫の首に鈴をつける

🔲 고양이 목에 방울 단다
猫の首に鈴をつける

実行に移せないことを実益なく議論ばかりしているということ。

🔳 가: 부장님께 야근을 좀 줄여 달라고 했으면 좋겠어. 거의 매일 야근하니까 너무 힘들어.
　　A: 部長に夜勤を少し減らしてほしいと言ってほしい。ほぼ毎日夜勤するからとてもしんどい。

　　나: 그렇기는 한데 누가 고양이 목에 방울 달기를 하려고 하겠어?
　　B: そうだとしても、誰が猫の首に鈴をつけようとするんだ？

🔍 実際にできないことを話し続け、時間ばかり無駄にするときに使う。

★☆☆ 🔵

돌을 던지다

石を投げる

他人の過ちを非難すること。

🔳 가: 무대에서 완벽한 모습을 보여 드리지 못해서 죄송합니다.
　　A: 舞台で完璧な姿をお見せできなくて申し訳ありません。

　　나: 그런 소리 하지 마세요. 몸이 아픈데도 최선을 다해 노래를 부른 수지 씨에게 돌을 던질 사람은 아무도 없어요.
　　B: そんなこと言わないでください。体調が悪いのに最善を尽くして歌ったスジさんを非難する人は誰もいません。

🔍 キリスト教の聖書にある話で、ある女性を石で打ち殺して断罪しようとする人々に、イエスが「君たちの中で罪のない者が先に石を投げなさい」と言ったことから由来した表現だ。

★☆☆ 🔵

말문을 열다

言葉の門を開く

🔲 말문을 떼다
言葉の門を開く

口を開いて話し始めるということ。

🔳 가: 지훈 엄마는 사춘기 아들과 어떻게 그렇게 사이가 좋아요?
　　A: ジフンのお母さんは思春期の息子とどうやってそんなに仲良くできるのですか？

　　나: 잔소리하지 않고 친구처럼 옆에 있어 주니까 어느 순간 말문을 열더라고요.
　　B: 小言を言わずに友達のようにそばにいてあげたら、あるときから口を開くようになったんです。

🔍 「저는 시간이 흐르면 닫혀 있던 윤아 씨의 말문이 열릴 거라고 생각했어요. (私は時間が経てば閉じていたユナさんの口が開かれるだろうと思いました)」のように、ある人が口を開いて話すときは「말문이 열리다 (言葉の門が開く)」を使う。

★★☆ 慣

말문이 막히다
言葉の門が塞がる

言葉が口の外に出てこないということ。

例 가: 푸엉 씨, 오늘 회사 면접은 잘 봤어요?
　　A: プオンさん、今日の会社の面接はうまくできましたか？

　　나: 아니요, 생각지도 못한 질문을 받고 **말문이 막혀서** 제대로
　　　　대답을 못했어요.
　　B: いいえ、思いもよらない質問を受けて言葉が詰まってま
　　　　ともに答えられませんでした。

🔍 普通、驚いたり慌てたりして言葉が出ないときに使う。一方、誰かが
他の人を話せないようにするときは「말문을 막다 (言葉の門を塞ぐ)」
を使う。

★☆☆ 속

말은 해야 맛이고 고기는 씹어야 맛이다
言葉は話してこそ味があり、肉は噛んでこそ味がある

言うべきことは言わなければならないということ。

例 가: 저…… 있잖아요. 그게……. 아무것도 아니에요.
　　A: あの……あるじゃないですか。それが……。何でもない
　　　　です。

　　나: **말은 해야 맛이고 고기는 씹어야 맛이라고** 하고 싶은 말이
　　　　있으면 하세요. 답답해 죽겠어요.
　　B: 言葉は話してこそ味があり、肉は噛んでこそ味があるの
　　　　だから、言いたいことがあれば言ってください。もどか
　　　　しくてたまりません。

🔍 普通、言いたいことがあっても言えずにくよくよしている人に、さっ
ぱり打ち明けるよう話すときに使う。

★★☆ 慣

말을 놓다
言葉を置く

友達口調 (タメ口) で話すこと。

例 가: 제가 한참 어리니까 **말을 놓으세요**.
　　A: 私の方がずっと若いのでタメ口で話してください。

　　나: 아직은 좀 그렇고 나중에 친해지면 그렇게 할게요.
　　B: まだちょっとあれだけど、後で親しくなったらそうしま
　　　　す。

🔍 目下の人が目上の人に気楽にタメ口をきいてと勧めるとき、あるいは
人々がお互いに親しくなって気楽に話したいときに使う。

★★☆ 慣

말을 돌리다
言葉を回す

ある話をしている途中で、突然話題を変えるということ。

例 가: 왜 옷이 더러워졌냐면요……. 아! 맞다. 엄마, 선생님이 내일 학교에 오시래요.

A: なぜ服が汚れているかというと……。あ！ そうだ。お母さん、先生が明日学校に来てくださいって。

나: 왜 갑자기 엉뚱한 소리를 하니? 말을 돌리지 말고 빨리 옷이 더러워진 이유나 말해.

B: どうして急に突拍子もないことを言うの？ 話を変えないで早く服が汚れた理由を言って。

🔍 「제 친구는 말을 빙빙 돌려서 하는 버릇이 있어요. (私の友達は話をぐるぐる遠回しにする癖があります)」のように、誰かに言いたいことがあるが、その話を直接的ではなく遠回しに話すときにも使う。

★☆☆ 慣

말을 삼키다
言葉をのみ込む

言おうとしたことを言わないということ。

例 가: 윤아 씨, 친구에게 빌려준 돈은 받았어요? 빨리 갚으라고 말한다고 했잖아요.

A: ユナさん、友達に貸してあげたお金はもらいましたか？ 早く返してと言うって話してたじゃないですか。

나: 아니요. 돈 때문에 힘들어하는 친구를 보니까 도저히 말할 수 없어서 그 말을 삼키고 말았어요.

B: いいえ。お金のことで苦労している友達を見たら到底言えなくて、その言葉をのみ込んでしまいました。

🔍 普通、自分が言いたいことがあっても、相手のままならない状況のためにそれを言えなくなったときに使う。

★☆☆ 慣

바람을 넣다
風を入れる

他人をそそのかしてあることをやる気にさせるときに使う。

例 가: 승원 씨, 언제 퇴근해요? 퇴근하고 한잔할래요?

A: スンウォンさん、いつ退勤しますか？ 退勤して一杯飲みますか？

나: 일이 많아서 야근해야 하는 거 알잖아요. 자꾸 바람을 넣지 말고 그냥 가세요.

B: 仕事が多くて夜勤しなければならないの知っているでしょう。そそのかそうとしないでそのまま行ってください。

🔍 普通「바람을 넣지 마세요. (風を入れないでください)」の形を使って、無駄な夢を見させたり、他のことをするように自分を誘うなと言うときに使う。

☆☆☆ 慣
살을 붙이다
肉をつける

骨組みとなる基本的な話にさまざまな他の内容を加える
ということ。

例 가: 윤아 씨, 요즘 인기 있는 역사 드라마 봐요? 내용이 실제
역사와 달라서 말이 많대요.
A: ユナさん、最近人気がある歴史ドラマ見てますか？ 内
容が実際の歴史と違うので議論が絶えないそうです。

나: 드라마는 드라마일 뿐이잖아요. 역사적인 사실에 작가의
상상력을 동원해 살을 붙였으니까 당연히 다를 수밖에 없죠.
B: ドラマはドラマに過ぎないじゃないですか。歴史的な事
実に作家の想像力を動員して肉付けをしたのだから、当
然違うに決まってるでしょう。

★☆☆ 慣
속에 없는 말
心にない言葉

類 속에 없는 소리
心にない言葉

本心とは違う言葉を示す。

例 가: 민지야, 왜 아무 말도 안 하고 가만히 있어? 무슨 일 있니?
A: ミンジ、なんで何も言わずにじっとしてるの？ 何かあっ
たの？

나: 아까 동생이랑 싸웠는데 내가 심한 말을 한 것 같아 신경이 쓰여.
속마음은 그게 아닌데 싸울 때는 자꾸 속에 없는 말을 하게 돼.
B: さっき弟と喧嘩したけど、私がひどいことを言ったみたい
で気になる。本心はそうじゃないのに、喧嘩するとどうし
ても心にないことを言ってしまう。

🔎 「김 부장님은 사장님 앞에서는 늘 속에 없는 말을 하시는 분이잖아요. (キム
部長は社長の前ではいつも心にないことを言う方じゃないですか)」の
ように、他人によく見せたくて自身の本心とは違うように話すという
意味でも使う。

☆☆☆ 속
싸움은 말리고
흥정은 붙이랬다
喧嘩は止めさせて
取引は取り持てと言った

悪いことはできないようにして、良いことはするように
勧めなければならないということ。

例 가: 여보, 아래층에 가서 싸움 좀 말려 봐요. 옛말에 싸움은 말리
고 흥정은 붙이랬어요. 아까부터 아랫집 부부가 싸우던데 저
러다 정말 큰일 나겠어요.
A: なあ、下の階に行って喧嘩を止めさせてくれよ。昔の言
葉に喧嘩は止めて取引は取り持てとあるんだ。さっきか
ら下の家の夫婦が喧嘩していて、ああしてたら本当に大
事になりそうだ。

나: 부부 싸움을 내가 어떻게 말려요? 말린다고 들을 사람들이
면 애초에 싸우지도 않아요.
B: 夫婦喧嘩を私がどうやって止めさせるのよ。止めたとこ
ろで聞く耳を持つ人たちなら、そもそも喧嘩なんてして
ないでしょ。

★★☆ 慣

쐐기를 박다
くさびを打ち込む

類 쐐기를 치다
　くさびを打つ

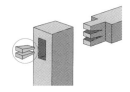

後で悪いことが起きないように、あらかじめしっかりと念押ししておくこと。

例　가: 또 공장에서 납품 기일을 못 맞추면 어떡하죠?
　　A: また工場で納品期日に間に合わなかったらどうしましょう?

　　나: 걱정 마세요. 이번에도 날짜를 못 맞추면 거래를 끊겠다고 쐐기를 박아 뒀으니까 괜찮을 거예요.
　　B: 心配しないでください。今度また間に合わなければ取引を切るとくぎを刺しておいたので大丈夫です。

🔍 くさびを打ち込むと二つの物がしっかり固定されて落ちなくなる。このように誰かがミスや過ちを犯さないようその人に強く言って確実に約束を取り付けるときに使う。

★★☆ 慣

운을 떼다
韻を取り出す

類 운자를 떼다
　韻字を取り出す

ある話をするために口を開いて話し始めるということ。

例　가: 할아버지, 저 할 말이 있는데요. 그게 뭐냐면요…….
　　A: おじいちゃん、私話すことがあるんですけど。それが何かというとですね……。

　　나: 무슨 말인데 그렇게 운을 떼기가 힘들어? 용돈 필요하니?
　　B: どんな話でそんなに切り出すのが難しいんだ?　小遣いが必要なのか?

✏️ 「운 (韻)」は漢詩で各詩行の同じ位置に規則的に書かれた音調が似ている文字をいう。

🔍 漢字で作る詩人の漢詩は、最初に韻をうまく踏んでこそ、他の人がその韻に合わせて詩を作ることができる。このように「운을 뗀다」という言葉は詩を作るときに韻を取り出すことを指していたが、今は「話を切り出す」という意味で使う。

★☆☆ 慣

입 밖에 내다
口の外に出す

ある考えや事実を言葉で表現するということ。

例　가: 구조 조정을 한다는 사실은 당분간 입 밖에 내지 말고 혼자만 알고 계세요.
　　A: リストラをするという事実は当分口外せず、あなただけ知っていてください。

　　나: 네, 이사님. 팀원들한테 어떻게 이야기해야 할지 벌써부터 마음이 무겁습니다.
　　B: はい、理事。チームメンバーたちにどう話せばいいのか、すでに心が重いです。

🔍 普通「입 밖에 내지 마세요. (口に出さないでください)」のように、他人が知ってはいけない事実や秘密、本音などを話さないよう頼むときに使う。

158　행위

入 안에서 뱅뱅 돌다

★☆☆ 慣

입 안에서 뱅뱅 돌다
□の中でくるくる回る

類 입 끝에서 뱅뱅 돌다
　　□の先でくるくる回る

言いたいことがあっても話さない、もしくは話せないということ。

例 가: 승원 씨, 윤아 씨에게 사과했어요?
　　A: スンウォンさん、ユナさんに謝りましたか？

　　나: 아니요, 막상 얼굴을 보니까 어색해서 미안하다는 말이
　　　　입 안에서 뱅뱅 돌기만 하고 안 나오더라고요.
　　B: いいえ、実際に顔を見たら気まずくて、ごめんなさいという
　　　　言葉が（□の中でくるくる回るだけで）出てきませんでした。

✐ 「뱅뱅（くるくる）」は狭い範囲をしきりに回る様子を表す言葉。

🔍 主に自信がなかったり恥ずかしかったりして、相手に言葉を話せない
　ときに使う。また「아, 그게 입 안에서 뱅뱅 도는데 기억이 안 나네. (あ、
　それが□の中でくるくる回っているのに思い出せない)」のように言い
　たいことはあるが、適切な表現を見つけられず、思い出せそうで思い
　出せないようなときにも使う。

★☆☆ 慣

입방아를 찧다
□の臼をつく

あることを話題にしてあれこれ話すときに使う。

例 가: 사랑아, 너 또 내 험담을 하고 다녔어? 그렇게 계속 입방아를
　　　　찧으면 가만히 안 둬.
　　A: サラン、君また僕の悪口を言って回ったの？　そうやって
　　　　噂話をぺらぺら喋っていたら黙っていないよ。

　　나: 내가 언제? 난 그런 적 없어.
　　B: 私がいつ？　私はそんなのしたことないよ。

🔍 □がくっついたり離れたりしながら休む間もなく話し続ける姿を、上
　から下に上がったり下がったりしながら穀物を砕く「방아 (唐臼)」に
　たとえた表現だ。普通、誰かが他人に対して悪口を言い続けるときに
　使う。

★★☆ 慣

입에 담다
□に盛る

何かについて話すということ。

例 가: 선생님, 연우가 요새 부쩍 입에 담기도 어려운 욕설을 많이
　　　　해서 걱정이에요.
　　A: 先生、ヨヌがこの頃□にするのも難しい罵詈雑言をたくさ
　　　　ん言ってて心配です。

　　나: 어머니, 혹시 연우가 게임을 자주 하나요? 요즘 아이들이
　　　　게임을 하면서 나쁜 말을 많이 배운다고 하던데요.
　　B: お母さん、もしかしてヨヌはゲームをよくしますか？　最
　　　　近、子どもたちがゲームをしながら悪い言葉をたくさん学
　　　　ぶと聞きました。

🔍 □を器にたとえて、その器に言葉を入れるという意味で、普通「입에
　담지 못할 말 (□にできない言葉)」や「입에 담기 어려운 말 (□にしがた
　い言葉)」などの形で使い、誰かが悪い言葉を言うときに使う。

★★☆ 慣

입을 다물다

口をつぐむ

秘密を守るために話さないということ。

例 가: 김 형사, 뭐 좀 알아냈어요?

　A: キム刑事、何かわかりましたか？

　나: 아니요, 목격자가 입을 꽉 다물고 한마디도 안 해서 아직까지 알아낸 게 없습니다.

　B: いいえ、目撃者が口を固くつぐんで一言も話さなかったので、まだわかったことはありません。

♀ 強調するときは「꼭 (ぐっと)」、「꽉 (ぎゅっと)」、「굳게 (固く)」などを入れて使う。また、「시끄러우니까 입 좀 다물어. (うるさいから口をちょっと閉じて)」のように、誰かに話を止めるように言うときにも使う。

★★☆ 관

잘 나가다 삼천포로 빠지다

うまくいっていたのに 三千浦へそれる

類 잘 가다가 삼천포로 빠지다
　うまくいっていたのに 三千浦へそれる

あることや話などが途中でとんでもない方向に流れていくということ。

例 가: 누나, 웬일로 매일 챙겨 보던 드라마를 안 보고 다른 걸 봐?

　A: 姉さん、どうして毎日欠かさず見ていたドラマを見ないで他のものを見るの？

　나: 이제 그 드라마 안 봐. 이야기가 잘 나가다 삼천포로 빠져서 더 이상 재미가 없어서.

　B: もうそのドラマは見ない。話がうまく進んでいってたのに脱線して、もう面白くなくて。

♀ 「삼천포 (三千浦)」は慶尚南道の地名で、ある人が晋州に行かなければならないのに道を間違えて晋州の下にある三千浦に到着してしまったという話から由来した表現だ。しかし、特定の地域に対して良くないイメージを与えうるので、この表現よりは「샛길로 빠지다 (抜け道にそれる)」や「곁길로 빠지다 (脇道にそれる)」を使った方が良い。

★★☆ 慣

토를 달다

助詞をつける

ある言葉に対して付け加えて言い返すこと。

例 가: 서영아, 아빠한테 말해 봐. 동생이랑 왜 싸운 거니?

　A: ソヨン、パパに言ってみて。弟となんで喧嘩したの？

　나: 제가 말할 때마다 토를 달아서 하지 말라고 했더니 저한테 대들잖아요.

　B: 私が話すたびに口答えをするから、やめてって言ったら、私に突っかかってきたの。

♀ 昔、韓国人は漢字で書かれた文章を楽に読むために文の間に助詞を入れて読んだが、これを「토를 달다」と言った。このようにある人が誰かの言葉が終わるたびにその言葉に対してあれこれ違う言葉を付けるときに使う。

★★☆ 慣
트집을 잡다
言いがかりをつかむ

小さな過ちを明らかにしたり、ない過ちを作ること。

例 가: 엄마, 이 옷은 너무 커요. 그리고 저건 디자인도 별로고 색도 이상해요. 다른 옷은 없어요?

A: ママ、この服は大きすぎる。そしてあれはデザインもいまいちで色も変です。他の服はありませんか？

나: 오늘따라 왜 이렇게 트집을 잡니? 시간이 없으니까 빨리 아무거나 입고 학교에 가.

B: 今日に限ってなんでこんなに言いがかりをつけるの？ 時間がないから早く何でも着て学校に行って。

🔎 普通、誰かが何かをするたびに問題があると指摘したり、口出しするときに使う。

★☆☆ 慣
혀가 굳다
舌が固まる

類 혀끝이 굳다
舌先が固まる

驚いたり慌てたりしてまともに話せないということ。

例 가: 양양 씨, 접촉 사고를 낸 사람을 그냥 보냈다고요? 전화번호라도 받아 뒀어야죠.

A: ヤンヤンさん、接触事故を起こした人をそのまま見送ったんですか？ 電話番号でももらっておくべきでしたよ。

나: 제가 너무 놀라 혀가 굳어서 아무 말도 못 하고 있었는데 그냥 가 버렸어요.

B: 驚きすぎて舌がもつれて何も言えなくて、そのまま行ってしまいました。

🔎 普通、予想できなかったことに衝撃を受けて何も言えないときに使う。

★☆☆ 慣
혀가 꼬부라지다
舌がもつれる

誰かの発音が正確ではないということ。

例 가: 자기야, 미안해. 나 오늘 기분이 안 좋아서 술 좀 마셨어.

A: ハニー、ごめんね。僕は今日気分が良くなくてお酒をちょっと飲んじゃった。

나: 아무리 그래도 그렇지. 혀가 꼬부라질 정도로 마시면 어떡해?

B: いくらなんでもそれはだめだよ。ろれつが回らなくなるほど飲んだらどうするの？

🔎 主にある人が酒にたくさん酔って聞き取れないように話すときに使う。また、「그 사람은 가끔 잘난 척하면서 혀 꼬부라진 소리를 해. (その人はたまに偉そうにしながら舌がもつれたことを言う)」のように聞き取れない外国語を話す人にも使う。

혀가 짧다
舌が短い

発音が不明確だったり口ごもったりするということ。

例 가: 하준아, 이 동영상 봤어? 너무 재미있지 않아?
A: ハジュン、この動画見た？ すごく面白くない？

나: 처음에는 재미있어서 좀 봤는데 진행자의 혀가 짧은 소리가
거슬려서 보다 말았어.
B: 最初は面白くてちょっと見たけど、司会者の舌足らずな
話し方が気になって見るのをやめちゃったよ。

🔎 普通、大人なのに正確な発音ができなかったり、大人が発音が不正確
な子どもの真似をして可愛いふりをするときにも使う。

혀를 놀리다
舌を動かす

類 혀를 굴리다
舌を転がす

「話す」を俗っぽくいう言葉。

例 가: 형, 쟤 있잖아. 우리 반 애인데 공부도 못하고 친구도 별로
없는 것 같아. 성격이 안 좋아서 그런가?
A: 兄さん、あの子いるじゃん。うちのクラスの子なんだけ
ど勉強もできないし、友達もあまりいないみたい。性格
が悪いからかな？

나: 잘 알지도 못하면서 그렇게 함부로 혀를 놀리면 안 돼.
B: よく知りもしないくせに、そんなに軽々しくしゃべって
はいけないよ。

🔎 主に「혀를 놀리지 말다 (舌を動かさないで)」や「혀를 놀리면 안 되다
(舌を動かしてはいけない)」の形で使い、誰かにむやみに話をしない
よう注意するときに使う。俗語なので目上の人や親しくない人には言
わない方が良い。

06

조언·훈계
助言・戒め

----

1 권고·충고 勧告・忠告
2 조롱 冷やかし
3 핀잔 叱責

권고·충고 | 勧告・忠告

Track 24

☆☆☆ 慣

경종을 울리다
警鐘を鳴らす

過ちや危険をあらかじめ警戒して注意を促すということ。

例 가: 작가님의 신작 소설이 우리 사회에 경종을 울렸다는 평가를
받고 있습니다. 구체적으로 어떤 메시지를 담고자 하셨습니
까?

A: 作家さんの新作小説が韓国社会に警鐘を鳴らしたという
評価を受けています。具体的にどのようなメッセージを
込めようとされましたか？

나: 저는 이번 작품을 통해 다른 사람을 짓밟고 이용하는 세상에
는 미래가 없다는 것을 말하고 싶었습니다.

B: 私は今回の作品を通じて、他人を踏みにじって利用する
世の中には未来がないということを言いたかったのです。

✎ 「경종 (警鐘)」は本来緊急なことや非常事態を知らせる鐘あるいは信
号という意味だが、ここでは誤ったこと、危険なことに対して警戒を
促す注意あるいは忠告という意味で使われている。

♢ ある事件や文学作品、映画などが、人々に間違った慣行やモラルハザ
ードのような社会問題に対する関心や注意する心を持たせるようなと
きに使う。

★★☆ こ

고생을 사서 한다
苦労を買ってする

類 고생을 벌어서 한다
苦労を稼いでする

しなくてもいい苦労をするということ。

例 가: 여보, 케이크를 그냥 사면 되잖아요. 고생을 사서 한다고
손재주도 없으면서 왜 직접 만들려고 그래요?

A: なあ、ケーキをそのまま買えばいいじゃないか。苦労を
買ってするというけど、手先が器用でもないのに、どう
して直接作ろうとするんだ？

나: 그래도 우리 사랑이의 10살 생일이니까 직접 만들어 주고
싶어요.

B: それでも、うちのサランの10歳の誕生日だから直接作っ
てあげたいです。

♢ あえて本人がしなくてもいいことを自ら選択してやりながら苦労する
ときに使う。「젊어서 고생은 사서도 한다 (若いときの苦労は買ってで
もする)」という形で使うこともある。

★☆☆ 밀

급히 먹는
밥이 체한다

急いで食べるご飯がも
たれる

(類) 급히 먹는 밥이 목이 멘다
急いで食べるご飯がの
どに詰まる

どんなことも急いでやれば失敗するということ。

例 가: 박 PD, 드라마 방영 일정이 당겨져서 촬영을 서둘러야겠어요.
　　두 달 안에 모든 촬영을 마칠 수 있도록 하세요.
　　A: パクプロデューサー、ドラマの放映日程が前倒しになった
　　　ので撮影を急がなければなりません。2か月以内にすべて
　　　の撮影を終えられるようにしてください。

　　나: 국장님, 급히 먹는 밥이 체한다고 아무리 일정이 빡빡해도
　　　그렇게 급하게 촬영을 하면 드라마의 완성도가 떨어질 겁니다.
　　B: 局長、急いては事を仕損ずると、いくら日程がきつくても、
　　　そんなに急いで撮影をすればドラマの完成度が落ちるでし
　　　ょう。

🔍 お腹が空いたからといって急いでご飯を食べると、消化が悪く胃もた
れしやすい。このようにあることを急いでやると台無しにする可能性
が高いので急がないよう言うときに使う。

★☆☆ 밀

길이 아니면 가지
말고 말이 아니면
듣지 말라

道でないなら進まず、
言葉でないなら聞くな

(類) 길이 아니거든 가지를 말
고 말이 아니거든 듣지를
마라
道でないなら進まず、
言葉でないなら聞くな

道理にかなっていないことは初めからするべきではない
ということ。

例 가: 이번 시합에서 우리가 상대팀에게 져 주면 우리한테 큰돈을
　　주겠다는 제의가 들어왔어요.
　　A: 今回の試合で僕たちが相手チームに負けてあげれば、我々
　　　に大金をくれるという申し入れがあったそうです。

　　나: 그건 승부 조작이잖아요. 길이 아니면 가지 말고 말이 아니면
　　　듣지 말라고 신경도 쓰지 맙시다.
　　B: それは八百長じゃないですか。道でないなら進まず言葉で
　　　ないなら聞くなと、気にもしないでください。

🔍 あることをする前にそれが正しいことなのかどうかをまず考えて、注
意して行動するよう言うときに使う。

★★★ 밀

꼬리가 길면 밟힌다

しっぽが長いと踏まれる

(類) 고삐가 길면 밟힌다
手綱が長いと踏まれる

悪事を秘密にしても、長く続けていれば結局はばれるとい
うこと。

例 가: 수아 너 오늘도 엄마한테 학원 간다고 말하고 왔지? 꼬리가
　　길면 밟히는 법이야. 그냥 솔직하게 말씀드려.
　　A: スア、君は今日もお母さんに塾に行くって言ってきたよ
　　　ね？　しっぽが長いと踏まれるものだよ。そのまま正直に
　　　言いなよ。

　　나: 안 돼. 아르바이트는 절대 안 된다고 하셨단 말이야.
　　B: ダメ。アルバイトは絶対ダメだって言うんだもの。

🔍 「꼬리가 길면 잡힌다 (しっぽが長いと捕まる)」を使うこともある。

★☆☆ 慣

꿈을 깨다
夢から覚める

持っていた希望や期待値を下げたり、無駄な考えを捨てるということ。

例 가: 직장 생활에 너무 지쳤어. 귀농해서 농사를 짓고 살면 여유롭게 살 수 있겠지?

A: 職場生活に疲れ果てた。帰農して農業をして暮らせば余裕を持って暮らせるよね？

나: 꿈을 깨. 농사를 지으려면 얼마나 부지런해야 하는데.

B: 夢から覚めな。農業をしようと思ったら、どれほど勤勉でなければならないのか。

🔎 普通「꿈 깨. (夢から覚めな)」のように命令形で使い、ある人が過度な希望を膨らませているのを見て、そのようなことは成り立たないのでしっかりしてと言うときに使う。

★★☆ 속

나무를 보고 숲을 보지 못한다
木を見て森を見られない

あることの部分だけを見て全体は見られないということ。

例 가: 사장님, 회사를 살리려면 먼저 직원의 수를 줄여야 합니다.

A: 社長、会社を生きながらえさせるには、まず社員の数を減らさなければなりません。

나: 그건 나무를 보고 숲을 보지 못하는 것입니다. 회사가 힘들다고 직원을 함부로 해고하면 상황을 더 악화시킬 수도 있어요.

B: それは木を見て森を見られないことです。会社が苦しいからといって社員をむやみに解雇すれば、状況をさらに悪化させることもあり得ます。

★★★ 속

낮말은 새가 듣고 밤말은 쥐가 듣는다
昼の言葉は鳥が聞き、夜の言葉はネズミが聞く

類 밤말은 쥐가 듣고 낮말은 새가 듣는다
夜の言葉はネズミが聞き、昼の言葉は鳥が聞く

聞いている人がいなくても、いつでも言葉に気をつけなければならないということ。

例 가: 우리만 있으니까 하는 얘긴데 팀장님이 외근을 간다고 하시고 개인적인 일을 보러 가실 때가 많은 것 같아요.

A: 私たちしかいないから言う話ですが、チーム長が外回りに行くと言って、個人的な用事をしに行くときが多いようです。

나: 쉿! 제시카 씨, 말조심해요. 낮말은 새가 듣고 밤말은 쥐가 듣는다고 하잖아요.

B: しっ！ ジェシカさん、言葉に気をつけてください。壁に耳あり、障子に目ありって言うじゃないですか。

🔎 誰もいないところで用心深く密かに話しても、その言葉は必ず誰かの耳に入るので、常に言葉に気をつけてと言うときに使う。

166 권고·충고

★☆☆ 🔁
냉수 먹고 속 차려라
冷水を飲んで腹の中を整えろ

気を引き締めて、冷静に行動するよう注意を促す言葉。

📋 가: 대형 연예 기획사에 들어갔으니까 이제 아이돌 스타가 되는 건 시간문제겠지?
　　A: 大手の芸能事務所に入ったから、もうアイドルスターになるのは時間の問題でしょう？

　　나: 민지야, 냉수 먹고 속 차려라. 스타 되기가 그렇게 쉬우면 다 스타 되게?
　　B: ミンジ、頭を冷やせ。スターになるのがそんなに簡単ならみんなスターになってるよ。

🔍 虚しい夢を見たり、ある物事に対する難しさが全くわからず気楽に考える人に、現実を直視するよう言うときに使う。

★☆☆ 🔁
누울 자리 봐 가며 발을 뻗어라
横になる場所を見てから足を伸ばせ

何かをするときは、あらかじめ結果まで考えてから始めるべきだということ。

🔁 발을 뻗을 자리를 보고 누우랬다
足を伸ばす場所を見て横になれと言った
이부자리 보고 발을 펴라
寝床を見て足を伸ばせ

📋 가: 민수 씨가 이번에 당 대표 선출에 입후보를 한다던데 진짜예요?
　　A: ミンスさんが今回の党代表選出に立候補するそうですが、本当ですか？

　　나: 아니에요. 누울 자리 봐 가며 발을 뻗어라라는 말이 있잖아요. 보수적인 정치계에서 그렇게 젊은 당원에게 기회를 줄 리가 있겠어요?
　　B: いいえ。横になる場所を確認してから足を伸ばせという言葉があるじゃないですか。保守的な政界でそんなに若い党員に機会を与えるはずがないでしょう？

🔍「누울 자리 봐 가며 발을 뻗어야지요. 도서관에서 떠들면 어떻게 해요？（横になる場所を見てから足を伸ばさないといけません。図書館で騒いだらどうするんですか？)」のように、時間と場所を選んで状況に合わせて行動するよう言うときにも使う。

★★★ 🔁
돌다리도 두들겨 보고 건너라
石橋も叩いてみてから渡れ

よく知っていることでも几帳面に確認して注意を払わなければならないということ。

🔁 아는 길도 물어 가랬다
知っている道も尋ねて行けと言った

📋 가: 지원 씨, 이번 달 월급 정산이 다 끝났으면 파일 보내세요.
　　A: ジウォンさん、今月の給料精算が全部終わったらファイルを送ってください。

　　나: 네, 과장님. 돌다리도 두들겨 보고 건너라고 하니 다시 한번 확인하고 바로 보내 드릴게요.
　　B: はい、課長。石橋も叩いてみてから渡れと言うので、もう一度確認してすぐに送ります。

🔍 丈夫な石橋も叩きながら確認して渡れば事故が起きない。このようによく知っていて簡単なことでも、失敗しないようによく目を配って気をつけるよう言うときに使う。

★★★ 괸

못 오를 나무는
쳐다보지도 마라

登れない木は見向きも
するな

自分の能力では不可能なことには、最初から欲を出さない方がいいということ。

例 가: 연우야, 성적이 안 되는데 그렇게 합격 점수가 높은 대학을 선택하면 어떡해? 옛말에 못 오를 나무는 쳐다보지도 말랬어.

　A: ヨヌ、成績が悪いのにそんなに合格点が高い大学を選んだらどうするの？　昔の言葉で、登れない木は見向きもするなと言ったよ。

　나: 실기 시험도 있으니까 한번 도전해 보려고. 합격을 못 해도 좋은 경험이 될 것 같아.

　B: 実技試験もあるから一度挑戦してみようと思う。合格できなくてもいい経験になりそう。

🔎 誰かが自分の能力や身の程を考えずに過度な欲を出すときに使う。「오르지 못할 나무는 쳐다보지도 마라 (登れない木は見向きもするな)」という形でも使う。

★☆☆ 괸

벼룩도 낯짝이 있다

ノミにもメンツがある

臆面もない行動をすること。

例 가: 벼룩도 낯짝이 있다는데 쟤는 동창들한테 빌린 돈을 갚지도 않고 어떻게 저렇게 동창회에 나오지?

　A: ノミにもメンツがあるというのに、あの子は同級生から借りたお金を返しもせずに、どうしたらあんな風に同窓会に出てこられるの？

　나: 그러게. 얼굴이 두꺼워도 너무 두껍다.

　B: そうだね。面の皮が厚いにしてもほどがある。

✏️ 「낯짝 (メンツ)」は顔や顔面を俗っぽく言う言葉で、もともと目鼻口のある顔という意味だが、ここでは良心または体面という意味で使われている。

🔎 目に見えないほど小さなノミにも体面があるのに、誰かが過ちを犯しても恥ずかしく思うこともなくノミにも劣るほど図々しく行動するときに使う。

★★☆ 🐘

벽에도 귀가 있다

壁にも耳がある

類 담에도 귀가 달렸다
塀にも耳がぶら下がっ
ている

誰も聞いている人がいないようでも噂が広がるおそれが
あるので、むやみに話をしてはならないということ。

例 가: 과장님 때문에 일하기 힘들어요. 회사를 그만두든지 해야지.

A: 課長のせいで仕事をするのがしんどいです。会社を辞め
るなりしないと。

나: 쉿! 벽에도 귀가 있다는 말 몰라요? 마크 씨, 말조심하세요.

B: しっ！ 壁にも耳があるという言葉を知りませんか？
マークさん、言葉に気をつけてください。

🔍 誰もいないと思って秘密や他人の悪口を言おうとする人に、その言葉
が漏れてしまうことがあるから気をつけるよう言うときに使う。

★★★ 🐘

사공이 많으면 배가 산으로 간다

船頭が多ければ船が
山に行く

類 사공이 많으면 배가 산으
로 올라간다
船頭が多ければ船が山
に上る

事を主導しようとする人が多ければ、混乱してうまく進
まずとんでもない結果になりかねないということ。

例 가: 윤아 씨, 팀원들의 의견을 모두 반영하겠다고 하신 팀장님
말씀이 너무 멋지지 않아요?

A: ユナさん、チームメンバーたちの意見をすべて反映する
とおっしゃったチーム長のお言葉がとてもすてきではな
いですか？

나: 글쎄요. 사공이 많으면 배가 산으로 간다고 저는 그냥 경험
이 많으신 팀장님이 결정하고 진행하시면 좋겠어요.

B: そうですね。船頭が多ければ船が山に行くと、私はただ
経験が豊富なチーム長が決定して進めてほしいです。

★★☆ 🐘

선무당이 사람 잡는다

へぼな巫女が人を殺す

類 선무당이 사람 죽인다
へぼな巫女が人を殺す

能力がないのに、むやみに乗り出すと大変なことをしで
かすということ。

例 가: 컴퓨터가 좀 이상해서 오빠한테 말했더니 자기가 고쳐 준다
고 이것저것 만지다가 완전히 고장을 내 버렸어.

A: コンピューターがちょっとおかしくて兄に話したら、自分が
直してあげるとあれこれいじって完全に壊れてしまったの。

나: 선무당이 사람 잡는다더니 그 말이 맞네.

B: 生兵法は大怪我のもとって言うけど、その通りだね。

🔍 昔は巫女が病気の人を治したりもしたが、下手で未熟な巫女が誤って
人を死なせることもあった。このようにあることが上手ではなく、よ
く知らない人が知っているふりをして物事を台無しにしてしまったと
きに使う。

설마가 사람 잡는다

まさかが人を殺す

설마가 사람 죽인다
まさかが人を殺す

安心していたり気を緩めて注意を怠ると、思わぬ事故が起こるということ。

(例) 가: 여보, 왜 갑자기 차량용 소화기가 있냐고 물어보는 거예요?
A: あなた、どうして急に車両用の消火器があるのかと聞くんですか？

나: 요즘 차량 화재가 많대요. 설마가 사람 잡는다고 방심하면 안 되니까 없으면 하나 구입해 놓읍시다.
B: 最近、車の火災が多いそうだよ。油断大敵だから、なければ一つ買っておきましょう。

🔍 そんなはずがないと信じていたり油断して事故に備えたりしない人に、すべてのことに常に注意しなければならないと言うときに使う。

쇠뿔도 단김에
빼랬다

牛の角も一気に抜き取れと言った

쇠뿔도 단김에 빼라
牛の角も一気に抜き取れ

あることをしようと思ったら、ためらわず直ちに行動に移さなければならないということ。

(例) 가: 우리 나중에 돈 모아서 해외여행 갔다 오자.
A: 僕たち、お金を貯めていつか海外旅行に行こう。

나: 그래. 쇠뿔도 단김에 빼랬다고 이번 달부터 돈을 모을까?
B: そうだね。善は急げ、今月から貯金を始めようか？

🔍 昔の人たちは雄牛の角が出る前に、角の根元を熱い火で焼いて柔らかくなったときにすぐ抜いて使ったという。ここから出てきた表現で、言葉だけ言い放って行動を先送りする人に直ちに実践するよう言うときに使う。

아끼다 똥 된다

惜しんでは糞になる

ある物を惜しみすぎて使わないでいると、失くしたり使えなくなったりするということ。

(例) 가: 새로 산 가방이 너무 비싸서 들고 다니기 아까워.
A: 新しく買ったカバンが高すぎて持ち歩くのがもったいない。

나: 아끼다 똥 된다고 유행 지나면 못 들고 다니니까 아끼지 말고 그냥 들고 다녀.
B: もったいぶっていたら台無しになるって、流行が過ぎたら持ち歩けないから、惜しまないでただ持ち歩きなよ。

🔍 ある物を惜しんでばかりいる人に、あまりに使わないでいるとその物の使用価値がなくなってしまうので、早く使うよう言うときに使う。

★☆☆ 관

아이 보는 데는
찬물도 못 먹는다

子どもが見ているところ
では冷水も飲めない

子どもたちの前ではいい加減な行動や言葉遣いをしては
いけないということ。

例 가: 여보, 연우가 물을 마시면서 자꾸 "캬, 시원하다."라고
　　하더라고요.
　　A: あなた、ヨヌが水を飲みながらしきりに「きゃーっ、爽
　　　 快だ」って言うんですよ。

　　나: 아이 보는 데는 찬물도 못 먹는다고 내가 술 마시면서 그렇
　　　게 하는 것을 본 모양이에요.
　　B: 子どもが見ているところでは冷水も飲めないと、私がお
　　　酒を飲みながらそうするのを見たようです。

🔍 子どもたちはある行動を見たままに真似するので、彼らの前では小さ
な行動まで気をつけなければならないと言うときに使う。

★★★ 관

우물을 파도
한 우물을 파라

井戸を掘るにも
一つの井戸を掘れ

一つのことに集中して最後までやってこそ成功できると
いうこと。

例 가: 아무래도 요리사가 되기는 힘들 것 같으니 다른 직업을 찾아
　　봐야겠어.
　　A: どうやら料理人になるのは難しそうだから、他の職業を
　　　探してみないと。

　　나: 태현이 너는 꿈을 몇 번이나 바꾸는 거야? 우물을 파도 한
　　　우물을 파야 성공하지.
　　B: テヒョン、あなたは夢を何回変えるの？　井戸を掘るに
　　　も一つの井戸を掘らないと成功しないよ。

🔍 「한 우물을 파다 (一つの井戸を掘る)」という形でも使用し、粘り強く
一つのことができず、頻繁に変える人に忠告するときに使う。

★☆☆ 관

일침을 가하다

一針を加える

類 일침을 놓다
　　一針を刺す

厳しい忠告や警告をすること。

例 가: 이 기사 봤어? 유명 가수가 악플러들을 고소하며 선처는 없
　　다, 잘못했으면 벌을 받으라고 일침을 가했대.
　　A: この記事見た？　有名歌手が悪質な書き込みをする人た
　　　ちを告訴し善処はない、過ちを犯していたら罰を受けろ
　　　と厳しく警告したそうだよ。

　　나: 그래? 내가 다 속이 후련하다. 악플을 다는 사람들은 벌을 좀
　　　받아야 해.
　　B: そうなの？　私がせいせいしてる。悪質な書き込みをす
　　　る人たちは罰を受けなければならないよ。

★★★ㄷ

천 리 길도
한 걸음부터
千里の道も一歩から

どんなことでもその始まりが重要だということ。

例 가: 졸업 논문을 쓰기는 써야 하는데 쓸 엄두가 안 나요.
　　A: 卒業論文を書かなければならないのに、書く気になりません。

　　나: 양양 씨, 천 리 길도 한 걸음부터라고 일단 주제부터 찾아봐요.
　　B: ヤンヤンさん、千里の道も一歩からだと、ひとまずテーマから探してみましょう。

🔎 遠い道を行こうとするときには、一歩を踏み出さないと絶対に行くことができない。このようにあることを成し遂げるためにはためらわずに始めるよう言うときに使う。

★☆☆ 例

피가 되고 살이 되다
血となり肉となる

ある知識や経験などが生きていくうえで大いに役立つということ。

例 가: 처음 아르바이트를 해 보니 힘들지? 그래도 지금의 경험이 나중에는 피가 되고 살이 될 거야.
　　A: 初めてアルバイトをしてみると大変でしょう？　それでも今の経験が後には血となり肉となるよ。

　　나: 네, 주임님. 알고 있어요. 그래서 힘들어도 계속하려고요.
　　B: はい、主任。わかっています。だから大変でも続けようと思います。

🔎 今やっていることがすぐには役に立たないように見えても、未来には役に立つから頑張れと励ますときに使う。似たような意味で「뼈와 살이 되다 (骨と肉になる)」を使うこともある。

조롱 ┃冷やかし

★☆☆ 속

굼벵이도 구르는 재주가 있다

セミの幼虫でも転がる才能がある

(類) 굼벵이도 꾸부리는 재주가 있다
セミの幼虫でも曲がりくねる才能がある

굼벵이도 떨어지는 재주가 있다
セミの幼虫でも落ちる才能がある

何の取り柄もないような人も一つくらいは才能を持っているということ。

例 가: 민수 씨가 사내 골프 대회에서 일등을 했대요.

A: ミンスさんが社内ゴルフ大会で１位になったそうです。

나: 정말요? 뭐 하나 제대로 하는 게 없어서 걱정이었는데 굼벵이도 구르는 재주가 있다더니 골프는 잘 치네요.

B: 本当ですか？　何一つまともにできることがなくて心配だったけど、能無しの能一つで、ゴルフだけは上手なんですね。

🔍 体が短くふっくらしていて、うまく動けないセミの幼虫も木から地面に落ちると、体を丸めて怪我をしないようにうまく転がるという。このように、普段は無能そうに見える人が意外とあることが上手なのを見て驚いたときに使う。

★★★ 관

기가 막히다

気が詰まる

あることがあまりにも意外で驚きあきれるということ。

例 가: 차를 이렇게 주차해 놓으면 어떡해요?

A: 車をこうやって駐車しておいたらどうするんですか？

나: 가만히 서 있는 남의 차를 긁어 놓고 지금 저한테 잘못했다는 거예요? 기가 막혀서 말이 안 나오네요.

B: ただ停まっていた人の車に傷をつけておいて、私が悪いとでも言うんですか？　あきれて言葉が出ませんね。

★★☆ 속

까마귀 고기를 먹었나

カラスの肉を食べたのか

(類) 까마귀 고기를 먹었느냐
カラスの肉を食べたのか

ある人が用事をよく忘れて記憶できないということ。

例 가: 엄마, 현관 비밀번호가 뭐였죠?

A: お母さん、玄関の暗証番号は何でしたっけ？

나: 얘가 까마귀 고기를 먹었나? 아까 알려 줬잖아.

B: あなたは忘れっぽいわね。さっき教えてあげたじゃない。

🔍 カラスは冬に食べる食糧をあちこちに隠しておく習性があるが、記憶力が良くなくて自分が蓄えておいた餌をすべて探して食べることができないという。ここから由来した表現で、あることをすっかり忘れた人をからかうときに使う。

★★★ㄷ

꿀 먹은 벙어리
蜂蜜を食べた唖者

言葉を話さずにじっとしていたり、自分の考えを言うことができないということ。

例 가: 너는 집에서는 그렇게 잘 떠들면서 왜 밖에만 나오면 꿀 먹은 벙어리가 되는 거야?

A: あなたは家ではそんなによく喋っているのに、どうして外に出ると無口になるの？

나: 잘 모르는 사람들 앞에서 말하는 게 너무 부끄러워서 그래. 그러니까 언니도 밖에서는 나한테 말 좀 시키지 마.

B: よく知らない人の前で話すのがとても恥ずかしいからだよ。だからお姉ちゃんも外では私に話しかけないで。

🔎 普通、ある人が言いたいことや心の内にあることが言えないときに使う。

★☆☆慣

꿈도 야무지다
夢もしっかりしている

実現する可能性がないことに大きな期待と希望を持つということ。

例 가: 그 실력으로 태권도 국가 대표 선수가 되겠다고? 꿈도 야무지다.

A: その実力でテコンドーの国家代表選手になるって？ 身の程知らずね。

나: 두고 봐. 난 꼭 국가 대표 선수가 되고 말 거야.

B: 待っててごらん。僕は必ず国家代表選手になってみせる。

🔎 普通、自分の能力や状況などは考えずにむなしい夢を見る人を軽んじるときに使う。

★☆☆慣

나이가 아깝다
年がもったいない

言葉や行動が年齢に不相応で幼稚だということ。

例 가: 그 고기 내 거야. 아껴 먹으려고 남겨 둔 거란 말이야. 내놔.

A: その肉は僕のだよ。大事に食べようと残しておいたんだよ。出して。

나: 진짜 나이가 아깝다. 아직도 먹을 거 가지고 화내는 거야? 언제 철들래?

B: 本当に年甲斐もない。まだ食べ物のことで腹を立てるの？ いつになったら大人になるの？

🔎 普通、分別なく行動する人を叱ったりからかったりするときに使う。一方、年齢の低い人が早く死んだり不幸なことに遭って残念なことが起きたときにも使う。

★★★ ㄹ

낫 놓고 기역 자도 모른다

鎌を置いてキヨク(ㄱ)
の文字も知らない

ある人が文字を全く知らなかったり、非常に無知だということ。

例 가: 누나, 이 한자 어떻게 써야 돼? 하나도 모르겠어.
　　 A: 姉さん、この漢字どう書けばいいの？　一つもわからない。

　　 나: 낫 놓고 기역 자도 모른다더니 여기에 쓰는 순서가 다 나와 있잖아. 보고도 못 쓰면 어떻게 하니?
　　 B: いろはのいの字も知らないというけど、ここに書く順序が全部出てるじゃん。見ても書けなかったらどうするの？

🔎 農機具の一つである鎌の形はハングルの「ㄱ (キヨク)」のように見えるが、鎌を見てもこの文字を思い出せないということだ。このように習ったことや知っていることがなくて無知な人をあざ笑うときに使う。

★★☆ 慣

눈이 삐다

目がくじける

明らかなことや状況を見間違えたり、誤った判断をしているということ。

例 가: 내가 눈이 삐었지 왜 그런 사람을 좋아했을까?
　　 A: 私は目がおかしかったんだ。どうしてそんな人が好きだったんだろう？

　　 나: 좋다고 만날 때는 언제고 이제 와서 후회를 하니? 그냥 잊어버려.
　　 B: あんなに好きだと言っていたくせに、今になって後悔するの？　もう忘れなよ。

🔎 人間関係である人を見間違えて選択して後悔するときに使う。普通「눈이 삐었다 (目がくじけた)」のように過去形で使う。無礼な表現になりうるので、目上の人や親しくない人には使わない方が良い。

★☆☆ 慣

머리에 피도 안 마르다

頭の血も乾かない

年が幼くて大人になるにはまだまだ遠いということ。

例 가: 할아버지, 왜 그렇게 화가 나셨어요? 무슨 일 있으셨어요?
　　 A: おじいちゃん、どうしてそんなに怒っているのですか？　何かあったんですか？

　　 나: 골목에서 머리에 피도 안 마른 녀석이 담배를 피우고 있길래 한 소리 했더니 무슨 간섭이냐며 소리를 지르잖아.
　　 B: 路地でまだ尻の青い奴がタバコを吸っていたから、一言言ったら「うるせー」と叫んだんだよ。

🔎 普通、年下の人が目上の人に口答えをしたり突っかかったりすると礼儀に反するため、目上の人がその人を叱るときに使う。

06
助言・戒め

❷ 冷やかし　**175**

★☆☆ 慣

물로 보다
水として見る

ある人を見下したり、甘く見たりするということ。

例 가: 지금 고객을 물로 보는 거예요? 무조건 비싼 요금제만 추천해 주는 건 좀 아니죠.

　A: 客をバカにしているんですか？　無条件に高い料金プランだけを勧めてくるのはちょっと違うでしょう。

　나: 죄송합니다. 비싼 대신 좋은 요금제라서요. 제가 다시 설명해 드릴게요.

　B: 申し訳ありません。高い代わりに良い料金プランなので。私がもう一度ご説明します。

🔎 あることについて相手がよく知らないと思ってその人を尊重せずぞんざいに接するときに使う。

★★☆ 慣

사족을 못 쓰다
四足が使えない

理性が働かなくなるほど何かに深くはまっているということ。

例 가: 내일 백화점에서 명품을 싸게 판대. 금방 품절이 될 수 있으니까 새벽부터 가서 줄을 서 있어야겠어.

　A: 明日デパートでブランド品を安く売るんだって。すぐ品切れになるかもしれないから、明け方から行って並ばないと。

　나: 넌 왜 그렇게 명품이라면 사족을 못 쓰나? 난 이해가 안 된다.

　B: 君はどうしてそんなにブランド品に目がないの？　僕には理解できない。

✏️ 「사족 (四足)」は人の腕と足を俗に指す言葉。

🔎 好きなものや人にすっかり夢中になって為す術がないときに使う。「사죽을 못 쓰다」と言う場合があるが、これは誤った表現だ。

★★★ 속

쇠귀에 경 읽기
牛の耳に経を読む

いくら言い聞かせても理解できず、効果がないということ。

例 가: 남편한테 양말을 뒤집어서 벗어 놓지 말라고 아무리 말해도 소용이 없어요. 정말 쇠귀에 경 읽는 기분이에요.

　A: 夫に靴下を裏返して脱いでおかないでといくら言っても無駄です。本当に馬の耳に念仏です。

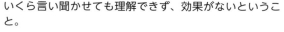

　나: 몇십 년 버릇이 하루아침에 바뀌겠어요?

　B: 何十年来の癖が一朝一夕にして変わるでしょうか？

🔎 牛の耳に当てて本を読んであげても、牛は一言も聞き取れない。このように誰かがあることをいくら言っても、変わらなかったり理解できなかったりしてもどかしいときに使う。

지나가던
개가 웃겠다

通りかかった犬が笑う
だろう

類 지나가던 소가 웃겠다
　　通りかかった牛が笑う
　　だろう

ある人の言葉や行動が非常に荒唐無稽だということ。

例　가: 지훈아, 나 이번에 우리 반 대표로 나가서 춤을 추게 됐어.
　　A: ジフン、私今回クラスの代表で踊ることになったよ。

　　나: 뭐? 몸치인 네가 반 대표로 나가서 춤을 춘다고? 지나가던
　　　　개가 웃겠다.
　　B: え？　運動音痴の君がクラス代表として出て踊るの？
　　　　まったく笑わせるね。

🔎 誰かがとても馬鹿げた発言や行動をするのを見下して話すときに使う。

호랑이 없는 골에
토끼가 왕 노릇 한다

虎のいない谷でウサギ
が王の役割をする

優れた人がいないところで、能力のない人が勢力を得よ
うとすること。

例　가: 부장님이 아까부터 왜 저러세요? 여기저기 다니면서
　　　　참견이란 참견은 다 하시고.
　　A: 部長はさっきからどうされたんですか？　あちこち
　　　　ちょっかいばかり出されて。

　　나: 호랑이 없는 골에 토끼가 왕 노릇 한다고 하잖아요. 사장님
　　　　이 안 계시니까 부장님이 신나셨어요.
　　B: 虎のいない谷でウサギが王の役割をすると言うじゃない
　　　　ですか。社長がいらっしゃらないから部長が浮かれてい
　　　　ました。

🔎 取るに足らないウサギが虎がいない間、森の中の王の座を占めるよう
な行動をするとんでもない状況を比喩的に表現した言葉だ。このよう
に絶対強者がいないか、しばらく席を外している間に大したことのな
い人が自分の力を誇示しながら偉そうなふりをするときに使う。

❸ 핀잔 　叱責

★☆☆ 곤

걱정도 팔자다
心配するのも運命だ

誰かがしなくてもいい心配をしているということ。

例 가: 저렇게 큰 개를 키우려면 집이 커야 할 텐데…….
　　A: あんなに大きな犬を飼うには家が大きくなければならないのに……。

　　나: 걱정도 팔자다. 네가 키우는 것도 아닌데 왜 걱정을 해?
　　B: 大きなお世話だよ。君が飼っているわけでもないのに、どうして心配するの？

🔎 相手が余計な心配をしたら、そんな心配はしなくてもいいと言うときに使う。

★★☆ 곤

긁어 부스럼
搔いて腫れ物

類 공연히 긁어서 부스럼
만든다
むやみに搔いて腫れ物
を作る

やらなくてもいいことをして余計に事態を大きくするということ。

例 가: 쟤네들은 왜 또 싸우는 거죠? 가서 좀 말려야겠어요.
　　A: あの子たちはなんでまた喧嘩しているんだ？　行ってちょっと止めさせないと。

　　나: 여보, 괜히 긁어 부스럼 만들지 말고 가만히 있어요.
　　B: あなた、うかつにやぶをつついて蛇を出さないでじっとしていてください。

🔎 主に「긁어 부스럼 만들다 (搔いて腫れ物を作る)」という形で使う。放っておけば治る傷に手を出して炎症を大きくするという言葉で、あえて乗り出す必要のないことに出ていこうとする人に対して、じっとしていた方がいいと言うときに使う。

★☆☆ 관

누구 코에
붙이겠는가
誰の鼻につけられるか

類 누구 코에 바르겠는가
誰の鼻に塗れるか
누구 입에 붙이겠는가
誰の口につけられるか

人数に比べて分ける物の量がとても足りないということ。

例 가: 어머니, 이 정도 음식이면 손님들 대접하기 충분하겠지요?
　　A: お母さん、これくらいの食べ物ならお客さんたちをもてなすのに十分でしょう？

　　나: 집들이에 초대한 사람이 10명이 넘는다면서? 이걸 누구 코에 붙이겠니? 조금 더 만들어라.
　　B: 引っ越し祝いに招待した人が10人を超えるんだって？ これじゃ少なすぎるわよ。もう少し作りなさい。

🔎 多くの人が一緒に分けなければならない物や食べ物の量が少なすぎるといけないので、十分に準備した方が良いと言うときに使う。

★☆☆ **こ**

늦게 배운 도둑이
날 새는 줄 모른다

遅く習った泥棒は夜が
明けるのを知らない

類 늦게 시작한 도둑이 새벽
다가는 줄 모른다
遅く始めた泥棒は夜が
明けてゆくのを知らな
い

あることに人より遅れて興味を持つようになった人の方
が、もっと熱中するということ。

例 가: 여보, 지금이 몇 시인데 아직도 핸드폰 게임을 하고 있어요?
늦게 배운 도둑이 날 새는 줄 모른다더니 딱 당신 얘기네요.

　A: おい、今何時だと思ってまだ携帯ゲームをしているんだ？
遅く習った泥棒は夜が明けるのを知らないと言うけど、
まさに君のことだね。

　나: 벌써 시간이 이렇게 됐어요?

　B: もうこんな時間なの？

🔍 誰かがずっと遅れて始めたことに面白さを感じ、そのことに集中しす
ぎて他のことができなかったり、他のことに差し障るほど没頭する姿
が気にくわないときに使う。

★☆☆ **慣**

달밤에 체조하다

月夜に体操をする

時と場所に合わない突飛な行動をすること。

例 가: 청소 좀 하게 발 좀 잠깐 들어 봐요.

　A: 掃除ができるように足をちょっと上げてください。

　나: 달밤에 체조하는 것도 아니고 한밤중에 무슨 청소를 한다고
그래요?

　B: 月夜に体操をするわけでもないのに、こんな夜中に何の
掃除をしているんですか？

🔍 明かりのない真っ暗な夜に運動をするのは誰が見ても変な行動だ。こ
のように誰かが時間や状況に合わない非常識な行動をするときに使
う。

★☆☆ **こ**

미꾸라지 한 마리가
온 웅덩이를 흐려
놓는다

ドジョウ一匹がすべて
の水たまりを濁す

類 미꾸라지 한 마리가
한강 물을 다 흐리게 한다
ドジョウ一匹が漢江の
水をすべて濁す

一人の良くない行動がその集団全体に悪い影響を及ぼす
ということ。

例 가: 미꾸라지 한 마리가 온 웅덩이를 흐려 놓는다더니 승원 씨가
무리하게 취재를 해서 우리 신문사가 욕을 먹잖아요.

　A: ドジョウ一匹がすべての水たまりを濁すと言うけど、ス
ンウォンさんが無理に取材をしたからうちの新聞社が悪
口を言われるじゃないですか。

　나: 죄송합니다. 열심히 한다는 게 그만 열정이 과했나 봅니다.

　B: すみません。一生懸命やっていたことが、つい熱情が過
剰だったようです。

🔍 一人の過ちによってその人が属する集団全体が非難を受けることにな
り、誤った人を責めるときに使う。

★☆☆ 二

사람 나고 돈 났지
돈 나고 사람 났나

人がいて金があるもの
で、金があって人がい
るのではない

お金より人の方が大事だということ。

例 가: 아저씨, 갑자기 튀어나오시면 어떡해요? 아저씨 오토바이
　　　때문에 제 차가 긁혔잖아요. 이게 얼마짜리 차인지 아세요?
　　A: おじさん、急に飛び出してきたらどうするんですか？
　　　おじさんのオートバイのせいで私の車が傷ついたじゃな
　　　いですか。これがいくらの車か知っていますか？

　　나: 사람 다친 건 안 보여요? 아무리 그래도 괜찮냐고 먼저 물어봐
　　　야 되는 거 아니에요? 사람 나고 돈 났지 돈 나고 사람 났나
　　B: 人がけがしたのは見えないんですか？　いくらなんでも
　　　大丈夫かと聞くのが先じゃないですか？　人がいて金が
　　　あるもので、金があって人がいるのではないんじゃない
　　　かな？

🔍 誰かがお金を至上だと思ってお金のない人を軽視したり、人の安全や存
　　在価値よりお金をもっと重要視しているのが気に入らないときに使う。

★★★ 二

소 잃고 외양간
고친다

牛を失ってから厩舎を
修繕する

類 말 잃고 외양간 고친다
　　馬を失ってから厩舎を
　　修繕する

事がダメになってから遅れて手を打つということ。

例 가: 자전거에 자물쇠를 채우지 않고 그냥 세워 두려고요? 소 잃
　　　고 외양간 고치지 말고 자물쇠를 채우는 게 어때요?
　　A: 自転車に鍵をかけずにそのまま止めておくつもりです
　　　か？　事が起きてからでは後の祭り、鍵をかけるのはど
　　　うですか？

　　나: 아, 그게 좋겠네요.
　　B: あ、それがいいですね。

🔍 農業をするとき、牛は必ず必要な動物であると同時に貴重な財産だっ
　　た。それで昔は厩舎を設置して牛の世話をしたが、これが壊れると牛
　　が逃げることもあった。牛が逃げた後に厩舎を直すことは何の役にも
　　立たないように、普段は全く備えていなかったが、問題が発生した後
　　に遅れて事態を収拾するときに使う。

★★☆ 慣

손가락 하나 까딱 않다

指一本動かさない

類 손끝 하나 까딱 안 하다
　　指先一つ動かさない
　　손톱 하나 까딱하지 않다
　　爪一つ動かさない
　　손도 까딱 안 하다
　　手も動かさない

ある人が何もしないということ。

例 가: 민지야, 나 지금 빨래하고 설거지하는 거 안 보여? 너는
　　　손가락 하나 까딱 않고 뭐 하는 거야?
　　A: ミンジ、僕が今洗濯して皿洗いしてるのが見えない？
　　　君は指一本動かさずに何しているの？

　　나: 미안. 좀 쉬다가 청소는 내가 하려고 했어.
　　B: ごめん。ちょっと休んでから掃除は私がしようと思ってたの。

🔍 自分も一緒にしなければならないことなのに、他の人が働く姿を見て
　　手伝わなかったり、何もしないことが気に入らないときに使う。

손바닥으로
하늘 가리기

手のひらで空を遮る

いくら隠そうとしても隠しきれないということ。

例 가: 이제 인터넷 쇼핑몰의 구매 후기도 못 믿겠어요. 나쁜 후기는 관리자가 다 지운다고 하더라고요.

A: もうインターネットショッピングモールの購買レビューも信じられません。悪いレビューは管理者が全部消すそうです。

나: 그러니까요. 어차피 소비자들이 물건을 써 보면 다 알게 될 텐데 손바닥으로 하늘 가리기나 마찬가지인 일을 왜 할까요?

B: そうですね。どのみち消費者たちが物を使ってみればすべてわかること、ごまかせないのに何でそんな (手のひらで空を遮るような) ことするんだろう?

앞뒤가 막히다

前後が詰まる

誰かが物事の状況によって適切に対処する能力がなく、機転が利かないので窮屈だということ。

例 가: 하준 씨, 사장님이 테이블 정리를 시켰다고 손님이 오셨는데도 그것만 하고 있으면 어떻게 해요? 얼른 주문부터 받으세요. 사람이 앞뒤가 꽉 막혀서 원……

A: ハジュンさん、社長がテーブルの整理を頼んだからと、お客様がいらっしゃったのにそれだけしていたらどうするんですか? 早く注文から受けてください。融通が利かないわね……。

나: 네, 죄송합니다.

B: はい、すみません。

🔎 誰かが融通が利かないときに使い、強調するときは「앞뒤가 꽉 막히다 (前後がぎっしり詰まる)」を使う。

어물전 망신은
꼴뚜기가 시킨다

魚屋の恥さらしはイイダコがさせる

類 생선 망신은 꼴뚜기가 시킨다
魚の恥さらしはイイダコがさせる
과일 망신은 모과가 다 시킨다
果物の恥さらしはカリンが全部させる

愚かな人の行いが一緒にいる人たちにまで恥をかかせるということ。

例 가: 아까 우리 팀 발표할 때 태현이가 실수하는 거 봤어? 다른 팀 사람들도 어이없어 하면서 다 웃었잖아.

A: さっきうちのチームが発表するとき、テヒョンがミスしてるの見た? 他のチームの人たちもあきれながらみんな笑ったじゃん。

나: 그러게나 말이야. 어물전 망신은 꼴뚜기가 시킨다고 같은 팀이라는 게 너무 창피해.

B: その通りだよ。魚屋の恥さらしはイイダコがさせるというけど、同じチームだということがとても恥ずかしい。

🔎 魚屋に見た目が悪いイイダコがいると、人々はその姿を見てがっかりして他の魚も買わずに行ってしまったという話から由来した。

❸ 叱責　**181**

★☆☆ 속

엎드려 절 받기

身を伏せてお辞儀を受
ける

類 억지로 절 받기
無理矢理にお辞儀を受
ける
옆찔러 절 받기
脇をつついてお辞儀を
受ける

相手は心にもないのに、自分から要求して待遇を受ける
ということ。

例 가: 엎드려 절 받기로 선물을 받기는 했지만 생일을 챙겨 줘서
고마워.
A: 無理にお辞儀をさせるような形でプレゼントを受け取っ
たけど、誕生日を祝ってくれてありがとう。

나: 태현아, 생일 축하해. 내년에는 잊어버리지 않고 꼭 미리 챙
겨 줄게.
B: テヒョン、誕生日おめでとう。来年は忘れずに必ず前も
って準備してあげる。

🔎 自分が相手からお辞儀を受けたくて先に伏せると、相手も自分を見て
一緒にお辞儀をするようになるということ。このように直接言葉や行
動をもって相手から望むものを得るときに使う。

★☆☆ 속

오뉴월 감기는 개도
아니 걸린다

五六月の風邪は犬もひ
かない

類 오뉴월 감기는 개도 아니
앓는다
五六月の風邪は犬も患
わない

夏に風邪をひく（自己管理ができない）人を冷やかすとき
に使う。

例 가: 오뉴월 감기는 개도 아니 걸린다는데 둘째가 에어컨 앞에서
살다시피 하더니 감기에 걸렸나 봐요.
A: 五六月の風邪は犬もひかないそうですが、二番目の子が
エアコンの前で過ごしていたら風邪をひいたようです。

나: 그럼 약 먹고 어서 쉬라고 하세요.
B: では、薬を飲んで早く休むように言ってください。

🔎 風邪は主に気温の変化が激しかったり寒いときによくかかる。ところ
が、気温の変化があまりない暑い夏に風邪をひいた人を見てからかう
ときに使う。

★☆☆ 속

입술에 침이나
바르지

唇に唾でもつけて

類 혓바닥에 침이나 묻혀라
舌に唾でもつけろ

見え透いた嘘を平然とつくということ。

例 가: 엄마, 오늘은 게임을 한 번도 안 했으니까 지금 조금만 해
도 돼요?
A: お母さん、今日はゲームを一度もしてないから、今少し
だけやってもいいですか？

나: 입술에 침이나 바르고 말해. 아까 네가 게임하는 거 다 봤거
든.
B: 嘘も休み休み言いなさい。さっきあなたがゲームしてる
の全部見てたよ。

🔎 人は緊張すると唾液の分泌量が減り、唇に塗るほどの唾液も出ない。
したがって、自然に嘘をつく人に唾を塗ってみろと皮肉って言うとき
に使う。

자기 배 부르면 남의 배 고픈 줄 모른다

自分の腹がいっぱいに
なると他人の腹が空く
ことを知らない

余裕のある人は他人の苦労を理解できないということ。

例 가: 민수 씨 얘기 들었어요? 은행 대출을 어마어마하게 받아서
　　이자 갚느라 생활이 힘들 정도래요. 돈이 없으면 안 쓰면 되
　　지 왜 대출까지 받는지 모르겠네요.

　　A: ミンスさんの話を聞きましたか？　銀行の融資を受けす
　　ぎて利子の返済で生活が大変なほどだそうです。お金が
　　なければ使わなければいいのに、なぜ融資まで受ける
　　のか理解できません。

　　나: 자기 배 부르면 남의 배 고픈 줄 모른다고 그렇게 얘기하지
　　마세요. 얼마나 힘들면 대출까지 받았겠어요?

　　B: 自分の腹がいっぱいになると他人の腹が空くことを知ら
　　ないと、そんな風に言わないでください。どれだけ大変
　　で融資まで受けたのでしょうか？

🔍 事情や境遇が良いある人が、自分と違って困難な境遇に置かれた人の
状況を理解できずいい加減なことを話すのを見て、そうしないよう言
うときに使う。

★☆☆ㄹ

제가 제 무덤을 판다

自分が自分の墓を掘る

自ら自分を滅ぼす愚かなことをするということ。

例 가: 어제 배우 김기철에 대한 기사 봤어요? 동료 배우를 비난하
　　는 인터뷰를 해서 논란이 되고 있던데요.

　　A: 昨日、俳優のキム・ギチョルについての記事を見ました
　　か？　同僚俳優を非難するインタビューをして議論にな
　　っていましたが。

　　나: 저도 봤어요. 그런 말이 나올 상황이 전혀 아니었는데 굳이
　　동료 배우 이야기를 꺼내서 험담을 하더라고요. 제가 제
　　무덤을 판 격이지요.

　　B: 私も見ました。そんな話が出る状況では全くなかったの
　　に、あえて同僚俳優の話を持ち出して悪口を言ったんで
　　すよ。墓穴を掘ったようなものです。

🔍 短く「무덤을 파다 (墓を掘る)」を使うこともある。おとなしくしてい
れば問題が生じることがないのに、わけもなく無駄なことをして自ら
を困難な状況に陥れたときに使う。

종로에서 뺨 맞고
한강에서 눈 흘긴다
鍾路で頬を叩かれて
漢江でにらみつける

> 類 종로에서 뺨 맞고 한강에 가서 눈 흘긴다
> 鍾路で頬を叩かれて漢江へ行ってにらみつける

ある人が関係のないところで腹いせをすること。

例 가: 선배님, 과장님이 왜 저렇게 예민하신 거예요? 작은 실수에도
　　　화를 버럭 내시고.
　　A: 先輩、課長はなぜあんなに神経質なんですか？　小さなミ
　　　スにもかっと腹を立てて。

　　나: 종로에서 뺨 맞고 한강에서 눈 흘긴다고 부장님한테 꾸중
　　　듣고 와서 괜히 우리한테 화풀이를 하시는 거지.
　　B: 鍾路で頬を叩かれて漢江でにらみつけると言うけど、部長
　　　からお叱りを受けて、余計に私たちに腹いせをするんだよ。

🔎 昔、鍾路には大きな商店街があり、あるお客さんがそこで見下されて
怒ったが、その威勢に押されて何も言えなかった。そうするうちに漢
江近くにある小さな店に行って、わけもなく言いがかりをつけて、大
きく腹いせをしたことから由来した言葉だ。

팥으로 메주를
쑨대도 곧이듣는다
小豆で味噌玉麹を作る
と言っても真に受ける

> 類 팥을 콩이라 해도 곧이듣는다
> 小豆を大豆だと言っても真に受ける

他人の言うことを無条件に信じること。

例 가: 민수 씨가 자기 회사에 투자를 하면 내년에 10배로
　　　돌려주겠대요. 우리도 투자할까요?
　　A: ミンスさんが自分の会社に投資したら来年10倍にして返
　　　してくれるそうです。私たちも投資しましょうか？

　　나: 팥으로 메주를 쑨대도 곧이듣는다더니 당신은 민수 씨 말을
　　　어떻게 그렇게 철석같이 믿어요?
　　B: 小豆で味噌玉麹を作ると言っても真に受けるというけど、
　　　あなたはミンスさんの言うことをどうしてそんなに固く
　　　信じるのですか？

🔎 「메주 (味噌玉麹)」はコチュジャン、醤油などを作る材料として、煮
た大豆から作る。これを誰かが小豆で作ると言えば疑うのが当然なの
に、その言葉を信じるということは相手を全面的に信頼するというこ
とだ。このように誰かが他人の言葉を盲目的に信じるときに使う。

해가 서쪽에서 뜨다
日が西から昇る

全く予想外のことが起こるということ。

例 가: 엄마, 저 등산 갔다 올게요.
　　A: お母さん、私登山に行ってきます。

　　나: 해가 서쪽에서 떴나? 매일 늦게까지 자던 네가 이 새벽에
　　　등산 간다고?
　　B: どういう風の吹き回しかしら？　毎日遅くまで寝ていた
　　　あなたがこんな夜明けに登山に行くの？

🔎 普通、誰かが普段と違う行動をしたときに使う。

07

일·생활
仕事・生活

1
사회생활 ░社会生活

Track 27

★☆☆ 慣

골탕을 먹이다
ひどい目を食わせる

他の人に損害を与えたり、困難を経験させたりすること。

例　가: 동생을 놀리면서 골탕을 먹이는 게 그렇게 재미있니? 그만 좀 해.
　　A: 弟をからかってひどい目に遭わせるのがそんなに面白いの？　やめなよ。

　　나: 지훈이가 당황하는 게 귀여워서 그래요. 이제 그만 할게요.
　　B: ジフンが慌てるのが可愛いからです。もうやめます。

🔎 誰かが他人をからかったり騙したりして当惑させるときに使う。一方、誰かが他人によって大きく損害を受けたり慌てるときは「골탕을 먹다 (ひどい目に遭う)」を使う。

★★☆ 慣

꼬리표가 붙다
荷札がつく

類 꼬리표를 달다
荷札をつける

ある人が他の人から良くない評価を受けるということ。

例　가: 우리 애는 아침잠이 많아서 가끔 학교에 지각을 해요. 이러다 게으르다는 꼬리표가 붙을까 봐 걱정이에요.
　　A: うちの子は朝寝坊が多くてたまに学校に遅刻します。このままでは怠け者だというレッテルが貼られるのではないかと心配です。

　　나: 그렇지는 않겠지만 그래도 지각하는 게 습관이 되면 안 될 것 같아요.
　　B: そうはならないと思いますが、それでも遅刻するのが習慣になってはいけないと思います。

🔎 ある人や物事が悪い評判から外れたときは「꼬리표를 떼다 (荷札を外す)」を使う。

★★☆ 慣

덕을 보다
徳を見る

利益や助けを受けるということ。

例　가: 지훈아, 누나하고 같은 고등학교를 다니는 게 어때?
　　A: ジフン、姉さんと同じ高校に通うのはどうだ？

　　나: 삼촌도 알다시피 누나가 워낙 모범생이라 선생님들이 저를 좋게 봐 주더라고요. 누나 덕을 톡톡히 보고 있어요.
　　B: おじさんもご存知のように、姉がなにしろ模範生なので先生たちが私をよく見てくれます。姉さんのおかげでたくさん得をしています。

🔎 強調するときは「덕을 톡톡히 보다 (徳をたっぷりと見る)」を使う。一方、「다른 사람에게 덕이 되는 사람이 되고 싶어요. (他人の徳になる人になりたいです)」のように、誰かの利益や役に立つときは「덕이 되다 (徳になる)」を使う。

★☆☆ 慣

등에 업다
背に負う

ある力や勢力に頼るということ。

例 가: 민수 씨는 부장님 말씀도 잘 안 듣는 것 같아요. 도대체 뭘 믿고 저래요?

A: ミンスさんは部長のおっしゃることもあまりよく聞かないようです。いったい何を信じてあのようにするんですか？

나: 민수 씨가 사장님 아들이잖아요. 사장님을 등에 업고 마음대로 하는 거죠.

B: ミンスさんは社長の息子じゃないですか。社長の威を借りて勝手気ままにするんでしょう。

🔍 誰かが権力や自分と近い人が持つ力を信じて横暴を働いたり、好き放題に行動するときに使う。

★☆☆ 慣

목을 자르다
首を切る

類 목을 치다
首を叩く

ある人を職場から追い出すこと。

例 가: 실장님, 우리 회사도 곧 정리 해고가 있을 거라는 소문이 돌던데 혹시 아는 거 있으세요? 저도 해고를 당할까 봐 불안해요.

A: 室長、うちの会社も間もなくリストラがあるという噂が流れていますが、もしや何か知っていることはありますか？私も解雇されるのではないかと不安です。

나: 자네 같은 사람의 목을 자르면 회사가 손해지. 별일 없을 거야.

B: 君のような人の首を切ったら会社が損するよ。きっと大丈夫だよ。

🔍 ある人が職場から追い出されたときは「목이 잘리다 (首が切られる)」を使う。

★☆☆ 慣

문턱을 낮추다
敷居を下げる

近寄りがたい状況や環境に、簡単に便利に接することができるようにすること。

例 가: 윤아 씨, 출근하면서 보니까 회사 1층 로비에서 '찾아가는 미술관'을 운영하고 있더라고요. 점심 먹고 잠깐 보러 갈래요?

A: ユナさん、出勤したときに見たんですが、会社の1階ロビーで「会いに行く美術館」が運営されていました。昼食後にちょっと見に行ってみますか？

나: 좋죠. 미술관들이 문턱을 낮춰 미술관에 가지 않고도 쉽게 작품을 볼 수 있게 해 주니까 좋네요.

B: いいですよ。美術館が敷居を下げて美術館に行かなくても簡単に作品を見られるようにしてくれるのでいいですね。

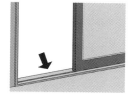

🔍 普通「법원 (裁判所)」、「병원 (病院)」、「취업 (就職)」など人々が時間、条件などの理由で近づきにくいことに、簡単にアプローチできるようにするときに使う。一方、以前より人々が何かにもっと近づきにくくするときは「문턱을 높이다 (敷居を高くする)」を使う。

★★☆ 慣

문턱이 닳도록 드나들다

敷居がすり減るほど出入りする

慣 문지방이 닳도록 드나들다
敷居がすり減るほど出入りする

誰かがあるところにとても頻繁に出入りするということ。

例 가: 서영아, 사랑이가 전에는 우리 집에 문턱이 닳도록 드나들더니 요즘에는 통 안 오네. 둘이 싸웠니?

A: ソヨン、サランちゃんが前は我が家に敷居がすり減るほど出入りしていたけど、最近は全然来ないね。二人は喧嘩したの？

나: 아니에요, 엄마. 싸우기는요. 요즘 사랑이가 바빠서 얼굴 보기도 힘들어요.

B: いいえ、お母さん。喧嘩だなんて。最近サランが忙しくて顔を見るのも大変です。

🔎 学校や会社など規則的に通うところにはこの表現を使わない。似たような意味で「문턱 드나들듯 하다 (敷居を出入りするようだ)」を使うこともある。

★☆☆ 慣

발을 끊다

足を断つ

他の人や団体との関係を断ち切るということ。

例 가: 여보, 둘째랑 말다툼을 했는데 집을 나가서 발을 끊고 살겠다고 하더라고요. 그 말을 들으니까 너무 속상하고 서운했어요.

A: ねえ、二番目の子と口げんかしたんだけど、家を出て縁を切って暮らすと言ってたんだ。その言葉を聞いてとても悔しくて残念な気持ちになったよ。

나: 둘째도 홧김에 한 말일 테니까 너무 마음에 담아 두지 말아요.

B: あの子も腹立ちまぎれに言った言葉でしょうから、あまり心に留めておかないでください。

🔎 似たような意味で「발길을 끊다 (往来を断つ)」を使うこともある。一方、「나는 술집에 발을 끊은 지 오래다. (私は居酒屋に足を断って久しい)」のようにある場所に行き来しないときも使う。

★☆☆ 慣

밥줄이 끊기다

飯の糸が断たれる

慣 밥줄이 끊어지다
飯の糸が切れる

밥줄이 떨어지다
飯の糸が落ちる

職を失うということ。

例 가: 마크 씨, 요즘 왜 그렇게 일을 많이 해요?

A: マークさん、最近どうしてそんなに仕事をたくさんするんですか？

나: 저 같은 프리랜서들은 의뢰가 들어오는 일을 거절하면 언제 밥줄이 끊길지 몰라요. 그래서 들어오는 대로 일을 하다 보니 많이 바빠요.

B: 私のようなフリーランサーたちは依頼が入ってくる仕事を断ると、いつ食い扶持がなくなるかわかりません。それで入り次第仕事をしてみると、とても忙しいですね。

✏️ 「밥줄 (飯の糸)」は稼いで食べていける方法や手段を俗に指す言葉。

🔎 他人の職を失わせるときは「밥줄을 끊다 (飯の糸を断つ)」を使う。

★☆☆ ㉿

소도 언덕이 있어야 비빈다

牛も丘があってこそ
擦ることができる

誰でも拠り所があってこそ、事を始めたり成し遂げたり
できるということ。

例 가: 아버지, 제가 사업을 한번 시작해 볼까 해요.
　　A: お父さん、私が事業を一度始めてみようと思います。

　　나: 소도 언덕이 있어야 비빈다고 인맥도 없고, 모아둔 돈도
　　　　없으면서 무슨 사업을 하겠다고 하는 거니?
　　B: 牛も丘があってこそ擦ることができるといって、人脈も
　　　　ないし、貯めておいたお金もないのに、何の事業をする
　　　　と言うんだ？

🔎 幼い牛は角が生え始めると、その部分がとてもかゆいため、丘にしき
　りに頭を擦りつける。丘がなければ牛はかゆいところを掻くことがで
　きない。このように人も背景があったり環境が整っていたりしてこそ、
　あることを始めて成功できると話すときに使う。

★★☆ 慣

손가락질을 받다

後ろ指を指される

他人に笑われたり非難されたりするということ。

例 가: 잘나가던 가수가 딱 한 번의 실수로 전 국민의 손가락질을
　　　　받는 신세가 됐으니 안타깝네요.
　　A: うまくいっていた歌手がたった一度のミスで、全国民か
　　　　ら後ろ指を指される羽目になったのは気の毒ですね。

　　나: 안타깝다니요. 그러니까 처음부터 자신의 잘못을 인정하고
　　　　죗값을 받았어야죠.
　　B: 気の毒だなんて。だから最初から自分の過ちを認めて罪
　　　　を償わなければならなかったんです。

🔎 他人の過ちを非難するときは「손가락질을 하다(後ろ指を指す)」を使う。

★☆☆ 慣

씨도 먹히지 않다

緯糸も通らない

ある意見が相手に全く受け入れてもらえないということ。

例 가: 이번 연봉 협상 때는 사장님께 연봉을 좀 올려 달라고 말씀
　　　　을 드려야겠어요.
　　A: 今回の年俸交渉のときは、社長に年俸を少し上げてほし
　　　　いと申し上げなければなりません。

　　나: 씨도 먹히지 않을걸. 보나마나 사업이 어려우니 동결하자
　　　　고 하실 거예요.
　　B: 全く聞き入れてもらえないと思いますよ。見るまでもな
　　　　く事業が難しいから凍結しようと言うでしょう。

🔎 昔は機織り機を利用して横線の緯糸と縦線の経糸を交差させて生地を
　織った。ところが湿気が溜まると、経糸に緯糸がよく入らず、生地を
　織るのが大変だった。ここから出てきた表現だ。

이름을 걸다
名をかける

誰かが集団の代表として責任を負うということ。

例 가: 우리 학교의 이름을 걸고 하는 경기니까 모두 최선을 다해 주기 바란다.
　　A: 我が校の名をかけて行う競技だから、皆が最善を尽くしてほしい。

　　나: 네, 알겠습니다. 감독님!
　　B: はい、わかりました。監督！

🔍 普通、スポーツの試合などで競争する状況で、自分が属している集団の名誉を守るために最善を尽くして臨むときに使う。

★★☆ 慣

자리를 잡다
席をつかむ

会社や社会などである程度の地位を持つようになること。

例 가: 지원아, 회사 생활은 어때? 처음에는 힘들어했잖아.
　　A: ジウォン、会社生活はどう？　最初は大変だったじゃん。

　　나: 회사에서 어느 정도 자리를 잡아서 지금은 괜찮아.
　　B: 会社である程度の地位を持つようになったから今は大丈夫。

🔍 「먼저 식당에 가서 자리를 잡아 놓을게요. (先に食堂に行って席を取っておきます) 」のようにある場所を取るときにも使う。

★☆☆ 慣

펜대를 굴리다
ペン軸を転がす

力仕事をせずに座って事務仕事をするということ。

例 가: 아빠가 이 의자를 직접 만드셨다고요? 아빠가 이렇게 손재주가 좋으신 줄 몰랐어요.
　　A: お父さんがこの椅子を自分で作られたんですって？　お父さんがこんなに手先が器用だとは知りませんでした。

　　나: 나도 나한테 이런 재주가 있는 줄 몰랐어. 펜대를 굴리는 일만 할 수 있는 줄 알았는데 말이야.
　　B: 私も自分にこんな才能があるとは思わなかった。頭を使う仕事しかできないと思ってたのに。

★★★ 慣

한턱을 내다
ごちそうを出す

他の人に食べ物や酒を出して大きくもてなすこと。

例 가: 오늘은 내가 한턱을 낼 테니까 마음껏 시켜요.
　　A: 今日は私がおごるから思う存分注文してください。

類 한턱을 쓰다
　　ごちそうをする

　　나: 감사합니다. 과장님. 그런데 무슨 좋은 일이 있으신 거예요?
　　B: ありがとうございます、課長。ところで、何かいいことがあったんですか？

속성 属性

★★★ 慣

꼬리에 꼬리를 물다
尻尾に尻尾を噛む

類 꼬리를 물다
尻尾を噛む

うわさや事件などが連続していくということ。

例 가: 하준아, 하루 종일 하품을 하는 걸 보니 어제 잠을 못 잤나 봐?

　A: ハジュン、一日中あくびをしているのを見るに、昨日眠れなかったの？

　나: 응. 갑자기 미래에 대한 걱정이 꼬리에 꼬리를 물면서 잠이 안 오더라고.

　B: うん。急に未来に対する心配が次々と思い浮かんで眠れなかったんだ。

★★☆ 속

낙타가 바늘구멍 들어가기
ラクダが針の穴を通る

類 낙타가 바늘구멍 찾는 격
ラクダが針の穴を探す ようなもの

あることがとても実現しがたいということ。

例 가: 이번에 인턴사원 중에서 몇 명을 정규직으로 채용한다고 하던데 우리도 정규직이 될 수 있을까요?

　A: 今回インターン社員の中で何人かを正規職として採用するそうですが、私たちも正規職になれるでしょうか？

　나: 글쎄요. 정규직이 되는 건 낙타가 바늘구멍 들어가기보다 더 어렵다고 들었어요.

　B: そうですね。正規職になるのはラクダが針の穴を通るよりもっと難しいと聞きました。

🔍 金持ちが神の国に入るよりラクダが針の穴を通る方が易しいという聖書の一節から由来した言葉。普通あることがとても難しくて実現することは不可能だと言うときに使う。

★★★ 속

누워서 떡 먹기
横になって餅を食べる

あることをするのがとても容易だということ。

例 가: 욕실 형광등이 나갔는데 당신이 좀 갈아 줄 수 있어?

　A: 浴室の蛍光灯が切れたんだけど、あなたちょっと取り替えてくれる？

　나: 그럼, 그 정도는 누워서 떡 먹기지.

　B: もちろん、そのくらいは朝飯前だよ。

★★★ㄷ

다람쥐 쳇바퀴 돌듯
リスが回し車で回るように

発展することなく同じことだけを繰り返しているということ。

例 가: 원하는 결과도 안 나오는데 다람쥐 쳇바퀴 돌듯 계속 같은 실험만 하려니 지쳐요.
　　A: 望む結果も出ないのに、リスが回し車で回るようにずっと同じ実験ばかりしようとするとくたびれます。

　　나: 저도요. 자꾸 실패하는 이유를 빨리 알아내야 할 텐데요.
　　B: 私もです。何度も失敗する理由を早く突き止めなければなりません。

🔎 「매일 회사, 집, 회사, 집 다람쥐 쳇바퀴 돌듯 사니 재미가 없어요. (毎日会社、家、会社、家でリスが回し車で回るように生きているから面白くないです)」のように、変化なく繰り返される退屈な日常を語るときにも使う。

★☆☆ 慣

더도 말고 덜도 말고
より多いこともなく、
足りないこともなく

余ったり不足したりせず、ほどよいということ。

例 가: 최 사장님, 요즘은 손님이 많아서 장사할 맛이 나겠어요.
　　A: チェ社長、最近はお客さんが多くて商売する面白味がありそうですね。

　　나: 네. 더도 말고 덜도 말고 딱 지금처럼만 계속 장사가 잘됐으면 좋겠어요.
　　B: はい。これ以上でもこれ以下でもなく、ただ今のようにずっと商売がうまくいってほしいです。

🔎 普通、現在の状態がとても気に入って持続することを願うときに使う。一方、すべてが旧盆の秋夕 (チュソク) のときほど豊かで生きるのが楽だったら良いと言うときは「더도 말고 덜도 말고 늘 한가위만 같아라 (多くもなく少なくもなく、いつも中秋ほどであれ)」を使う。

★★☆ 慣

둘도 없다
二つとない

たった一つだけということ。

例 가: 둘은 맨날 붙어 다니는구나. 민지가 그렇게도 좋니?
　　A: 二人はいつもくっついてるんだね。ミンジがそんなに好きなの？

　　나: 그럼요. 민지는 저를 알아주는 세상에 둘도 없는 친구니까요.
　　B: もちろんです。ミンジは私を理解してくれる世界でかけがえのない友達ですから。

🔎 普通「세상에 둘도 없다 (世界でかけがえのない)」の形で使い、この世にこれ一つだけあって他にはないと言うときに使う。

★★★ ⓔ

땅 짚고 헤엄치기
地に手をついて泳ぐ

とてもたやすいことを表す。

例 가: 승원 씨, 제 컴퓨터가 바이러스에 걸린 것 같은데 좀 봐 줄 수 있어요?

A: スンウォンさん、私のコンピューターがウイルスにかかったみたいなので、ちょっと見てもらえますか？

나: 그럼요. 그 정도 일은 땅 짚고 헤엄치기니까 걱정하지 마세요.

B: もちろんです。そのくらい朝飯前なので心配しないでください。

🔎 泳げない人も床に手をつければ泳ぐことができるように、本当に簡単なことを言うときに使う。

★☆☆ ⓗ

뜨거운 감자
熱いジャガイモ

話題の種になることを表す。

例 가: 식품·유통업계의 뜨거운 감자로 떠오른 과대 포장 금지 제도에 대해 어떻게 생각하십니까?

A: 食品・流通業界の話題の種として浮上した、過大包装禁止制度についてどう思われますか？

나: 불필요한 쓰레기를 줄이겠다는 취지는 이해가 가지만 이에 대한 명확한 규정이 아직 없어서 혼란스럽습니다.

B: 不要なゴミを減らすという趣旨は理解できますが、これに対する明確な規定がまだなくて混乱しています。

🔎 どうにかしなければならないのに、どうすることもできない状態をジャガイモにたとえた英語の慣用句 "hot potato" から出てきた表現だ。一方、政治的・社会的に重要な問題だが、現実的に簡単には解決できない問題を比喩的に話すときにも使う。

☆☆☆ ⓔ

마른논에 물 대기
乾いた田んぼに水を引く

あることがとても大変だったり、苦労をしても何の成果もないということ。

例 가: 정부에서 출산 지원금을 계속 늘려도 저출산 문제가 해결될 기미가 안 보이네요.

A: 政府で出産支援金を増やし続けても、少子化問題が解決する兆しが見えませんね。

나: 근본적인 해결책을 찾지 않는 한 마른논에 물 대기예요.

B: 根本的な解決策を探さない限り、乾いた田んぼに水を引くようなものです。

🔎 長い間雨が降らず地面が割れるほど乾いた田んぼには、そこそこの水を引いたところで稲がちゃんと育つことができない。このようにあることをしても無駄なときに使う。

07
仕事・生活

말짱 도루묵
元のハタハタ

何の得もないことや無駄骨を表す。

例 가: 민수 씨, 신제품 발표회는 잘했어요?
　　A: ミンスさん、新製品の発表会はうまくいきましたか?

　　나: 아니요, 회사 사정으로 발표회가 무산돼서 그동안 고생해서
　　　　한 일이 말짱 도루묵이 됐어요.
　　B: いいえ、会社の事情で発表会が霧散して、これまで苦労
　　　　してやったことが水の泡になりました。

🔎 昔、戦争のため避難した王が「묵 (ムク)」という魚を食べたが、その
味に惚れた王はこの魚を「은어 (銀魚)」という名前で呼ぶようにした。
戦後、王はその味を忘れられず再び食べたが、以前の味ではなかった。
これに失望した王はこの魚を「도로 묵이라고 하여라. (またムクと呼
べ)」と命じた。ここから「도로＋묵」の音が変化して、この魚は「도
루묵 (ハタハタ)」となったことに由来した表現で、力を入れてやった
ことが元に戻ったときに使う。

모래 위에 선 집
砂の上に建つ家

類 모래 위에 선 누각
　砂の上に建つ楼閣
　모래 위에 쌓은 성
　砂の上に築いた城

基礎が丈夫でないため、すぐに崩れやすい物事を表す。

例 가: 선생님, 우리 아이한테 중학교 수학을 좀 가르쳐 주세요.
　　A: 先生、うちの子に中学校の数学を教えてください。

　　나: 어머니, 기초도 없이 어려운 것을 배운다는 건 모래 위에 선 집
　　　　과 같습니다. 지금 연우는 기초부터 천천히 쌓아야 할 때입니
　　　　다.
　　B: お母さん、基礎もなく難しいことを学ぶということは砂
　　　　上の楼閣のようなものです。今、ヨヌは基礎からゆっく
　　　　り積まなければならないときです。

🔎 砂の上に家を建てると砂の間の穴から水が入ってきて、雨が少し降っ
ただけでも家が簡単に崩れる。したがって基礎を丈夫にすることが重
要だと言うときに使う。

손가락 안에 꼽히다
指に数えられる

類 손가락 안에 들다
　指の中に入る

多くの中で数が少なく特別だということ。

例 가: 박 선생님, 서영이가 피아노를 아주 잘 치네요.
　　A: パク先生、ソヨンはピアノをとても上手に弾きますね。

　　나: 네, 우리 학교에서 다섯 손가락 안에 꼽히는 실력자예요.
　　B: はい、私たちの学校で5本の指に数えられる実力者です。

🔎 普通「다섯 손가락 안에 꼽히다 (5本の指に入る)」や「열 손가락 안에
꼽히다 (10本の指に入る)」という形で使い、高い順位に入ったとき
に使う。

순풍에 돛을 달다
順風に帆を揚げる

★☆☆ ㄹ

どんな困難や問題もなく事が順調に進むということ。

例 가: 김 대표님, 축하해요. 순풍에 돛을 단 것처럼 사업이 잘되고 있다면서요?

A: キム代表、おめでとうございます。順風満帆に事業がうまくいっているそうですね？

나: 네. 창업 초기에는 제품의 판로를 찾기 힘들었는데 홈 쇼핑에서 판매를 시작하면서 매출이 부쩍 늘었어요.

B: はい。創業当初は製品の販路を見つけるのが大変でしたが、ホームショッピングで販売を始めて売上がぐんと増えました。

🔍 船が行く方向に帆を揚げたら船が早く進むという意味で、あることが思い通りにうまくいくときに使う。

식은 죽 먹기
冷めた粥を食べる

★★★ 慣

とても簡単にできることを表す。

例 가: 제시카 씨 혼자서 화장실 전체를 다 고치고 꾸몄다고요? 정말 대단해요.

A: ジェシカさん、一人で化粧室全体を直したんですか？本当にすごいです。

나: 그 정도는 식은 죽 먹기예요. 집 전체도 꾸며 본 적이 있는걸요.

B: それくらいは朝飯前です。家全体を仕立てたこともあります。

🔍 「저 사람은 거짓말을 식은 죽 먹듯 해서 믿을 수가 없어요. (あの人は嘘を簡単につくので信じられません)」のように、あることを躊躇なく簡単にするときは「식은 죽 먹듯 (冷めた粥を食べるように)」を使う。

아귀가 맞다
股が合う

★☆☆ 慣

前後がすき間なくかみ合うということ。

例 가: 선생님, 지훈이가 잘못한 게 맞아요. 지금 거짓말하고 있는 거예요.

A: 先生、確かにジフンが悪かったんです。今嘘をついているんですよ。

나: 그렇지만 서영아, 지훈이의 말이 아귀가 맞아서 더 이상 책임을 물을 수가 없어.

B: でもソヨン、ジフンの言葉はつじつまが合っているから、これ以上責任を問うことができないよ。

✏️ 「아귀 (股)」は物事の分かれ目の部分をいう。

🔍 普通、ある人の話が間違っておらず論理的に正しかったり、あることが計画通り無理なくうまく進行するときに使う。一方、「아귀가 맞는 돈 (勘定が合うお金)」のようにある物の数量がぴったり合うときも使う。

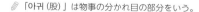

죽도 밥도 안 되다

粥にも飯にもならない

中途半端であれもこれもどっちつかずだということ。

例 가: 이렇게 다른 사람 춤을 똑같이 따라 하기만 하면 죽도 밥도 안 돼요. 본인만의 개성이 살아있는 춤을 춰야 성공하죠.

A: こうやって他の人のダンスを同じように真似ばかりすると、どっちつかずの中途半端ですよ。自分だけの個性が生きているダンスを踊ってこそ成功します。

나: 저도 알아요. 그런데 그게 말처럼 쉽지 않으니 문제지요.

B: 私もわかっています。でも、それが言葉のように簡単ではないから問題なのです。

🔍 ご飯を炊いたが、それがお粥でもなくご飯でもない曖昧な状態になったという言葉で、いい加減にしては何事も成し遂げられないので、あることをするときは確実にやるよう言うときに使う。

죽이 되든 밥이 되든

粥になろうが飯になろうが

事が思い通りにうまくいくかどうかは関係ないということ。

例 가: 수아야, 신인 가수를 뽑는 공개 오디션 프로그램에 나가기로 했다면서?

A: スア、新人歌手を選ぶ公開オーディション番組に出ることにしたんだって?

나: 응. 죽이 되든 밥이 되든 한번 해 보려고.

B: うん。結果はどうあれ、一度やってみようと思う。

🔍 よく知らないことや慣れないことを始めるとき、そのことが成功するかどうかを事前に知ることはできない。結果に関係なく自分が試してみるという意志を話すとき、あるいは他の人にあることをしてみるよう促すときに使う。

칼자루를 쥐다

刀の柄を握る

類 칼자루를 잡다
刀の柄をつかむ

誰かがあることの主導権を握っているということ。

例 가: 이제 임금 협상을 마무리해야 하는데 아직 노조 측에서 연락이 없네.

A: もう賃金交渉を終えなければならないのに、まだ労組側から連絡がないね。

나: 아무래도 그쪽이 칼자루를 쥐고 있으니 시간을 끌면서 이쪽의 반응을 보려는 거 아닐까요?

B: どうやら先方が主導権を握っているので、時間を稼ぎながらこちらの反応を見ようとしているのではないでしょうか?

🔍 刀の柄を持った人がその刀を使えるように、ある人が実際的な権限を持っていて自分に有利に事を処理できるときに使う。

★★★ 己

하늘의 별 따기

空の星取り

何かを得たり、実現したりするのが難しいということ。

例 가: 일자리는 구했어요?
　　A: 仕事は見つかりましたか？

　　나: 아니요, 경기가 안 좋아서 그런지 아르바이트를 구하는 일도
　　　　하늘의 별 따기네요.
　　B: いいえ、景気が良くないせいかアルバイトを探すのも夢
　　　　のまた夢ですね。

🔍 空にある星を取ることは不可能だ。このようにある人の境遇では非常
に難しいことを話すときに使う。

3

실행 ¦ 実行

Track 29

★☆☆ 慣

간판을 걸다
看板を掲げる

ある人・団体が開業したり活動を始めたりするということ。

例 가: 개업 준비는 잘하고 있어요?
A: 開業の準備はうまくいっていますか？

나: 네, 그런데 막상 간판을 걸고 장사를 한다고 생각하니 두려움 반 설렘 반이에요.
B: はい、でも実際に看板を掲げて商売をするのだと思うと、恐怖とときめきが半々です。

🔎 普通、あることを始めるときは看板を人の目によく留まるようにかけたり貼ったりするが、ここから出てきた表現だ。一方、商売や活動をやめるときは「간판을 내리다 (看板を下ろす)」を使う。

★★☆ 慣

기를 쓰다
気を使う

何かをするために自分が持っている力をすべて使うということ。

例 가: 이것 좀 보세요. 우리 집 강아지가 기를 쓰고 소파에 올라가려고 하는 모습이 너무 귀여워서 동영상을 찍었거든요.
A: これをちょっと見てください。うちの子犬が必死にソファーに上がろうとする姿がとても可愛くて動画を撮ったんですよ。

나: 어머, 정말 귀엽네요.
B: あら、本当に可愛いですね。

🔎 普通「기를 쓰고 (気を使って)」の形で使う。

★★★ 속

길고 짧은 것은 대어 보아야 안다
長いか短いかは比べてみないとわからない

どんなことでも直接やってみないと、その結果はわからないということ。

類 길고 짧은 것은 재어 보아야 안다
長いか短いかは比べてみないとわからない

例 가: 보나 마나 이번에도 우리 팀이 지겠죠?
A: 見るまでもなく、今回もうちのチームが負けますよね？

나: 길고 짧은 것은 대어 보아야 안다고 하잖아요. 그동안 우리 팀도 실력이 많이 향상되었으니까 이번에는 이길 수도 있어요.
B: 長いか短いかは比べてみないとわからないと言うじゃないですか。これまでの間にうちのチームも実力がかなり向上したので、今回は勝つかもしれません。

🔎 長さが似ているように見える物は定規で長さを直接測ってみないと、どちらがより長いのか正確にはわからない。このように2人あるいは2チームのうち、どちらがより実力があるかは直接競ってみないとわからないということ。普通、誰かが性急に結果を予想して話すのを聞いて速断しないよう言うときに使う。

둘러치나 메어치나 매한가지

放り投げても投げつけても同じことだ

둘러치나 메어치나 매일반

放り投げても投げつけても同じ

手段や方法がどうであれ、その結果は同じだということ。

例 가: 이 요리는 이렇게 해야지. 너처럼 하면 안 돼.

A: この料理はこうやって作らないと。あなたみたいにしちゃダメよ。

나: 할머니, 둘러치나 메어치나 매한가지니까 어떻게 하든 맛만 있으면 되지요.

B: おばあちゃん、放り投げようが投げつけようが、どうやったとしてもおいしければいいんですよ。

🔎 どうやったとしても結果は同じだろうから、過程はあまり重要ではないと言うときに使う。

모로 가도 서울만 가면 된다

横道に行ってもソウルに着きさえすればよい

모로 가나 기어가나 서울 남대문만 가면 그만이다

横道に行っても這ってもソウルの南大門に着きさえすれば十分だ

手段や方法は関係なく目的さえ果たせればいいということ。

例 가: 윤아 씨, 이걸 하나하나 다 타자로 치는 거예요? 단축키를 사용하면 쉽게 할 수 있잖아요.

A: ユナさん、これを一つ一つ全部タイピングするんですか？ショートカットキーを使えば簡単にできるじゃないですか。

나: 저는 단축키를 사용할 줄 몰라요. 모로 가도 서울만 가면 된다고 시간이 걸려도 보고서만 완성하면 되잖아요.

B: 私はショートカットキーの使い方がわかりません。横道に行ってもソウルに着きさえすればよいと、時間がかかっても報告書さえ完成すればいいじゃないですか。

✏ 「모로」は本来「外れて、斜めに」という意味だが、ここでは「横側に」という意味で使われている。

🔎 ソウルに行く道はいくつもあるので、どの道に行っても目的地であるソウルにさえ行き着けば良いということだ。このようにある目的を達成することが重要であり、過程や方法は重要ではないと言うときに使う。

몸으로 때우다

体で償う

お金を払わなければならない仕事を肉体的な仕事に代えるときに使う。

例 가: 세상에! 대기업 회장이라는 사람이 재판장에서 벌금을 내지 않고 몸으로 때우겠다고 했다네요.

A: なんてこと！　大企業の会長ともあろう人が裁判所で罰金を払わずに身で償うと言ったそうです。

나: 저도 그 기사 봤어요. 돈도 많으면서 벌금을 내는 게 그렇게 아까울까요?

B: 私もその記事を見ました。お金もたくさんあるのに罰金を払うのがそんなに惜しいのでしょうか？

🔎 普通、経済的能力のない人が肉体労働をしてその値を支払うときに使う。

★☆☆ 慣

문을 두드리다
門を叩く

望むものを得るために努力するということ。

例 가: 양양 씨, 창업한다면서요? 창업을 하려면 돈이 많이 필요할 텐데…….
　　A: ヤンヤンさん、起業するんですって？　起業するにはお金がたくさん必要なのに……。

　　나: 네. 그래서 투자를 좀 받아 보려고 여기저기 문을 두드리고 있어요.
　　B: はい。それで投資を受けようとあちこちお願いして回っています。

🔍 どこかに入るためには門 (戸) を叩かなければならず、その門が開かなければ中には入れない。このように誰かが自分が望むものを探そうと何かを試みるときに使う。

★★☆ 慣

밤낮을 가리지 않다
夜昼を問わない

休まずに何かを続けるということ。

例 가: 영업부 박 대리가 밤낮을 가리지 않고 일을 하다가 쓰러졌대요.
　　A: 営業部のパク代理が昼夜を問わず仕事をしていて倒れたそうです。

　　나: 건강이 제일인데 너무 무리했군요.
　　B: 健康が第一なのにあまりにも無理しましたね。

🔍 似たような意味で「밤낮이 따로 없다 (夜昼が別にない)」を使うこともある。

★☆☆ 속

빈대 잡으려고 초가삼간 태운다
ナンキンムシを捕まえようと藁葺きの三間の家を燃やす

類 빈대 미워 집에 불 놓는다
ナンキンムシが憎くて家に火をつける

自分が損をすることは考えず、向こう見ずに気に入らない物事をなくそうとするときに使う。

例 가: 게임에 중독된 청소년들이 늘어나고 있대요. 게임 산업에 대한 규제를 더 강화해야 하지 않을까요?
　　A: ゲーム中毒になった青少年が増えているそうです。ゲーム業界に対する規制をもっと強化すべきではないでしょうか？

　　나: 글쎄요. 빈대 잡으려고 초가삼간 태운다고 규제를 강화하면 오히려 내수 시장이 위축돼 경제에 안 좋은 영향을 미칠 수도 있어요.
　　B: そうですね。ナンキンムシを捕まえようと藁葺きの家を燃やすようなもので、規制を強化すれば、むしろ内需市場が萎縮して経済に良くない影響を及ぼすこともあります。

🔍 些細なことを解決しようとして、むしろ大きな損害を被るときに使う。

뼈가 빠지게
骨が抜けるように

あることを長い間苦痛に耐えながら持てる力を尽くして やるということ。

例 가: 태현아, 아르바이트비 받았어? 그걸로 뭐 할 거야?
　　A: テヒョン、アルバイト代もらった？　それで何をするの？

　　나: 한 달 동안 뼈가 빠지게 일해서 받은 돈이니 꼭 필요한 데에 쓰려고.
　　B: 一か月間、骨身を削るように働いてもらったお金だから、 必ず必要なことに使おうと思って。

🔍 後ろに「일하다 (働く)」、「고생하다 (苦労する)」、「키우다 (育てる)」 などと一緒に使い、やむを得ず肉体的な苦痛に耐えながら続けるとき に使う。

뿌리를 뽑다
根を引き抜く

何かが生まれたり育ったりしないようにするということ。

例 가: 부정부패의 뿌리를 뽑기 위해서는 정부가 나서는 방법밖에 없다고 생각합니다. 백 의원님은 어떻게 생각하십니까?
　　A: 不正腐敗を根絶やしにするためには、政府が乗り出すしか 方法がないと思います。ペク議員はどうお考えになります か？

　　나: 저도 그 의견에 동의하기는 하지만 그게 쉬운 일은 아닙니다.
　　B: 私もその意見に同意しますが、それは簡単なことではあり ません。

🔍 不正腐敗、非理、差別などの否定的な社会問題がこれ以上広がらない ように措置するときに使う。

손에 잡히다
手につく

取り散らかった周辺の状況や心が整理され、働く意欲が湧 いてくるということ。

例 가: 아이가 아파서 일이 전혀 손에 잡히지 않을 텐데 오늘은 일찍 퇴근하는 게 어때요?
　　A: 子どもが病気で仕事が全然手につかないと思うので、今日 は早く退勤したらどうですか？

　　나: 감사합니다. 팀장님. 안 그래도 아이가 걱정이 돼서 조퇴하고 가려고 했습니다.
　　B: ありがとうございます、チーム長。そうでなくても子ども のことが心配で早退しようと思っていました。

🔍 普通「일이 손에 안 잡히다, 일이 손에 잡히지 않다 (仕事が手につかない)」 のような否定形を使って、何か複雑なことが起きて仕事に集中するの が難しいときに使う。
⇒「일손이 잡히다」 p.38

★★★ 慣

손을 보다
手を見る

問題が生じた、あるいは故障したものを直すということ。

例 가: 여보, 현관문에서 삐거덕거리는 소리가 나던데 손을 봐 줄
수 있어요?

A: あなた、玄関のドアからきしむ音がしたんですけど、手
入れしてもらえますか？

나: 알았어요. 이따가 퇴근하고 볼게요.

B: わかりました。退勤した後で見てみます。

🔎 「너를 괴롭히는 사람이 있으면 내가 손을 봐 줄 테니까 다 말해.(あなたを
いじめる人がいたら、私が懲らしめてあげるから全部言って)」のよう
に、自分と近い人が他人にいじめられたときに代わりにその人を叱
ってあげると言うときにも使う。

★★☆ 慣

손을 쓰다
手を使う

ある問題が生じたとき、その問題を解決する方法を探し
て行動するということ。

例 가: 대표님, 어제 기자한테 우리 회사 소속 연예인이 데이트하는
사진이 찍힌 것 같습니다.

A: 代表、昨日記者に当社所属の芸能人がデートする写真を
撮られたようです。

나: 홍보팀에서 열애 기사가 나지 않도록 바로 손을 쓸 테니까
걱정하지 마세요.

B: 広報チームで熱愛記事が出ないようすぐに手を打ちます
ので、心配しないでください。

🔎 あることが発生したとき、そのことを解決する対策を立てて措置を取
るときに使う。

★★★ 慣

손이 빠르다
手が早い

仕事を巧みに早くこなすということ。

例 가: 윤아 씨, 제가 뭐 도와줄까요? 제 일은 다 마쳤거든요.

A: ユナさん、私が何か手伝いましょうか？ 私の仕事は全
部終えたんですよ。

나: 벌써요? 지원 씨는 정말 손이 빠르네요.

B: もうですか？ ジウォンさんは本当に仕事が早いですね。

★★★ 관
수박 겉 핥기
スイカの皮をなめる

ある物事や対象の中身はよく知らず、表面だけ触れるということ。

例 가: 오빠, 이 수학 문제는 해설을 봐도 이해가 안 돼. 좀 가르쳐 줘.

　A: お兄ちゃん、この数学の問題は解説を見ても理解できない。ちょっと教えて。

나: 네가 수박 겉 핥기 식으로 공부를 하니까 그렇지. 다시 한번 꼼꼼하게 풀어 봐.

　B: おまえが生かじりな勉強の仕方をするからだよ。もう一度丁寧に解いてみて。

🔎 普通「수박 겉 핥기 식 (スイカの皮をなめるように)」の形で使い、誰かがあることを丹念にきちんとせず大ざっぱにするときに使う。

★★★ 관
시작이 반이다
始めが半分だ

事を始めるのは難しいが、いったん始めれば終わらせるのは難しくないということ。

例 가: 시험 범위가 엄청 많은데 언제 다 공부하지?

　A: 試験範囲がすごく多いんだけど、いつ全部勉強するの？

나: 시작이 반이라고 하잖아. 일단 시작했으니 하는 데까지 해 봐.

　B: 始めが半分だって言うじゃん。ひとまず始めたんだから、やれるところまでやってみて。

🔎 ギリシャの哲学者アリストテレスが言った言葉で、何かを始める前に心配したり躊躇したりする人を励ますときに使う。

★★☆ 慣
앞에 내세우다
前に掲げる

ある物事を他の物事よりも目立たせたり、より重要だと思ったりするということ。

例 가: 장 팀장님, 이번 신제품의 광고 전략은 무엇입니까?

　A: チャンチーム長、今回の新製品の広告戦略は何ですか？

나: 이번에는 정교한 디자인을 앞에 내세워 광고를 하려고 합니다.

　B: 今回は精巧なデザインを前面に出して広告を出そうと思います。

🔎 「전면에 내세우다 (前面に掲げる)」を使うこともある。

★★★ㄹ
열 번 찍어 안
넘어가는 나무 없다
十回切って倒れない
木はない

地道に努力すれば成し遂げられないことはないということ。

例 가: 운전면허 시험을 다섯 번이나 봤는데 계속 떨어지네요. 이제
　　　그만 포기하려고요.
　　A: 運転免許試験を5回も受けたのに落ち続けています。も
　　　う諦めようと思います。

　　나: **열 번 찍어 안 넘어가는 나무 없다**고 하잖아요. 다음에는 꼭
　　　합격할 수 있을 테니까 다시 한번 도전해 보세요.
　　B: 十回切って倒れない木はないって言うじゃないですか。
　　　次は必ず合格できますから、もう一度挑戦してみてくだ
　　　さい。

🔍 いくら大きな木でも何度も斧で切れば、結局は倒れることになる。こ
　のようにいくら難しいことでも何度も試みれば、結局はやり遂げられ
　るということ。普通、他の人に諦めずにできるまで努力するよう言う
　ときに使う。

★☆☆ㄹ
주사위는 던져졌다
賽は投げられた

すでに取り返しのつかない状態になったので、事を続け
るしかないということ。

例 가: 괜히 제가 나서서 발표를 한다고 했나 봐요. 막상 사람들 앞
　　　에 서려니 너무 긴장돼요.
　　A: なぜか私が自ら発表すると言ったようです。いざ人前に
　　　立とうとすると、とても緊張します。

　　나: 이미 **주사위는 던져졌으니까** 최선을 다해 준비하세요.
　　B: すでに賽は投げられたので、最善を尽くして準備してく
　　　ださい。

🔍 古代ローマの政治家で将軍のユリウス・カエサルが、国法を破ると知
　りながらルビコン川を渡るときに言った言葉で、もう取り返しのつか
　ないことを言うときに使う。

진땀을 빼다

★★☆ 慣

脂汗を流す

類 진땀을 뽑다
脂汗をかく

진땀을 흘리다
脂汗を流す

困難なことに直面して非常に苦労するということ。

例 가: 기자 회견은 잘했어요?
　　A: 記者会見はうまくいきましたか？

　　나: 아니요, 생각지도 못한 기자들의 날카로운 질문에 아주 진땀을 뺐어요.
　　B: いいえ、思いもよらない記者たちの鋭い質問に脂汗をかきました。

🔍 誰かが突然迫ってきた困難な状況でどうすればいいのかわからず慌てたときに使う。

첫 단추를 끼우다

★★☆ 慣

最初のボタンをかける

新しいことを始めるということ。

例 가: 이번 시즌 첫 경기에서 승리하셨는데 기분이 어떠십니까?
　　A: 今シーズン初試合で勝利されましたが、気分はいかがですか？

　　나: 첫 단추를 잘 끼운 것 같아서 기쁩니다. 다음 시합도 열심히 준비해서 좋은 결과가 있도록 노력하겠습니다.
　　B: いいスタートを切れたようでうれしいです。次の試合も頑張って準備して、良い結果が出るように努力します。

🔍 最初のボタンをしっかりかけてこそきちんと服を着ることができるように、どんなことも始まりが重要だと言うときに使う。一方、あることの始まりをしくじったときは「첫 단추를 잘못 끼우다 (最初のボタンをかけ違える)」を使う。

07
仕事・生活

첫발을 떼다

★★★ 慣

最初の一歩を離す

あることや事業を始めるということ。

例 가: 자동차 공장을 해외에 설립하는 것은 어떤 의미가 있습니까?
　　A: 自動車工場を海外に設立することにはどのような意味がありますか？

　　나: 저희 회사가 해외 진출을 위해 첫발을 뗀다는 의미가 있습니다. 앞으로 자리가 잡히면 더 많은 국가에 진출할 계획입니다.
　　B: 弊社が海外進出のために第一歩を踏み出すという意味があります。今後定着すれば、より多くの国に進出する計画です。

🔍 似たような表現として「걸음마를 떼다 (あんよ〔赤ちゃんの第一歩〕を踏み出す)」、「첫걸음마를 떼다 (最初のあんよを踏み出す)」を使うこともある。

★★★慣
간에 기별도 안 가다
肝に便りも行かない

食べ物の量が少なくて食べなかったも同然だということ。

例 가: 연우야, 네가 좋아하는 붕어빵 사 왔어.

A: ヨヌ、君が好きなたい焼きを買ってきたよ。

나: 아빠, 이게 다예요? 이 정도로는 간에 기별도 안 가겠어요.

B: お父さん、これで全部ですか？ この程度では物足りませんよ。

🔍 普通、食べ物の量が少ないものを見たり、少ししか食べず自分の量に満たないときに使う。食べ物は食道を通じて胃に入り、胃で消化された後、栄養分は肝臓に行って蓄積される。ところが、昔の人々は食べ物を少ししか食べないと、栄養分が肝臓まで伝わらないと考えていたことから出てきた表現だ。

★☆☆慣
군침을 삼키다
生唾を飲み込む

類 군침을 흘리다
よだれを流す

ある食べ物を目にして、食欲をそそられるということ。

例 가: 제시카 씨, 왜 피자를 안 먹고 보고만 있어요?

A: ジェシカさん、どうしてピザを食べずに見てばかりいるんですか？

나: 요즘 건강 때문에 밀가루 음식을 안 먹고 있어서요. 그런데 좋아하는 피자를 보고 있으려니까 자꾸 군침을 삼키게 되네요.

B: 最近健康のために小麦粉の食べ物を食べていません。でも、好きなピザを見ているばかりなので、生唾を飲み込んでこらえています。

🔍 「나는 1등에 당첨되고 싶어 군침을 삼키며 복권을 긁었다. (私は1等に当選したくて生唾を飲み込んで宝くじをひいた) 」のように、誰かが利益や財物を見て欲を出すときにも使う。

★★★慣
군침이 돌다
よだれが回る

食欲をそそられるということ。

例 가: 빨리 회식 시간이 됐으면 좋겠어요. 회식 때 갈비 먹을 생각을 하니까 벌써부터 군침이 돌아요.

A: 早く会食の時間になればいいなと思います。会食のときにカルビを食べることを考えると、よだれが出そうです。

나: 마크 씨는 회식 때마다 먹는데도 갈비가 지겹지 않아요?

B: マークさんは会食のたびにカルビを食べるのに飽きませんか？

🔍 ある食べ物を食べる想像をしただけでも口の中に唾が溜まり、それを食べたいと思ったときに使う。

★★★ 2
금강산 구경도
식후경

金剛山見物も食後の景
色

どんなに面白いことでもお腹が空いていたら興味がわか
ないということ。

例 가: 좋은 아이디어가 나왔으니 이제 이걸 바탕으로 보고서를 작성
해 봅시다.
A: 良いアイデアが出たので、これを基に報告書を作成して
みましょう。

나: 팀장님, 금강산 구경도 식후경이라는 말이 있잖아요. 점심부
터 먹고 하는 게 어때요?
B: チーム長、花より団子という言葉があるじゃないですか。
お昼を食べてからするのはどうですか？

美しい金剛山の風景もお腹が空いた状態で見ると興味がわかない。普
通「금강산도 식후경 (金剛山も食後の景色)」の形でよく使われ、ある
ことをする前にまずご飯を食べようと言うときに使う。

★★☆ 2
둘이 먹다가 하나가
죽어도 모르겠다

二人で食べていて一人
が死んでもわからない

食べ物の味がとても良いということ。

例 가: 이 집, 갈비탕 진짜 잘하지 않아? 국물도 깔끔하고 고기도 많
고.
A: このお店、カルビタンが本当においしいね？ つゆも
さっぱりしてて、お肉も多いし。

나: 그러게. 둘이 먹다가 하나가 죽어도 모르겠다.
B: そうだね。ほっぺたが落ちそうだよ。

★★☆ 慣
둥지를 틀다

巣を作る

類 둥지를 치다
巣をかける

誰かが住む場所を設けて定着したということ。

例 가: 부산 사람도 아닌데 어떻게 부산에 둥지를 틀게 되었어요?
A: 釜山の人でもないのにどうやって釜山に住むことになっ
たんですか？

나: 3년 전에 부산에 있는 회사에 취직하게 되면서 아예 가족과
함께 이사를 왔어요.
B: ３年前、釜山にある会社に就職することになり、家族と
一緒に引っ越してきました。

「둥지」は本来、草や木の枝などを編んで作った鳥の巣という意味だが、
ここでは人が住む家や生活空間という意味で使われている。

★★★ 관

마파람에 게 눈
감추듯
南風にカニが目を隠
すよう

食べ物をとても早く食べるということ。

例 가: 얘야, 무슨 밥을 마파람에 게 눈 감추듯 먹니? 체하지 않게
천천히 좀 먹어.

A: この子ったら、なんて早さでご飯を食べるんだい？ 胃
もたれしないようにもう少しゆっくり食べて。

나: 하루 종일 굶었더니 너무 배가 고파서 그래요. 할머니.

B: 一日中食事を抜いていて、とてもお腹が空いているから
ですよ、おばあちゃん。

🔎 「마파람」は南から吹いてくる風だが、カニはこの南風が吹けばすぐ雨
が降ることを知っている。それで危険を感知して両目を素早く体内に
隠してしまうが、ここから出た表現だ。普通、誰かが食べ物を早く食
べてしまう姿を見て話すときに使う。短く「게 눈 감추다 (カニが目を
隠す)」という形でも使う。

★☆☆ 관

목을 축이다
喉を潤す

喉が渇いて水などを飲むということ。

例 가: 날도 더운데 에어컨을 고치느라 힘드시죠? 이거 드시면서
목을 좀 축이고 하세요.

A: 暑いのにエアコンを修理するのが大変でしょう？ これ
を飲みながら喉を潤してください。

나: 네, 감사합니다.

B: はい、ありがとうございます。

★☆☆ 관

목이 타다
喉が焼ける

ひどく喉の渇きを感じるということ。

例 가: 지하철역에서 집까지 뛰어왔더니 목이 너무 타. 언니, 물 좀
줘.

A: 地下鉄の駅から家まで走ってきたら喉がすごい渇いた。
お姉ちゃん、お水ちょうだい。

나: 물 여기 있어. 천천히 마셔.

B: お水はここにあるよ。ゆっくり飲んで。

🔎 「동생은 간식을 사러 나간 형을 목이 타게 기다리고 있어요. (弟はおやつ
を買いに出かけた兄を喉が渇くほど待っています)」のようにあるこ
とを切望するときにも使う。

★☆☆ㄹ

밥 먹을 때는 개도 안 때린다

ご飯を食べるときは
犬も殴らない

誰かがいくら悪いことをしたとしても、ご飯を食べるときは叱ったり怒鳴りつけたりしてはならないということ。

例 가: 성적이 왜 이렇게 떨어졌어? 이런 성적을 받아 놓고 너는 지금 밥이 넘어가니?

　A: 成績がなんでこんなに落ちたんだ？　こんな成績を取っておいて、おまえは今ご飯が進むのか？

　나: 아빠, 밥 먹을 때는 개도 안 때린다는데 제가 밥을 다 먹고 난 후에 혼내시면 안 돼요?

　B: お父さん、ご飯を食べるときは犬も殴らないって言いますから、私がご飯を食べ終わった後に叱るのではダメですか？

🔎 動物の犬もご飯を食べるときは刺激しないようにするが、まして人がご飯を食べるのに刺激してはならないと言うときに使う。「밥 먹을 때는 개도 안 건드린다 (ご飯を食べるときは犬も触らない)」という形も多く使う。

★☆☆慣

밥알을 세다

飯粒を数える

ご飯を食べるような食べないような、のろのろとした動作で嫌々ながら食べること。

例 가: 너 지금 밥알을 세니? 먹기 싫으면 먹지 마.

　A: あなた嫌々食べてるの？　食べるのが嫌なら食べないで。

　나: 죄송해요, 엄마. 잠을 못 자서 그런지 밥이 잘 안 들어가요.

　B: ごめんなさい、お母さん。眠たくてご飯が進まないんです。

🔎 誰かがご飯を食べたくないので、箸でご飯粒を一つ一つ数えるようにちびちびとゆっくり食べるときに使う。

★☆☆慣

방을 빼다

部屋を抜く

借りて住んでいた場所から出るということ。

例 가: 아주머니, 갑자기 지방으로 발령을 받아서 급하게 방을 빼야 하는데 어떡하죠?

　A: おばさん、突然地方に行く辞令を受けて急いで部屋を出なければならないのですが、どうしましょう？

　나: 일 때문이니 어쩔 수 없죠.

　B: 仕事のためだから仕方ないですね。

🔎 普通、ある人がチョンセ (伝貰) や家賃で借りて住んでいたところを整理して引っ越しするときは「방을 뺄게요. (部屋を出ます)」と言い、家主が自分の家を借りて住んでいる人を追い出すときは「방을 빼 주세요. (部屋を出てください)」と話す。

방을 잡다
部屋を取る

宿泊する場所を決めること。

例 가: 마크 씨, 휴가 갈 준비는 다 했어요?
　　A: マークさん、休暇に行く準備はできましたか？

　　나: 아니요, 제일 중요한 숙소를 못 정했어요. 휴가철이라 그런지
　　　　방을 잡기가 힘드네요.
　　B: いいえ、一番重要な宿を決められていません。休暇シー
　　　　ズンだからか部屋を取るのが大変ですね。

🔍 旅行や出張などに行って寝る場所を用意するときに使う。

배가 등에 붙다
腹が背にくっつく

ひどくお腹が空いたということ。

例 가: 지원 씨, 먹을 것 좀 없어요? 하루 종일 아무것도 못 먹었더
　　　　니 배가 등에 붙을 지경이에요.
　　A: ジウォンさん、食べられる物はありませんか？　一日中
　　　　何も食べられなかったので、お腹が背中にくっつきそう
　　　　です。

　　나: 아무리 바빠도 밥은 먹으면서 일하지 그랬어요? 이 과자라
　　　　도 좀 드세요.
　　B: いくら忙しくてもご飯は食べながら働かないとですよ？
　　　　このお菓子でも召し上がってください。

🔍 似たような意味で「뱃가죽이 등에 붙다 (腹の皮が背にくっつく)」も使
うが、これは俗っぽい表現だ。

뿌리를 내리다
根を下ろす

一定の場所に落ち着いてその場にとどまること。

例 가: 이곳 사람들을 잘 알고 있으시네요. 이곳에 산 지 오래되셨
　　　　나 봐요.
　　A: ここの人たちをよく知っていますね。ここに住んでから
　　　　かなり経ったようですね。

　　나: 네. 우리 가족은 할아버지 때부터 여기에 뿌리를 내리고 살
　　　　고 있어요.
　　B: はい。私の家族は祖父のときからここに根を下ろして暮
　　　　らしています。

🔍 木や花が地に根を下ろして生きるように、誰かが同じ場所で住み続け
るときに使う。一方、「최근 들어 성숙한 시민 의식이 사회에 뿌리를 내
렸다. (最近になって成熟した市民意識が社会に根を下ろした)」のよう
に、文化や考えなどが人々に受け入れられるようになったときにも
使う。

★★☆ 慣
상다리가 부러지다
お膳の脚が折れる

類 상다리가 휘어지다
お膳の脚が曲がる

お膳に食べ物がたくさん用意されているということ。

例 가: 무슨 음식을 이렇게 많이 하셨어요? 상다리가 부러지겠어
요.
A: 何の料理をこんなにたくさん作ったんですか？　お膳の
脚が折れそうです。

나: 뭘요. 준비한다고는 했는데 맛이 있을지 모르겠어요. 많이
드세요.
B: 何もです。準備するとは言いましたが、おいしいかどうか
かわかりません。たくさん召し上がってください。

🔎 普通、誰かをもてなすためにお膳や食卓に食べ物をたくさん用意して
いるのを見て話すときに使う。

★★★ 慣
손이 가다
手が行く

あるものがおいしくて、ひっきりなしに食べること。

例 가: 언니, 이제 군것질은 안 하겠다고 하더니 자꾸 뭘 먹는 거야?
A: お姉ちゃん、もう買い食いはしないって言ってたのに、
何をそんなに食べてるの？

나: 이번에 새로 나온 과자인데 달달해서 자꾸 손이 가네. 너도
먹어 볼래?
B: 今回新しく出たお菓子なんだけど、甘くてしきりに手が
伸びるね。あなたも食べてみる？

🔎 「쌍둥이를 키우는 것은 손이 많이 가요. (双子を育てるのは手間がかかり
ます)」のように、あることをするのに努力が多く必要だと言うとき
にも使う。

07 仕事・生活

★★☆ 고
시장이 반찬
空腹がおかずだ

お腹が空いたらどんな食べ物でもおいしいということ。

例 가: 하준아, 반찬이 김치밖에 없는데 어떡하지?
A: ハジュン、おかずがキムチしかないんだけどどうしよう？

나: 엄마, 시장이 반찬이라고 하잖아요. 너무 배가 고파서 김치만
있어도 맛있게 먹을 수 있을 것 같아요.
B: お母さん、空腹がおかずだと言うじゃないですか。お腹
が空きすぎてキムチだけあってもおいしく食べられそう
です。

✏️ 「시장」は空腹やひもじさを表す言葉。

★★★ ㄹ

옷이 날개라

服が翼だ

良い服を着ると人が違って見えるということ。

例 가: 어때요? 옷이 저한테 잘 어울려요?

A: どうですか？　この服私によく似合いますか？

나: 옷이 날개라고 하더니 이렇게 입으니까 너무 예뻐요.

B: 馬子にも衣装というけど、こうやって着るととてもきれいです。

🔍 誰かに服のおかげで人がもっとよく見えると言うときに使う。

★★☆ 慣

입이 심심하다

□が退屈だ

何かを食べたいと思うこと。

例 가: 형, 입이 심심한데 과자나 사다 먹을까?

A: 兄さん、口が寂しいからお菓子でも買って食べようか？

나: 이 밤에 무슨 과자야. 집에 과일 있으니까 그거나 먹어.

B: こんな夜中に何がお菓子だ。家に果物があるから、それでも食べな。

🔍 お腹が空いたわけではないが、無性に物足りなさを感じて買い食いするときに使う。

★★★ 慣

입이 짧다

□が短い

食べ物を少ししか食べないということ。

例 가: 아, 배부르다. 너 다 먹어.

A: あー、お腹いっぱい。あなたが全部食べて。

나: 벌써 배 부르다고? 하긴 너는 입이 짧아서……. 그래도 조금만 더 먹어.

B: もうお腹いっぱいだって？　確かに君は小食だから……。それでももう少しだけ食べて。

🔍 「아이가 입이 짧아 입맛을 맞추기가 어려워요. (子どもは好き嫌いが多くて好みに合わせるのが難しいです)」のように、誰かが食べられないか嫌いな食べ物が多いときも使う。

★☆☆ 慣

한잔 걸치다

一杯引っかける

軽くお酒を飲むということ。

例 가: 여보, 오늘은 간만에 술 한잔 걸치고 왔어요.

A: おまえ、今日は久しぶりにお酒を一杯引っかけてきたよ。

나: 술도 못하는 사람이 웬일로 술을 마셨어요? 무슨 일 있어요?

B: お酒も飲めない人が珍しくお酒を飲んだんですか？　何かあったんですか？

🔍 誰かが酔ってはいないが、気分がよくなるほどお酒を飲んだときに使う。

★☆☆ 慣

공중에 뜨다
空中に浮く

計画していたことが取り消されたときに使う。

例 가: 민지야, 이따 오후 2시에 뭐 해? 갑자기 수업이 휴강되면서 시간이 공중에 떠 버렸는데 같이 커피나 마실까?

A: ミンジ、午後2時に何してる？　急に授業が休講になって時間が空いたんだけど、一緒にコーヒーでも飲もうか？

나: 미안. 난 그 시간에 아르바이트가 있어.

B: ごめん。私はその時間にアルバイトがある。

✎ 「공중 (空中)」は空と地の間の空いた場所を意味する。

🔎 あることが突然キャンセルされたため、時間が残ったときに使う。一方、「재고 수량이 장부와 맞지 않아 물건이 공중에 떠 있는 걸 알게 되었다. (在庫の数量が帳簿と合わず、物が宙に浮いていることがわかった)」のように、物の数量が足りないときや消えたときにも使う。

★☆☆ 慣

끝을 보다
終わりを見る

あることを最後まで仕上げるということ。

例 가: 오늘은 그만 퇴근합시다. 너무 늦었어요.

A: 今日はもう退勤しましょう。遅い時間になりました。

나: 부장님, 먼저 가세요. 저는 무슨 일이든지 끝을 봐야 돼서 오늘 쓰던 보고서는 마무리 짓고 가겠습니다.

B: 部長、先に行ってください。私はどんなことがあっても終わらせなければならないので、今日書いた報告書は仕上げて行きます。

🔎 誰かが始めたことを途中で止めずに、意志を持って最後まで続けるときに使う。

★☆☆ 慣

끝이 보이다
終わりが見える

事や時間がほぼ最後の段階に達したということ。

例 가: 드디어 프로젝트의 끝이 보이네요. 조금만 더 힘을 냅시다.

A: いよいよプロジェクトの終わりが見えますね。もう少しだけ頑張りましょう。

나: 네, 이 일만 끝내면 우리도 정시에 퇴근할 수 있겠죠?

B: はい、この仕事さえ終わらせれば私たちも定時に退勤できますよね？

🔎 普通、時間が長くかかることがほとんど終わっていくときに使う。一方、「우리의 관계도 끝이 보이기 시작했다. (私たちの関係も終わりが見えてきた)」のようにある関係が間もなく終わりそうなときにも使う。

★☆☆ 慣

도장을 찍다
印章を押す

あることを契約するということ。

例 가: 이 부장, 이번 수출 계약은 어떻게 되었습니까?
　　A: イ部長、今回の輸出契約はどうなりましたか？

　　나: 김 대리에게 물어보니 어제 계약서에 도장을 찍었다고 합니다.
　　B: キム代理に聞いてみたら、昨日契約書に判を押したそうです。

🔍 「이 물건은 내가 도장 찍어 놓았으니까 아무도 건드리지 마. (この物は私が判を押しておいたから誰も触らないで)」のように、あるものを自分のものにしようとする心を持ったという意味でも使う。

★★☆ 慣

뚜껑을 열다
ふたを開ける

あることの内容や結果を見るということ。

例 가: 나 이번에는 승진 시험에 합격할 수 있겠지?
　　A: 私、今度は昇進試験に合格できるよね？

　　나: 뚜껑을 열어 봐야 알겠지만 그동안 열심히 공부했으니까 꼭 합격할 거야.
　　B: ふたを開けてみないとわからないけど、これまで一生懸命勉強したから必ず合格するよ。

🔍 普通、あることの結果が出るまでは、成功したかどうかなど正確にはわからないと言うときに使う。

★★☆ 慣

마침표를 찍다
終止符を打つ

あることを終えるということ。

例 가: 20여 년의 프로 야구 선수 생활에 마침표를 찍게 되셨는데 소감이 어떠십니까?
　　A: 20年余りのプロ野球選手生活に終止符を打つことになりましたが、所感はいかがですか？

　　나: 아쉽지만 후배들을 위해 물러난다고 생각하니 기쁘기도 합니다.
　　B: 名残惜しいですが、後輩たちのために退くと思うと嬉しくもあります。

🔍 文を終えるときに終止符を打つように、誰かがあることを終えるときに使う。通常、長い時間をかけてやってきた仕事を終えるときに使う。

★★☆ 慣

막을 내리다
幕を下ろす

催しや仕事が終わったということ。

例　가: 제가 즐겨 보던 다큐멘터리 프로그램이 조용히 막을 내렸어요.

　　　A: 私が楽しんで見ていたドキュメンタリー番組が静かに幕を下ろしました。

　　　나: 수아 씨가 저한테 소개해 줬던 그 프로그램이요? 자주는 못 봤지만 유익한 프로그램이었는데 아쉽네요.

　　　B: スアさんが私に紹介してくれたあの番組ですか？　毎回は見られませんでしたが、ためになる番組だったのに残念ですね。

✎ 「막 (幕)」はある場所を覆うときや空間を分けるときに使う大きい布のこと。

🔎 祭りやオリンピックのような大きな行事が終わったときは「대단원의 막을 내리다 (大団円の幕を下ろす)」を使う。一方、公演や行事、仕事が始まるときは「막이 오르다 (幕が上がる)」を使う。

★☆☆ 慣

본전도 못 찾다
元手も取り戻せない

何かをした結果が良くなくて、むしろしない方がよかったということ。

例　가: 지원 씨, 기분이 안 좋아 보이는데 무슨 일 있었어요?

　　　A: ジウォンさん、気分が良くなさそうに見えますが、何かありましたか？

　　　나: 아까 회의 시간에 요즘 일이 너무 많으니까 일 좀 줄여 달라고 했는데 오히려 일을 더 주더라고요. 본전도 못 찾았어요.

　　　B: さっき会議の時間に最近仕事が多すぎるから仕事を少し減らしてほしいと言ったのに、むしろ仕事をもっと与えてくるんです。元も子もないです。

✎ 「본전」は商売や事業をする際に元手として使ったお金のこと。

🔎 「무리하게 사업을 확장하다가 본전도 못 찾게 되었다. (無理に事業を拡張して元手も取れなくなった)」のように、仕事がうまくいかず投資費用を回収できなくなったときにも使う。

★★☆ 慣

손을 놓다
手を置く

やっていたことを途中で止めること。

例　가: 사랑아, 수업 시간인데 집중하지 않고 왜 계속 딴생각만 해?

　　　A: サラン、授業時間なのに集中しないでどうしてずっと他のことばかり考えているの？

　　　나: 중간고사 후부터 영어 공부에서 손을 놓다시피 했더니 이제는 수업을 따라가기도 버겁고 집중도 안 돼.

　　　B: 中間テストの後から英語の勉強を手放すようにしたら、今は授業についていくのもままならなくて集中できない。

🔎 「힘들면 손을 놓고 잠깐이라도 쉬세요.(大変なら手を置いて少しでも休んでください)」のように、していたことをしばらく止めるときにも使う。

07仕事・生活

★★★ 慣

손을 떼다
手を離す

類 일손을 떼다
仕事の手を離す

やっていた仕事を終えて、再び手を着けないということ。

例 가: 프로그램 설계를 마쳤으니 이제 저는 이 일에서 완전히 손을 떼겠습니다.

A: プログラムの設計を終えたので、もう私はこの仕事を完全に手放します。

나: 그럼 프로그램 관리는 누가 맡아서 합니까? 설계한 사람이 계속해야지요.

B: では、プログラムの管理は誰が引き受けるのですか？ 設計した人が続けなければなりませんよ。

🔍 「동업을 하던 친구가 갑자기 손을 떼겠다고 해서 당황했다. (同業していた友人が突然手を離すと言うので慌てた)」のように、誰かがある仕事を途中でやめるときにも使う。

★★☆ 慣

손을 씻다
手を洗う

類 손을 털다
手を払いのける

それまでやってきた悪いことなどをやめるということ。

例 가: 혹시 명철이 소식 알아? 요즘은 어떻게 지낸대?

A: もしかしてミョンチョルの消息知ってる？ 最近はどう過ごしてるって？

나: 얼마 전에 명철이 형이랑 우연히 길에서 만났는데 다행히 이제 도박에서 손을 씻고 착실하게 살고 있대.

B: 少し前にミョンチョルのお兄さんと偶然道で会ったんだけど、幸いもう賭博から足を洗って誠実に暮らしているって。

★★☆ 慣

유종의 미
有終の美

ある物事を最後まで立派にやって結果が良いときに使う。

例 가: 작가님, 마지막으로 하실 말씀이 있으신가요?

A: 先生、最後におっしゃりたいことはありますか？

나: 다음 주면 제 작품 연재가 끝나는데 유종의 미를 거둘 수 있게 끝까지 최선을 다하겠습니다. 그동안 제 작품을 사랑해 주신 독자 여러분께 감사드립니다.

B: 来週には私の作品の連載が終わりますが、有終の美を飾れるように最後まで最善を尽くします。これまで私の作品を愛してくださった読者の皆様に感謝いたします。

🔍 普通「유종의 미를 거두다 (有終の美を収める)」と使い、物事をうまく終えることが重要だと言うときに使う。

★☆☆ 慣

한 건 하다
一件やる

あることをして良い成果を出すということ。

例 가: 저 오늘 처음으로 차를 한 대 팔았어요.
A: 私は今日初めて車を一台売りました。

나: 축하해요. 드디어 한 건 했군요.
B: おめでとうございます。ついにやりましたね。

✎ 「건 (件)」はある事柄あるいは問題を引き起こすような特定の事件を
いう。

🔍 「보아하니 오늘도 한 건 했네. (見たところ今日もやっちゃったね)」の
ように誰かが問題を起こしたときにも使う。

08

경제 활동
経済活動

★★★ 신

같은 값이면
다홍치마

同じ値段なら紅のチマ

類 기왕이면 다홍치마
どうせなら紅のチマ

価値や条件が同じなら、品質がより良く、見た目に良いものを選ぶということ。

例 가: 가격은 비슷한데 둘 중에 어떤 것을 살까?
A: 値段は同じくらいだけど、二つの中でどちらを買おうかな？

나: 같은 값이면 다홍치마라고 디자인이 더 예쁜 것을 사는 게 어때?
B: 同じ値段なら紅のチマって、デザインがもっときれいなものを買ったらどう？

🔎 「다홍치마(紅のチマ)」は昔若い女性たちがきれいに着飾るときに着た、きれいな濃い紅色のチマだ。同じ値段のチマの中から一つを選ぶように言われれば、誰もが色がよりきれいな紅のチマを選ぶだろう。このように似たようなものの中から少しでも良いものを選ぶときに使う。

★★☆ 例

국물도 없다

汁もない

自分に戻ってくる利益が少しもないということ。

例 가: 회사 실적이 좋아져서 상여금을 기대했는데 국물도 없네요.
A: 会社の実績が良くなったのでボーナスを期待しましたが、これっぽっちもないですね。

나: 그러게요. 일할 맛이 안 나요.
B: そうですね。働く気になりません。

✏️ 「국물 (汁)」はもともとスープやチゲなどから具を抜いて残った水という意味だが、ここではあることに対する代価として生じる利益や副収入を俗に指す言葉だ。

🔎 普通、過ちやミスなどで仕事を台無しにした人に今後どんな利益も得られないと言うときに使う。

★★★ 例

날개가 돋치다

羽が生える

商品に人気があり、速いスピードで売れていくときに使う。

例 가: 요즘 이 상품이 인기가 많다면서?
A: 最近この商品が人気なんだって？

나: 응, 인기 드라마에 나온 이후로 날개가 돋친 듯이 팔리고 있대.
B: うん、人気ドラマに出て以来、羽が生えたように売れているんだって。

✏️ 「돋치다 (突き出る)」はあるものが中から生じて外に出てくるという意味だ。

🔎 普通「날개가 돋친 듯이 팔리다 (羽が生えたように売れる)」を使う。

★★☆ 慣

돈을 굴리다
金を回す

他人にお金を貸して利子をもらって利益を増やすということ。

例 가: 저 사람은 직업이 없는데도 항상 돈을 펑펑 쓰네요. 돈이
어디서 생기는 걸까요?

A: あの人は働いてもいないのにいつもお金の使い方が荒い
ですね。どこでお金が生まれるんでしょうか？

나: 부모님께 물려받은 돈을 이리저리 굴려서 돈을 꽤 많이
번다고 하더라고요.

B: 両親から受け継いだお金をあちこち回してお金をかなり
多く儲けているそうです。

🔎 利益を得るためにお金を投資するときにも使う。

★☆☆ 慣

돈을 만지다
金を触る

ある仕事をしてお金を稼ぐということ。

例 가: 오늘 '부자의 공식' 초대 손님으로 김범수 대표님을 모셨습니
다. 대표님께서는 어떻게 많은 돈을 벌게 되셨습니까？

A: 本日「金持ちの公式」招待客としてキム・ボムス代表を
お迎えしました。 代表はどうやってたくさんのお金を稼
ぐようになったのでしょうか？

나: 친구의 권유로 와인 사업을 하게 됐는데 그게 잘 돼서 돈을
좀 만지기 시작했지요.

B: 友人の勧めでワイン事業をすることになったのですが、
それがうまくいってお金を稼ぐようになりました。

✏️ 「만지다 (触る)」はもともと手をつけてあちこち揉んだり握ったりす
るという意味だが、ここではある物やお金などを持つという意味だ。

🔎 非常に多額のお金を稼ぐときは「큰돈을 만지다 (大金を触る)」を使う。

★★☆ 慣

돈을 물 쓰듯 하다
金を水を使うようにす
る

お金を節約せず気ままに使うということ。

例 가: 용돈을 받은 지 얼마 안 됐는데 벌써 다 써 버렸어. 어떡하지？

A: お小遣いをもらったばかりなのに、もう全部使ってしま
った。どうしよう？

나: 맨날 인터넷 쇼핑하면서 돈을 물 쓰듯 하니까 금방 없어지지.

B: 毎日ネットショッピングしながらお金を湯水のように使
うからすぐなくなるんだよ。

🔎 水が豊富なところで水をやたらに使うかのように、お金を浪費すると
いう意味だ。

★★★ 고

되로 주고
말로 받는다

一升ますで与えて一斗
ますで受け取る

類 한 되 주고 한 섬 받는다
一升あげて一俵もらう

10되 = 1말

相手に少し与え、それよりはるかに多くの代価を受け取るということ。

例 가: 여보, 옆집에 이사 떡을 드렸는데 김장을 했다고 하시면서 김치 한 통을 주시더라고요.

A: あなた、お隣の家に引っ越しのお餅を差し上げたんですけど、キムチを漬けたからと言ってキムチ一株をくださいました。

나: 되로 주고 말로 받았네요. 좋은 이웃을 만난 것 같아요.

B: 一升ますで与えて一斗ますでもらいましたね。良いお隣さんに出会えたようです。

✎ 「되 (升)」と「말 (斗)」は穀物、液体、粉などの量を測るのに使う木の器をいう。

♢ 誰かに迷惑や損害を与えて、むしろさらに大きく報復されたり、他人をだまして利益を得ようとしたが、かえって自分が大きな損害を被ることになったときも使う。

★☆☆ 慣

딴 주머니를 차다

別の巾着を下げる

内緒でお金を取り出して別に保管するということ。

例 가: 얼굴이 왜 이렇게 안 좋아. 무슨 일 있어?

A: 顔色がなんでこんなに良くないの。どうかした？

나: 아내 몰래 딴 주머니를 찼는데 어제 걸려서 부부 싸움을 크게 했거든.

B: 妻に内緒でへそくりをしていたら、昨日それがばれて夫婦で大喧嘩したんだ。

♢ 昔の人々が着ていた韓服にはポケットがなく、小さな巾着にお金を入れて腰に下げていた。その巾着以外に他の巾着を下げるという言葉で、誰かがこっそりお金を隠しておくときに使う。

★★★ 고

밑 빠진 독에 물 붓기

底が抜けた甕に水を注ぐ

類 밑 빠진 항아리에 물 붓기
底が抜けた壺に水を注ぐ
터진 항아리에 물 붓기
割れた壺に水を注ぐ

お金を使うところが多くていくら稼いでも常に足りないということ。

例 가: 밑 빠진 독에 물 붓기라고 아이들이 커 가니까 아무리 돈을 벌어도 부족한 느낌이에요.

A: 底抜けの甕に水を注ぐというように、子どもたちが大きくなると、いくらお金を稼いでも足りない感じです。

나: 저희도 마찬가지예요. 맞벌이를 해도 돈이 다 어디로 가는지 모르겠어요.

B: 私たちも同じです。共働きをしてもお金が全部どこに行くのかわかりません。

♢ 底が割れている甕にいくら水を注いでも、漏れてしまって水を溜めることができないが、ここから出てきた表現だ。

★★★ 고

밑져야 본전
損をしても元金

事が失敗しても損ではないということ。

例 가: 요즘 머리가 빠져서 고민인데 검은콩을 먹으면 탈모를 예방
할 수 있다고 하더라고.
A: 最近髪の毛が抜けて悩んでるんだけど、黒豆を食べると
抜け毛を予防できるらしいよ。

나: 나도 그 이야기를 들어 봤어. 검은콩은 건강에도 좋으니까
밑져야 본전이라고 한번 먹어 봐.
B: 私もその話を聞いた。黒豆は健康にもいいから損しても
元金だと思って一度食べてみて。

何の利益もなく損ばかりすることを言うときは「밑지는 장사 (損をす
る商売)」を使う。

★★★ 관

바가지를 씌우다
ひょうたんを被せる

料金や品物の値段を元より高く払わせて他人に損害を与
えるということ。

例 가: 이 가방이 십만 원이라고? 점원이 너한테 바가지를 씌운 것
같아. 저 가게에서는 오만 원이던데.
A: このカバンが10万ウォンだって？　店員があなたにぼっ
たくりをしたようだ。あの店では5万ウォンだったよ。

나: 너무하네. 다시 가서 환불해 달라고 해야겠어.
B: ひどいね。もう一度行って払い戻してほしいと言わなけ
れば。

「바가지」は水をくんだり物を入れたりするのに使う器のことだが、こ
こでは料金または代金が実際の価格よりはるかに高いという意味で使
われている。

料金や値段を通常価格より高くして損をするときは「바가지를 쓰다
(ひょうたんを被る)」を使う。

★★★ 고

배보다 배꼽이
더 크다
腹よりへその方が大きい

類 발보다 발가락이 더 크다
足より足指の方が大き
い

몸보다 배꼽이 더 크다
体よりへその方が大き
い

小さくてはならないものの方が大きく、少なくてはなら
ないものの方が多いときに使う。

例 가: 선물은 이만 원에 샀는데 포장하는 데에 삼만 원이나 들었어요.
A: プレゼントは2万ウォンで買いましたが、包装するのに
3万ウォンもかかりました。

나: 삼만 원이요? 배보다 배꼽이 더 크다고 선물값보다 포장비가
더 비싸네요.
B: 3万ウォンですか？　腹よりへその方が大きいというよ
うに、プレゼント代より包装費の方がもっと高いなんて
本末転倒ですね。

普通、主な物事よりそれに付随する物事の方が多かったり、大きいと
きに使う。

★★★ 慣

손이 크다
手が大きい

あることをするとき、金や物を豊富に大きく使うということ。

例 가: 음식이 너무 많아서 우리 둘이 다 못 먹겠네. 왜 이렇게 많이 만들었어?
　　A: 食べ物が多すぎて私たち二人では食べきれないね。なんでこんなにたくさん作ったの？

　　나: 나는 손이 커서 그런지 항상 음식을 많이 만들게 되더라고.
　　B: 僕は気前がいいからか、いつも食べ物をたくさん作ってしまうんだ。

🔍 手が大きいと手で持てる量が多いので、いつも他の人より何かをたくさん買ったり、たくさん作ったりすることになる。一方、支出が小さいときは「손이 작다 (手が小さい〔けちだ〕)」を使う。

★★★ こ

싼 것이 비지떡
安いのがおから餅

類 값싼 비지떡
安いおから餅

값싼 것이 비지떡이다
安いのがおから餅だ

価格の安い品物は品質もそれだけ劣るものだということ。

例 가: 어제 향수를 싸게 팔길래 하나 샀는데 아무리 뿌려도 냄새가 안 나.
　　A: 昨日香水を安く売っていたので一つ買ったけど、いくら振りかけても香りがしない。

　　나: 싼 것이 비지떡이니까 너무 싼 물건은 사지 말라고 했잖아.
　　B: 安かろう悪かろうだから、安すぎるものは買わないでって言ったじゃない。

🔍 「비지떡 (おから餅)」は豆腐を作って残ったかすに米粉を入れて練って焼いたチヂミ (韓国式お好み焼き) のことだが、取るに足らないものを比喩的に言うこともある。安く買った物に問題が生じたときに使い、普通「싼 게 비지떡 (安いのがおから餅)」を使う。

★☆☆ 慣

재미를 보다
良い目を見る

あることで成果を上げるということ。

例 가: 요즘 장사는 잘되고 있어요?
　　A: 最近商売はうまくいっていますか？

　　나: 네. 휴가철이라 관광객들이 몰려서 재미를 좀 보고 있어요.
　　B: はい。休暇シーズンなので観光客が殺到してちょっと良い目を見ています。

✏ 「재미」はもともと調和がとれていて楽しい気分や感じという意味だが、ここでは良い成果ややりがいの意味で使われている。

★★★ ㄹ

티끌 모아 태산
ちりが集まって泰山

類 모래알도 모으면 산이 된다
砂粒も集めると山になる
먼지도 쌓이면 큰 산이 된다
ほこりも積もれば大きな
山になる

いくら小さいものでも積もりに積もれば、後で大きなものになるということ。

例 가: 어제 TV 프로그램에 10년 동안 동전을 모아 자동차를 구매한 남자 이야기가 나오더라고.
　 A: 昨日のテレビ番組に10年間硬貨を集めて車を購入した男性の話が流れていたよ。

나: 진짜? 티끌 모아 태산이라더니 대단하네.
　 B: 本当？　ちりも積もれば山となるって言うけど、すごいね。

✐ 「티끌」は本来ちりやほこりのことだが、ここでは非常に小さいものか少ないことという意味で使われている。

𝒫 ほこりが集まって大きな山になるには多くの時間が必要なように、少しずつでも長い時間、忍耐する心を持って努力すれば大金を貯められると話すときに使う。

★★☆ 慣

파리를 날리다
ハエを飛ばす

商売がうまくいかなくて客がいないということ。

例 가: 개업 축하해요. 그런데 왜 이렇게 손님이 없어요?
　 A: 開業おめでとうございます。ところで、どうしてこんなにお客さんがいないんですか？

나: 그러게요. 다른 가게에는 손님이 많은데 우리 가게만 파리를 날리고 있어요.
　 B: そうですね。他の店にはお客さんが多いのに、うちの店だけ閑古鳥が鳴いています。

𝒫 ハエは私たちの周りでよく見られる昆虫だが、店に客がいなくて退屈な主人がハエを追い出す姿から生まれた表現だ。強調するときは「파리만 날리다 (ハエだけ飛ばす)」を使う。

★★☆ 慣

한몫 잡다
一儲け握る

類 한몫 보다
一儲け見る

大きな利益を得ること。

例 가: 저 사람은 어떻게 갑자기 부자가 됐대?
　 A: あの人はどうやって急に金持ちになったの？

나: 사람들 이야기를 들어 보니 부동산 투자로 한몫 잡았다고 하더라고.
　 B: 人々の話を聞いてみると、不動産投資で一儲けしたそうだよ。

✐ 「한몫」はあるものを分けたとき、一人に戻る利益という意味。

𝒫 普通、短い期間で大金を稼ぐときに使う。

❷ 형편 ◦◦◦◦ 情勢

★☆☆ 🄴

곶감 뽑아 먹듯

干し柿を取って食べる
ように

せっかく貯めておいた財産や物を少しずつ使ってしまう
こと。

例 가: 어, 통장에 돈이 왜 이것밖에 없지?

A: え、通帳にお金がなんでこれしかないんだろう?

나: 네가 스트레스 푼다고 이것저것 사면서 돈을 곶감 뽑아 먹듯
했으니까 없지.

B: 君がストレス解消のためにあれこれ買いながら、お金を
小出しに使ったからないんだよ。

🔎 真心を込めて作った干し柿を串から一つずつ抜いて食べると、美味し
くてたちまち一列すべて食べてしまう。このように干し柿を一つずつ
抜いて食べる姿を、実利を取ることができず財産を少しずつ使い果た
す姿にたとえた表現だ。

★☆☆ 🄿

깡통을 차다

缶を身につける

🄬 쪽박을 차다
小さなひょうたんを身
につける
바가지를 차다
ひょうたんを身につけ
る

お金がなくて人に物乞いをするような境遇になったとき
に使う。

例 가: 혹시 명철 씨 소식을 들었어요? 사업이 망해서 전 재산을
잃고 깡통을 찼다고 하던데요.

A: もしかしてミョンチョルさんの消息を聞きましたか?
事業が倒れて全財産を失い乞食に成り果てたそうですよ。

나: 네, 들었어요. 늘 열심히 살았는데 안됐어요.

B: はい、聞きました。いつも一生懸命生きてきたのに、お
気の毒です。

🔎 「깡통」は英語の「can (캔)」と韓国語の「缶 (통)」が合わさった言葉
で、物乞いをする人々が空き缶を傍らに身につけていた姿から生まれ
た表現だ。

☆☆☆ㄹ

대추나무에 연 걸리듯

ナツメの木に凧が引っかかるよう

あちこちに借金がたくさんあるときに使う。

例 가: 지훈 엄마, 아직도 생활이 어려워요?
　　A: ジフンのお母さん、まだ生活が難しいですか？

　　나: 네, 아직도 좀 힘들어요. 그래서 여기저기에서 돈을 빌리다 보니까 대추나무에 연 걸리듯 빚만 늘어서 걱정이에요.
　　B: はい、まだちょっと大変です。それであちこちからお金を借りていると、ナツメの木に凧が引っかかるように借金ばかり増えて心配です。

🔍 ナツメの木にはとげが多く、凧が引っかかると取り外すのが難しかった。それで、多くの凧がみっともなく引っかかっている場合が多かったが、借金が多いことをこのような姿にたとえた表現だ。

★★☆慣

돈방석에 앉다

金の座布団に座る

大金を手にして安楽な境遇になったということ。

例 가: 윤아 씨가 아파트를 팔았는데 집값이 살 때보다 세 배 이상 올라서 돈방석에 앉았대요.
　　A: ユナさんがアパートを売ったんですけど、住宅価格が買ったときより3倍以上に上がってお金持ちになったそうです。

　　나: 정말요? 너무 부럽네요. 저한테도 그런 일이 생기면 좋겠어요.
　　B: 本当ですか？　とてもうらやましいです。私にもそんなことが起きたらいいですね。

🔍 短期間で多くのお金を持って裕福になったときに使い、このように突然金持ちになった人を「벼락부자 (成金)」という。

08
経済活動

★☆☆慣

목에 거미줄 치다

喉にクモの巣が張る

類 입에 거미줄 치다
　　口にクモの巣が張る

貧しくて何も食べられないときに使う。

例 가: 새로 연 가게는 잘 돼요?
　　A: 新しく開いたお店はうまくいっていますか？

　　나: 아니요, 손님이 너무 없어서 이러다가는 목에 거미줄 치겠어요.
　　B: いいえ、お客さんがあまりにもいなくて、このままじゃ口が干上がりそうです。

🔍 クモは普通、空いた空間に巣を張るが、人が何も食べられないため、クモが巣を張れるほど喉が空いているということを誇張した表現だ。一方、いくら事情が厳しくてもとにかく人は食べて生きていくものだと言うときは「산 입에 거미줄 치랴 (生きている人の口にクモの巣が張るだろうか)」を使う。

★★☆ 慣

문을 닫다
門を閉める

商売や事業を辞めて廃業するということ。

例　가: 어, 여기에 있던 화장품 가게도 없어졌네요? 지난번에 왔을
　　　　때는 있었는데…….

　　　A: あ、ここにあった化粧品店もなくなりましたね？　この
　　　　前来たときはあったんだけど……。

　　　나: 계속되는 불황 탓에 어쩔 수 없이 문을 닫은 거 아닐까요?

　　　B: 長引く不況のせいでやむを得ず閉店したのではないでし
　　　　ょうか？

🔎 その日の商売や仕事を終えるという意味で使うこともあり、商売を始
　めるという意味では「문을 열다 (門を開く)」を使う。

★★☆ 慣

바닥이 드러나다
底が見える

あることをするのに必要なお金、物などがなくなるとき
に使う。

例　가: 여보, 그동안 모아 둔 돈도 바닥이 드러났는데 앞으로 어떻게
　　　　해야 할까요?

　　　A: あなた、これまで貯めておいたお金も底をついたのです
　　　　が、これからどうすればいいでしょうか？

　　　나: 내일부터 뭐라도 할 테니까 너무 걱정하지 말아요.

　　　B: 明日から何とかするので、あまり心配しないでください。

✐ 「드러나다 (現れる)」は隠されていたものが見えるようになるという
　意味だ。

🔎 昔の人々は主食である米が入っている米びつが空いて底が見えれば、
　すぐに食べる物がなくなると思い不安になった。ここから出てきた表
　現で、持っていたものがなくなるのを見て不安に思うときに使う。似
　たような意味で「바닥이 나다 (底が出る)」を使うこともある。

★★☆ 慣

배가 부르다
腹が膨れる

経済的に豊かで不自由なことがないときに使う。

例　가: 부모님께서 그런 좋은 직장을 거절했다고 "네가 배가 불렀구
　　　　나!" 하시더라고.

　　　A: 両親にそのような良い職場を断ったと言ったら、「おまえ
　　　　は裕福なんだな！」とおっしゃっていたよ。

　　　나: 그래도 집에서 회사가 너무 멀면 힘드니까 나는 잘한
　　　　결정이라고 생각해.

　　　B: それでも家から会社が遠すぎると大変だから、私は賢明
　　　　な判断だったと思うよ。

🔎 自分の予想とは異なり、ある人が良い条件の物事を選択しないのを見
　て疑問に思うときに使う。自分より年上や地位の高い人には使わない
　方がいい。

★★☆ 慣

손가락을 빨다
指をしゃぶる

食べ物がなくて飢えているということ。

例 가: 민수 씨, 회사는 다음 주까지만 나오시면 됩니다.
A: ミンスさん、会社に出勤するのは来週までです。

나: 뭐라고요? 갑자기 이렇게 통보하시면 어떡해요? 지금 경제가 안 좋아서 다른 곳에 취직하기도 어려운데 저보고 손가락을 빨고 살라는 말씀이세요?
B: 何ですって？ 急にこうやって知らされたらどうするんですか？ 今経済が悪くて他のところに就職するのも難しいのに、私にひもじい思いをして暮らせというんですか？

★★★ 慣

손을 벌리다
手を広げる

類 손을 내밀다
手を差し出す

他人にお金をくれと要求するときに使う。

例 가: 이번에는 취직이 되면 좋겠어. 나이도 많은데 계속 부모님께 손을 벌리는 게 너무 죄송해.
A: 今度は就職できたらいいな。年を取っているのに、ずっと両親にお金を無心するのが本当に申し訳ない。

나: 이번에는 합격할 테니까 너무 걱정하지 마.
B: 今度は合格するからあまり心配しないで。

★★☆ 慣

입에 풀칠하다
口に糊を塗る

類 목구멍에 풀칠하다
喉に糊を塗る

貧しくやっとの思いで生きていくということ。

例 가: 마크 씨, 얼굴이 편안해 보이는 걸 보니 형편이 좀 나아졌나 봐요.
A: マークさん、顔が穏やかそうなのを見るに、状況が少し良くなったようです。

나: 형편이 좋아지기는요. 월급이 적어 겨우 입에 풀칠하며 살고 있는걸요.
B: 状況が良くなるだなんて。給料が少なくて糊口をしのぎながら生きていますよ。

🔍 「풀 (糊)」は米や小麦粉に水をたくさん入れて煮込んだ粘り強いもので、ご飯やお粥より栄養価がない。しかし、昔食べるものがないときは食事としてこの糊でも食べなければならなかった。このような理由で「풀칠 (糊口)」は毎日やっとの思いでご飯を食べながら生きていくという意味になった。

★★☆ 慣

주머니 사정이 좋다
懐具合が良い

類 호주머니 사정이 좋다
懐具合が良い

経済的な状況が良いということ。

例 가: 오늘 저녁은 내가 살게. 자동차 할부금을 다 갚아서 **주머니 사정이 좋거든**.

A: 今夜は僕がおごるよ。車のローンを全部返済したから**懐具合がいいんだ**。

나: 나야 좋지. 그럼 고기 먹으러 가자.

B: もちろん私は良いよ。じゃあ、肉を食べに行こう。

🔎 昔の人々はお金を巾着や懐に入れて持ち歩く場合が多く、経済事情を話すときに「주머니 (巾着)」や「호주머니 (懐)」という言葉をよく使った。一方、経済的な状況が悪いときは「주머니 사정이 나쁘다 (懐具合が悪い)」、「주머니 사정이 안 좋다 (懐具合が良くない)」を使う。

★☆☆ 慣

주머니가 가볍다
巾着が軽い

類 호주머니가 가볍다
懐が軽い

所持金が少ないということ。

例 가: 어제 재래시장에 가 보니까 국밥집이 많더라고요.

A: 昨日、伝統市場に行ってみたらクッパ屋さんが多かったんですよ。

나: 옛날부터 **주머니가 가벼운** 서민들에게 꾸준히 사랑을 받아 온 음식이라 그런 것 같아요.

B: 昔からお金が少ない庶民たちに愛され続けてきた食べ物だからだと思います。

🔎 所持金が一つもないときは「주머니가 비다 (巾着が空っぽだ)」を使う。

★★☆ 慣

주머니가 넉넉하다
巾着が十分だ

類 호주머니가 넉넉하다
懐が十分だ

주머니가 든든하다
巾着が丈夫だ

주머니가 두둑하다
巾着が分厚い

お金を十分に持っているということ。

例 가: 월급을 받아도 바로 카드값으로 다 나가 버리니까 **주머니가 넉넉할 때가 없어**.

A: 給料をもらってもすぐにカード代で全部出てしまうから、**懐が暖かいときがない**。

나: 나도 그래. 지출을 좀 줄이고 싶은데 그게 잘 안 되네.

B: 私もそうだよ。出費を少し減らしたいけど、それがうまくいかないね。

허리가 휘다

★★☆ 慣

腰が曲がる

類 허리가 휘어지다
腰が曲がる

手に負えないような困難で苦労するときに使う。

例 가: 윤아 씨, 우리 이번 휴가 때 같이 여행 갈까요?
A: ユナさん、僕たち今度の休暇で一緒に旅行に行きましょうか？

나: 여행이요? 낮에는 일하랴 밤에는 아버지 병간호하랴 허리가 휠 지경이라 여행은 생각도 못해요.
B: 旅行ですか？　昼は働いたり、夜は父の看病をしたりで首が回らないのに、旅行なんて考えられもしません。

🔍 普通、あることで金銭的に大きな困難を経験しているときにも使う。

허리띠를 졸라매다

★★★ 慣

帯をきつく締める

質素倹約な生活をするということ。

例 가: 요즘 물가가 너무 올라서 담뱃값이라도 줄여 보려고 담배를 끊었어요.
A: 最近物価が上がりすぎてタバコ代でも減らそうと、タバコをやめました。

나: 저도 요즘 좋아하던 커피도 안 마시면서 허리띠를 졸라매고 있어요.
B: 私も最近好きなコーヒーも飲まずに節約しています。

🔍 過去に先祖たちは貧しくてご飯を食べられない日が多くお腹が空いていた。このようなときにベルトや腰紐などでお腹を締め付けると空腹感が少なくなるが、ここから生まれた表現だ。

허리를 펴다

★☆☆ 慣

腰を伸ばす

困難な状況が終わって気楽に過ごせるようになったということ。

例 가: 대출금도 다 갚았으니 우리 이제 허리를 펴고 살 수 있겠어요.
A: ローンも全部返済したので、私たちはもうのびのびと生きていけます。

나: 여보, 그동안 너무 고생 많았어요.
B: これまで本当にお疲れ様でした。

🔍 「허리(腰)」は人々の経済的状況を表現するときによく使われる。一方、経済的に非常に大変なときは「허리가 휘청하다（腰がふらつく）」を使う。

★★☆ 慣

호주머니를 털다

懐をはたく

類 주머니를 털다
巾着をはたく

何かをするために自分が持っているお金をすべて出すということ。

例 가: 저 가방이 마음에 들어서 사고 싶은데 비싸겠지?

　　A: あのカバンが気に入って買いたいんだけど、高いよね?

　　나: 응, 비싸서 네 호주머니를 다 털어도 살 수 없을 거야. 포기해.

　　B: うん、高くてあなたの財布を全部はたいても買えないよ。諦めて。

✐ 「털다 (はたく)」は付いているものなどを落とすという意味だが、ここでは自分が持っているものをすべて出すという意味で使われている。

♀ 他の人に自分が持っているお金をすべて奪われたときは「호주머니를 털리다 (懐をはたかれる)」を使う。

09

관계
関係

★★★ㄹ
가지 많은 나무에 바람 잘 날이 없다
枝の多い木に風が静まる日はない

㉽ 가지 많은 나무가 바람 잘 날이 없다
枝の多い木は風が静まる日はない

子だくさんの親は心配や不安が絶えないということ。

例 가: 첫째가 병원에서 퇴원하자마자 둘째랑 막내가 또 입원을 했어.
A: 一番上の子が病院から退院するやいなや、二番目と末っ子がまた入院した。

나: 가지 많은 나무에 바람 잘 날이 없다고 아이들이 계속 아파서 정신이 하나도 없겠다.
B: 枝の多い木に風が静まる日はないというように、子どもたちがずっと具合が悪くて全然落ち着かないでしょう。

✎ 「자다」は風や波などが静まるということ。

🔍 枝が多くて葉が生い茂る木は小さな風にも揺れて静かな日がない、というところから出てきた表現だ。

★☆☆ 慣
거리가 생기다
距離が生じる

ある人との関係がぎこちなくなったり疎遠になったりすること。

例 가: 너, 요즘 승원이 이야기를 통 안 하더라. 둘이 싸웠어?
A: 君、最近スンウォンの話を全然しないね。二人は喧嘩したの？

나: 아니, 싸운 건 아니고……. 승원이가 지방에서 회사를 다니다 보니까 자주 못 만나서 거리가 생긴 것 같아.
B: いや、喧嘩したんじゃなくて……。スンウォンが地方で会社に通っているから、あまり会えなくて距離ができたみたい。

✎ 「거리 (距離)」は本来 2 つの物や場所などが空間的に離れた道という意味だが、ここでは人と人の間で感じられる近くて遠い程度という意味で使われている。

🔍 もともと互いに近くて親しい間柄だったが、ある理由で関係が昔のようではなくなったときに使う。

★☆☆ 慣

거리를 두다
距離を置く

誰かが他の人と心理的に近づかないということ。

例 가: 와인 동호회에서 알게 된 사람인데 친해지고 싶다면서 자꾸 연락을 해서 좀 부담스러워요. 어떻게 하는 게 좋을까요?

A: ワイン同好会で知り合った人なんだけど、親しくなりたいと何度も連絡がきてちょっと負担になります。どうすればいいでしょうか？

나: 아직 어떤 사람인지 잘 모르니까 모임에서만 만나면서 거리를 두는 게 좋을 것 같아요.

B: まだどんな人なのかよくわからないので、集まりだけで会って距離を置いた方がいいと思います。

🔎 어떤 사람에 대해 잘 몰랐거나, あまり合わなかったりして、わざとその人を遠ざけるときに使う。

★☆☆ 慣

고양이와 개
猫と犬

互いに仲が良くない関係を表す。

例 가: 태현이와 하준이가 또 싸우네.

A: テヒョンとハジュンがまた喧嘩してるね。

나: 그러니까. 저 둘은 고양이와 개처럼 서로 만나기만 하면 싸워. 왜 그러는지 모르겠어.

B: そうだね。あの二人は犬猿の仲だから会うたび喧嘩する。なぜなのかわからない。

🔎 猫は争う前に尻尾を振るが、犬は嬉しいときに尻尾を振る。このようにコミュニケーションの方式に差がある猫と犬のように、二人が互いに理解できず喧嘩するときに使う。

★★☆ 慣

골이 깊다
谷が深い

関係修復が不可能なほど互いの仲が悪いということ。

例 가: 태현이와 하준이가 화해하도록 우리가 도와주는 게 어때?

A: テヒョンとハジュンが仲直りできるように私たちが手伝ってあげるのはどう？

나: 글쎄. 둘 사이에 골이 너무 깊어서 우리가 나서도 화해하기는 힘들 것 같아.

B: さあね。二人の間にある溝が深すぎて、僕たちが乗り出しても仲直りするのは難しいと思う。

✏️ 「골 (谷)」はもともと山と山の間に深く掘られたところという意味だが、ここでは人間関係で生じる葛藤や距離という意味で使われている。

🔎 似たような意味で「골이 깊어지다 (溝が深まる)」を使うこともある。

09
関係

★☆☆ 곤

굴러온 돌이
박힌 돌 뺀다
転がってきた石が
打ち込まれた石を抜く

新しく入ってきた人が、昔からいた人を追い出したり脅かしたりすること。

例 가: 새로 들어온 팀장님 때문에 김 대리님이 스트레스를 받아서 부서 이동을 신청했다고 하더라고요.
　　A: 新しく入ってきたチーム長のせいで、キム代理がストレスを受けて部署移動を申請したそうです。

　　나: 그래요? 굴러온 돌이 박힌 돌 빼는 격이네요.
　　B: そうですか？ 転がってきた石が打ち込まれた石を抜くようなものですね。

🔍 「굴러온 돌 (転がってきた石)」は入ってきたばかりの人を、「박힌 돌 (打ち込まれた石)」は元からいた人を比喩的に表現したものだが、新しく来た人のせいで元からいた人が困難な状況に置かれたときに使う。

★★☆ 관

금이 가다
ひびが行く

親しい間柄が悪くなるということ。

例 가: 아무리 우리 우정에 금이 갔다고 해도 어떻게 내가 짝사랑하는 사람과 사귈 수가 있어?
　　A: いくら私たちの友情にひびが入ったとしても、どうやって私が片思いする人と付き合うことができるの？

　　나: 오해하지 마. 이건 우리 사이하고는 상관없는 일이야. 나도 예전부터 그 사람을 좋아한 거 너도 알잖아.
　　B: 誤解しないで。これは私たちの仲とは関係ないことだよ。私も以前からその人が好きだったことをあなたも知っているじゃない。

🔍 壁にひびが入ると隙間ができるように、人の間にも隙間ができてその関係が悪くなったときに使う。

★★★ 관

눈 밖에 나다
目の外に出る

人々からの信頼を失って憎まれるということ。

例 가: 회사 사람들이 제시카 씨를 별로 안 좋아하는 눈치던데 전에 무슨 일이 있었어요?
　　A: 会社の人たちがジェシカさんをあまり好きではないようですが、前に何かありましたか？

　　나: 무슨 일이 있었던 건 아닌데 일을 제대로 안 하니까 사람들의 눈 밖에 나서 그래요.
　　B: 何かがあったわけではないけど、仕事をきちんとしないから人々の信頼を失ったんです。

🔍 誰かが他人の気に入ったときは「눈에 들다 (目に入る)」を使う。

★★☆ 慣

눈총을 맞다
睨みを食らう

類 눈총을 받다
睨みを受ける

他人から憎まれるということ。

例 가: 저 사람들, 카페에 있는 사람들이 다 쳐다보는데도 신경도
　　안 쓰고 시끄럽게 떠들어요. 제가 가서 한마디 해야겠어요.
　A: あの人たち、カフェにいる人たちがみんな見てるのに気
　　にもせずうるさく騒いでます。私が行って一言言ってや
　　らなければなりません。

　나: 참으세요. 저런 사람들은 다른 사람들의 눈총을 맞아도 상관
　　안 하더라고요.
　B: 我慢してください。あんな人たちは他の人たちに睨まれ
　　ても構わないんですよ。

🔎 ある人が気の利かない行動をして他の人が良くない目で見るときに使
　う。一方、誰かが他の人を睨みつけるときは「눈총을 주다 (睨みを与
　える)」を使う。

★★★ 속

도토리 키 재기
どんぐりの背比べ

類 도토리 키 다툼
どんぐりの背競い

似たような人同士が自分の方が勝っていると争うこと。

例 가: 엄마, 형이 자꾸 자기가 저보다 노래를 더 잘한다고 우겨요.
　　내가 형보다 낫죠?
　A: お母さん、兄さんがしきりに自分の方が僕より歌が上手
　　だと言い張るんです。僕の方が兄さんより上手でしょ？

　나: 도토리 키 재기야. 둘 다 비슷해.
　B: どんぐりの背比べだよ。二人とも似たり寄ったりね。

🔎 普通、外見や能力、あるいは実力が変わらない二人が互いに優れてい
　ると争うときに使う。

★☆☆ 慣

뒤통수를 때리다
後頭部を叩く

類 뒤통수를 치다
後頭部を打つ

信頼と義理をないがしろにして裏切るということ。

例 가: 친구가 전세 보증금이 없다고 해서 돈을 빌려줬는데 갑자기
　　연락을 끊고 도망가 버렸어. 믿었던 친구인데 이렇게 뒤통수
　　를 때리다니……
　A: 友人が伝貰の保証金がないと言うからお金を貸してあげ
　　たのに、急に連絡を絶って逃げてしまった。信じていた
　　友達なのにこうやって裏切るなんて……。

　나: 아는 사람이 더 한다더니 돈도 잃고 친구도 잃었네요.
　B: 知っている人だとよりこたえるのに、お金も失って友達
　　も失いましたね。

🔎 「뒤통수 (後頭部)」は頭の後ろの部分のことだが、誰かが後ろから急
　に頭を叩くとは全く予想できなかったことなので、驚いて気分も悪い
　だろう。信じていた人がこのような行動をしてあまりにも現実味がな
　いときに使う。

09
関係

★☆☆ 慣

뒤통수를 맞다
後頭部を叩かれる

他人に裏切られるということ。

例 가: 참 좋은 사람 같던데 왜 마크 씨의 고백을 거절했어요?
　　A: 本当にいい人のようでしたが、どうしてマークさんの告白を断ったんですか？

　　나: 마크 씨가 싫어서가 아니라 옛날 남자 친구에게 뒤통수를 맞은 후로 사람에 대한 믿음이 없어져 누구도 못 만나겠어요.
　　B: マークさんが嫌いだからではなく、昔の彼氏に裏切られた後、人に対する信頼がなくなって誰とも付き合えません。

🔍 全く予想できなかった状況で信じていた人に裏切られて大きな衝撃を受けたときに使う。

★★★ 慣

등을 돌리다
背を向ける

ある人との関係を断ち切って知らないふりをするということ。

例 가: 영화배우 김영희 씨의 팬들이 김영희 씨에게 연예계 은퇴를 요구하고 있대요.
　　A: 映画俳優のキム・ヨンヒさんのファンたちが、キム・ヨンヒさんに芸能界引退を求めているそうです。

　　나: 김영희 씨가 음주 운전에 마약까지 했으니 팬들도 더 이상 참지 못하고 등을 돌린 거지요.
　　B: キム・ヨンヒさんが飲酒運転に麻薬までしたので、ファンもこれ以上我慢できず背を向けたのです。

🔍 あることで誰かに失望してその人をこれ以上相手にしないときに使う。

★★☆ 慣

물과 기름
水と油

互いに調和しない仲を表すときに使う。

例 가: 저 두 사람은 10년이 넘게 같이 일했는데도 물과 기름처럼 서로 잘 안 맞는 것 같아요. 의견이 맞을 때가 거의 없었죠?
　　A: あの二人は10年以上一緒に働いたのに、水と油のようにお互いに合わないようです。意見が合うときがほとんどなかったですよね？

　　나: 네, 한 사람이 좀 양보하면 될 텐데 둘 다 대단해요.
　　B: はい、一人が少し譲歩すればいいのに、二人とも大したものです。

🔍 いくら混ぜようとしても混ざらない水と油のように、絶対に親しくなれない憎み合う関係を語るときに使う。一方、お互いに性格が合わずよく喧嘩する仲を話すときは「물과 불 (水と火)」を使う。

★☆☆ 慣

미운털이 박히다
憎い毛が刺さる

他人から憎らしく思われて苦しめられるということ。

例 가: 너 하준 선배한테 무슨 실수했어? 아까부터 계속 선배가 너를 일부러 괴롭히는 느낌이 들어서 말이야.

A: あなた、ハジュン先輩に何かやらかしたの？　さっきからずっと先輩があなたをわざといじめてる感じがして。

나: 지난번 동아리 모임 때 말실수를 조금 했는데 아무래도 그것 때문에 미운털이 박힌 것 같아.

B: この前のサークルの集まりのときに失言を少ししたけど、どうやらそのせいで憎まれているらしい。

★★★ 거

믿는 도끼에
발등 찍힌다
信じる斧に足の甲を切られる

信じていた人に裏切られて被害を受けたときに使う。

例 가: 저 뉴스 좀 보세요. 카페에 든 도둑을 잡고 보니 그 카페에서 오래 일한 종업원이었대요.

A: あのニュースを見てください。カフェに入った泥棒を捕まえてみたら、そのカフェで長く働いていた従業員だったそうです。

나: 믿는 도끼에 발등 찍힌다더니 어떻게 저럴 수가 있지요?

B: 信じる斧に足の甲を切られるというけど、どうしてあんなことができるのでしょう？

🔍 いくら手慣れている斧でも、誤って取り落とすと、その斧に足の甲を切られて怪我をする恐れがある。このようにある人についてよく知って信じていても、その人とどんなことが起こるかわからないからいつも気をつけるよう言うときに使う。短く「발등을 찍히다 (足の甲を切られる)」を使うこともある。

★☆☆ 慣

벽을 쌓다
壁を築く

ある人との関係を断つということ。

例 가: 너 아버지랑 언제까지 벽을 쌓고 지낼 생각이야? 가족들이 모두 두 사람 눈치만 보고 있잖아.

A: あなた、お父さんといつまで壁を築いて過ごすつもり？家族みんな二人の顔色ばかりうかがっているじゃない。

나: 미안해, 언니. 나와 아버지의 갈등 때문에 가족들까지 힘들 줄 몰랐어.

B: ごめんね、お姉ちゃん。私とお父さんの葛藤のせいで家族まで大変だとは思わなかった。

🔍 普通、親しい人と何らかの理由でお互いに話をしなかったり行き来をしなかったりするときに使う。一方、「윤아는 공부와 벽을 쌓고 지낸다. (ユナは勉強と壁を築いて過ごしている)」のように何かに全く関心を持たないときにも使う。

★★☆ 慣

불꽃이 튀다
火花が散る

二人以上の人が勝ち負けを激しく競う様子を表す。

例 가: 오늘 농구 경기 진짜 재미있어요. 직접 보러 오기를 잘했어요.
　　A: 今日のバスケットボールの試合は本当に面白いです。直接見に来てよかったです。

　　나: 맞아요. 결승전이라 그런지 불꽃이 튀네요. 두 팀 다 대단해요.
　　B: そうです。決勝戦だからか火花が散りますね。両チームともすごいです。

🔍 普通、討論やスポーツの試合などで競争が熾烈なときに使う。一方、「민수는 화가 나서 눈에서 불꽃이 튀었다. (ミンスは怒って目から火花が散った)」のように激しい感情を表すときにも使う。

★★★ 慣

쌍벽을 이루다
双璧をなす

二つの対象が同じ分野の中で優劣をつけられないほど、いずれも優れているということ。

例 가: 저 두 배우는 외모나 연기력 등 모든 면에서 쌍벽을 이루고 있다고 평가받아 왔습니다. 올해 여우 주연상은 누가 받을 것으로 예상하십니까?
　　A: あの二人の俳優は外見や演技力などあらゆる面で双璧をなしていると評価されてきました。今年の主演女優賞は誰が受賞すると予想されますか？

　　나: 글쎄요. 두 배우 모두 막상막하의 연기력을 갖추고 있어 저도 누가 상을 받을지 궁금합니다.
　　B: そうですね。どちらの俳優もともに負けず劣らずの演技力を備えているので、私も誰が賞をもらうのか気になります。

✏️ 「쌍벽 (双璧)」はもともと 2 つの玉器という意味だが、ここでは同じくらい非常に優れた 2 つという意味で使われている。

🔍 二人とも立派で、どちらがもっと立派だと言いにくいときに使う。

★★☆ 慣

어깨를 견주다
肩を比べる

類 어깨를 겨누다
　　肩を比べ合わせてみる
　　어깨를 겨루다
　　肩を競う

二人以上の人あるいは対象の地位や力が互いに同等だということ。

例 가: 박제현 선수가 전국 수영 대회에서 또 우승을 했다고 하더라고요.
　　A: パク・ジェヒョン選手が全国水泳大会でまた優勝したそうです。

　　나: 이제 국내에서는 박제현 선수와 어깨를 견줄 사람이 없는 것 같아요. 내년에 있을 국제 수영 대회가 기대됩니다.
　　B: もう国内ではパク・ジェヒョン選手と肩を並べる人がいないようです。来年の国際水泳大会が楽しみです。

🔍 普通、ある分野で実力や水準などが似ている人たちを互いに比較して話すときに使う。

★☆☆ 慣

어깨를 나란히 하다
肩を並べる

互いに同等な地位や力を持つということ。

例 가: 성공한 스타트업 기업으로 대표님의 회사를 꼽는 사람들이
많은데요. 이후 목표가 있다면 말씀해 주세요.
A: 成功したスタートアップ企業として代表の会社を挙げる人
が多いです。今後の目標があればおっしゃってください。

나: 이제 어느 정도 성공했으니 앞으로 저희 회사가 대기업과
어깨를 나란히 할 정도로 경쟁력을 갖추도록 하는 게
제 목표입니다.
B: もうある程度は成功したので、今後は弊社が大企業と肩を
並べるほど競争力を備えるようにするのが私の目標です。

🔎 「이번에 민수 씨와 어깨를 나란히 해서 프로젝트를 진행하기로 했어요. (今
回ミンスさんと肩を並べてプロジェクトを進めることにしました)」の
ように同じ目的をもって一緒に仕事をするときにも使う。

★☆☆ 諺

원수는 외나무다리
에서 만난다
仇敵は一本橋で出会う

嫌いで会いたくない対象に偶然にも避けることのできな
い場所でばったり会うこと。

例 가: 어제 수영장에서 심하게 다투고 헤어진 옛날 남자 친구를
만났어.
A: 昨日プールで激しく言い争って別れた昔の彼氏に会った。

나: 원수는 외나무다리에서 만난다더니 정말 놀랐겠다.
B: 仇敵は一本橋で出会うというけど、本当に驚いたでしょ
う。

🔎 「외나무다리 (一本橋)」は一つの丸太で架けた橋のことだが、一人がやっ
と渡れるほど非常に狭い。したがって、この橋の上では会いたくない人
に会っても避けられない。普通、喧嘩したり仲が悪かったりして会いた
くない人に会ってしまったときに使う。

★★☆ 慣

으름장을 놓다
脅し文句を言う

相手が怖がるように言葉や行動で威嚇するということ。

例 가: 나 오늘은 모임에 못 나가겠어. 아내가 한 번만 더 술 마시러
나가면 집에 들어올 생각도 하지 말라고 으름장을 놓더라고.
A: 僕、今日は集まりに出られない。妻がもう一度でも飲み
に行ったら家に帰れると思わないでと脅してきたんだ。

나: 그래? 아쉽지만 어쩔 수 없지. 다음에 보자.
B: そう? 残念だけど仕方ない。今度会おう。

🔎 人々が「어름장을 놓다」と使う場合があるが、これは誤った表現だ。

★★☆ 慣

자취를 감추다
跡を隠す

誰かが人知れず隠れたり消えたりするということ。

例 가: 회삿돈을 100억이나 빼돌린 사람이 자취를 감췄다는 뉴스를 봤어요?

A: 会社のお金を100億も横領した人が姿を消したというニュースを見ましたか？

나: 네, 저도 봤어요. 참 겁도 없어요.

B: はい、私も見ました。本当に怖いもの知らずです。

🔎 「공중전화가 핸드폰에 밀려 자취를 감추었다. (公衆電話が携帯電話に押されて姿を消した) 」のようにある事物や現象が消えたり変わったりするときにも使う。

★☆☆ 慣

잠수를 타다
潜水をする

長い間行方をくらまして連絡を絶つということ。

例 가: 민지가 남자 친구하고 헤어진 후에 잠수를 타 버려서 연락이 안 돼. 빌려준 책도 받아야 하는데 큰일이네.

A: ミンジが彼氏と別れた後、行方をくらましてしまって連絡が取れない。貸してあげた本も返してもらわなきゃならないのに参ったよ。

나: 정말? 나도 빌려준 옷을 받아야 하는데…….

B: 本当？　私も貸した服を返してもらわなきゃなのに……。

🔎 普通、誰かが何らかの理由でわざわざ連絡を取らないでいるときに使う。

★☆☆ ②

개밥에 도토리

犬の餌にどんぐり

ある人が集団と交わることができず仲間はずれにされるということ。

例 가: 아빠, 오늘 신문 기사에서 어떤 나라가 개밥에 도토리 신세가 될 거라고 하던데 그게 무슨 뜻이에요?

A: お父さん、今日の新聞記事にある国が孤立することになるだろうと書いてあったけど、それはどういう意味ですか?

나: 아, 국제 관계에서 다른 국가들에게 외면을 당할 거라는 뜻이야.

B: ああ、国際関係で他の国にそっぽを向かれるという意味だよ。

★★☆ ②

고양이 쥐 생각

猫がネズミを思う

類 고양이 쥐 사정 보듯
猫がネズミの事情を見るよう

黒い本心とは裏腹に、表向きだけはやさしく振る舞うこと。

例 가: 이번에 '형제 피자'에서 고객들을 위해 천 원 할인 이벤트를 한다고 하더라고요.

A: 今回「兄弟ピザ」でお客様のために千ウォン割引イベントを行うそうです。

나: 저도 들었어요. 고양이 쥐 생각 한다더니 지난달에 한꺼번에 오천 원이나 올려놓고 고작 천 원 할인 이벤트라니요.

B: 私も聞きました。猫がネズミを思うと言いますが、先月いっぺんに5千ウォンも上げておいて、わずか千ウォン割引イベントだなんて。

☆☆☆ ②

공은 공이고
사는 사다

公は公で、私は私だ

公的なことと私的なことは厳格に区分しなければならないということ。

例 가: 친구니까 좀 봐 줘. 나 이번에도 계약 못 따면 정말 큰일 나.

A: 友達だからちょっとは大目に見てよ。私、今回も契約を取れないと本当に大変なことになるの。

나: 공은 공이고 사는 사야. 일단 우리 회사와 조건이 맞지 않으면 계약할 수 없는 거 너도 잘 알잖아.

B: 公私のけじめはつけないと。うちの会社と条件が合わなければ契約できないことを君もよく知っているじゃないか。

🔍 普通、国や社会、会社など公的なことを個人的な親交関係で解決しようとしてはいけないと言うときに使う。

★★☆ **ㄲ**

꾸어다 놓은 보릿자루

借りてきた麦袋

類 꾸어다 놓은 빗자루
借りてきたほうき

大勢が集まって話す場所で、一人で何も言わずにじっと座っている人を指す。

例 가: 모임에 다녀왔다면서? 재미있었어?
　A: 集まりに行ってきたんだって？　面白かった？

　나: 아니, 무슨 말을 해야 할지 몰라서 꾸어다 놓은 보릿자루처럼 가만히 앉아 있다가 왔어.
　B: いや、何を話せばいいのかわからなくて、借りてきた猫のようにじっと座っていたよ。

昔、ある人たちが暗闇の中で秘密の会議をしているのに一言も話さずに座っている人がいた。ひょっとして回し者ではないかと思って詳しく見てみると、幸い隣の家から借りてきた麦の袋だった。ここから出てきた表現で、他の人とうまく付き合えない人が気になるときに使う。短く「꿔다 놓은 보릿자루（借りてきた麦袋）」を使うこともある。

★★☆ **관**

낙동강 오리알

洛東江のアヒルの卵

群れから孤立したり、一人疎外されて哀れな身の上を表す。

例 가: 승원 씨가 경쟁사의 스카우트 제의를 받고 회사를 그만뒀는데 갑자기 그 제의가 취소됐대요.
　A: スンウォンさんがライバル会社のスカウト提案を受けて会社を辞めたんですが、突然その提案が取り消されたそうです。

　나: 정말요? 갑자기 낙동강 오리알 신세가 됐군요.
　B: 本当ですか？　急に洛東江のアヒルの卵の身の上になりましたね。

昔、渡り鳥の到来地である洛東江には、さまざまな種類の渡り鳥が飛んできて卵を産んだが、その中には渡り鳥でないアヒルの卵も混ざっていた。季節が変わって渡り鳥たちがいなくなった洛東江周辺にはいつも多くのアヒルの卵が置かれていたが、その姿が寂しく悲しく見えたところから生まれた表現だ。

★★★ 🈁
닭 소 보듯,
소 닭 보듯
鶏が牛を見るように、
牛が鶏を見るように

類 소 닭 보듯 닭 소 보듯
牛が鶏を見るように、
鶏が牛を見るように

개 닭 보듯
犬が鶏を見るように

二人が互いに何の関心もなく無頓着に接すること。

例 가: 수아하고 민지가 서로 아는 척도 안 하네. 왜 그래?
A: スアとミンジがお互いに知ってるふりもしないね。どうしたんだろう？

나: 지난번에 크게 싸운 뒤로 서로 닭 소 보듯, 소 닭 보듯 하더라고.
B: この前大喧嘩をしてから、お互いに鶏が牛を見るように、牛が鶏を見るようにしてるんだ。

🔍 牛と鶏は体格と食性が違って争うことがなく、互いに何の被害も与えないので、互いを見ても警戒したり戦ったりしない。このように互いにいるかいないかあまり気にしない間柄を話すときに使う。

★★☆ 🈁
당근과 채찍
人参とむち

賞と罰を通じて人や組織を管理するということ。

例 가: 박사님, 저희 아이가 밥을 잘 먹지 않아서 걱정인데요. 어떻게 해야 할까요?
A: 博士、うちの子がご飯をあまり食べなくて心配なのですが。どうするべきでしょうか？

나: 아이의 올바른 식습관을 위해서는 당근과 채찍을 적절히 써야 합니다. 적절한 보상과 엄격한 식사 지도를 함께 하는 거지요.
B: 子どもの正しい食習慣のためには、あめとむちを適切に使わなければなりません。適切なご褒美と厳格な食事指導を一緒にしていきましょう。

🔍 馬をよく走らせるために馬に賞として人参を食べさせ、罰としてむち打つことから出てきた表現だ。

☆☆☆ 🈁
똥이 무서워 피하나
더러워 피하지
糞が怖くて避けるのか、
汚いから避けるのだ

類 개똥이 무서워 피하나
더러워서 피하지
犬の糞が怖くて避けるのか、汚いから避けるのだ

気立てが悪い人やくだらない人を相手にせず避けるのは、怖いからではなく、相手にする価値がないからだということ。

例 가: 옆집 사람이 사사건건 시비를 거는데 어떻게 하지?
A: お隣の人が事あるごとに言い争っているんだけど、どうしよう？

나: 똥이 무서워 피하나 더러워서 피하지. 그냥 무시해.
B: 糞が怖くて避けるのか、汚いから避けるのだ。ただ無視して。

★★★ 속

미운 아이 떡 하나
더 준다

憎い子に餅をもう一つ
あげる

(類) 미운 놈 떡 하나 더 준다
憎い奴に餅をもう一つ
あげる

憎い人であるほどもっと優しく接して、悪い感情を溜めて
はならないということ。

例 가: 백 과장님, 이 주임님은 성격이 불같아서 잘 지내기 어렵다고
하던데 어떻게 그렇게 친해지셨어요?

A: ペク課長、イ主任は感情的な性格で仲良くしづらいと言っ
ていましたが、どうやってそんなに親しくなられたんです
か？

나: 처음에는 미운 아이 떡 하나 더 준다는 마음으로 잘해 줬는데
알고 보니 괜찮은 사람이더라고요.

B: 最初は憎い子に餅をもう一つあげるという気持ちでよくし
てあげてたんですが、知ってみるといい人だったんです。

★☆☆ 慣

올가미를 씌우다

罠をかける

計略をめぐらせて他人を陥れるということ。

例 가: 어제 뉴스를 보니까 경찰이 죄도 없는 사람에게 올가미를
씌워서 감옥에 보냈다고 하더라고요.

A: 昨日のニュースを見ると、警察が罪もない人に罠をかけ
て監獄に送ったそうです。

나: 저도 봤어요. 그 사람의 인생은 누가 보상해 줄 건지…….

B: 私も見ました。その人の人生は誰が補償してくれるのか
……。

普通、他の人に濡れ衣を着せたり、悪いことに関係させたりするとき
に使う。一方、自分が他人の計略に引っかかったときは「올가미를 쓰
다（罠にかかる）」を使う。

★★☆ 속

우는 아이 젖 준다

泣く子に乳をあげる

(類) 울지 않는 아이 젖 주랴
泣かない子に乳をあげ
ようか

何でも自ら要求してこそ、望むものを得られるというこ
と。

例 가: 이번 학회 발표는 꼭 내가 하고 싶은데 무슨 방법이 없을까?

A: 今回の学会で何としても私が発表したいんだけど、何か
方法がないかな？

나: 우는 아이 젖 준다고 네가 먼저 팀원들에게 하고 싶다고 말해
보는 게 어때?

B: 泣く子に乳をあげるというから、君が先にチームメンバ
ーたちにやりたいと言ってみたらどう？

赤ちゃんは言葉を話せないので、お腹が空いたと泣いてこそ母親が気
づいて母乳を与える。このように自分の望むことがあるときは、他の
人に話したり表現したりしなければ得られない。普通、誰かに望むこ
とがあるときは積極的に表現してみるよう言うときに使う。

★★★ 러

웃는 낯에
침 못 뱉는다

笑う顔に唾は吐けない

優しく接する人に悪く接することはできないということ。

類 웃는 낯에 침 뱉으랴
　　笑う顔に唾を吐けよう
　　か

例 가: 지원 씨, 어제 회식 끝나고 집에 늦게 들어갔는데 괜찮았어?
　　A: ジウォンさん、昨日会食が終わって家に遅く帰ったけど
　　　　大丈夫だった？

　　나: 응, 내가 방긋 웃으면서 들어가니까 웃는 낯에 침 못 뱉는다
　　　　고 남편도 그냥 웃고 말더라고.
　　B: うん、私がにっこり笑いながら帰ったら、笑う顔に矢立
　　　　たずって夫もただ笑ってしまったの。

🔍 誰かがミスや過ちを犯したとしても、笑って過ちを認めた方が良いと言う
　　ときに使う。

★★☆ 러

찬물도 위아래가
있다

冷水にも上下がある

何事にも順序があるので、その順序を守らなければなら
ないということ。

例 가: 엄마, 지금은 제가 컴퓨터를 사용할 시간인데 오빠가 갑자기
　　　　찬물도 위아래가 있다면서 못 하게 해요.
　　A: お母さん、今は私がパソコンを使う時間なのに、お兄
　　　　ちゃんが何事も目上の人が優先だって使わせてくれない
　　　　んです。

　　나: 시간을 정해서 하기로 약속한 건데 그러면 안 되지. 엄마가
　　　　이야기해 줄게.
　　B: 時間を決めて使うと約束したのに、それはダメだよ。お
　　　　母さんが話してあげる。

🔍 冷水を飲むにしても目上の人から順番に飲まなければならないという
　　意味で、小さいことにおいても目上の人に対する礼儀を守らなければ
　　ならないと言うときに使う。一方、目上の人に対する礼儀がなかった
　　り、行儀の悪い人には「위아래가 없다 (上下がない)」を使う。

09
関係

★★☆ 慣

코가 꿰이다

鼻が通される

他人に弱みを握られるということ。

例 가: 민수 씨가 승원 씨한테 무슨 코가 꿰였는지 승원 씨 말이라면
　　　　꼼짝을 못 하더라고요.
　　A: ミンスさんがスンウォンさんに何の弱みを握られたのか、
　　　　スンウォンさんが話すと微動だにできませんでした。

　　나: 그래요? 민수 씨가 무슨 약점을 잡혔을까요?
　　B: そうなんですか？　ミンスさんはどんな弱点を掴まれた
　　　　のでしょうか？

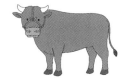

🔍 誰かがある人に対して主張も反抗もできず、その人の言いなりになる
　　ときに使う。

★★☆ 慣

퇴짜를 놓다
退字をつける

物や意見、人などを受け入れず退けるときに使う。

例 가: 윤아야, 어제 맞선 봤다면서? 맞선 상대는 마음에 들었어?
　　A: ユナ、昨日お見合いしたんだって？　お見合い相手は気
　　　に入った？

　　나: 아니, 나랑 성격이 맞지 않아서 퇴짜를 놓았어.
　　B: いや、私と性格が合わなくて断ったの。

🔍 昔は各地方でとれる最高の特産品を国に捧げた。その中で麻や木綿の
　　ような布の場合には、品質が低ければ断るという意味の「퇴 (退)」と
　　いう文字をつけて再び地方に返したが、ここから生じた表現だ。一方、
　　物や意見、人などが拒絶されたときは「퇴짜를 맞다 (退字をもらう)」
　　を使う。

★★★ 관
가재는 게 편
ザリガニはカニの味方

互いに似たような境遇にいる人や親しい人の肩を持つときに使う。

例 가: 가재는 게 편이라고 너는 매번 아빠 편만 드니? 남자끼리 편을 먹겠다는 거지?

A: ザリガニはカニの味方だからって、あなたは毎回お父さんの味方になるの？ 男同士で味方になるということよね？

나: 엄마, 그게 아니에요. 아빠 말이 맞는 거 같아서 그런 거예요.

B: 母さん、そうじゃないですよ。父さんの言う通りだと思ったからです。

★★☆ 관
금을 긋다
ひびを引く

人との関係で明確な境界線を定めるということ。

例 가: 어제 민지한테 고백한다고 했잖아. 어떻게 됐어?

A: 昨日ミンジに告白するって言ってたじゃん。どうなった？

나: 말도 마. 민지가 우리는 친구 사이일 뿐이라며 확실하게 금을 그어서 얼마나 당황스러웠는지 몰라.

B: 何も言うな。ミンジが私たちは友達の仲だけだとはっきりと線を引いて、どれだけ戸惑ったことか。

🔎 似たような意味で「선을 긋다 (線を引く)」を使うこともある。

★★☆ 관
누이 좋고 매부 좋다
妹にも良いし義弟にも良い

あることや状況が互いに得になって良いときに使う。

例 가: 연예인들의 기부가 점점 늘고 있는데요. 교수님께서는 이에 대해 어떻게 생각하십니까?

A: 芸能人の寄付がだんだん増えているんですが、教授はこれについてどうお考えになりますか？

나: 누이 좋고 매부 좋은 일이지요. 연예인들은 좋은 이미지를 만들 수 있고 어려운 사람들은 도움을 받을 수 있으니까요.

B: 双方にとって得ですね。芸能人は良いイメージを作ることができ、困っている人は助けてもらうことができるからです。

🔎 一つのことが関係のある人全員にとって利益になるときに使う。

★★☆ 慣

다리를 놓다
橋を架ける

あることが行われるように他人を紹介するということ。

例 가: 계약서를 번역해 줄 사람이 필요한데 주변에 영어 잘하는
　　　 사람이 있어요?
　　A: 契約書を翻訳してくれる人が必要ですが、周りに英語が
　　　 上手な人はいますか？

　　나: 네, 미국에서 살다온 후배가 한 명 있어요. 제가 **다리를 놓아**
　　　 드릴게요.
　　B: はい、アメリカで暮らしていた後輩が一人います。私が
　　　 紹介してあげます。

✐ 「다리 (橋)」は二人の関係をつなぐ役割をする人や事物という意味。

🔎 「두 사람은 내가 다리를 놓아 줘서 사귀게 됐어. (二人は私が橋を架けて
あげたから付き合うようになったんだ)」のように交際関係を結ぶと
きにも使う。

★★☆ 慣

마음의 문을 열다
心の扉を開く

類 마음의 창문을 열다
心の窓を開ける

心の距離感をなくし、本心をさらけ出すということ。

例 가: 언니하고 어떻게 화해했어? 둘이 말도 안 하고 지냈잖아.
　　A: お姉ちゃんとどうやって仲直りしたの？　二人は話もし
　　　 なかったのに。

　　나: 서로 **마음의 문을 열고** 많은 이야기를 나누다 보니까 그동안
　　　 쌓였던 오해가 풀리더라고.
　　B: お互いに心を開いてたくさん話してみたら、これまで積
　　　 もっていた誤解が解けたよ。

🔎 普通、誰かが他人を理解して近づこうと努力するときに使う。一方、「나
에게 마음의 문을 열어 줘. (私に心の扉を開いてほしい)」のように、他
人に自分を信じたり愛してほしいと言うときにも使う。

★★☆ 慣

마음이 맞다
心が合う

類 마음이 통하다
心が通じる

ある人と互いに考え方が似ていて、相性が良いというこ
と。

例 가: 이번 학기 기숙사 룸메이트는 제발 나하고 **마음이 맞는**
　　　 사람이었으면 좋겠어.
　　A: 今学期の寮のルームメートはどうか私と気が合う人だっ
　　　 たらいいな。

　　나: 그러게. 나도 좋은 룸메이트를 만나면 좋겠다.
　　B: そうだね。僕もいいルームメートに出会えたらいいな。

★☆☆ 慣

말을 붙이다
言葉をかける

他の人に話しかけるということ。

例 가: 아까 카페에서 승원 씨를 봤는데 혼자 심각한 표정으로 앉아 있어서 말을 붙일 수가 없었어요.
A: さっきカフェでスンウォンさんを見たのですが、一人で深刻な表情で座っていて話しかけられませんでした。

나: 그랬군요. 승원 씨가 요즘 고민이 많은 것 같더라고요.
B: そうだったんですね。スンウォンさんは最近、悩みが多いみたいです。

🔎 誰かが他の人と話をしたくて先に話し始めるときに使う。

★★★ 근

바늘 가는 데 실 간다
針の行くところに糸も行く

類 실 가는 데 바늘도 간다
糸の行くところに針も行く

바늘 따라 실 간다
針について糸も行く

親密な二人の関係を表すときに使う。

例 가: 수아하고 민지는 바늘 가는 데 실 가는 것처럼 늘 같이 붙어 다니더라.
A: スアとミンジは影の形に添うように、いつも一緒にくっついているよ。

나: 둘이 초등학교 때부터 단짝 친구였다고 하잖아.
B: 二人は小学校のときから親友だったらしいよ。

🔎 針と糸はどちらか一つでもないと服を縫うことができない。このようにいつも一緒にくっついている親しい間柄を話すときに使う。

★★★ 慣

발이 넓다
足が広い

類 발이 너르다
足が広い

親しい人や知り合いが多くて活動範囲が広いということ。

例 가: 태현이는 정말 발이 넓은 거 같아. 다른 과 학생들도 태현이를 아는 것 같더라고.
A: テヒョンは本当に顔が広いね。他の学科の学生たちもテヒョンを知ってるみたいだった。

나: 태현이가 성격이 좋아서 그런가 봐.
B: テヒョンは性格がいいからそうなのかも。

🔎 似たような意味で「얼굴이 넓다 (顔が広い)」を使うこともある。

★★☆ 慣

비행기를 태우다
飛行機に乗せる

人を過度に褒め称えるときに使う。

例 가: 이 음식 민수 씨가 다 만든 거예요? 정말 맛있어요. 요리사를 해도 되겠어요.

A: この料理ミンスさんが全部作ったんですか？ 本当においしいです。料理人になってもいいですね。

나: 비행기를 태우지 마세요. 맛이 없을까 봐 걱정했는데 맛있다니 다행이네요.

B: あまりおだてないでください。おいしくないかと心配しましたが、おいしいと言われてよかったです。

🔍 主に「비행기 태우지 마세요. (飛行機に乗せないでください)」、「비행기 좀 그만 태우세요. (飛行機に乗せるのはもうやめてください)」のように言い、他の人に褒められて恥ずかしいときに使う。

★☆☆ 慣

사돈의 팔촌
姻戚の八親等

赤の他人と変わらないほど遠い親戚のこと。

例 가: 요즘에는 규모가 작고 조용한 결혼식을 선호하는 사람들이 많아진 것 같아요.

A: 最近は規模が小さく静かな結婚式を好む人が多くなったようです。

나: 그런 것 같죠? 예전에는 사돈의 팔촌까지 초대했지만 요즘은 가족과 친한 친구들만 초대해서 결혼식을 하는 사람들이 많더라고요.

B: そうみたいですよね？ 以前は赤の他人のような遠い親戚まで招待していましたが、最近は家族や親しい友人だけを招待して結婚式を挙げる人が多いんですよ。

🔍 「팔촌 (八親等)」は非常に遠い親戚関係だが、さらに姻戚の八親等なら交流が全くなくて互いに知らずに過ごす仲だということ。一方、非常に多くの人を強調するときは「사돈에 팔촌까지 (姻戚に八親等まで)」を使う。

★★☆ 慣

양다리를 걸치다
両足をかける

双方から利益を得るために両者と関係を持つということ。

例 가: 수아야, 너 남자 친구랑 헤어졌어? 너희 참 보기 좋았는데…….

A: スア、君彼氏と別れたの？ 君たち本当にお似合いだったのに……。

나: 나와 다른 여자 사이에서 양다리를 걸치고 있었더라고. 그걸 알게 돼서 크게 싸우고 헤어졌어.

B: 私と他の女の間で二股をかけていたのよ。それを知って大喧嘩して別れたの。

🔍 主に恋人のいる男性や女性が相手に内緒で他の人と付き合うときに使う。

★★☆ 慣

얼굴을 내밀다
顔を出す

類 얼굴을 내놓다
顔を出す

얼굴을 비치다
顔を映す

集まりや行事などにちょっと参加するということ。

例 가: 미안하지만 내일 동창회에는 바빠서 못 갈 것 같아.
　　A: 申し訳ないけど、明日の同窓会には忙しくて行けなさそう。

　　나: 오랜만에 너 본다고 친구들이 엄청 기대하고 있는데 잠깐이라도 얼굴을 내미는 게 어때?
　　B: 久しぶりに君に会えるって友達がすごく楽しみにしているんだけど、ちらっとでも顔を出すのはどう？

🔎 学校や会社のように人々が日常的に集まる場合には使わない。ほんの一瞬立ち寄るという意味を強調するときは、「얼굴만 내밀다 (顔だけ出す)」や「얼굴이라도 내밀다 (顔でも出す)」を使う。

★★☆ 慣

오지랖이 넓다
前裾が広い

ある人が無駄に何事にもよく口出しをするということ。

例 가: 저 사람이 사려는 과자 맛없는 건데 사지 말라고 말리고 싶네. 난 오지랖이 넓어서 큰일이야.
　　A: あの人が買おうとしてるお菓子はおいしくないから買わないでって言いたい。私ってほんとおせっかいだよね。

　　나: 하하, 저 사람은 저 과자를 좋아할 수도 있잖아. 그냥 둬.
　　B: はは、あの人はあのお菓子が好きかもしれないじゃん。そのままにしときなよ。

🔎 「오지랖」は韓服の上に着る上着の前裾をいうが、これが広すぎると服の他の部分を覆ってしまう。このように誰かが他人のことに過度に口出しするときに使う。

☆☆☆ 것

이름도 성도 모른다
名も姓も知らない

ある人について何も知らないということ。

例 가: 지원 씨, 아까 사무실에 왔던 사람에 대해서 잘 알아요?
　　A: ジウォンさん、さっきオフィスに来た人についてよく知っていますか？

　　나: 아니요, 거래처 사람이라고 하는데 이름도 성도 몰라요.
　　B: いいえ、取引先の人のようですが、全く知りません。

🔎 全く知らない人だということを強調して話すときに使う。

입의 혀 같다
口の舌のようだ

他人の心をとてもよく察して、その人が望む通りにしてあげるということ。

例 가: 부장님은 민수 씨를 참 좋아하는 거 같아요.
　　A: 部長はミンスさんのことを本当に好きだと思います。

　　나: 민수 씨가 말도 잘 듣고 마치 입의 혀 같이 굴잖아요.
　　B: ミンスさんが言うこともよく聞くし、人の気持ちをよく理解して振る舞うじゃないですか。

🔎 自在に動かせる口の中の舌のように、ある人が自分の思い通りに行動したり、機嫌をくみ取ってくれるときに使い、「입 안의 혀 같다 (口の中の舌のようだ)」を使うこともある。

★★☆ 慣

장단을 맞추다
拍子を合わせる

他人の機嫌を取るための言動をするということ。

例 가: 윤아 씨는 부장님께서 하시는 농담이 재미있어요? 회의할 때 보면 윤아 씨만 웃거든요.
　　A: ユナさんは部長がおっしゃる冗談が面白いんですか？会議のときに笑っていたのはユナさんだけでしたよ。

　　나: 아니요, 저도 부장님이 하시는 실없는 농담에 장단을 맞춰 드리기 힘들어요. 그런데 저라도 웃어야 분위기가 좋아질 것 같아서 웃는 거예요.
　　B: いいえ、私も部長のくだらない冗談に調子を合わせるのは大変です。でも、私だけでも笑わないと雰囲気が悪くなると思って笑うんです。

🔎 ある音楽の拍子に合わせて拍手をしたり、合いの手を入れたりすることを「장단을 맞추다 (拍子を合わせる)」という。このように他人の言葉に相づちを打つときに使う。一方、他の人と考え方や行動が合って互いによく調和するときは「장단이 맞다 (拍子が合う)」を使う。

★★☆ 慣

죽고 못 살다
死んで生きていけない

ある人をとても好きだったり大切に思ったりしているということ。

例 가: 하준이가 여자 친구와 서로 죽고 못 사는 것 같더니 요즘은 사이가 예전 같아 보이지 않네.
　　A: ハジュンが彼女と死ぬほど愛し合っていたようだけど、最近は以前のようには見えないね。

　　나: 그러게. 오래 사귀다 보니까 권태기가 왔나 봐.
　　B: そうだね。長く付き合ってみたら倦怠期が来たみたい。

🔎 「내 친구는 야구에 죽고 못 산다. (私の友達は野球なしでは生きていけない)」のように、あることや物が大好きなときにも使う。

초록은 동색
草と緑は同色

境遇が同じ人同士で仲間になること。

例 가: 남자 친구에 대해서 더 자세하게 알려면 주로 어떤 친구들과 어울리는지 보면 되겠지?
　　A: 彼氏についてもっと詳しく知るには、主にどんな友達と付き合っているのか見ればいいよね？

　　나: 맞아. 초록은 동색이라고 비슷한 사람끼리 어울려 다닐 테니까 친구들을 좀 만나 봐.
　　B: そうだよ。類は友を呼ぶといって、似たような人同士で付き合うから友達に会ってみなよ。

✎ 「동색」は同じ色という意味だ。

🔎 草の色と緑色は同じ色だという意味で、似たような人たちが仲間同士で付き合うときに使う。

친구 따라 강남 간다
友達について江南へ行く

類 벗 따라 강남 간다
友について江南へ行く
동무 따라 강남 간다
仲間について江南へ行く

あまりやりたくないことを、他の人にただ付き従ってやるときに使う。

例 가: 아빠, 사랑이도 태권도 학원에 다닌다는데 저도 보내 주세요.
　　A: お父さん、サランもテコンドーの教室に通っているそうですが、私にもやらせてください。

　　나: 그렇게 다니라고 해도 싫다고 하더니 친구 따라 강남 간다고 사랑이가 다닌다니까 너도 다니겠다고?
　　B: あんなに通えと言っても嫌だと言ったのに、友達について江南へ行くというように、サランが通っているからおまえも通うって？

✎ 「강남 (江南)」は中国の揚子江の下の地域を意味する。

🔎 ツバメは春に韓国を訪れ、秋になると中国の江南地域に向かう渡り鳥だ。渡り鳥は通常、他の地域に移動するとき一つの群れが一緒に動くのに対し、ツバメは他のツバメが発つのを見てからそのツバメに従って出発する。この姿から生まれた表現だ。

환심을 사다
歓心を買う

他人の気に入るように行動すること。

例 가: 그 사람 조심해. 지금은 달콤한 말로 환심을 사려고 애쓰고 있지만 원하는 것만 얻어 내면 널 아는 척도 안 할 거야.
　　A: その人に気をつけて。今は甘い言葉で歓心を買おうと努力しているけど、欲しいものさえ手に入ればあなたのことなんて知らないふりをするでしょう。

　　나: 아니야. 그 사람이 얼마나 좋은 사람인데.
　　B: いやいや。その人はすごくいい人だよ。

✎ 「환심 (歓心)」はうれしく思って楽しい気持ちを意味する。

🔎 普通、誰かが自分の目的を成し遂げるために、あらゆる甘い言葉と行動で他人の心を得ようと努力するのを見て話すときに使う。

★★☆ 慣

고무신을 거꾸로 신다
ゴム靴を逆に履く

女性が付き合っていた男性を裏切って他の男性と付き合うこと。

例 가: 남자 친구가 군대에 간 지 얼마 되지도 않았는데 민지가 벌써 고무신을 거꾸로 신었대.

　A: 彼氏が軍隊に行ったばかりなのに、ミンジはもう彼を待てずに浮気したんだって。

　나: 지난달에 남자 친구가 군대에 간다고 눈물을 흘리더니 벌써?
　B: 先月彼氏が軍隊に行くって涙を流してたのに、もう？

🖊 満18歳以上の韓国人男性には兵役の義務がある。この兵役で軍隊に行った男性を恋人とする女性が、その彼氏を置いて他の男性と交際する場合に使う。反対に、除隊した男性が約2年間待っていた彼女に別れを告げるときは「군화를 거꾸로 신다 (軍靴を逆に履く)」という。

★★☆ 慣

금이야 옥이야
金よ玉よ

子どもをとても愛して大事にしながら育てるということ。

例 가: 저 부부는 아이를 금이야 옥이야 하면서 정성 들여 키우네요.
　A: あの夫婦は子どもを蝶よ花よと真心を込めて育てますね。

　나: 결혼한 지 10년 만에 힘들게 얻은 아이니까 더 그런 것 같아요.
　B: 結婚して10年ぶりに苦労して得た子だから、なおさらだと思います。

🔍 「아버지는 그 화분을 금이야 옥이야 아끼셨다. (父はその植木鉢を金よ玉よと大事にしていた)」のように誰かがある物を大切に扱うときにも使う。

★★☆ 慣

깨가 쏟아지다
ゴマがこぼれる

二人の仲がとても良く、幸せに楽しく過ごす様子を表す。

例 가: 옆집 부부는 신혼인가 봐요. 볼 때마다 깨가 쏟아지네요.
　A: お隣の夫婦は新婚のようです。見るたびに仲睦まじいですね。

　나: 네, 결혼한 지 두 달밖에 안 됐대요.
　B: はい、結婚して2か月しか経っていないそうです。

🔍 ゴマはちょっとだけ振っても、どっと落ちてきて収穫する楽しさがある。そこから、とても小さなことも楽しんで互いに愛があふれる夫婦の姿を表現するときに使う。

★★★ 慣

눈에 넣어도
아프지 않다

目に入れても痛くない

ある人がとても可愛かったり愛らしいということ。

例
가: 승원 씨, 드디어 아기가 태어났다면서요? 축하해요.
　A: スンウォンさん、ついに赤ちゃんが生まれたんですって？
　　おめでとうございます。

나: 네, 오늘 아침에요. 너무 예뻐서 눈에 넣어도 아프지 않을 것
　같아요.
　B: はい、今朝です。とても可愛くて目に入れても痛くなさ
　　そうです。

🔎 主に両親や祖父母が幼い子どもあるいは孫がとても大切に感じられる
　ときに使う。

★★☆ こ

미운 정 고운 정

憎らしい情、好ましい情

🗯 고운 정 미운 정
好ましい情、憎らしい
情

さまざまなことを経験して、相手に良い感情も悪い感情
も持つようになって情が深まったときに使う。

例
가: 윤아 씨, 회사를 그만둔다면서요? 그동안 같이 일하면서
　미운 정 고운 정이 다 들었는데 아쉬워요.
　A: ユナさん、会社を辞めるんですって？　これまで一緒に
　　働きながら、憎らしい情に好ましい情にすべて通ったの
　　に残念です。

나: 저도요. 그동안 고마웠어요.
　B: 私もです。今までありがとうございました。

🔎 主に「미운 정 고운 정이 들다 (憎らしい情、好ましい情がわく)」の形
　で使う。

★★★ こ

부부 싸움은
칼로 물 베기

夫婦喧嘩は刀で水を切
るようなもの

🗯 사랑싸움은 칼로 물 베기
痴話喧嘩は刀で水を切
るようなもの

夫婦は喧嘩しても仲直りしやすいということ。

例
가: 윤아 씨 부부가 크게 싸워서 말도 안 하고 지낸다고 하더니
　사이좋게 웃으면서 아파트 앞을 지나가네요.
　A: ユナさん夫婦が大喧嘩して話もせずに過ごしていると言
　　っていたのに、仲良く笑いながらアパートの前を通り過
　　ぎましたね。

나: 그래서 부부 싸움은 칼로 물 베기라고 하나 봐요.
　B: 夫婦喧嘩は犬も食わぬと言いますからね。

🔎 水は刀で切っても分かれたり割れたりしない。このようにいくら激し
　く喧嘩しても、再び仲が良くなる夫婦関係を表現するときに使う。

사랑은 내리사랑

愛は上から下への愛

내리사랑은 있어도
치사랑은 없다
上から下への愛はあっ
ても下から上への愛は
ない

目上の人が目下の人を愛することは容易でも、目下の人
が目上の人を愛することは難しいということ。

例 가: 우리 부모님께서는 내가 마흔 살이 다 되었는데도 이것저것
다 해 주고 싶어 하셔. 정작 나는 내 자식들한테 신경 쓰느라
부모님을 잘 못 챙기는데 말이야.
A: うちの両親は私が40歳になったのにあれこれしてくれた
がっている。肝心の私は自分の子どもたちに気を使って、
両親によくしてあげることができないのに。

나: 우리 부모님도 그러셔. 그래서 사랑은 내리사랑이라고 하는 거
야.
B: うちの両親もそうだよ。だから愛は上から下への愛だと
言うんだ。

십자가를 지다

十字架を背負う

他人の大きな罪や苦難、責任などを代わりに引き受ける
ということ。

例 가: 이번 일이 실패한 게 이 부장님의 잘못이 아닌데 회사를
그만두신다니 속상해요.
A: 今回のことが失敗したのはイ部長の過ちではないのに、
会社を辞められるなんて悔しいです。

나: 그러니까 말이에요. 이 부장님께서 팀을 대표해 십자가를
지고 떠나시는 것 같아요.
B: その通りです。イ部長がチームを代表して責任を負って
去っていくようです。

🔎 聖書にイエスがすべての人の罪に代わって十字架に釘で打ちつけられ
て死んだ話が出てくるが、ここから由来した表現だ。自分の過ちでは
ないにもかかわらず、他人が間違ったことに対して自ら責任を負おう
とするときに使う。

열 손가락 깨물어 안 아픈 손가락이 없다

十本の指を噛んで痛く
ない指がない

(類) 다섯 손가락 깨물어서
아프지 않은 손가락이 없
다
五本の指を噛んで痛く
ない指がない

子どもは皆等しく可愛くてとても大切だということ。

例 가: 우리 엄마는 동생만 좋아하는 거 같아. 내가 동생하고 싸우면
항상 나만 혼내거든.

A: うちの母さんは弟だけが好きみたい。僕が弟と喧嘩する
といつも僕だけ怒られるんだ。

나: 열 손가락 깨물어 안 아픈 손가락이 없다고 그건 아닐 거야.
네가 형이니까 그러시는 거지.

B: 十本の指を噛んで痛くない指がないって、そんなことは
ないよ。あなたが兄だからそうするんだよ。

🔎 どの親も子どもがいくら多くても差別せず、皆を公平に愛していると
言うときに使う。

이웃이 사촌보다 낫다

隣近所がいとこよりま
しだ

親しい隣人の方が遠いところに住む親戚よりもっと近く
て助けになるということ。

例 가: 여보, 아까 내가 넘어져서 다리를 다쳤는데 옆집에 사는 지훈
엄마가 병원에 데려다줬어.

A: あなた、さっき私が転んで足を怪我したんだけど、隣に
住んでいるジフンのお母さんが病院に連れて行ってくれ
たの。

나: 고맙네. 이웃이 사촌보다 낫다고 하더니 우리가 좋은 이웃을
뒀어.

B: ありがたいね。遠くの親戚より近くの他人というけど、
僕たちは良い隣人を持ったよ。

🔎 隣人は他人だが、近くに住んでいると互いに助け合ったり、食べ物を
分け合ったりして情が深まる。すると、遠くに住むいとこよりもっと
親しくなるが、ここから出てきた表現だ。

콩깍지가 씌다

豆のさやがかぶさる

恋に落ちた対象のすべてが良く見えるときに使う。

例 가: 수아는 자기 남자 친구가 세상에서 제일 멋있대.

A: スアは自分の彼氏が世界で一番かっこいいって。

나: 수아가 콩깍지가 단단히 씌었구나?

B: スアはすっかり夢中になっているんだね。

🔎 豆のさやは不透明なので、これで目の前を覆うと前がよく見えなくて
物事をきちんと見ることができない。このようにある人を愛すると相
手の短所が見えないので、その人についてまともに判断できなくなる
と言うときに使う。

★★★ ㄹ

팔이 안으로 굽는다
腕が内側に曲がる

血縁関係にあるか自分に近い人の味方をするということ。

例 가: 이거 누가 봐도 선생님 반 학생이 잘못한 거 아니에요?
　　A: これは誰が見ても先生のクラスの生徒がしでかしたん
　　　 じゃないですか？

　　나: 이 선생님, 아무리 팔이 안으로 굽는다고 해도 선생님 반
　　　 학생만 생각하지 말고 상황을 좀 객관적으로 보세요.
　　B: イ先生、いくら血は水より濃いとはいえ、先生のクラス
　　　 の生徒だけを考えずに状況を客観的に見てください。

🔍 何かが起きたとき、誰かが互いの是非を問いたださず、無条件に家族
や近い人の立場で話したり行動したりするときに使う。

★☆☆ ㅍ

품 안의 자식
懐の中の子ども

類 자식도 품 안에 들 때 내
자식이지
子どもも懐の中に入る
ときが自分の子

품 안에 있어야
자식이라
懐の中にいてこそ子ど
もだから

子どもが幼い頃は親の意思に従うが、成長してからは自
分の思い通りに行動するということ。

例 가: 하준이가 고등학교를 졸업하더니 이제 제 말은 아예 들으려고
　　　 도 안 해요.
　　A: ハジュンは高校を卒業して、もう私の言うことを全く聞
　　　 こうともしません。

　　나: 어렸을 때나 품 안의 자식이에요. 저희 딸도 대학생이 되더니
　　　 이제 자기 생각대로만 하려고 해요.
　　B: 幼い頃は懐の中の子どもですが、うちの娘も大学生にな
　　　 ってからは、もう自分の好き勝手しています。

✏️ 「품」は両腕を広げて抱くときの胸のこと。

🔍 普通、親が子どもが成長するに従って自分の言うことを聞かなかった
り、勝手気ままに行動したりすると話すときに使う。

★★☆ 관

피는 물보다 진하다
血は水より濃い

他の何よりも血縁の情が深いということ。

例 가: 얼마 전에 한 고등학생이 아버지에게 간 이식을 해 줬다는 기사를 봤어요. 정말 대단하지 않아요?
　　A: 先日、ある高校生が父親に肝臓移植をしてあげたという 記事を見ました。本当にすごくないですか？

　　나: 그래서 피는 물보다 진하다는 말이 있나 봐요.
　　B: だから血は水より濃いという言葉があるようです。

🔎 普段は親しくないように見える家族であっても、家族の中で誰かに何かあったら、互いにかばい合いながら尽くしてあげるのが当然だという言葉で、家族間の深い愛を表現するときに使う。

★★☆ 관

한솥밥을 먹다
同じ釜で炊いた飯を食べる

一緒に生活しながら家族のように親しく過ごすこと。

例 가: 너랑 민수는 정말 친하구나.
　　A: あなたとミンスは本当に親しいね。

　　나: 응, 10년 동안 같이 자취하면서 한솥밥을 먹다 보니까 이제는 가족 같아.
　　B: うん、10年間一緒に自炊しながら同じ釜の飯を食べていたから、今ではもう家族みたいだよ。

🔎 「우리는 사회에 나와 광고업계에서 한솥밥을 먹었다. (私たちは社会に出て広告業界で同じ釜の飯を食べた)」のように、似たようなあるいは同じ業界で働くときにも使う。

★★☆ 慣

말을 맞추다
話を合わせる

他の人と話の内容を同じにすること。

例　가: 엄마, 식탁 위에 있던 꽃병 우리가 깬 게 아니라 바람이 불어서 떨어진 거예요.

　　A: お母さん、食卓の上にあった花瓶、僕たちが割ったんじゃなくて風が吹いて落ちたんです。

　　나: 누나랑 말을 맞췄니? 둘이 똑같이 이야기하네.

　　B: 姉さんと話を合わせたの？　二人とも同じように話すね。

　普通、他人を騙したり、過ちやミスがばれないように、あらかじめ互いの話を一致させるときに使う。似たような意味で「입을 맞추다 (口を合わせる)」を使うこともある。

★★☆ 慣

말이 통하다
話が通じる

互いに意思や価値観が合うということ。

例　가: 이번 학과 행사는 선배님이 말씀하신 대로 진행할게요.

　　A: 今回の学科行事は先輩がおっしゃったとおりに進めます。

　　나: 좋아. 이제야 너와 내가 말이 통하는 것 같아.

　　B: よし。やっと君と僕は話が通じたようだ。

　「그 나라는 영어가 공용어이므로 영어만 잘하면 말이 통한다. (その国は英語が公用語なので、英語さえ上手なら話が通じる)」のように意思疎通が可能なときにも使う。

★★★ 慣

머리를 맞대다
頭を突き合わせる

あることを解決するために互いに集まって話し合うということ。

例 가: 이번 신제품 공모전에서 우승하는 팀에게는 상금뿐만 아니라 해외 연수 기회도 제공한대요.
　　A: 今回の新製品公募展で優勝したチームには、賞金だけでなく海外研修の機会も提供するそうです。

　　나: 그래요? 우리 다 같이 머리를 맞대고 신제품 아이디어를 모아 봅시다.
　　B: そうなんですか？ 私たちみんなで一緒に額を集めて新製品のアイデアを集めてみましょう。

🔎 似たような意味で「얼굴을 맞대다 (顔を突き合わせる)」や「머리를 모으다 (頭を集める)」を使うこともある。

★★☆ 慣

발을 맞추다
足を合わせる

一つの目標や方向に向かって、多くの人が行動や言葉などを一致させるということ。

例 가: 팀원들이 모두 발을 맞춰도 이번 일을 성공시키기가 쉽지 않아 보이는데 언제까지 이렇게 다투면서 시간 낭비만 할 겁니까?
　　A: チームメンバーが皆で足並みを揃えても今回のことを成功させるのは容易ではなさそうなのに、いつまでこのように言い争って時間の浪費ばかりするつもりですか？

　　나: 이사님, 죄송합니다. 협력해서 해결책을 찾아보도록 하겠습니다.
　　B: 理事、申し訳ありません。協力して解決策を探ってみます。

🔎 「그 회사는 최신 유행에 발을 맞춘 신제품을 출시했다. (その会社は最新の流行に足を合わせた新製品を発売した)」のように、利益を得るためにある流れに合わせるときにも使う。

★☆☆ 慣

손발이 따로 놀다
手足が別々に遊ぶ

一緒に事を行う人の間で、気持ちや意見、行動などが合わないということ。

例 가: 오늘 경기가 잘 안 풀리는 것 같은데요.
　　A: 今日の試合はうまくいっていないようですが。

　　나: 네, 손발이 따로 노는 선수들을 보니 오늘 경기에서 이기기는 쉽지 않아 보입니다.
　　B: はい、足並みが乱れる選手たちを見ると、今日の試合で勝つのは容易ではなさそうです。

🔎 普通、会社の業務や公演、スポーツの試合などさまざまな人が一緒にチームを組んで行うことで協同がうまくいかず、そのことが満足にできないときに使う。

손발이 맞다
手足が合う

一緒に事を行う人の間で、気持ちや意見、行動などが互いに合うということ。

例 가: 우리 손발이 정말 잘 맞는 것 같아요. 윤아 씨와 같이 일하는 게 즐거워요.
　　A: 私たち本当に息が合いますね。ユナさんと一緒に働くのが楽しいです。

　　나: 저도요. 우리 이번 프로젝트를 성공적으로 잘 마무리해 봐요.
　　B: 私もです。私たち今回のプロジェクトを成功させましょう。

○ 強調するときは「손발이 척척 맞다 (手足がぴったり合う)」を使う。一方、事を行う際に気持ちや意見、行動などを互いに合わせるときは「손발을 맞추다 (手足を合わせる)」を使う。

손을 맞잡다
手を取り合う

互いに意思を共にして緊密に協力するということ。

例 가: 김 부장, 고객들 사이에서 신제품에 대한 기대가 높은데 언제 출시될 예정입니까?
　　A: キム部長、顧客の間で新製品に対する期待が高いですが、いつ発売される予定ですか？

　　나: 손을 맞잡고 일하던 협력사에 문제가 생겨서 올해는 출시되기 어려울 것 같습니다.
　　B: 手を取り合って働いていた協力会社に問題が生じたので、今年発売するのは難しいと思います。

○ 普通、個人が解決できない大規模な問題を解決するために、国や団体同士が互いに協力するときに使う。「두 손을 맞잡다 (両手を取り合う)」と言ったりもする。

★★★ 慣
손을 잡다
手を取る

互いに助け合って一緒に事を行うということ。

例 가: 어려울 때일수록 서로 손을 잡아야 위기를 극복할 수 있다고
　　　생각합니다.
　　A: 苦しいときほど、互いに手を取り合ってこそ危機を克服
　　　できると思います。

　　나: 맞습니다. 지금 누구의 잘못인지 따지고 있을 때가 아닙니다.
　　B: その通りです。今は誰の過ちなのかを問い詰めている場
　　　合ではありません。

🔎 互いに共通して持っている目標を達成するために力を合わせて努力す
るときに使う。

★★★ 慣
입을 모으다
口を集める

数人があることについて同じように話すときに使う。

例 가: 승원 씨, 왜 그렇게 손을 자주 씻어요? 방금 전에도 씻었잖아
　　　요.
　　A: スンウォンさん、どうしてそんなに手を何度も洗うんで
　　　すか？　ついさっきも洗ってたじゃないですか。

　　나: 요즘 감기가 유행이잖아요. 예방을 위해서는 손을 꼼꼼히 자
　　　주 씻는 것이 중요하다고 의사들이 입을 모아 말하더라고요.
　　B: 最近、風邪が流行ってるじゃないですか。予防のために
　　　は手をこまめに洗うことが重要だと、医師たちが口を揃
　　　えて言うんですよ。

✏️ 「입 (口)」は人が言う言葉や意見という意味だ。

🔎 あることに対する複数の人の意見が同じときに使う。

★☆☆ 慣
죽이 맞다
十点が合う

互いに意思が通じたり、気が合ったりするということ。

例 가: 저희 부부는 지금까지 살면서 의견 차이로 다툰 적이 한 번도
　　　없어요.
　　A: 私たち夫婦は今まで暮らしながら意見の違いで争ったこ
　　　とが一度もありません。

　　나: 그래요? 부부가 죽이 잘 맞는 것보다 더 좋은 일이 없지요.
　　B: そうですか？　夫婦で馬が合うことより良いことはない
　　　でしょう。

🔎 「죽」は服や器などの十点を束ねた単位をいう。例えば、服が10着に
なってぴったり合うと一単位になったという意味で「죽이 맞다 (十点
が合う)」と言うが、このように二人の意思や行動がよく合うときに
使う。強調するときは「죽이 척척 맞다 (十点がぴったり合う)」を使う
こともある。

★★☆ 慣

한마음 한뜻
一つの心、一つの志

複数の人の気持ちと志が一つだということ。

例 가: 우리가 한마음 한뜻으로 노력한다면 이번 대회에서 우승할
　　　수 있을 거야.
　　A: 僕たちが心を一つに努力すれば、今大会で優勝すること
　　　ができるよ。

　　나: 맞아. 우리 최선을 다해 보자.
　　B: そうだよ。私たち最善を尽くしてみよう。

🔎 普通「한마음 한뜻으로 (一つの心、一つの志で)」の形で使い、苦難や
　危機、困難などを克服するために複数の人が力を合わせるときに使う。

★★★ 慣

한배를 타다
同じ船に乗る

運命を共にするということ。

例 가: 이번 일도 함께 하게 되어 다시 한배를 타게 되었네요.
　　　잘 부탁드립니다.
　　A: 今回の仕事もご一緒することになり、また同じ船に乗る
　　　ことになりました。よろしくお願いします。

　　나: 네, 저도 잘 부탁드립니다.
　　B: はい、こちらこそよろしくお願いします。

✐ 「한배」は同じ船のこと。

🔎 人々が同じ船に乗っているということは、お互い同じ状況に置かれて
　いるという意味になる。このように誰かとあることを共にして運命共
　同体になるときに使う。

★☆☆ 慣

호흡을 맞추다
呼吸を合わせる

事を行うとき、互いの行動や意向をよく把握して問題な
くやっていくときに使う。

例 가: 결혼을 진심으로 축하드립니다. 두 분이 어떻게 결혼하시게
　　　됐는지 궁금해하시는 분들이 많은데 말씀해 주시겠습니까?
　　A: ご結婚、誠におめでとうございます。お二人がどのよう
　　　にして結婚されることになったのか気になる方が多いの
　　　ですが、話していただけますか？

　　나: 축하해 주셔서 감사합니다. 같은 작품에서 호흡을 맞추다
　　　보니 자연스럽게 가까워졌고 이렇게 결혼까지 하게 됐습니
　　　다.
　　B: お祝いしてくださってありがとうございます。同じ作品
　　　で呼吸を合わせているうちに自然に親しくなり、このよ
　　　うに結婚まですることになりました。

🔎 「두 사람은 서로 눈빛만 봐도 알 수 있을 정도로 호흡이 잘 맞다. (二人
　は互いに目つきだけ見てもわかるほど呼吸がよく合う)」のように、
　事を行うとき、お互いの考えや意思が合うときは「호흡이 맞다 (呼吸
　が合う)」を使う。

10

상황·상태
状況 · 状態

결과 | 結果

★★★ 🔴

가뭄에 콩 나듯 한다
干ばつに豆が生えるようになる

ある物事がごくまれにあるということ。

例 가: 요즘도 극장에 영화 보러 자주 가세요?
   A: 最近も映画館によく映画を観に行きますか？

   나: 아니요. 아이가 생긴 이후로는 시간이 없어서 극장에 가는
      일이 가뭄에 콩 나듯 해요.
   B: いいえ。子どもが生まれてからは時間がなくて映画館に
      行くのはごくまれです。

🔍 長い間雨が降らなければ、干ばつで豆がまともに芽生えずぽつぽつと
  しか芽が出ない。この様子から出てきた表現で、ごくたまに起こるこ
  とを話すときに使う。

★★★ 🔴

고래 싸움에 새우 등 터진다
クジラの喧嘩でエビの背がつぶれる

力の強い人々が争う状況で、弱い第三者が被害を受けるということ。

例 가: 대형 마트들이 앞다투어 가격을 내리는 바람에 동네 슈퍼들
      이 피해를 입고 있대.
   A: 大型スーパーが先を争って価格を下げたので、町内の
      スーパーが被害に遭っているんだって。

   나: 고래 싸움에 새우 등 터진다더니 대형 마트들 때문에 동네
      슈퍼들이 망하게 생겼군.
   B: クジラの喧嘩でエビの背がつぶれるというけど、大型
      スーパーのせいで町内のスーパーがつぶれそうだね。

★☆☆ 🔴

귀에 걸면 귀걸이
코에 걸면 코걸이
耳にかければ耳飾り、鼻にかければ鼻飾り

人によって同じ状況に対する解釈が変わりうるということ。

例 가: 이번에 정부에서 발표한 부동산 정책의 표현이 애매모호하다
      보니 사람들이 자기들 마음대로 해석하는 것 같아요.
   A: 今回政府から発表された不動産政策の表現が曖昧なので、
      みんな自分たちの思うままに解釈しそうです。

   나: 맞아요. 귀에 걸면 귀걸이 코에 걸면 코걸이 식인 거지요.
   B: そうですね。耳にかければ耳飾り、鼻にかければ鼻飾り
      のようなものです。

🔍 一定の原則がなく、もっともらしい言葉で仕立てられていて、人によっ
  てはこうにもああにも解釈できることを比喩的に表現したものだ。

도끼로 제 발등 찍는다

斧で自分の足の甲を切る

他人に害を与えようとして、かえって自分が害を被ったときに使う。

例 가: 이 대리가 회사 기밀을 유출해서 돈을 벌려고 하다가 사실이 알려져서 해고당했다면서요?

A: イ代理が会社の機密を流出してお金を稼ごうとしたところ、事実が知られて解雇されたそうですね？

나: 그랬대요. 도끼로 제 발등 찍는다더니 이 대리가 그런 셈이지요.

B: そうだったみたいです。斧で自分の足の甲を切ると言いますが、イ代理がそうだったわけです。

木を切ろうと斧を使い、誤って自分の足の甲を切るという言葉で、他人に損害を与えようとしたが、むしろ自分が損をしたときに使う。

도마 위에 오르다

まな板の上に上がる

ある物事が批判の対象になるということ。

例 가: 뉴스에서 부정 선거 이야기가 끊임없이 나오고 있어요.

A: ニュースで不正選挙の話が絶えず流れています。

나: 이번에도 어김없이 부정 선거 문제가 도마 위에 올랐군요.

B: 今回もまた不正選挙問題が俎上に載せられたんですね。

ある対象や問題が人々の間で話題になり、あれこれ批判の対象になるときに使う。

물 건너가다

水を渡っていく

あることの状況がすでに終わってしまっていて、手の打ちようがないということ。

例 가: 아버지, 한 문제만 더 맞았어도 합격할 수 있었는데 너무 아까워요.

A: お父さん、もう一問だけ正解していたら合格できたのに、ほんとに惜しかった。

나: 이번 시험은 이미 물 건너갔으니까 너무 속상해하지 말고 다음 시험 준비나 열심히 해.

B: 今回の試験はもう終わったんだからあまり悔しがっていないで、次の試験の準備でも頑張って。

昔は今のように交通手段が発達していなかったため、誰かが罪を犯し、川や海を渡って一つの村や国の境界を越えてしまえば、捕まえたり処罰したりできる方法がなかった。ここから由来した表現で、普通は過去形で使う。

★★☆ 慣

손에 넣다

手に入れる

類 손아귀에 넣다
手中に入れる
손안에 넣다
手の中に入れる

何かを完全に自分のものにしたり、自分の統制下に置くということ。

例 가: 내가 20년이 넘게 사고 싶었던 집을 손에 넣게 되었으니 이제 죽어도 여한이 없을 것 같구나.

A: 私が20年越しに買いたかった家を手に入れることになったから、もう死んでも思い残すことはなさそうだ。

나: 할아버지, 무슨 말씀이세요? 그토록 원하시던 집에서 오래 사셔야지요.

B: おじいちゃん、何をおっしゃっているのですか? それほど望んでいた家なら長生きしなければなりませんよ。

✎ 「손(手)」はもともと身体の部位の一つだが、ここではある人の影響力や権限が及ぶ範囲という意味で使われている。

★☆☆ こ

죽 쑤어 개 준다

粥を炊いて犬にあげる

類 죽 쑤어 개 좋은 일 하였다
粥を炊いて犬が喜ぶことをした

懸命に努力して得たものを他人に奪われたときに使う。

例 가: 승원 씨가 내가 쓴 제안서를 사장님 앞에서 마치 자기가 쓴 것처럼 발표하더라고. 내가 쓴 제안서인데 어떻게 그럴 수가 있어?

A: スンウォンさんが私が書いた提案書を、社長の前でまるで自分が書いたかのように発表していたの。私が書いた提案書なのにどうしてそんなことができるの?

나: 죽 쑤어 개 준 꼴이 됐네. 승원 씨가 너무했다.

B: 犬骨折って鷹の餌食になった格好になったね。スンウォンさんがひどすぎるよ。

🔍 長い時間、真心を込めて煮込んだお粥を人ではなく犬にあげたという言葉で、努力してやったことが筋違いの人にとって良いことをした結果になったときにも使う。

★★☆ 慣

파김치가 되다
ネギキムチになる

くたくたに疲れ果てた状態になったということ。

例 가: 오랜만에 여행을 오니까 구경할 게 너무 많아요. 저쪽도 보러
가요.
A: 久しぶりに旅行に来たから見物するものがとても多いで
す。あちらも見に行きましょう。

나: 제시카 씨 따라 여기저기를 다녔더니 저는 벌써 파김치가
되었어요. 좀 쉬었다 가요.
B: ジェシカさんの後をついてあちこち行き来したら、もうく
たくたになりました。ちょっと休んでから行きましょう。

🔎 ネギでキムチを漬けると調味料が中にしみ込んで、硬かったネギがし
おれた状態になるが、ここから出た表現だ。似たような意味で「녹초가
되다 (へたばる)」を使うこともある。

★☆☆ 慣

학을 떼다
三日熱を治す

類 학질을 떼다
三日熱を治す

苦しすぎたり困難だったりする状況から抜け出すために
非常に苦労するときに使う。

例 가: 수아가 너한테 무슨 일이 있는지 얼마나 꼬치꼬치 캐묻던지 학
을 뗐다니까.
A: スアがあなたに何かあったのか根掘り葉掘り聞いてくるか
ら、うんざりしたよ。

나: 비밀을 지켜 줘서 고마워. 내가 많이 아프다는 사실은 당분간
아무에게도 알리고 싶지 않아.
B: 秘密を守ってくれてありがとう。僕がとても具合が悪いと
いうことは当分誰にも知らせたくないんだ。

🔎 「학」は熱病を意味し、今のマラリアをいう。昔はこの病気にかかると
回復が大変で、死ぬ確率も高かった。この病気のようにとても大変で
二度と体験したくないこと、嫌気が差したことを話すときに使う。

★☆☆ 慣

한풀 꺾이다
勢いがそがれる

類 한풀 죽다
勢いが鈍くなる

絶頂だった勢いや意志がある程度弱まったり減ったりす
るということ。

例 가: 오늘은 좀 선선해졌지요?
A: 今日はちょっと涼しくなりましたよね？

나: 네, 이제 더위가 한풀 꺾인 것 같아요. 올여름도 벌써 다 갔어요.
B: はい、暑さが少し和らいだようです。今年の夏ももう終わ
りです。

🔎 昔は服や布団を洗った後、新しい生地のように伸ばすため布に糊をつ
けた。この糊が乾くと布が硬くなってしわがつきにくくなった。時間
が経てば硬くなっていた布に糊の気がなくなり、生地や布団がふわふ
わになったが、ここから由来した表現だ。

햇빛을 보다
日光を見る

何かが世間に知られ、良い評価を受けているということ。

例 가: 교수님 덕분에 한국 문학을 대표하는 문인들의 숨은 작품들이 햇빛을 보게 되었는데요. 자료 수집이 힘들지 않으셨는지요?

A: 教授のおかげで、韓国文学を代表する文人たちの隠れた作品が日の目を見るようになりました。資料収集が大変だったんじゃないですか？

나: 힘들기보다는 숨겨져 있던 작품들을 발견할 때마다 아주 기뻤습니다.

B: 大変というよりは隠れていた作品を発見するたびにとても嬉しかったです。

획을 긋다
画を引く

ある範囲や時期を明確に区分するということ。

例 가: 에디슨이 축음기를 발명한 것은 인류 역사에 한 획을 긋는 큰 사건이었지요.

A: エジソンが蓄音機を発明したのは人類の歴史に一線を画す大きな事件でしたね。

나: 맞아요. 만약 축음기가 발명이 안 되었다면 듣고 싶은 음악을 아무 때나 들을 수 없었을 거예요.

B: そうです。もし蓄音機が発明されていなかったら、聞きたい音楽をいつでも聞くことができなかったでしょう。

🔎 「이 일은 역사에 한 획을 긋게 되었다. (このことは歴史に一線を画すことになった)」のように、歴史的に重要と認められ歴史の一部として定着した事件や発明などを語るときに使う。

Track 40

★★★ 個

가시방석에 앉다
とげの座布団に座る

不安や焦燥感にかられるということ。

例　가: 누나, 엄마랑 아빠가 싸우셔서 분위기가 너무 안 좋아.
　　A: 姉さん、お母さんとお父さんが喧嘩して雰囲気がとても
　　　良くない。

　　나: 그러게. 마치 **가시방석에 앉아** 있는 것 같아.
　　B: そうだね。まるで針のむしろに座っているようだわ。

★★☆ 個

고개를 돌리다
首を回す

ある人や事、状況などにそっぽを向くということ。

例　가: 아직도 전세금이 해결이 안 됐어요?
　　A: まだ家賃のことが解決されていませんか？

　　나: 네. 죄송합니다. 주변 사람들에게 도움을 청했는데 모두 **고개를
　　　돌리더라고요.**
　　B: はい、申し訳ございません。周りの人たちに助けを求め
　　　たのですが、みんなそっぽを向いてしまって。

🔍 「길에 사람이 쓰러져 있는데도 사람들이 모두 고개를 돌리고 가 버렸어
요. (道に人が倒れているのに、人々がみんなそっぽを向いて行ってし
まいました)」のように、あることを見ても見なかったふりをすると
きにも使う。

★★☆ 個

귀가 따갑다
耳がひりつく

類 귀가 아프다
耳が痛い

ある音が鋭く大きすぎて聞き苦しいということ。

例　가: 윗집은 공사를 언제까지 한대? 공사 소리 때문에 **귀가** 너무
　　　따가워.
　　A: 上の家は工事をいつまでするんだって？　工事の音のせ
　　　いで耳がとても痛い。

　　나: 나도 시끄러워 죽겠어. 원래 지난주까지 한다고 했는데 아직
　　　안 끝났나 봐.
　　B: 僕もうるさくて死にそう。もともと先週までやるって言
　　　ってたけど、まだ終わってないみたい。

🔍 「귀가 따가우니 제발 잔소리 좀 그만하세요. (耳がひりつくからどうか
小言はやめてください)」のように小言や忠告などを何度も言われて、
もうこれ以上聞きたくないと言うときにも使う。

★★☆ 慣
귀신이 곡하다
鬼神が哭する

なぜこうなったのか全く状況がわからないということ。

例 가: 서랍에 넣어 두었던 지갑이 어디 갔지? 아무리 찾아도 없으
　　니 귀신이 곡하겠네.
　　A: 引き出しに入れておいた財布どこに行った？　いくら探
　　してもないから、ほんと不思議だ。

　　나: 서랍에 둔 지갑이 어디를 갔겠니? 다시 잘 찾아봐.
　　B: 引き出しに置いた財布がどこに行くというのよ。もう一
　　度よく探してみて。

🔎 似たような意味で「귀신이 곡할 노릇이다 (鬼神が哭くことだ)」を使う
こともある。

★☆☆ 慣
귀에 들어가다
耳に入る

ある消息が誰かに知られるということ。

例 가: 막내가 친구에게 사기당한 사실을 아버지도 알고 계세요?
　　A: 末っ子が友達に騙されたことをお父さんも知ってる？

　　나: 아니, 아버지 귀에 들어가면 큰일 나!
　　B: いや、お父さんの耳に入ったら大変なことになる！

🔎 普通、誰にも知られたくない事実を誰かが知ったときに使う。

★★☆ 속
까마귀 날자
배 떨어진다
カラスが飛び立つや
梨が落ちる

関係ないことが偶然同時に発生し、何の関係もない人が疑
われるときに使う。

例 가: 아까 형이 내 방에 들어왔을 때 컴퓨터에서 갑자기 게임 광고가
　　뜬 거야. 형이 그걸 보고 게임만 한다고 뭐라고 해서 너무
　　억울했어.
　　A: さっき兄さんが僕の部屋に入ってきたとき、パソコンから
　　急にゲーム広告が流れたんだ。それを見て兄さんがゲーム
　　ばかりしてどうのこうのって言うから、とても悔しかった。

　　나: 까마귀 날자 배 떨어진다고 오해하기 딱 좋은 상황이었네.
　　B: カラスが飛び立つや梨が落ちると、誤解されやすい状況だ
　　ったね。

🔎 梨の枝にとまっていたカラスが飛び立つと、梨の実が落ちた。これを
見た人々は、カラスのせいで梨が落ちたと疑った。カラスは梨が落
ちたことと全く関係がないのに疑われる悔しい状況になったのだ。こ
のように自分がしたことではないのに、何か誤解されたり悔しいことが
起きたときに使う。

★☆☆ 곤

눈 뜨고 코 베어 갈 세상
目を開けていても鼻を切り取る世の中

題 눈을 떠도 코 베어 간다
目を開けても鼻を切り取る

눈 뜨고 코 베어 간다
目を開けていても鼻を切り取る

눈 뜨고 코 베어 갈 인심
目を開けていても鼻を切り取る人の心

道理から外れているほど、非常に世知辛い世の中だということ。

例 가: 눈 뜨고 코 베어 갈 세상이니 여행 가서 소매치기 당하지 않게 조심해. 특히 뒷주머니에 지갑 넣고 다니지 말고.
A: とても世知辛い世の中だから、旅行に行ってスリに遭わないように気をつけて。特に、後ろポケットに財布を入れて歩かないで。

나: 알겠어요. 항상 조심할게요.
B: わかりました。常に気をつけます。

★★☆ 慣

눈칫밥을 먹다
顔色をうかがってご飯を食べる

他人の言葉や行動に神経を使って、気楽にできず不自由な生活をすること。

例 가: 아이를 데리고 외식하러 가면 아이가 조금만 시끄럽게 해도 주변 사람들이 눈치를 줘서 눈칫밥을 먹게 되더라고요.
A: 子どもを連れて外食に行くと、子どもがちょっとうるさくしても周りの人たちがそれとなく見てくるので、肩身の狭い思いをするんですよ。

나: 맞아요. 그게 아이를 키우면서 느끼는 또 하나의 어려움인 것 같아요.
B: そうです。それが子育てで感じるもう一つのつらさだと思います。

🔎 誰かが他人の機嫌をうかがうために、思う存分食べることも飲むこともできないほど不自由な状況に置かれているときに使う。

★☆☆ 慣

덜미를 잡히다
首筋をつかまれる

悪いことを企てて他の人に発覚したときに使う。

例 가: 빈집만 골라서 도둑질을 하던 사람이 드디어 잡혔군요.
A: 空き家だけを選んで盗みをしていた人がついに捕まりましたね。

나: 네. 아파트 내에 있던 감시 카메라에 포착되어 경찰에 덜미를 잡혔대요.
B: はい。アパート内にあった監視カメラに捉えられて、警察に首根っこを押さえられたそうです。

✎ 「덜미」は首の後ろ側という意味だ。

🔎 誰かが他人の弱点を握って身動きが取れないようにするときは「덜미를 잡다 (首筋をつかむ)」を使う。

★★☆ 慣

독 안에 든 쥐
甕の中に入ったネズミ

類 덫 안에 든 쥐
罠の中に入ったネズミ

厳しくて困難な状況から抜け出せない境遇を表す。

例 가: 범인을 잡을 수 있을 것 같습니까?
　A: 犯人を捕まえられそうですか？

　나: 네. 범인 주위를 완전히 포위했습니다. 범인은 이제 독 안에
　　　든 쥐입니다.
　B: はい。犯人の周りを完全に包囲しました。犯人はもう袋
　　　のネズミです。

🔍 あちこちよく避けて通るネズミも、甕の中に閉じ込められたら抜け出
　すことも身動きもできず、生きるすべがなくなる。このように誰かが
　いくら努力しても抜け出せず、身動きが取れない状況に置かれたとき
　に使う。

★★☆ 慣

된서리를 맞다
ひどい霜に当たる

非常に厳しい災難や抑圧に遭うということ。

例 가 계속되는 경기 침체로 된서리를 맞아 운영이 어려워진 회사
　　 가 많대요.
　A: 長引く景気の低迷でひどい打撃を受けて、運営が厳しく
　　　なった会社が多いそうです。

　나: 아닌 게 아니라 저희 아버지께서 운영하시던 회사도 부도
　　　위기에 처하게 됐어요.
　B: そうでなくとも、私の父が運営していた会社も不渡りの
　　　危機に直面することになりました。

✏️ 「된서리」は晩秋に降りた大霜という意味。

🔍 穀物や野菜が霜に当たると枯れて死んでいくことになる。このように
　誰かが突然大きな被害や打撃を受けたときに使う。

★☆☆ 慣

뜨거운 맛을 보다
熱い味を見る

ひどい目に遭ったり、困難を経験したりするということ。

例 가 다들 사업은 아무나 하는 게 아니라고 말릴 때 그 말을 들을
　　 걸 그랬어. 나는 왜 꼭 뜨거운 맛을 봐야 정신을 차릴까?
　A: みんなからビジネスは誰にでもできるものではないと止
　　　められたとき、しっかり聞けばよかった。僕ってなぜい
　　　つも決まって痛い目を見ないと気がつかないのだろう？

　나: 세상에는 직접 겪어 봐야 알게 되는 일들이 있잖아. 너무
　　　속상해하지 마.
　B: 世の中には直接経験してみないとわからないことがある
　　　じゃない。あまり落ち込まないで。

🔍 熱い食べ物を食べると口の中が熱くてとても大変だ。このように誰か
　が精神的または肉体的に苦しいときに使う。

막다른 골목
行き止まりの路地

これ以上どうしようもできない絶望的な状態を表す。

例 가 무역 전쟁으로 인해 두 나라의 관계가 점차 **막다른 골목으로** 치닫고 있습니다.

A: 貿易戦争により、両国の関係は次第に行き詰まっています。

나 두 나라가 서로 조금씩 양보해 하루빨리 관계가 회복되었으면 좋겠습니다.

B: 両国が互いに少しずつ譲歩し、一日も早く関係が回復してほしいです。

普通「막다른 골목으로 치닫다 (行き止まりの路地に突っ走る)」あるいは「막다른 골목으로 몰리다 (行き止まりの路地に追い込まれる)」という形で使う。

말이 나다
言葉が出る

秘密にしていたことが他の人に知られるということ。

例 가 우리 회사가 경쟁사를 합병하게 됐다는 사실이 직원들한테는 아직 알려지면 안 되니까 입조심하세요.

A: わが社がライバル会社を合併することになったという事実が社員たちにはまだ知られてはいけないので、気をつけてください。

나 벌써 **말이 난** 것 같습니다. 몇몇 직원들은 알고 있더라고요.

B: もう噂になってますよ。何人かの社員は知っていました。

「말이 난 김에 얘기하는데 (言葉が出たついでに話すけど)」あるいは「말이 났으니까 말인데 (言葉が出たから話すけど)」の形で使われ、誰かがある話を始めるときにも使う。

목숨이 왔다 갔다 하다
命が行ったり来たりする

極めて危険な状況に置かれているということ。

例 가 암벽 등반은 **목숨이 왔다 갔다 할** 정도로 위험한 것 같은데 사람들이 왜 하는지 모르겠어. 가끔 떨어져서 다치거나 죽는 사람들도 있다는데 말이야.

A: ロッククライミングは命がけで危険なようだけど、人々がなぜやるのかわからない。たまに落ちて怪我をしたり死ぬ人もいるんだって。

나 그래서 하는 거 아닐까? 위험한 만큼 스릴이 있잖아.

B: だからやるんじゃないかな？　危険なほどスリルがあるじゃん。

★☆☆ 곤

물에 빠지면 지푸라기라도 잡는다

水に溺れると藁でもつかむ

類 물에 빠지면 지푸라기라도 움켜쥔다
水に溺れると藁でもわしづかみにする

絶望的で緊急な状況になれば、その状況から抜け出すためにどんな行動でもするということ。

例 가: 여보, 기어코 그 약을 산 거예요? 그 약은 안전성이 입증이 안 돼서 위험하다고 말했잖아요.

A: あなた、ついにその薬を買ったの？　その薬は安全性が立証されていなくて危険だと言っていたじゃない。

나: 물에 빠지면 지푸라기라도 잡는다고 이 약이 어머니의 병을 낫게 할 수도 있다니까 한번 믿어 봅시다.

B: 溺れる者は藁をもつかむと言うだろ。この薬が母さんの病気を治すこともできるそうだから、一度信じてみよう。

★★☆ 곤

바람 앞의 등불

風前の灯火

非常に危うくて不安な境遇を表す。

例 가: 몇 달 동안 월급을 못 받고 있는데 집주인이 전세금까지 올려 달라고 해서 요즘 죽을 맛이에요. 전세금을 못 올려 주면 집을 비워 줘야 하는데 어쩌지요?

A: 数か月間、給料をもらえずにいるのに、家主が家賃まで上げてほしいと言ってきて、最近死ぬ思いです。家賃を上げなかったら家を空けなければならないのですが、どうしましょう？

나: 아이고, 바람 앞의 등불 같은 신세군요. 사장님한테 밀린 월급 좀 달라고 해 보세요.

B: うわあ、風前の灯火ですね。社長に未払いの給料をくれるように言ってみてください。

🔎 風の前の灯火はいつ消えるかわからず、ちらちらとなびく。このように状況が良くないため、ある人の運命がどうなるかわからないほど非常に緊迫した境遇に置かれているときに使う。

★☆☆ 慣

숨이 넘어가는 소리

息が切れそうな声

ひどく差し迫っていて急いで出す声を表す。

例 가: 엄마, 좀 일어나 보세요. 빨리요. 밖에서 이상한 소리가 나요.

A: お母さん、ちょっと起きて。早く。外で変な音がする。

나: 무슨 소리가 난다고 그렇게 숨이 넘어가는 소리를 하고 그래?

B: どんな音がするからってそんなに切羽詰まったような声をしているの？

🔎 予想できなかったことが起きて息もできないほど非常に急いで話すときに使う。

오도 가도 못하다

来ることも行くことも
できない

가도 오도 못하다
行くことも来ることも
できない

どうにもこうにもできない状態になったときに使う。

例 가: 윤아가 이번 모임에는 올 수 있대?
A: ユナが今回の集まりには来られるって？

나: 잘 모르겠어. 아버지가 며칠 전에 쓰러지셔서 병간호하느라
고 계속 오도 가도 못하고 있다고 하더라고.
B: よくわからない。お父さんが数日前に倒れて、看病のた
めにずっと身動きが取れないそうだよ。

🔎 「갑자기 폭우가 쏟아져서 오도 가도 못하고 있어요. (急に暴雨が降って身
動きが取れなくなっています)」のように、ある場所から別の場所に
移動することができない状態になったときにも使う。

파리 목숨

ハエの命

他人に殺されやすいほど取るに足らない命を表す。

例 가: 산업 현장에서 또 사고가 발생했다면서요? 안전 규정이나
사고 보상 대책이 너무 부족한 것 같아요.
A: 産業現場でまた事故が発生したそうですね？　安全規定
や事故を補償する対策が非常に不足しているようです。

나: 그러게요. 사람 목숨을 파리 목숨처럼 여기고 있군요.
B: そうですね。人の命を虫けらの命のように思っています
ね。

🔎 ハエは汚くて人を煩わせるので、人々がハエの命を大切に思わないで
追い払ったり、簡単に殺したりするところから出てきた表現だ。

3 문제·문제 해결 問題・問題解決

★★★ 곤

갈수록 태산
行けば行くほど泰山

類 갈수록 심산
行けば行くほど深山

ますます厳しい状況に置かれるようになるということ。

例 가: 최근 들어 작년 우승 팀의 성적이 부진한데 이번 시즌에도 우승이 가능하다고 보십니까?

A: 最近になって昨年の優勝チームの成績が低迷していますが、今シーズンも優勝できると思いますか？

나: 글쎄요. 갑자기 교체된 감독이 아직 선수들과 호흡이 맞지 않는 데다가 선수들의 부상도 잇따르고 있어 갈수록 태산인 상황입니다.

B: そうですね。急に交代した監督がまだ選手たちと呼吸が合っていないうえに、選手たちの負傷も相次いでおり、一難去ってまた一難という状況です。

🔎 あることや状況が順調に進まず、だんだん難しくなるときに使う。似たような意味で「산 넘어 산이다（山を越えて山だ）」を使うこともある。

★★★ 관

골치가 아프다
頭が痛い

類 골머리가 아프다
頭が痛い

ある物事や事態を解決するのが面倒だったり難しかったりするということ。

例 가: 화장실과 집안 곳곳에 곰팡이가 생겨서 어떻게 없애야 할지 골치가 아파요.

A: トイレや家のあちこちにカビが生えてきて、どうやって取り除いたらいいのか頭が痛いです。

나: 이번 주말에 같이 대청소를 합시다. 곰팡이가 있으면 냄새도 심하고 피부에도 안 좋으니까 빨리 없애는 게 좋겠어요.

B: この週末に一緒に大掃除をしましょう。カビがいるとにおいもひどいし、肌にもよくないから早くなくしたほうがいいですね。

✏️ 「골치」は頭を俗に指す言葉だ。

★☆☆ 慣

굴레를 벗다
面繋を脱ぐ

拘束や統制から脱し、自由になるということ。

例 가: 조선 시대에는 신분의 굴레를 벗기 위해 노비들이 끊임없이 도망을 갔다고 해요.

A: 朝鮮時代には身分の縛りから脱するために奴婢たちが絶えず逃げていったそうです。

나: 얼마나 자유로운 세상에서 살고 싶었겠어요?

B: どれほど自由な世界で暮らしたかったことでしょう？

🖉 「굴레」はもともと手綱にかけて縛る紐という意味だが、ここでは自由でないことや何かに拘束されていることの意味で使われている。

🔎 誰かを自由に活動できないように拘束するときは「굴레를 씌우다 (面繋をかける)」を使う。

★★★ 동

내 코가 석 자
自分の鼻が三尺

類 제 코가 석 자
自分の鼻が三尺

自分の身の上に差し迫った困難のために、他の人を助ける余裕がないということ。

例 가: 태현아, 내일까지 보고서를 제출해야 하는데 이것 좀 도와주면 안 될까?

A: テヒョン。明日までに報告書を提出しなければならないんだけど、これちょっと手伝ってくれない？

나: 나도 내 코가 석 자야. 내일까지 마감해야 할 과제가 한가득 있거든.

B: 僕も自分のことで精一杯なんだよ。明日までに終えなければならない課題がいっぱいあるんだ。

🔎 「자 (尺)」は長さの単位だが、一尺は約30cmほどなので「석 자 (三尺)」は約100cm程度になる。自分の鼻水が三尺ほども長く出て拭けない状況で、他の人を心配したり助けたりする余力がないときに使う。

★★★ 慣

발목을 잡히다
足首をつかまれる

あることに縛られて抜け出せないということ。

例 가: 승원 씨, 주말에 마크 씨 결혼식에 갈 거예요?

A: スンウォンさん、週末にマークさんの結婚式に行くんですか？

나: 아무래도 회사 일에 발목을 잡혀서 못 갈 것 같아요. 지원 씨가 제 대신 축의금 좀 전해 주세요.

B: どうやら会社の仕事に縛られて行けなさそうです。ジウォンさんが私の代わりにご祝儀を渡してください。

🔎 ある人や事のせいで他のことが全くできないときに使う。似たような意味で「발목이 잡히다 (足首がつかまれる)」も使い、誰かをあることから抜け出せないようにするときは「발목을 잡다 (足首をつかむ)」を使う。

10 状況・状態

❸ 問題・問題解決　**281**

★★☆ 慣

발이 묶이다
足が縛られる

身動きが取れなかったり、何もできない状況になるということ。

例 가: 눈이 언제까지 올까? 몇 시간째 **발이 묶여** 산을 못 내려가고 있으니 답답하네.
A: 雪はいつまで降るのかな？ 何時間も足止めされて山を下りられないでいるからもどかしいね。

나: 그러게나 말이야. 그래도 아까보다는 눈이 좀 적게 내리니 조금만 더 기다려 보자.
B: その通りだね。それでも、さっきよりは雪がちょっと少なくなったからもう少しだけ待ってみよう。

💡 「투수가 타자들의 발을 묶어 버렸다. (投手が打者の足を縛ってしまった)」のように他の人がある行動を取れないようにするときは「발을 묶다 (足を縛る)」を使う。

★★☆ 慣

벼랑에 몰리다
崖に追い込まれる

危険な状況に陥ったり置かれたりするときに使う。

例 가: 계속되는 경기 침체로 우리 같은 자영업자들이 **벼랑에 몰려** 있는데 해결 방법은 없고 정말로 답답하네요.
A: 長引く景気の低迷で私たちのような自営業者が崖っぷちに立たされているのに、解決方法がなくて本当にもどかしいですね。

나: 맞아요. 차라리 폐업을 하는 게 나을 것 같아요.
B: そうですよ。いっそ廃業した方がましな気がします。

💡 似たような意味で「구석에 몰리다 (隅に追い込まれる)」、「벼랑 끝에 몰리다 (崖の端に追い込まれる)」、または「벼랑에 서다 (崖に立つ)」を使うこともある。

★★★ 慣

벽에 부딪치다
壁に突き当たる

障害や困難に遭遇したときに使う。

例 가: 이번에 소방 공무원 시험에서 서류 합격자 중 40%가 체력 시험에서 떨어졌대요.
A: 今回の消防公務員試験で、書類合格者のうち40%が体力試験で落ちたそうです。

나: 어려운 서류 전형에 통과하고도 체력의 **벽에 부딪쳐서** 합격을 못 했으니 떨어진 사람들은 너무 안타깝겠어요.
B: 難しい書類選考を通過しても体力の壁にぶつかって合格できなかったので、落ちた人たちはとても歯がゆいでしょう。

✏️ 「벽 (壁)」は家や部屋の周りを堅く塞いでいる部分という意味だが、ここでは耐え難い事実や状況という意味で使われている。

★☆☆ 慣

빼도 박도 못하다

抜きも差しもできない

ひどく困ったことになって、続けることもやめることもできないということ。

例 가: 얼마 전에 집 근처에 있는 헬스클럽 1년 회원권을 끊었는데 지방으로 전근을 가게 됐어요. 취소나 환불도 안 되고 빼도 박도 못하는 상황이 돼 버렸어요.

A: 先日、家の近くにあるジムの1年会員権を買ったのですが、地方に転勤することになりました。キャンセルや払い戻しもできず、抜き差しならない状況になってしまいました。

나: 다른 사람에게 양도하는 것도 안 돼요? 한번 알아보세요.

B: 他の人に譲渡するのもだめですか？ 一度調べてみてください。

🔎 어떤 것을 계속하는 것도 중단하는 것도 애매하여, 계속할지 여부를 판단하기 어려울 때 쓴다. 本来は「빼지도 박지도 못하다」だったが、「빼도 박도 못하다」という形で固まって使われている.

★☆☆ 慣

숨이 가쁘다

息が苦しい

少しの余裕もなく、とても忙しかったり差し迫ったりしているということ。

例 가: 교수님께서 다음 주부터 새로운 프로젝트를 시작하자고 하시네.

A: 教授が来週から新しいプロジェクトを始めようとおっしゃっていますね。

나: 지금 하고 있는 일만으로도 숨이 가쁜데 또 새 프로젝트를 시작한다는 말이야?

B: 今やっていることだけでも精一杯なのに、また新しいプロジェクトを始めるということ？

🔎 「2주 후에 있는 공무원 시험만 생각하면 숨이 가빠져요. (2週間後にある公務員試験のことを考えるだけでも息が苦しくなります)」のように、あることに抑圧されて非常にもどかしさを感じるときにも使う.

★☆☆ 慣

숨통을 틔우다

息の根を開く

障害になっていたことを解決するということ。

例 가: 출퇴근 시간도 아닌데 길이 왜 이렇게 막히죠?

A: 通勤時間でもないのに、道がどうしてこんなに混んでいるんですか？

나: 아까 라디오에서 들었는데 상습적으로 막히는 구간의 숨통을 틔우기 위해 시에서 도로 개선 공사를 시작했대요.

B: さっきラジオで聞いたんですけど、常習的に渋滞する区間を通すために市が道路改善工事を始めたそうです。

🔎 「정부가 자금을 지원하면서 중소기업들의 숨통이 조금은 트이게 되었다. (政府が資金を支援しながら、中小企業の息の根が少しは開けるようになった)」のように、息苦しい状況から抜け出したときは「숨통이 트이다 (息の根が開ける)」を使う.

★★★ㄹ

가는 날이 장날
行った日が市の日

類 가던 날이 장날
行った日が市の日

何かをしようとしたら、偶然にも思いがけないことが起きるということ。

例 가: 찜질방에 간다더니 왜 그냥 와요?
　A: サウナに行くと言ってたのに、どうしてそのまま帰ってきたんですか？

　나: 가는 날이 장날이라고 오늘부터 3일 동안 내부 수리를 한대요.
　B: 行った日が市の日だと、今日から3日間内部の修理をするそうです。

🔎 主に、計画したことが予想できなかったことにぶつかって徒労に終わったときに使う。

☆☆☆慣

같은 물에 놀다
同じ水で遊ぶ

人々が同じ環境で付き合いながら同じ行動をするということ。

例 가: 지훈아. 친구를 사귈 때는 항상 조심해야 돼. 나쁜 친구들과 같은 물에 놀다가는 나중에 분명히 후회하게 될 테니까.
　A: ジフン、友達を作るときはいつも気をつけないと。悪い友達と一緒に遊んでいたら、後できっと後悔することになるから。

　나: 알겠어요. 아버지. 저도 이제 고등학생이라 그 정도는 알아요. 걱정하지 마세요.
　B: わかりました、お父さん。僕ももう高校生なので、そのくらいはわかっています。心配しないでください。

★☆☆ 慣

구색을 맞추다
品揃えを整える

いろいろなものがまんべんなく揃うようにすること。

例 가: 우와! 집안을 정말 잘 꾸미셨네요. 이사하고 이렇게 꾸미느라 고생 많으셨겠어요.

A: うわー！ 家の中を本当にきれいに飾りましたね。引っ越ししてこんなにきれいにして、本当にお疲れ様でした。

나: 네. 결혼하고 처음 장만한 집이라 구색을 맞추려고 신경을 좀 썼어요.

B: はい。結婚して初めて購入した家なので、いろいろ取り揃えようと少し気を使いました。

🔍 あることを素晴らしくするよう手配したり、形式に合うように気を遣ったりするときに使う。一方、いろいろなものが揃っているときは「구색이 맞다 (品数が揃う)」を使う。

★☆☆ 慣

귀청이 떨어지다
鼓膜が落ちる

類 귀청이 찢어지다
鼓膜が破れる
귀청이 터지다
鼓膜が裂ける

音が非常に大きいときに使う。

例 가: 왜 그렇게 기진맥진해 있어요?

A: どうしてそんなに疲労困憊しているんですか？

나: 아이들이 얼마나 시끄럽게 떠드는지 온종일 귀청이 떨어지는 줄 알았어요. 아이들이 잠이 드니까 좀 살겠네요.

B: 子どもたちが一日中とてもうるさく騒ぐので、鼓膜が破れるんじゃないかと思いました。子どもたちが眠りについたので少しは落ち着きそうですね。

✏️ 「귀청 (鼓膜)」は音を聞けるようにする耳穴の内側の薄い膜をいう。

🔍 「귀청이 떨어질 것 같으니까 좀 조용히 해 주세요. (鼓膜が破れそうなので少し静かにしてください)」のように、ある音が大きすぎて聞きたくないので、少し声を小さく話したり静かにしてほしいと言うときにも使う。

★☆☆ 慣

그림자 하나 얼씬하지 않다
影一つちらつかない

ある場所に人が誰も現れないときに使う。

例 가: 오늘 날씨가 너무 추우니까 가게에 그림자 하나 얼씬하지 않네요.

A: 今日はとても寒いので、店に誰も来ないですね。

나: 그러네요. 오늘은 일찍 문 닫고 우리도 집에 가서 쉽시다.

B: そうですね。今日は早く店を閉めて、私たちも家に帰って休みましょう。

✏️ 「얼씬하다 (ちらっとする)」は目の前に少し現れてはいなくなることをいう。

❹ 雰囲気・環境　**285**

★★☆ 慣

기가 살다
気が生きる

勢いが上がって自信が湧いてくるということ。

例 가: 저 아이 좀 봐. 조금 전까지 발표를 잘 못하고 더듬거리더니
　　자기 엄마가 오니까 기가 살아서 발표를 잘하네.
　　A: あの子ちょっと見て。ついさっきまで発表が上手くでき
　　なくてたどたどしかったのに、お母さんが来たら意気揚々
　　として上手になったね。

　　나: 그러게. 엄마 얼굴을 보니까 갑자기 자신감이 생겼나 봐.
　　B: そうだね。お母さんの顔を見たから、急に自信がついた
　　みたい。

🔎 勇気や勢いが消えたり弱くなったりするときは「기가 죽다 (気が死
ぬ)」を使う。

★☆☆ 慣

기를 펴다
気を広げる

抑圧されて厳しい状況から抜け出して、心の自由を取り
戻すということ。

例 가: 이렇게 젊은 나이에 성공하신 비결이 무엇입니까?
　　A: これほど若くして成功された秘訣は何ですか？

　　나: 저희 아버지께서 가난하면 기를 펴고 살기 어려우니 열심히
　　일해야 한다고 하셔서 그 말씀에 따라 살다 보니 성공이
　　따라오더라고요.
　　B: 私の父が貧しいと安心して生きづらいから一生懸命働か
　　なければならないと言っていて、その言葉に従って生き
　　ていたら成功が伴いました。

★★☆ 慣

꼼짝 못 하다
びくともできない

他人の力に押さえつけられて気楽ではいられないという
こと。

例 가: 우리 아버지는 아들인 나한테는 엄격하신데 딸인 동생한테는
　　꼼짝 못 하셔.
　　A: うちの父は息子の僕には厳しいのに、娘である妹には何
　　も言えない。

　　나: 보통 아버지들이 딸한테 약하시잖아.
　　B: 普通、父親たちは娘に弱いものよ。

🔎 強調するときは「꼼짝도 못 하다 (びくともできない)」あるいは「꼼쩍
도 못 하다 (びくりともできない)」を使う。

286 분위기·여건

★★★ 관

꿩 대신 닭
キジの代わりに鶏

適当なものがなければ、それと似たものを代わりに使うということ。

例 가: 오늘은 연우가 다리를 다쳐서 경기에 나갈 수가 없으니 네가 대신 나가야겠다.

A: 今日はヨヌが脚を怪我して試合に出られないから、あなたが代わりに出ないと。

나: 꿩 대신 닭이라는 말씀이죠? 그래도 열심히 뛰어 보겠습니다.

B: キジの代わりに鶏ということですよね？ それでも一生懸命走ってみます。

🔎 キジは肉の味が良くてさまざまな料理にして食べられたが、旧正月の朝にトックク (お雑煮) を作るときもキジ肉でスープを煮出した。しかし、キジを手に入れることができなかった家ではキジの代わりに鶏を捕まえてスープを煮出したが、ここから由来した表現だ。

★☆☆ 慣

날개를 펴다
翼を広げる

考えや感情、力などを自由に力強く広げること。

例 가: 선생님, 저 그림을 보고 제 느낌대로 글을 쓰면 되는 거지요?

A: 先生、あの絵を見て私の感じるままに文章を書けばいいんですよね？

나: 네. 마음껏 상상의 날개를 펴서 글을 써 보세요.

B: はい。心ゆくまで想像の翼を広げて文章を書いてみてください。

🔎 主に「상상의 날개를 펴다 (想像の翼を広げる)」としてよく使われ、文学作品などでは「나래를 펴다 (翼を広げる)」を使うこともある。

★☆☆ 慣

눈이 많다
目が多い

見ている人が多いということ。

例 가: 여기는 보는 눈이 많으니 좀 조용한 데 가서 얘기하는 게 어때요?

A: ここは人目が多いので、少し静かなところに行って話すのはどうですか？

나: 좋아요. 조금만 걸어가면 조용한 카페가 있으니 거기로 가요.

B: いいですよ。少し歩くと静かなカフェがあるので、そこに行きましょう。

🔎 普通「보는 눈이 많다 (見ている目が多い)」の形で使う。

★☆☆ 🔵

뛰어야 벼룩
跳んでもノミ

いくら逃げようとしても、遠く逃れることはできないということ。

例 가: 엄마, 제가 여기에 있는 것을 어떻게 알고 찾아오셨어요?
　　A: お母さん、僕がここにいることをどうやって知って訪ねてきたの?

　　나: 네가 뛰어야 벼룩이지. 엄마가 너 있는 데를 못 찾겠니?
　　B: あなたは跳んでもノミじゃない。お母さんがあなたのいるところを見つけられないとでも?

🔍 ノミは体長が2〜4mm程度しかない非常に小さな昆虫だ。したがって、いくら跳ねても遠くに行けないため、人の目にはあまり差がないように見えるということだ。似たような意味で「뛰어 보았자 부처님 손바닥 (跳んでみたところで仏様の手のひら)」を使うこともある。

★☆☆ 🟠

멍석을 깔다
むしろを敷く

🔶 멍석을 펴다
　　むしろを広げる

誰かにやりたいようにやれる機会を与えたり、場を設けたりすること。

例 가: 그렇게 노래를 부르고 싶다고 하더니 왜 노래방에 오니까 가만히 있어?
　　A: あんなに歌いたいって言ってたのに、なんでカラオケに来たらじっとしてるの?

　　나: 정말 노래하고 싶었는데 막상 멍석을 깔아 주니까 부끄러워서 못하겠어.
　　B: 本当に歌いたかったのに、いざ場を設けられると恥ずかしくてできない。

🔍 「멍석 (むしろ)」は藁で四角く作った大きな敷物で、普通穀物を干すのに使う。以前は宴会をしたり野外で仕事をするために、まずむしろを敷かなければならなかったが、ここから由来してあることをするように場を設けるときに使う。

★★☆ 🟠

물 만난 고기
水に会った魚

🔶 물 얻은 고기
　　水を得た魚

困難な状況から抜け出し、良い状況に出会ったときに使う。

例 가: 지훈이는 다른 과목 수업을 들을 때는 조용한데 체육 시간만 되면 활발해져.
　　A: ジフンは他の科目の授業を受けるときは静かだけど、体育の時間になると活発になるね。

　　나: 지훈이가 운동을 잘하잖아. 그러니까 체육 시간에는 물 만난 고기가 되는 거지.
　　B: ジフンは運動が上手じゃん。だから体育の時間には水を得た魚になるんだよ。

🔍 魚は水にいてこそあちこち自由に泳いで回ることができる。このように誰かが自分と合う状況で活発に活動し、自分の能力を発揮するときに使う。

★☆☆ 慣

봄눈 녹듯
春の雪が解けるよう

(類) 봄눈 슬듯
春の雪がなくなるよう

ある感情や考えがすぐ消えてなくなるということ。

(例) 가: 할아버지께서 조금 전까지 화를 내시더니 지금은 웃고 계시네.
A: おじいちゃんがさっきまで怒っていたのに、今は笑ってるね。

나: 막내가 할아버지하고 같이 있잖아. 할아버지께서는 화를 내시다가도 막내만 옆에 있으면 봄눈 녹듯 화가 풀리셔.
B: 末っ子がおじいちゃんと一緒にいるじゃない。おじいちゃんは怒っていても、末っ子さえそばにいると春の雪が解けるかのように怒りが鎮まるのよ。

✎ 春は気温が高くて雪が降ってもすぐに解けてなくなる。このようにあるものが早く消えてしまうときに使い、主に「봄눈 녹듯 하다 (春の雪が解けるようだ)」を使う。

★☆☆ 慣

씨가 마르다
種が尽きる

あるものが一つ残らずすべてなくなるということ。

(例) 가: 요즘 이 근처 아파트 시세가 어떻게 되나요?
A: 最近、この近くのアパートの相場はどうなっていますか？

나: 아파트 물량이 씨가 마르다 보니까 가격도 하루가 다르게 치솟고 있어요.
B: アパートの物量が枯渇しているので、価格も日に日に高騰しています。

✎ 何かを一つも残さずすべてなくすときは「씨를 말리다 (種を尽かす)」を使う。

★★☆ 慣

엉덩이가 근질근질하다
尻がむずむずする

一か所でじっと座っていたり、留まっていたりできず、しきりに動きたがっているということ。

(例) 가: 가만히 좀 있어. 정신없게 왜 그렇게 돌아다녀?
A: じっとしてて。どうしてそんなに忙しなく歩き回っているの？

나: 밖에 나가고 싶어서 엉덩이가 근질근질해서 그래. 하루 종일 집에만 있으니까 너무 심심해.
B: 外に出たくて、うずうずしているからだよ。一日中家にいるからとても退屈。

✏ 「근질근질하다 (むずむずする)」は本来、何かが肌に触れてかゆい感じがするという意味だが、ここではあることがしたくて我慢できないという意味で使われている。

★★☆ 慣

열을 올리다

熱を上げる

類 열을 내다
熱を出す

あることに熱中したり、懸命に働くときに使う。

例 가: 최근 한국 기업들이 새로운 시장 개척에 열을 올리고 있다고
　　합니다.
　　A: 最近、韓国企業が新しい市場開拓に熱を上げているとい
　　うことです。

　　나: 아무래도 국내 시장만으로는 한계가 있으니까 해외 시장을
　　개척하려고 애쓰는 것 같습니다.
　　B: どうやら国内市場だけでは限界があるので、海外市場を
　　開拓しようと努力しているようです。

🔎 「왜 그렇게 열을 올리면서 말하고 있어? (なんでそんなに熱を上げて話
してるの?) 」のように誰かがとても興奮して怒っているときにも使
う。

★★☆ 慣

오금이 쑤시다

膝の裏がうずく

何かをしたくてじっとしていられないということ。

例 가: 큰아이가 아까부터 놀이터만 쳐다보고 있네요.
　　A: 上の子がさっきから遊び場ばかり見つめていますね。

　　나: 친구들하고 놀고 싶어서 오금이 쑤실 거예요. 감기에 걸려서
　　못 나가게 했거든요.
　　B: 友達と遊びたくてうずうずしているんでしょう。風邪を
　　ひいたので、外に出られないようにしたんですよ。

✏️ 「오금」は膝が曲がる内側の部分をいう。

★★☆ 慣

자기도 모르게

自分も知らないうちに

無意識のうちに自然と何かをするときに使う。

例 가: 할머니, '잠꼬대'가 뭐예요?
　　A: おばあちゃん、「寝言」って何ですか?

　　나: '잠꼬대'는 사람이 잠을 자면서 자기도 모르게 하는 소리를
　　말하는 거야.
　　B: 「寝言」は人が寝ながら自分でも知らないうちに話す言葉
　　のことだよ。

🔎 誰かが自分自身も気づかないうちに機械的または習慣的にあることを
するときに使う。

주눅이 들다
気後れがする

類 주눅이 잡히다
気後れがつかまれる

怖気づいたり恐れたりしてのびのびとできず縮こまるということ。

例 가: 회사 면접을 보러 갔는데 다른 사람들이 모두 영어를 잘해서 주눅이 들더라고.
A: 会社の面接を受けに行ったけど、他の人たちはみんな英語が上手で気後れした。

나: 면접에 온 사람들 모두 너처럼 생각했을 거야. 잘될 테니까 자신감을 가져.
B: 面接に来た人たちはみんなあなたのように思ったでしょう。うまくいくから自信を持って。

✐ 「주눅 (気後れ)」は気を張れずに縮こまる態度をいう。

쥐 죽은 듯
ネズミが死んだよう

非常に静かな状態を表すときに使う。

例 가: 밤 9시밖에 안 됐는데 동네가 쥐 죽은 듯이 조용하네요.
A: 夜9時にしかなっていないのに、町がネズミが死んだように静まり返っていますね。

나: 여기에는 노인분들이 많이 사셔서 이 시간만 돼도 조용해져요.
B: ここにはお年寄りの方々がたくさん住んでいて、この時間でも静かになります。

🔎 昔は家の天井にネズミがたくさん住んでいて、このネズミたちがうるさくすると棒で天井をつついた。するとネズミたちが突然死んだように静かになったが、ここから出てきた表現だ。主に「쥐 죽은 듯이 (ネズミが死んだように)」の形で使う。

찬바람이 일다
冷たい風が起こる

愉快だった心や雰囲気などが殺伐となるということ。

例 가: 회의 잘 끝났어요? 분위기는 괜찮았어요?
A: 会議は無事に終わりましたか？ 雰囲気は大丈夫でしたか？

나: 괜찮기는요. 기획서를 이렇게밖에 못 쓰냐는 부장님의 말에 찬바람이 일었어요.
B: 大丈夫だなんて。企画書をこんな風にしか書けないのかという部長の言葉で場が凍りつきました。

🔎 「윤아가 저하고 다툰 후에 저를 볼 때마다 찬바람을 일으키며 쌀쌀맞게 대해요. (ユナが私と喧嘩した後、私を見るたびに冷たい風を起こして冷たく接します)」のように、誰かが他の人にそっけなく冷たい態度を見せるときは「찬바람을 일으키다 (冷たい風を起こす)」を使う。

★★★ 慣

하늘을 찌르다
天を衝く

ある勢いがすさまじいということ。

例 가: 제시카 씨도 이 아이돌을 좋아해요? 요즘 이 아이돌의 인기
가 하늘을 찌를 듯하던데요.
A: ジェシカさんもこのアイドルが好きですか？　最近、こ
のアイドルの人気が (天を衝くほど) すごいです。

나: 네, 저도 해외 콘서트까지 따라다닐 정도로 열성 팬이에요.
B: はい、私も海外コンサートまで追いかけるほどの大ファ
ンです。

🔍 人気、士気、意気込みなどの勢い、あるいは怒り、敵愾心などの感情
が非常に強いことを誇張して表現するときに使う。一方、「소나무가
하늘을 찌를 듯이 자라 있었다. (松の木が天を衝くように育っていた)」
のように山や木、建物などが非常に高くそびえているときにも使う。

★★☆ 慣

활개를 치다
大手を振る

ある否定的な物事が盛んになっているということ。

例 가: 요즘 SNS를 이용해 주식에 투자하면 큰돈을 벌 수 있다면서
개인 투자자들을 유혹하는 불법 투자 업체가 활개를 치고
있습니다.
A: 最近、SNSを利用して株式に投資すれば大金を稼ぐこと
ができるとし、個人投資家を誘惑する不法な投資業者が
横行しています。

나: 시청자 여러분께서도 피해를 입지 않도록 주의하시기 바랍니
다.
B: 視聴者の皆さんも被害に遭わないように注意してくださ
い。

✏️ 「활개 (大手)」は人の肩から腕までの部分あるいは鳥の大きく広げた
両翼を意味する。

☆☆☆ 慣

활개를 펴다
大手を広げる

人の顔色をうかがわずに堂々と行動するということ。

例 가: 김 과장님, 이번에 과장으로 승진하신 것을 정말 축하드립니다.
A: キム課長、このたびの課長への昇進、本当におめでとう
ございます。

나: 고맙습니다. 오랫동안 승진을 못해 기가 죽었었는데 이제는
활개를 펴고 회사 생활을 할 수 있겠습니다.
B: ありがとうございます。長い間昇進できなくて気が引け
ていたんですが、今はもう大手を広げて会社生活を送れ
るようになります。

시간·거리

時間・距離

Track 43

★★☆ 慣

갈 길이 멀다
行く道が遠い

類 앞길이 멀다
前途が遠い

これから生きていく日々がたくさん残っているということ。

例 가: 요즘 사는 게 너무 힘들어서 다 포기하고 싶어요.
A: 最近生きるのがとても大変で、全部放棄したいです。

나: 그게 무슨 말이니? 너는 앞으로 갈 길이 머니 희망을 가지고
살아야지.
B: それはどういう意味？　あなたはまだこれからが長いんだ
から、希望を持って生きなきゃ。

🔎 「이 수학 문제집 다 풀려면 갈 길이 멀었는데 너무 졸려. (この数学の問題
集をすべて解くには先が遠いのにとても眠い)」のように、あることを
終えるために今後しなければならないことがたくさん残っていると話
すときにも使う。

★★★ 慣

눈 깜짝할 사이
目を瞬く間

類 눈 깜짝할 새
目を瞬く間

非常に短い瞬間を表す。

例 가: 우와! 우리 몇 년 만에 다시 만난 거니? 정말 반갑다.
A: うわ！　私たち、何年ぶりにまた会えたの？　本当に嬉しい。

나: 못 만난 지 10년은 더 된 것 같은데? 눈 깜짝할 사이에
10년이란 세월이 흘러 버렸어.
B: 会えなくなってから10年は経ったと思うけど？　あっと
いう間に10年という歳月が流れてしまったね。

🔎 普通は「눈 깜짝할 사이에 (あっという間に)」の形で使う。

★★★ 慣

눈코 뜰 사이 없다
目も鼻も開ける間がな
い

正気を保てないほど非常に忙しいということ。

例 가: 눈코 뜰 사이 없이 바빴던 한 해가 서서히 저물어 가네요.
A: 息をつく暇もないほど忙しかった一年が徐々に暮れていき
ますね。

나: 그러게요. 너무 바쁘게 살아서 한 해가 어떻게 지나갔는지
모르겠어요.
B: そうですね。忙しくしすぎて一年がどのように過ぎていっ
たのかわかりません。

✏️ 「눈코 (目と鼻)」は魚を捕まえる網のことで、網の間の結び目を鼻とい
い、鼻と鼻をつないで作った穴を目という。

🔎 網で魚を獲った後に再び使うためには、網を手入れしなければならな
い。ところが、魚の群れが押し寄せてきて網の目と鼻を手入れする間
もなく、再び魚を獲らなければならない状況が生じるときがあるが、
ここから由来した表現だ。短く「눈코 뜰 새 없다 (目も鼻も開ける間が
ない)」を使うこともある。

★★★ 慣
발등에 불이
떨어지다
足の甲に火が落ちる

類 발등에 불이 붙다
足の甲に火がつく

あることや状況が目の前に近づいて、とても差し迫っているということ。

例 가: 기말 보고서 드디어 다 썼다! 너는 다 끝냈어?
　　A: 期末報告書をついに書き終えた！　あなたは全部終わった？

　　나: 아직 반도 못 썼어. 마감 시간이 얼마 안 남았는데 큰일이네. 나는 왜 매번 발등에 불이 떨어져야 시작하는지 모르겠어.
　　B: まだ半分も書けてない。締め切りまで残りわずかなのに大変なことになった。僕はどうして毎回、尻に火がついてからじゃないと始められないのかなあ。

🔎 決められた期限があまり残っていないのに、何かを始めてもいなかったり、全部できなかったときに使う。

★☆☆ 慣
분초를 다투다
分秒を争う

あることが差し迫っていて急ぐということ。

例 가: 저 차는 구급차가 지나가는데도 안 비켜 주네요. 왜 저럴까요?
　　A: あの車は救急車が通っているのに避けてくれないですね。どうしたんでしょう？

　　나: 그러게나 말이에요. 구급차에 탄 환자들은 분초를 다투어 빨리 병원으로 이송해야 되는데 말이에요.
　　B: 本当にね。救急車に乗った患者たちは一刻を争って早く病院に移送しなければならないのに。

✎ 「분초 (分秒)」は時間の単位である分と秒のことだが、ここでは非常に短い時間という意味で使われている。

🔎 短い時間でも惜しみながら急ぎに急ぐときに使う。一方、時間を少しも無駄にせず効果的に使うときは「분초를 아끼다 (分秒を惜しむ)」を使う。

★☆☆ 慣
엎어지면 코 닿을 데
前に倒れて鼻が触れるところ

類 넘어지면 코 닿을 데
転んで鼻が触れるところ

非常に近い距離を表す。

例 가: 다리도 아프고 날도 더운데 택시 타고 갈까?
　　A: 脚も痛いし暑いからタクシーで行こうか？

　　나: 엎어지면 코 닿을 데를 택시 타고 가자고? 그냥 걸어가자.
　　B: こんなに近い距離をタクシーで行こうって？　そのまま歩いて行こう。

🔎 倒れたときのつま先から鼻までの長さを意味するもので、非常に短い距離をたとえて話すときに使う。

★☆☆ 慣

하늘과 땅
天と地

二つの間に大きな差異があるということ。

例 가: 사랑아, 너는 언니하고 많이 닮았니?

A: サラン、君はお姉ちゃんとよく似ているの？

나: 아니. 자매인데도 신기하게 외모나 성격이 **하늘과 땅만큼이나** 달라.

B: ううん。姉妹なのに不思議なくらい外見や性格が**天と地**ほど違うの。

普通「하늘과 땅 차이 (天地の差)」あるいは「하늘과 땅만큼 다르다 (天と地ほど違う)」の形でよく使う。

★★☆ 慣

하루가 멀다고
一日が遠いと

類 하루가 멀다 하고
一日が遠いといって

ほとんど毎日のように頻繁だということ。

例 가: 요즘 **하루가 멀다고** 미세 먼지와 황사가 발생해서 정말 괴로워요.

A: 最近、ほぼ毎日のようにPM10と黄砂が発生して本当に辛いです。

나: 그러니까 말이에요. 요즘 같은 날에는 따뜻한 물을 자주 마시고 실내 습도를 높여 주는 것이 좋대요.

B: そうですね。そういう日はお湯をよく飲んで室内の湿度を高めた方がいいそうです。

一日も欠かさないほど頻繁に起きることやよくすることを話すときに使う。

★☆☆ こ

하루가 여삼추라
一日が三秋のようだから

短い時間がとても長く感じられるということ。

例 가: 매일매일 시간이 왜 이렇게 빨리 가는지 모르겠어요.

A: 毎日毎日、時間がなぜこんなに早く過ぎるのかわかりません。

나: 맞아요. 어릴 때는 **하루가 여삼추라** 시간이 안 가는 것 같더니 어른이 되고 보니 시간이 얼마나 빨리 지나가는지 모르겠어요.

B: そうですね。幼い頃は一日千秋のように感じられて時間が経っていないようでしたが、大人になってみると時間がどれほど早く過ぎていくのかわかりません。

一日がまるで三度の秋が過ぎるように長く感じられるという意味で、ある人や知らせを待つときに使う。普通、短く「하루가 여삼추 (一日が三秋のよう)」を使う。

★★☆ 慣

한시가 바쁘다

一刻が忙しい

ほんの短い時間でも惜しいほど忙しいということ。

例 가: 비행기 시간에 맞춰 공항에 가려면 한시가 바쁜데 왜 이렇게
음식이 안 나오지요?

A: 飛行機の時間に合わせて空港に行こうと一刻を争ってい
るのに、どうして料理が出てこないんですか？

나: 식당에 손님이 너무 많아서 그런가 봐요. 주문한 거 취소하고
공항에 가서 먹을까요?

B: 食堂にお客さんが多すぎるからかもしれません。注文を
キャンセルして、空港に行ってから食べましょうか？

✐ 「한시 (一刻)」は、つかの間を意味する。

🔍 少しの余裕もないほど非常に忙しい状況を強調して話すときに使い、
似たような意味で「한시가 급하다 (一刻が急を要する)」も使う。

6

흥미 | 興味

Track 44

★★☆ 慣

각광을 받다
脚光を浴びる

類 각광을 입다
脚光をまとう

多くの人々の関心や興味、人気などを得ること。

例 가: 지금 광고에 나오는 영화가 올해 아카데미 작품상을 받으면서 전 세계적으로 각광을 받고 있대요.
A: 今広告に出ている映画が今年アカデミー作品賞を受賞し、全世界的に脚光を浴びているそうです。

나: 그래요? 무슨 내용인데요?
B: そうですか？　どんな内容ですか？

◯ 演劇やコンサートの舞台を見ると、前方の下部に照明が設置されていて、この照明で照らす光を「각광 (脚光)」という。これが社会的関心や興味という意味に変わり、何かが多くの人々から注目を集めるときに使う。

★☆☆ 慣

구름같이 모여들다
雲のように集まってくる

多くの人々が一気にある場所に集まってくるということ。

例 가: 백화점에서 명품 세일을 한다고 하니까 사람들이 구름같이 모여들었네요.
A: 百貨店でブランド品のセールをするというから、人々が雲霞のごとく集まってきましたね。

나: 그러니까요. 문을 열기도 전인데 벌써 줄을 길게 서 있네요. 일찍 오기를 잘했어요.
B: そうですね。店を開ける前なのに、もう長い列が並んでいますね。早めに来てよかったです。

★☆☆ 慣

구미를 돋우다
□味をかき立てる

あることに人々の関心を持たせるということ。

例 가: 저 광고는 사람들의 구미를 돋우게 잘 만든 것 같아. 나도 당장 저 물건이 사고 싶어지네.

A: あの広告は人々の興味をそそるようによく作られていると思う。僕も今すぐあの品を買いたくなる。

나: 괜히 사고 싶으니까 광고 핑계 대는 거지?

B: ただ買いたいからって広告を言い訳にしてるんだよね？

🔎 ある物事に欲や興味が生じるときは「구미가 당기다 (興味がわく)」あるいは「구미가 돌다 (興味が回る)」を使う。

★☆☆ 慣

귓전을 울리다
耳元を鳴らす

音が近いところからしているように聞こえるということ。

例 가: 아이가 아프다고 하지 않았어요? 아직 일이 안 끝나서 어떡해요?

A: お子さんが具合が悪いと言っていませんでしたか？　まだ仕事が終わっていないのに、どうされるんですか？

나: 안 그래도 조금 전에 집에 전화했는데 아이의 울음소리가 귓전을 울리더라고요. 빨리 일을 끝내고 퇴근해야겠어요.

B: ただでさえさっき家に電話したら、子どもの泣き声が耳元に響いたんです。早く仕事を終えて退勤しなければなりません。

🔎 ある音が耳に大きく聞こえるときは「귓전을 때리다 (耳元を叩く)」を使う。

★☆☆ 慣

눈과 귀가 쏠리다
目と耳が傾く

何かに関心があって集中して見たり聞いたりするということ。

例 가: 정부가 또 새로운 교육 정책을 발표한다고 하니 자녀를 둔 부모들은 거기에 눈과 귀가 쏠릴 수밖에 없겠어요.

A: 政府がまた新しい教育政策を発表するというので、子どもを持つ親たちはそれに注目するしかないでしょう。

나: 이번에는 좀 장기적인 교육 정책이 발표되면 좋겠어요.

B: 今度は少し長期的な教育政策が発表されるといいですね。

🖉 「쏠리다 (傾く)」は本来、何かが傾いて一方に集まるという意味だが、ここでは視線や心が一方に集中するという意味で使われている。

★★☆ 慣

눈길을 모으다
視線を集める

類 눈길을 끌다
　 視線を引く

人々の視線を集中させること。

例 가: 시청 앞 광장에 세워진 커다란 크리스마스트리가 지나가는
　　 사람들의 눈길을 모으고 있네요.
　A: 市役所前の広場に建てられた大きなクリスマスツリーが、
　　 通りすがりの人たちの視線を集めていますね。

　나: 그러게요. 이렇게 높은 건물에서 내려다보니 마음이 따뜻해지
　　 고 평안해지는 것 같아요.
　B: そうですね。こんなに高い建物から見下ろすと心が暖か
　　 くなって安らぐようです。

✐ 「눈길 (視線)」はもともと目で見る方向という意味だが、ここでは注
　意や関心という意味で使われている。

🔍 普通「사람들의 눈길을 모으다 (人々の視線を集める)」あるいは「대중
　들의 눈길을 모으다 (大衆の視線を集める)」という形で使う。

★★☆ 慣

눈에 띄다
目につく

ある事実が目立つように現れるということ。

例 가: 연휴 기간이라 그런지 시내에 차가 눈에 띄게 줄었어요.
　　 모처럼 차가 안 막히니 운전할 맛이 나요.
　A: 連休期間だからか市内の車が目に見えて減りました。久
　　 しぶりに渋滞していないから運転するのが楽しいです。

　나: 그렇지요? 그렇다고 과속은 하지 마세요.
　B: そうですよね？　だからといってスピード違反はしない
　　 でください。

✐ 「띄다」は「뜨이다 (目に見える)」の縮約形で、他のものよりはるかに
　目立つという意味だ。

🔍 普通は肯定的なことが目立つときに使うが、「최근 독감 환자 수의 증가
　가 눈에 띕니다. (最近インフルエンザの患者数の増加が目立ちます)」
　のように、否定的なことが目立つときにも使うことができる。

★☆☆ 慣

눈에서 벗어나다
目から逃れる

誰かの監視や拘束から脱して自由になるということ。

例 가: 무슨 영화를 그렇게 재미있게 보고 있어요?
　　 A: 何の映画をそんなに面白そうに見ているのですか？

　　 나: 억울하게 감옥에 갇힌 죄수가 탈출을 시도하는 영화예요.
　　　　 죄수가 간수들의 눈에서 벗어날 때마다 몰래 탈출할 구멍을
　　　　 파는데 걸릴까 봐 심장이 떨려요.
　　 B: 濡れ衣を着せられて刑務所に入れられた囚人が脱出を試
　　　　 みる映画です。囚人が看守の目から逃れるたびに、こっ
　　　　 そり脱出する穴を掘っていて、見つかるのではないかと
　　　　 ハラハラします。

✎ 「벗어나다 (逃れる)」はもともと空間的な範囲や境界の外に抜け出るという意味だが、ここでは拘束や制限から放たれて自由になるという意味で使われている。

★★★ 慣

담을 쌓다
塀を築く

ある物事に全く関心を持たないということ。

例 가: 오빠, 내일부터 나하고 같이 운동할래?
　　 A: お兄ちゃん、明日から私と一緒に運動する？

　　 나: 난 오래전부터 운동과는 담을 쌓았으니까 너 혼자 해.
　　 B: 僕はずっと前から運動とは縁を切ったから、おまえ一人
　　　　 でやって。

🔎 似たような意味で「담을 지다 (塀を背にする)」を使うこともある。

★★☆ 慣

바람을 일으키다
風を起こす

社会的に多くの人に影響を及ぼすということ。

例 가: 저 가수의 선행이 다른 연예인들에게 바람을 일으켜 연예인
　　　　 봉사 모임이 만들어졌대요.
　　 A: あの歌手の善行が他の芸能人たちにブームとなって、芸
　　　　 能人のボランティア会が作られたそうです。

　　 나: 저도 들었어요. 기부도 엄청 많이 한다고 하더라고요.
　　 B: 私も聞きました。寄付もものすごくたくさんするそうで
　　　　 す。

🔎 強調するときは「새 바람을 일으키다 (新しい風を起こす)」を使う。一方、「일부 학부모들이 사교육 바람을 일으키고 다녀서 문제예요. (一部の保護者たちが私教育ブームを起こしているので問題です)」のように、誰かが社会的な問題を作ったり騒ぎを起こしたりするときも使う。

★★☆ 慣

발을 디딜 틈이 없다
足を踏む隙間がない

人が非常に多く集まって混雑してめちゃくちゃだということ。

例 가: 거리에 사람이 너무 많아서 발을 디딜 틈이 없네요.
A: 通りに人が多すぎて足の踏み場がないですね。

나: 금요일 밤이잖아요. 이 많은 인파를 뚫고 약속 장소까지 가려면 한참 걸리겠어요.
B: 金曜日の夜じゃないですか。この多くの人波をくぐって約束の場所まで行くにはしばらくかかりそうです。

✎ 「디디다 (踏む)」は足で立ったり押さえつけたりするという意味だ。

★☆☆ 慣

옆으로 제쳐 놓다
横にのけておく

あることを関心の対象にしないということ。

例 가: 엄마, 오늘 대청소한다고 하셨죠? 저는 유리창을 닦으면 돼요?
A: お母さん、今日大掃除すると言ってたよね？　僕は窓ガラスを拭けばいい？

나: 아니. 유리창 닦는 일은 일단 옆으로 제쳐 놓고 커튼 떼는 것부터 좀 도와줘.
B: いや。窓ガラスを拭くのは一旦横に置いて、カーテンを外すとこからちょっと手伝って。

✎ 「제치다」はあることに差し障ったり妨害になったりしないように処理するという意味。

🔎 普通はあることに関心を持たないときに使う。

★☆☆ **こ**

입추의 여지가 없다
立錐の余地がない

ある場所が多くの人でびっしりと埋まっているということ。

例 가: 평일인데도 산 정상에 많은 등산객들이 입추의 여지가 없을
　　　　정도로 몰려 있네요.
　　A: 平日なのに山頂にたくさんの登山客が立錐の余地もない
　　　　ほど集まっていますね。

　　나: 모두 저희처럼 화창한 봄날을 맞이하여 예쁜 꽃을 구경하러
　　　　온 게 아닐까요?
　　B: みんな私たちのように、のどかな春の日を迎えてきれい
　　　　な花を見に来たのではないでしょうか？

✐ 「입추 (立錐)」は錐 (きり) を立てるという意味。

🔍 小さな錐一つを立てられるほどの土地もないという意味で、足の踏み
　　場がないほど人が多く集まっているときに使う。

판단

判断

1

변별 ┊ 区別

Track 45

★★★ 慣

갈피를 못 잡다
要領をつかめない

事の方向を把握できず、どうすればいいのかわからないということ。

例 가: 양양 씨, 보고서 제출일이 다가온다고 하지 않았어요?
　　　다 써 가요?
　　A: ヤンヤンさん、報告書の提出日が近づいていると言っていませんでしたか？　書き終わりましたか？

　　나: 아니요, 뭘 어떻게 써야 할지 도무지 갈피를 못 잡겠어요.
　　B: いいえ、何をどう書けばいいのか全く要領がつかめません。

🔎 どうすればいいのかわかっているときは「갈피를 잡다 (要領をつかむ)」を使う。

★★☆ 慣

고개를 갸웃거리다
首をかしげる

類 고개를 갸웃하다
首をかしげる

あることに対して疑問を持ったときにする行動を表す。

例 가: 새 메뉴에 대한 손님들의 반응은 어때요?
　　A: 新しいメニューに対するお客様の反応はどうですか？

　　나: 시식해 본 손님들이 고개를 갸웃거리는 걸 보니까 아무래도 실패한 것 같아요.
　　B: 試食してみたお客様たちが首をかしげているのを見ると、どうやら失敗したようです。

🔎 普通、何かをよく知らなくて気になったり理解できなかったりするとき、このような行動をする。

★★☆ 慣

꿈도 못 꾸다
夢にも見られない

あることが不可能そうだと判断して、やってみることを全く考えられないということ。

例 가: 서영 엄마, 아이도 어느 정도 컸으니 이제 다시 일을 시작하는 게 어때요?
　　A: ソヨンのお母さん、子どももある程度大きくなったので、もう一度仕事を始めてみてはどうですか？

　　나: 저도 일은 하고 싶은데 아이 챙기느라 정신이 없어서 아직 복직은 꿈도 못 꿔요.
　　B: 私も仕事はしたいのですが、子どもの面倒を見るのに忙しくてまだ復職は夢にも思えません。

🔎 あることを初めから全くするつもりがないときは「꿈도 안 꾸다 (夢も見ない)」を使う。

★★★ 🄬
꿈보다 해몽이 좋다
夢より夢占いが良い

🄬 꿈은 아무렇게 꾸어도
해몽만 잘 하여라
夢はどう見ようと夢占
いだけはうまくやれ

特に重要でないことや気に入らないことでも肯定的に解釈するということ。

例 가: 우리 아이가 자기 이름의 'ㄹ' 받침을 거꾸로 썼어요. 뭔가 예술적인 느낌이 들지 않아요?

A: うちの子どもが自分の名前の「ㄹ」パッチムを逆に書きました。何か芸術的な感じがしませんか？

나: 꿈보다 해몽이 좋네요. 제가 보기에는 그냥 잘못 쓴 것 같은데요.

B: 夢より夢占いが良いですね。私が見るにはただ書き間違えたようですが。

🔎 普通、良くないことや不利な状況を自分に有利に解釈するときに使う。

★☆☆ 🄿
꿈에도 생각지 못하다
夢にも思えない

ある物事が起こるとは全く考えられなかったということ。

例 가: 사장님, 불에 탔던 가게가 많은 사람들의 도움으로 새롭게 바뀐 것을 보니까 어떠세요?

A: 社長、焼けたお店が多くの人の助けで新しく変わったのを見てどうですか？

나: 이렇게 많은 분들이 저를 도와주시리라고는 꿈에도 생각지 못했어요. 정말 감사드립니다.

B: こんなに多くの方々が私を助けてくださるとは夢にも思いませんでした。本当にありがとうございます。

🔎 主に「꿈에도 생각지 못했다 (夢にも思わなかった)」のように過去形で使う。一方、「집에서 독립해서 혼자서 살 생각은 꿈에도 없어요. (家から独立して一人で暮らすつもりは夢にもありません)」のように、何かをすることさえ考えたことがないと言うときは「꿈에도 없다 (夢にもない)」を使う。

★☆☆ 🄿
꿈인지 생시인지
夢か現か

全く予期せぬことが起きたり、切望していたことが叶って信じられないときに使う。

例 가: 저 한번만 꼬집어 줄래요? 제가 로또에 당첨되다니! 이게 꿈인지 생시인지 모르겠어요.

A: 私を一度だけつねってくれますか？ 私がロトに当たるなんて！ これが夢なのか現実なのかわかりません。

나: 와! 정말 축하해요. 그 돈으로 뭐 할 거예요?

B: わぁ！ 本当におめでとうございます。そのお金で何をするんですか？

✏️ 「생시」は寝たり酔ったりせずに目が覚めているときという意味。

🔎 主に「꿈인지 생시인지 모르다 (夢か現かわからない)」または「꿈인지 생시인지 분간하기 어렵다 (夢か現か見分けづらい)」の形で使う。

★★☆ 慣

눈 뜨고 볼 수 없다

目を開けて見ることが
できない

(類) 눈 뜨고는 못 보다
目を開けては見られな
い

目の前の光景が残酷で見ていられないということ。

例 가: 어제 일어난 비행기 추락 사고로 많은 사람이 죽거나 다쳤대요.
　　A: 昨日起きた飛行機墜落事故で多くの人が死亡したり怪我
　　　をしたそうです。

　　나: 저도 뉴스에서 봤는데 사고 현장이 처참해서 차마 눈 뜨고
　　　볼 수 없더라고요.
　　B: 私もニュースで見たんですけど、事故現場が凄惨でとて
　　　も目を開けて見ることができませんでした。

🔎 ある人の行動がきまりが悪かったり不快だったりして見ていられない
　　ときも使う。

★★★ 慣

눈앞이 캄캄하다

目の前が真っ暗だ

これから経験しなければならないことをどう乗り越えて
いけばいいのかわからないということ。

例 가: 승원 씨, 다음 달에 중동 지역으로 파견을 나간다면서요?
　　A: スンウォンさん、来月中東地域に派遣されるんですって？

　　나: 네, 언어도 모르고 아는 사람도 없는데 혼자 2년 동안 어떻게
　　　지내야 할지 눈앞이 캄캄해요.
　　B: はい、言葉もわからないし、知っている人もいないのに、
　　　一人で2年間どう過ごせばいいのかお先真っ暗です。

🔎 普通、ある問題の解決方法が見つからないか、わからなくて絶望した
　　ときに使う。強調するときは「눈앞이 새까맣다 (目の前が真っ黒だ)」
　　を使う。

★☆☆ 慣

눈에 보이는 것이
없다

目に見えるものがない

ある事柄や状況をまともに判断できないということ。

例 가: 지훈 엄마, 아까 놀이터에서 서영이 엄마랑 다투는 것 같던데
　　　무슨 일 있었어요?
　　A: ジフンのお母さん、さっき遊び場でソヨンのお母さんと
　　　喧嘩したようですが、何かありましたか？

　　나: 네, 지훈이가 서영이 때문에 다쳤다는 소리를 들으니까 눈에
　　　·보이는 것이 없더라고요.
　　B: はい、ジフンがソヨンのせいで怪我をしたという話を聞
　　　いたので、理性を失ってしまったんです。

🔎 短く「눈에 뵈는 게 없다 (目に見えるものがない)」と使うこともある。

★☆☆ 慣

눈이 돌아가다
目が回る

誰かが突然驚いたり怒ったりして、状況をまともに判断できないということ。

例 가: 서영아, 아까는 지훈이한테 왜 그렇게 화를 냈어?
A: ソヨン、さっきはジフンになんでそんなに怒ったの？

나: 지훈이가 우리 가족에 대해 나쁘게 말하니까 그 순간 눈이 돌아가서 그랬어.
B: ジフンがうちの家族のことを悪く言うから、その瞬間目が回ったからだよ。

🔎 「평소에 갖고 싶은 외제 차를 보자 저절로 눈이 돌아갔다. (普段から欲しいと思っていた外車を見ると自然に目が向いた)」のように、瞬間的に何かに関心を持って見るときにも使う。

★☆☆ 慣

번지수를 잘못 짚다
番地の数を見間違える

考え方を誤って事がとんでもない方向に流れるときに使う。

例 가: 어떤 국회의원이 청년 실업의 원인을 구직자의 눈이 높아서 그런 거라고 했다면서요?
A: ある国会議員が若者の失業の原因を、求職者の目が高いからだと言ったそうですね？

나: 완전히 번지수를 잘못 짚었네요. 국회의원이라는 사람이 그렇게 현실을 모르는 소리만 하다니 한심하기 그지없네요.
B: 完全に見当違いでしたね。国会議員ともあろう人がそのように現実を知らないことばかり言うなんて情けない限りですね。

🔎 郵便配達員が住所を間違えて無関係な家を訪ねたという意味で、考え方を誤ってあることがこじれたときに使う。

★★★ 간

새 발의 피
鳥の足の血

取るに足らないことやほんの少しの量を表す。

例 가: 요즘 인터넷 댓글 조작이 많은가 봐요.
A: 最近インターネットのコメントのねつ造が多いようですね。

나: 맞아요. 그런데 댓글 조작은 가짜 뉴스에 비하면 새 발의 피래요. 요즘은 가짜 뉴스가 더 심각한 문제래요.
B: そうです。でもコメントのねつ造はフェイクニュースに比べると、スズメの涙だそうです。最近はフェイクニュースの方がもっと深刻な問題だそうです。

🔎 鳥の足から出る血という意味で、普通は比較対象と一緒に使い、それに比べればこれは何でもないと言うときに使う。

색안경을 끼고 보다
色眼鏡をかけて見る

ある対象を良くない感情や先入観を持って見るということ。

例 가: 검정고시를 준비하는 게 부끄러운 일도 아닌데 왜 다른 사람들 앞에서 당당하게 말하지 못하는 거니?

A: 検定試験を準備するのは恥ずかしいことでもないのに、どうして人前で堂々と話せないんだ？

나: 삼촌, 저도 말하고 싶은데 고등학교를 자퇴하고 검정고시를 준비한다고 하면 그때부터 사람들이 저를 색안경을 끼고 보는 것 같아서요.

B: おじさん、私も言いたいのだけど、高校を中退して検定試験を準備すると言ったら、そのときから人々が私を色眼鏡で見ているような気がして。

✎ 「색안경 (色眼鏡)」は本来、色のあるレンズがついた眼鏡のことだが、ここでは主観や先入観のために良くないと考える態度という意味で使われている。

◯ 誰かが自分の立場である対象や人に対して否定的に判断するときに使う。

속이 보이다
中が見える

抱いている気持ちや考えが明らかに見え透いているということ。

例 가: 아이들은 참 순진해요. 무슨 말을 해도 속이 다 보이잖아요.

A: 子どもたちは本当に純真です。何を言っても心の中が全部見えるじゃないですか。

나: 그러니까 아이인 거지요.

B: だから子どもなんですよね。

◯ 他人が隠しておきたい本心や意図を知ったときに使う。

손에 잡힐 듯하다
手に取れるようだ

あるものが非常に近くにあるように見えるということ。

例 가: 제시카 씨, 오로라는 잘 보고 왔어요? 어땠어요?

A: ジェシカさん、オーロラはよく見てきましたか？　どうでしたか？

나: 환상적이었어요. 오로라가 마치 제 손에 잡힐 듯하더라고요.

B: 幻想的でした。オーロラがまるで私の手に取れそうでしたよ。

◯ 雲、星、虹などのように実際には遠くにあるが、手を伸ばせばつかめそうなほど何かが近く感じられるときに使う。一方、「성공이 손에 잡힐 듯하다. (成功が手に入りそうだ)」のように目標を達成する時点が近づいてきたと言うときにも使う。

★★☆ 관

아닌 밤중에 홍두깨
こんな夜中にきぬた棒

類 아닌 밤중에 홍두깨 내밀
듯
こんな夜中にきぬた棒
を突き出すよう

誰かが急に状況に合わない言動をするということ。

例 가: 여보, 우리 내일 제주도나 갈까요?
　A: なあ、俺たち明日済州島にでも行かないか？

　나: 아닌 밤중에 홍두깨라더니 내일부터 설 연휴인데 어디를
　　　가자는 거예요?
　B: やぶから棒に、明日から旧正月の連休なのにどこに行こう
　　　と言うんです？

✎ 「홍두깨（きぬた棒）」は昔、服の生地を伸ばす用途で使用していた木製
の棒のこと。

🔎 真夜中に誰かが急にきぬた棒を突き出すように、思わぬ何かが現れた
ときや予想できなかったことが突然起きたときに使う。

★☆☆ 관

앞뒤를 재다
前後を計る

類 앞뒤를 가리다
前後をわきまえる

앞뒤를 헤아리다
前後を数える

あることをするとき、損をしないために自分の利害得失を
すべて計算するということ。

例 가: 김 사장님, 이 사업에 투자하시겠습니까?
　A: キム社長、この事業に投資されますか？

　나: 글쎄요. 투자 금액이 커서 신중하게 앞뒤를 재 본 후에 결정을
　　　해야 될 것 같습니다.
　B: そうですね。投資金額が大きいので、慎重に前後のことを
　　　よく考えてから決めなければならなさそうです。

🔎 慎重に考えずむやみに行動するときは「앞뒤를 가리지 않다（前後をわき
まえない）」を使う。

☆☆☆ 관

양손의 떡
両手の餅

類 두 손의 떡
両手の餅

二つの良い物事があるが、どちらを選択すればいいのかわ
からないときに使う。

例 가: 취업도 되고 대학원에도 합격을 했는데 뭘 선택해야 할지
　　　모르겠어요.
　A: 就職もできるし、大学院にも合格したけど、どっちを選べ
　　　ばいいのかわかりません。

　나: 양손의 떡을 쥐고 고민하고 있네요. 심사숙고해서 결정하세요.
　B: 両手の餅を握って悩んでいますね。熟考して決めてくださ
　　　い。

🔎 両手の餅を握って一度に食べようと欲張っては、一つもまともに食べ
られない。このように無理して二つのことをどちらもしようとすると、
両方ともできなくなることもあるので、過度に欲張らずに二つの中か
ら一つを選ばなければならないと言うときに使う。

11
判断

열 길 물속은 알아도
한 길 사람의 속은
모른다
十尋の水の中は知って
も、一尋の人の心はわ
からない

（類）천 길 물속은 알아도 한 길
사람의 속은 모른다
千尋の水の中は知って
も、一尋の人の心はわ
からない

人の本心を推し量るのは非常に難しいということ。

（例）가: 지수가 지속적으로 다른 친구들을 괴롭히고 돈을 빼앗아 왔대.
　　　A: ジスが継続的に他の友達を苦しめてお金を奪ってきたん
　　　　　だって。

　　　나: 정말? 열 길 물속은 알아도 한 길 사람의 속은 모른다더니
　　　　　얌전한 지수가 그럴 줄은 몰랐어.
　　　B: 本当？　測り難きは人の心というけど、おとなしいジス
　　　　　がそうだとは思わなかった。

✎ 「길 (尋)」は長さの単位だが、「一尋」は人の身長くらいの長さをいう。

🔎 普通、ある人が予想外のことや行動をするのを見て衝撃を受けたとき
に使う。

허를 찌르다
虚をつく

相手の弱いところや無防備なところを攻めるということ。

（例）가: 하준아, 토론 대회는 잘 마쳤니?
　　　A: ハジュン、討論大会は無事に終わった？

　　　나: 아니요, 선생님. 상대 팀의 허를 찌르는 질문에 말문이 막혀서
　　　　　대답을 제대로 못 했어요.
　　　B: いいえ、先生。相手チームの虚をつく質問に言葉が詰ま
　　　　　って、満足に答えられませんでした。

✎ 「허 (虚)」は不十分だったり不用心だったりするところを意味する。

🔎 普通「허를 찌르는 공격 (虚をつく攻撃)」あるいは「허를 찌르는 질문 (虚
をつく質問)」の形で使う。一方、誰かが弱かったり無防備だったり
するところを攻撃されたときは「허를 찔리다 (虚をつかれる)」を使う。

2

신체 기관 ▶身体の器官

Track 46

★☆☆ 慣

고사리 같은 손
ワラビのような手

子どもの小さくてかわいい手を表す。

例 가: 사랑이 엄마, 가슴에 단 그 종이꽃은 뭐예요?
　A: サランのお母さん、胸につけたその紙の花は何ですか？

　나: 사랑이가 제 생일이라고 고사리 같은 손으로 만들어 줬어요.
　B: サランが私の誕生日だからと小さくてかわいい手で作っ
　　てくれました。

🔍 拳を握っている産毛の生えた赤ちゃんの手が若いワラビに似ているこ
　とから出てきた表現だ。

★★☆ 慣

귀가 밝다
耳が明るい

情報やニュースにいち早く精通しているということ。

例 가: 마크 씨는 어쩜 그렇게 귀가 밝아요? 모르는 뉴스가 없네요.
　A: マークさんはどうしてそんなに耳が早いんですか？　知
　　らないニュースがないですね。

　나: 저는 세상 돌아가는 일에 관심이 많아서 아침마다 인터넷
　　포털 사이트의 뉴스를 모두 챙겨 보거든요.
　B: 私は世の中のことに関心が多いので、毎朝インターネッ
　　トのポータルサイトのニュースをすべて欠かさず見るん
　　ですよ。

🔍 情報やニュースをよく知らないときは「귀가 어둡다 (耳が暗い)」を使
　う。

☆☆☆ 慣

길눈이 밝다
土地勘が明るい

一、二度しか行ったことのない場所でも忘れずに訪ねら
れるほど、道をよく覚えているということ。

例 가: 윤아 씨, 차에 내비게이션도 없는데 거래처에 잘 찾아갈 수
　　있겠어요?
　A: ユナさん、車にカーナビもないのに、取引先にちゃんと
　　行けそうですか？

　나: 걱정 마세요. 차장님. 전에 한 번 갔었잖아요. 제가 길눈이
　　밝은 편이라 한 번 가 본 곳은 다 기억해요.
　B: 心配しないでください、次長。前に一度行ったじゃない
　　ですか。私は土地勘がある方なので、一度行ったところ
　　は全部覚えています。

🔍 行ったことのある道もよく覚えていないときは「길눈이 어둡다 (土地
　勘が暗い)」を使う。

❷ 身体の器官　**311**

★☆☆ 慣

눈물이 앞을 가리다
涙が前を覆う

前が見えないほど涙が出続けるということ。

例 가: 엄마. 저 드디어 졸업해요.
　　A: お母さん。私、ついに卒業するよ。

　　나: 고생 많았다. 힘들게 아르바이트하면서 공부하는 모습을 볼 때마다 눈물이 앞을 가렸는데 이제는 좀 웃을 수 있겠다.
　　B: お疲れ様。苦労してバイトしながら勉強する姿を見るたびに涙が止まらなかったけど、今はもう笑うことができそうね。

🔍 主に感動したり悲しかったりして感情がこみ上げてくるときに使う。

★☆☆ 慣

눈물이 핑 돌다
涙がじんとにじむ

ある刺激を受けて突然目に涙が溜まるということ。

例 가: 언니, 어제 라디오에서 아버지에 대한 노래가 나왔는데 듣다 보니 눈물이 핑 돌더라. 돌아가신 아버지가 그리워서 그랬나 봐.
　　A: お姉ちゃん、昨日ラジオでお父さんについての歌が流れてきたんだけど、聞いてみると涙がじんとにじんだ。亡くなった父が懐かしかったからだと思う。

　　나: 그랬어? 이번 주말에 아버지 산소에라도 다녀올까?
　　B: そうだったの？　今週末、お父さんのお墓にでも行ってこようか？

🔍 短く「눈물이 돌다 (涙がにじむ)」を使うこともある。

★★★ 慣

눈살을 찌푸리다
眉間のしわを寄せる

類 이맛살을 찌푸리다
　　額のしわを寄せる

ある物事が気に入らなくて眉間にしわを寄せること。

例 가: 오늘 아침에 지하철에서 어떤 사람이 입도 안 가리고 기침을 하더라고요.
　　A: 今朝、地下鉄である人が口も覆わずに咳をするんですよ。

　　나: 아직도 그렇게 눈살을 찌푸리게 만드는 사람이 있어요?
　　B: まだそうやって眉をひそめさせるような人がいるんですか？

✏️ 「찌푸리다」は顔の筋肉や目元などをしかめるという意味だ。

🔍 普通、誰かが不満のある表情をしているときに使う。

★★★ 慣

눈을 붙이다
目をくっつける

目を閉じて眠るということ。

例 가: 태현아, 벌써 새벽 2시네. 난 능률이 안 올라서 잠깐 눈을 좀 붙여야겠어.

A: テヒョン、もう夜中の２時だね。私は能率が上がらないから、ちょっと眠らないと。

나: 그렇게 해. 난 조금 더 할게.

B: そうして。僕はもう少しやるよ。

🔍 短い時間寝ることを強調して話すときに使う。

★★★ 慣

눈이 높다
目が高い

水準が高く、良いものばかり探し求めているということ。

例 가: 감독님, 배우 이지현 씨에게 우리 영화 시나리오를 한번 보내 볼까요? 주인공을 하겠다고 할 수도 있잖아요.

A: 監督、俳優のイ・ジヒョンさんに我々の映画のシナリオを送ってみましょうか？　主人公をやると言うかもしれないじゃないですか。

나: 글쎄요. 그 배우는 눈이 높아서 우리 영화에는 관심도 없을 것 같은데요.

B: どうですかね。その俳優は理想が高いから我々の映画には関心もなさそうだけどね。

🔍 見る水準が高くないときは「눈이 낮다 (目が低い)」を使う。一方、「그 화가의 작품을 단번에 알아보시다니 눈이 높으시네요. (その画家の作品をすぐにわかるなんて目が高いですね)」のように、ある物事に対する眼識が高いときも使う。

★☆☆ 慣

닭똥 같은 눈물
鶏糞のような涙

非常に大きな涙の粒を表す。

例 가: 할머니, 이것 좀 보세요. 주인에게 버려진 강아지가 닭똥 같은 눈물을 흘리는 사진인데 너무 불쌍하죠?

A: おばあちゃん、これをちょっと見てください。飼い主に捨てられた子犬が大粒の涙を流している写真ですが、とてもかわいそうですよね？

나: 아이고, 이렇게 귀여운 강아지를 버리다니 못된 사람들이구나.

B: あらまあ、こんなに可愛い子犬を捨てるなんて悪い人たちだね。

🔍 普通「닭똥 같은 눈물을 흘리다 (鶏糞のような涙を流す)」あるいは「닭똥 같은 눈물을 뚝뚝 흘리다 (鶏糞のような涙をぽたぽた流す)」という形で使う。

★☆☆ 慣

머리 회전이 빠르다
頭の回転が速い

考えや判断に長けていて賢いということ。

例 가: 인사 이동을 앞두고 여러 부서에서 민수 씨를 데려가려고
한다면서요?
　A: 人事異動を前にいろいろな部署がミンスさんを連れて行
こうとしているそうですね？

　나: 네, 민수 씨가 머리 회전이 빠른 데다가 일 처리 능력도 아주
뛰어나니까 모두 탐을 낸대요.
　B: はい、ミンスさんは頭の回転が速いうえに仕事の処理能
力もとても優れているので、みんな欲しがるそうです。

🔍 単純に頭が良いというよりは、状況を判断する能力が優れていると話
すときに使う。

★☆☆ 慣

머리가 굳다
頭が固まる

記憶力や学習能力が以前ほどではないということ。

例 가: 민수 씨, 요즘 영어 공부는 잘돼요?
　A: ミンスさん、最近英語の勉強はうまくいっていますか？

　나: 아니요, 오랜만에 다시 공부를 하려니 머리가 굳어서 힘드네요.
　B: いいえ、久しぶりにまた勉強しようとしたら頭が固まっ
て大変ですね。

✏️ 「굳다 (固まる)」は弱くて柔らかい物質が固くなるという意味だ。

🔍 「머리가 굳어서 그런지 요즘 세대를 이해하기 어렵다. (頭が固いからか、
今の世代を理解するのが難しい)」のように、考えが固まって変わら
ないときにも使う。

★☆☆ 慣

머리가 잘 돌아가다
頭がよく回る

ある状況で問題を解決する方法や考えがよく浮かぶとい
うこと。

例 가: 아까 회의 때 사장님이 예상치 못한 질문을 하셔도 척척
대답하는 승원 씨 봤어요?
　A: さっきの会議で社長に予想もできない質問をされたのに、
てきぱき答えるスンウォンさんを見ましたか？

　나: 네, 그럴 때 보면 승원 씨는 머리가 잘 돌아가는 것 같아요.
　B: はい、そう見るとスンウォンさんは頭がよく切れるよう
です。

🔍 ある問題や事態が起きたときに瞬発力を持って対処する技術が優れて
いると言うときに使う。

★★☆ 慣
머리를 흔들다
頭を振る

あることに対して強く拒否したり反対したりするときに取る行動を表す。

例 가: 여보, 첫째 아이가 왜 저렇게 뾰로통해 있어요?
A: あなた、一番上の子はどうしてあんなふうにふくれっ面をしているの？

나: 이사 가면 동생이랑 한방을 써야 한다고 했더니 머리를 세차게 흔들면서 싫다고 하더라고요. 그 후로 계속 저러고 있어요.
B: 引っ越ししたら弟と一部屋を使わなければならないと言ったら、頭を激しく振りながら嫌だと言われたよ。その後ずっとああしてるんだ。

★★☆ 慣
보는 눈이 있다
見る目がある

ある人や物事などを正確に評価する能力があるということ。

例 가: 이 그림이 제일 마음에 들어요. 이것 좀 보여 주시겠어요?
A: この絵が一番気に入りました。これをちょっと見せていただけますか？

나: 보는 눈이 있으시네요. 이게 요즘 한창 떠오르고 있는 화가의 작품이거든요.
B: 見る目がありますね。これが最近出てきた新進気鋭の画家の作品なんです。

🔎 誰かがある物事を見て、その価値をよく判断したり区別したりする能力があるときに使う。

★☆☆ 慣
얼굴에 씌어 있다
顔に書いてある

感情や気分などが顔にそのまま現れるということ。

例 가: 나 정말 화 안 났다니까. 이제 그만 좀 물어봐.
A: 私、本当に怒ってないって。もう聞かないで。

나: 화가 잔뜩 났다고 네 얼굴에 다 씌어 있는데 뭘. 도대체 뭐 때문에 화가 났는지 말해 봐.
B: すごく怒っているって、君の顔に書いてあるのに。いったいなんで怒っているのか言ってみてよ。

🔎 人々が「얼굴에 써 있다」を使う場合があるが、これは誤った表現だ。

11
判断

❷ 身体の器官　315

★☆☆ 慣

인상을 쓰다
人相を作る

気分が悪かったり怒ったりして良くない表情をするということ。

例 가: 뭐 때문에 그렇게 인상을 쓰고 있어?
A: なんでそんなに顔をしかめているの？

나: 한 달 동안 밤을 새우면서 준비한 프로젝트가 무산됐거든. 속상해 죽겠어.
B: 一か月間、徹夜しながら準備したプロジェクトが失敗に終わったんだ。悔しくて死にそう。

✐ 「인상 (人相)」は顔の筋肉や目元を意味する。

♀ 眉間をしかめて不満を表す「눈살을 찌푸리다 (眉をひそめる)」(→p.312) よりさらに強く不満を表す感じがある。

★★☆ 慣

코를 찌르다
鼻をつく

あるにおいがひどいということ。

例 가: 이게 무슨 냄새예요? 역겨운 냄새가 코를 찌르네요.
A: これは何のにおいですか？ 嫌なにおいが鼻をつきますね。

나: 지난주에 사다 놓은 생선이 상했나 봐요. 빨리 버려야겠어요.
B: 先週買っておいた魚が腐っているようです。早く捨てた方がよさそうです。

♀ 普通は悪いにおいがひどくにおうときに使うが、「꽃향기가 코를 찌르네요. (花の香りが鼻をつきますね)」のように良いにおいが強いときにも使う。

★★☆ 慣

허파에 바람이 들다
肺に風が入る

ある人がふざけた行動をしたり、笑いすぎたりするときに使う。

例 가: 윤아 씨, 허파에 바람이 들었어요? 왜 그렇게 웃어 대요?
A: ユナさん、肺に風でも入ったんですか？ どうしてそんなに笑っているんですか？

나: 아까 회사 복도에서 너무 웃긴 일이 있었거든요. 지금 다시 생각해도 너무 웃겨요.
B: さっき会社の廊下で、とても面白いことがあったんです。今改めて思い出してもすごく笑えます。

♀ 肺に風が入ると呼吸困難の症状が現れるが、笑いすぎて呼吸しにくい様子と似ているために出てきた表現だ。また「박 과장이 이번에는 승진할 거라고 허파에 바람이 잔뜩 들어 있던데요. (パク課長が今回は昇進するんだと肺に風がたくさん入っていましたよ)」のように、ある人の心が浮き立っている状態を話すときにも使う。

3 외모·외형 見た目・外見

Track 47

★☆☆ 慣

가죽만 남다
皮ばかり余る

見た目によくないほど痩せすぎだということ。

例 가: 엄마! 오늘부터 다이어트를 위해서 저녁을 안 먹으려고요. 그러니까 제 밥은 차리지 마세요.

A: お母さん！　今日からダイエットのために夕食は食べないから。だから僕のご飯は用意しないでね。

나: 안 그래도 말라서 가죽만 남았는데 무슨 다이어트를 한다고 그러니?

B: そうでなくても痩せてガリガリなのに、何がダイエットをするっていうの？

🖉 「가죽 (皮)」は動物の皮革を意味するが、ここでは人の皮膚という意味で使われている。

🔎 やせすぎて肉がなく、骨だけが残った人の姿を話すときに使う。

★☆☆ 慣

그늘이 지다
陰りがさす

悩み事や心配があって表情が明るくないということ。

例 가: 요즘 민수 씨 얼굴에 그늘이 졌던데 무슨 일 있대요?

A: 最近ミンスさんの顔が曇っていますが、何かあったのでしょうか？

나: 얼마 전에 들으니 아버지께서 많이 편찮으시다고 하더라고요.

B: 先日聞いたら、お父さんの具合がかなり悪いと言ってました。

🖉 「그늘 (陰)」は本来暗い部分を意味するが、ここでは心配や不幸で暗くなった心またはその心があらわれた表情という意味で使われている。

🔎 普通「얼굴에 그늘이 지다 (顔に陰りがさす)」あるいは「얼굴에 그늘이 드리워지다 (顔に陰が垂れる)」の形で多く使う。

☆☆☆ 관

꽁지 빠진 새 같다
尾の抜けた鳥のようだ

類 꽁지 빠진 수탉 같다
尾の抜けた雄鶏のようだ

誰かの外見がとてもみすぼらしいということ。

例 가: 여보, 동창회에 이거 입고 가도 될까요? 한번 봐 줘요.

A: ねえ、同窓会にこれを着て行ってもいい？　一度見てよ。

나: 다른 양복은 없어요? 오래돼서 그런지 그 양복을 입으니 꽁지 빠진 새 같아 보여요.

B: 他の洋服はない？　古くなっているせいか、そのスーツを着ると、みすぼらしく見えるよ。

때 빼고 광내다

垢を落として光を出す

身体をきれいに洗って、美しく着飾ったりおしゃれをしたりするということ。

例 가: 수아야! 웬일로 그렇게 **때 빼고 광냈어**? 무슨 좋은 일 있어?
A: スア！　なんでそんなにおめかししているの？　何かいいことでもあるの？

나: 응, 이따가 소개팅이 있거든.
B: うん、後で合コンがあるんだよ。

✎ 「때 (垢)」は服や体についた汚い物質のこと。

🔍 普通、ある行事や約束があるため普段と違って外見をきれいに整えるときに使う。

때를 벗다

垢を脱ぐ

子どもっぽさや田舎臭さがなくなるということ。

例 가: 이게 누구야? 태현이 아니니? 도시로 이사 가더니 완전히 **때를 벗었구나**! 누군지 못 알아볼 뻔했네.
A: 誰？　テヒョンじゃない？　都会に引っ越して完全に垢抜けたね！　誰なのかわからなかったよ。

나: 감사합니다. 오랜만에 고향에 왔더니 모든 것이 새롭네요!
B: ありがとうございます。久しぶりに故郷に帰ってきたらすべてが新しいですね。

✎ 「때 (垢)」は幼い感じや田舎臭さを意味する。

🔍 普通、誰かが見違えるほど成熟したり、外見が洗練されたときに使う。

뚝배기보다 장맛이 좋다

土鍋より醤の味が良い

外見は取るに足らないが内容は立派だということ。

例 가: 아버지, 건물도 낡고 간판도 없는데 왜 여기서 밥을 먹자고 하시는 거예요?
A: お父さん、建物も古くて看板もないのに、なぜここでご飯を食べようと言うの？

나: **뚝배기보다 장맛이 좋다고** 이래 봬도 여기 음식 맛이 최고야.
B: 土鍋より醤の味が良いって、ここの料理の味が最高なんだよ。

🔍 粗削りな形の土鍋だが、その中に盛られたコチュジャンや味噌の味はすばらしいので、外見がすべてではないと言うときに使う。短く「뚝배기보다 장맛 (土鍋より醤の味)」という形でも使う。

모양이 사납다
格好が悪い

誰かの外見がみっともないということ。

例 가: 아직도 많이 아파요? 나오기 힘들면 제가 승원 씨 집으로 갈게요.

　A: まだ具合が悪いですか？　出るのが大変なら、私がスンウォンさんの家に行きます。

　나: 아니에요. 며칠 동안 앓아서 모양이 사나워요. 그냥 다음에 밖에서 만나요.

　B: いいえ。数日間病んでいたからみっともないです。今度外で会いましょう。

🔍 「정치인들이 일은 안 하고 싸움만 하는 모양이 사나워서 뉴스를 잘 안 봐요. (政治家たちが仕事はせず争いばかりする姿がみっともなくてニュースをあまり見ません) 」のように、誰かの行動について悪く話すときにも使う。

물 찬 제비
水を蹴ったツバメ

体つきが整っていて見栄えのいい人を表す。

例 가: 운동을 열심히 하더니 물 찬 제비가 됐군요. 보기 좋아요.

　A: 運動を熱心にして体つきがすらっとしましたね。かっこいいですよ。

　나: 감사합니다. 아닌 게 아니라 몸매를 가꾸기 위해서 눈물을 꾹 참고 정말 열심히 운동했어요.

　B: ありがとうございます。スタイルをよくするために涙をぐっとこらえて本当に一生懸命運動しました。

🔍 ツバメが水上を飛びながら素早く水を飲んだ後、空中に高く舞い上がる姿を、人の整った体つきにたとえた表現だ。一方、「선수들이 물 찬 제비처럼 경기장을 날아다니자 관중들이 환호했다. (選手たちが水を蹴ったツバメのように競技場を飛び回ると、観衆たちは歓呼した) 」のようにスポーツの試合で選手が素早く動くときにも使う。

물에 빠진 생쥐
水に溺れたネズミ

ずぶ濡れになってみすぼらしい姿を表す。

例 가: 우산을 안 가지고 간 거야? 완전히 물에 빠진 생쥐가 됐네.

　A: 傘を持たないで行ったの？　完全に濡れネズミになったね。

　나: 네, 할아버지. 비가 올 줄 모르고 우산을 안 가져가서 비를 쫄딱 맞았어요.

　B: はい、おじいちゃん。雨が降るとは知らず傘を持っていかなくて、雨にすっかり濡れました。

🔍 ネズミのように毛のある動物は、毛が水に濡れると姿がとても格好悪くなるが、ここから出てきた表現だ。

★★☆ 곤

배가 남산만 하다
腹が南山のようだ

圈 배가 앞 남산만 하다
　　腹が前の南山のようだ

妊娠してお腹が大きく膨らんだ姿を表す。

例 가: 출산 예정일이 얼마 안 남았죠?
　　A: 出産予定日まで残りわずかですよね？

　　나: 네. 이제 2주 정도 남았어요. 점점 배가 남산만 해져서 잠깐
　　　　움직이기도 힘들어요.
　　B: はい。あと2週間くらいです。だんだんお腹が南山くら
　　　　いになって、少し動くのも大変です。

◯ 「동생은 한 달 만에 배가 남산만 해질 정도로 살이 쪘다. (弟は1か月でお
　　腹が南山くらいになるほど太った) 」のように太ってお腹がとても出
　　ている姿を表すときにも使う。

★★★ 곤

보기 좋은 떡이
먹기도 좋다
見た目の良い餅が
食べてもおいしい

外見が良ければ内容も良いということ。

例 가: 보기 좋은 떡이 먹기도 좋다고 이 케이크는 모양이 예쁜 만큼
　　　　맛도 좋아요.
　　A: 見た目の良い餅がおいしいように、このケーキは形がき
　　　　れいな分だけ味もいいですよ。

　　나: 정말 그러네요. 이 빵집이 왜 유명한지 알겠어요.
　　B: 本当にそうですね。このパン屋さんがなぜ有名なのかわ
　　　　かりました。

◯ 「보기 좋은 떡이 먹기도 좋다고 보고서를 쓸 때는 형식도 잘 갖춰야 한
　　다. (見た目の良い餅がおいしいように、報告書を書くときは形式もき
　　ちんと整えなければならない) 」のように、内容だけでなく外見を良
　　くすることも重要だと言うときにも使う。

★★☆ 곤

빛 좋은 개살구
色の良いマンシュウア
ンズ

見かけは良いが、実際は劣っているということ。

例 가: 새 노트북이에요? 색깔도 예쁘고 가벼워 보여요.
　　A: 新しいノートパソコンですか？　色もきれいで軽そうに
　　　　見えます。

　　나: 네, 그런데 빛 좋은 개살구예요. 용량도 적고 속도도 너무
　　　　느려요.
　　B: はい、でも見かけ倒しです。容量も少なくて速度も遅す
　　　　ぎます。

◯ 「개살구 (マンシュウアンズ) 」は色と見た目がアンズと似ていておい
　　しそうに見えるが、実際は酸味と渋味があって食べられない。ここか
　　ら出てきた表現だ。

★☆☆ 慣

사시나무 떨듯
ヤマナラシが震えるように

体がひどく震えている様子を表す。

例 가: 왜 그렇게 몸을 사시나무 떨듯 떨어요?
　　A: どうしてそんなに体がぶるぶる震えているんですか？

　　나: 입춘이라고 해서 따뜻할 줄 알고 얇게 입고 나왔는데 너무
　　　 추워서 그래요.
　　B: 立春なので暖かいと思って薄着をしてきたんですが、と
　　　 ても寒いからです。

🔍 「사시나무 (ヤマナラシ)」は微細な風にもよく揺れる木で、葉が一時
　 もじっとせずに揺れ続けているが、この姿から出てきた表現だ。主に
　 「사시나무 떨듯 하다 (ヤマナラシが震えるようだ)」、「사시나무 떨듯 떨
　 다 (ヤマナラシが震えるように震える)」という形でよく使われる。

★★☆ 속

속 빈 강정
中が空っぽのおこし

表向きは良さそうに見えるが、実際には中身がないとい
うこと。

例 가: 저 건물 너무 멋지네요!
　　A: あの建物とてもすてきですね！

　　나: 이야기 못 들었어요? 겉만 번지르르하지 속 빈 강정이래요.
　　　 부실 공사를 해서 바람이 조금만 불어도 건물이 흔들린대요.
　　B: 話を聞いてませんか？　外見は派手で良さそうだけど、
　　　 見かけ倒しだそうです。手抜き工事をしたから、風が少
　　　 し吹いただけでも建物が揺れるそうです。

🔍 「강정 (おこし)」はもち米を練って巻いたものを油で揚げた後、蜂蜜
　 や飴を塗ってさまざまな粉をつけて作ったお菓子だ。色とりどりの粉
　 で見た目は華やかだが、揚げるときにもち米が膨張して中は空っぽに
　 なるところから出てきた表現だ。軽い冗談として人に対して使うこと
　 もあるが、目上の人や親しくない人には使わない。

★☆☆ 慣

얼굴이 피다
顔がほころぶ

顔がふっくらとして、色つやも良くなるということ。

例 가: 지원 씨, 요즘 좋은 일 있나 봐요? 얼굴이 확 피었어요.
　　A: ジウォンさん、最近いいことがあったんですか？　顔色
　　　 が良いですね。

　　나: 그래요? 바쁜 일을 다 끝내 놓으니 마음이 편해서 그런가 봐
　　　 요.
　　B: そうですか？　忙しい仕事を全部終わらせて、心が安ら
　　　 かだからかもしれません。

✏️ 「피다 (咲く)」は花のつぼみが開くという意味だが、ここでは人が
　 ふっくらとして血色が良くなるという意味で使われている。

★★★ ㄹ

작은 고추가 더 맵다
小さい唐辛子の方が
もっと辛い

体格の小さい人が大きい人よりしっかりしていて才能が
長けているということ。

例 가: 저 선수는 농구 선수치고는 키가 작은데 실력은 좋더라고요.
　　A: あの選手はバスケットボール選手にしては背が低いのに、
　　　 実力はありました。

　　나: 작은 고추가 더 맵다고 하잖아요.
　　B: 小さい唐辛子の方がもっと辛いって言うじゃないですか。

🔍 普通、体格が小さいと弱くて力もないと考えられがちだが、実際は力
　　強いかもしれないので外見だけで判断しないように話すときに使う。

☆☆☆ 慣

허울 좋다
見かけは良い

中身はないのに外見だけは良いということ。

例 가: 우리 회사가 판매율 1위를 했다고 해서 기뻐했는데 알고 보
　　니 순이익은 경쟁사가 더 높다고 하더라고요.
　　A: わが社が販売率１位になったと聞いて喜んだのですが、
　　　 実は純利益はライバル会社の方が高いそうです。

　　나: 허울 좋은 1위를 한 거였군요.
　　B: 見かけは良い１位になったということですね。

🔍 強調するときは「허울만 좋다 (見かけだけ良い)」を使う。

☆☆☆ 慣

가늠이 가다
見当がつく

ある程度は予想や見込みができるということ。

例 가: 해설 위원님, 이번 씨름 대회 결과가 어떨 것 같습니까?
A: 解説委員さん、今回のシルム大会の結果はどうなると思いますか？

나: 글쎄요. 쟁쟁한 선수들이 많아서 결과가 어떻게 나올지 가늠이 가지 않습니다.
B: そうですね。錚々たる選手が多くて結果がどう出るか見当がつきません。

✐ 「가늠 (見当)」は人や物事、状況などを大まかに推量して考えるという意味。

🔎 主に「가늠이 안 가다」あるいは「가늠이 가지 않다」（見当がつかない）の否定形で、あることの予想や見込みができないときに使う。

★☆☆ 慣

가닥을 잡다
糸筋をつかむ

あることに対する考えや状況、話などを整理したり理にかなうように正すということ。

例 가: 정 차관님, 정부의 부동산 정책이 어떻게 진행되고 있는지 말씀해 주시겠습니까?
A: チョン次官、政府の不動産政策がどのように進んでいるのかお話ししていただけますか？

나: 아직까지 결정된 것은 없습니다. 정책 방향의 가닥을 잡으면 언론을 통해 발표하도록 하겠습니다.
B: まだ決まったことはありません。政策の方向性が決まれば、報道機関を通じて発表するようにします。

🔎 「임원진의 회의에서 적자가 나는 사업은 정리하는 것으로 가닥이 잡혔어요. (役員陣の会議で赤字が出る事業は整理する方向に決まりました) 」のように、考えや状況、話などが整理されたり理にかなうように正されたときは「가닥이 잡히다 (糸筋がつかまれる) 」を使う。

가랑비에 옷 젖는 줄 모른다

小雨に服が濡れるのを
知らない

たとえ小さなことでも、繰り返されれば大変なことにな
るということ。

例 가: 내가 보험을 이렇게 많이 들었나? 매달 내는 보험료가 생각보
다 많네!
A: 僕が保険にこんなにたくさん入ったのかな？　毎月払う
保険料が思ったより多いね！

나: 가랑비에 옷 젖는 줄 모른다고 아무리 내는 금액이 적어도
여러 개 가입하면 보험료가 많이 나갈 수밖에 없지요.
B: 小さいことが大事に至るというように、いくら払う金額
が少なくても複数加入すれば保険料がたくさんかかるし
かないですね。

ρ 小雨は少しずつ降るので、当たっても服が濡れることに気づかないか
もしれない。このようにいくら小さなことでもそれが続けば、後で大
変なことになり被害を受ける可能性もあると言うときに使う。

간발의 차이

間髪の差異

ほぼ同じくらいの、非常に小さな違いを表す。

例 가: 감독님, 이번에 찍으신 영화가 많은 사랑을 받았는데 관객
여러분들께 한 말씀해 주시기 바랍니다.
A: 監督、今回撮られた映画がたくさん愛されたので、観客
の皆さんに一言お願いします。

나: 간발의 차이로 천만 관객을 채우지 못해 아쉽기는 하지만
많은 사랑을 주셔서 고맙습니다.
B: わずかな差で一千万人の観客を動員できず残念ですが、
多くの愛をくださってありがとうございます。

✐ 「간발 (間髪)」は、ほんの一瞬あるいは非常に少ないことを意味する。

ρ 普通「간발의 차이로 (わずかな差で)」の形で使う。

감을 잡다

感を取る

状況や事情を感じで察知するということ。

例 가: 어때요? 이제 낚시를 할 때 어디에 고기가 많은지 감을 좀
잡았어요?
A: どうですか？　釣りをしていて、どこに魚が多いのか
もう感覚をつかみましたか？

나: 아직 잘 모르겠지만 계속 낚시를 다니다 보면 알게 되겠죠?
B: まだよくわかりませんが、釣りを続けていればわかるよ
うになりますよね？

ρ ある事実について推定する能力が優れているときは「감이 빠르다 (感
が速い)」を使う。

★★☆ 慣

거리가 멀다

距離が遠い

何かが期待したり望んだりしていたことと差があるということ。

例 가: 네가 그렇게 원하던 회사에 취직했는데 왜 이직을 준비하는 거야?

A: あなたがあんなに望んでいた会社に就職したのに、どうして転職を準備しているの？

나: 막상 들어가 보니까 회사 분위기가 내가 생각했던 것과는 거리가 멀고 일도 재미가 없더라고.

B: 実際に入ってみると、会社の雰囲気が僕が思っていたものとは程遠いし、仕事も面白くなかったんだ。

🔎 普通、理想と現実との乖離があると言うときに使う。

★☆☆ 慣

그렇고 그렇다

そんなものだ

ある物事が特別ではなく、つまらないということ。

例 가: 지난주에 국제 영화제에서 상을 받은 영화를 봤어요? 내용도 재미있고 배우들의 연기도 훌륭하더라고요.

A: 先週、国際映画祭で賞を取った映画を見ましたか？ 内容も面白くて俳優たちの演技もすばらしかったです。

나: 안 그래도 저도 봤는데 너무 기대를 하고 봐서 그런지 저는 그렇고 그렇더라고요.

B: ちょうど私も見たんですが、期待しすぎていたからか、私にはまあまあでした。

🔎 「매일 같이 다니는 걸 보니 두 사람이 그렇고 그런 사이인가 봐요. (毎日一緒にいるのを見ると、二人がそのような仲みたいですね)」のように、二人の男女の関係が特別だと言うときにも使う。

★☆☆ 慣

꼬리를 잡다

尻尾をつかむ

秘密に隠されていたことを明らかにするということ。

例 가: 경찰이 정치인 뇌물 수수의 꼬리를 잡았다고 들었는데 맞습니까?

A: 警察が政治家の賄賂授受の尻尾をつかんだと聞きましたが、合っていますか？

나: 네. 경찰은 건물 밖에 세워 둔 차량의 블랙박스를 통해 결정적 증거를 확보할 수 있었다고 합니다.

B: はい。警察は建物の外に停めておいた車両のドライブレコーダーを通じて、決定的証拠を確保することができたそうです。

🔎 ある人が堂々と潔くできずに隠して表に出さないことを他の人が突き止めたときに使う。

★☆☆ 慣

냄새를 맡다

においをかぐ

ある人が隠そうとしていることに気づくということ。

例 가: 빨리 도망가자! 경찰이 우리 집 앞까지 찾아온 걸 보니까 뭔가 냄새를 맡은 모양이야.

A: 早く逃げよう！ 警察がわが家の前まで訪ねてきたのを見ると、何か気配を感じ取ったようだよ。

나: 우리를 잡으러 온 게 아닐 수도 있으니까 너무 겁먹지 마.

B: 私たちを捕まえに来たわけではないかもしれないから、あまり怖がらないで。

🔎 誰かの間違った行為に他人が気づいたときに使う。

★★★ 慣

눈치가 빠르다

勘が速い

他人の気持ちや状況に早く気づくということ。

例 가: 윤아 씨는 사회생활을 잘하는 것 같아요. 그 비결이 뭐예요?

A: ユナさんは社会生活が上手だと思います。その秘訣は何ですか？

나: 제가 눈치가 좀 빠른데 그게 사회생활을 하는 데에 도움이 되는 것 같아요.

B: 私はちょっと目端が利くんですけど、それが社会生活を送るのに役に立っているようです。

✎ 「눈치 (目端)」は他人の心をそのときの状況から推し量ることをいう。

🔎 誰かが他人の気持ちや状況に気づかないときは「눈치가 없다 (勘がない)」を使う。

눈치코치도 모르다

目端も鼻端も知らない

他人の気持ちや雰囲気、状況に気づかないということ。

例 가: 아무 일도 없다니까 왜 자꾸 물어?
   A: 何でもないのに、どうして何度も聞くの？

   나: 형은 내가 눈치코치도 모르는 줄 알아? 분명히 집에 무슨 일이 있는 것 같은데 왜 나한테만 말을 안 해 주는 거야?
   B: 兄さんは僕が全く気づいてないと思っているの？ 確かに家で何かがあったようなのに、どうして僕にだけ話してくれないの？

✐ 「눈치코치 (目端鼻端)」は「눈치」を強調して話す言葉だ。

🔎 他人の気持ちや状況などをすべて察して理解するときは「눈치코치 다 알다 (目端も鼻端もすべてわかる)」を使う。

돼지 목에 진주 목걸이

豚の首に
真珠のネックレス

類 돼지 목에 진주
   豚の首に真珠

価値を知らない人には宝物も何の役にも立たないということ。

例 가: 지난번에 네가 벼룩시장에서 산 꽃병이 조선 시대에 제작된 보물이라고?
   A: こないだあなたがフリーマーケットで買った花瓶が、朝鮮時代に製作された宝物だって？

   나: 응. 돼지 목에 진주 목걸이라고 그렇게 귀한 건 줄도 모르고 막 썼네.
   B: うん。豚に真珠って、そんなに貴重なものだとは知らずに使っちゃったよ。

🔎 誰かがある物事の価値を知らないとき、あるいは何かが格に合わず似合わないときに使う。

될성부른 나무는 떡잎부터 알아본다

見込みがある木は双葉
から見分けがつく

類 잘 자랄 나무는 떡잎부터 안다
   よく育つ木は双葉から
   わかる

   잘 자랄 나무는
   떡잎부터 알아본다
   よく育つ木は双葉から
   見分けがつく

将来大成するような人は幼い頃から格別だということ。

例 가: 될성부른 나무는 떡잎부터 알아본다고 저 선수는 8살밖에 안 됐는데도 실력이 남다르네요.
   A: 栴檀は双葉より芳し、あの選手はまだ8歳なのに実力が格別ですね。

   나: 네, 벌써부터 피겨 스케이팅의 유망주로 떠오르고 있습니다.
   B: はい、早くもフィギュアスケートの有望株として浮上しています。

★★★ 😀

등잔 밑이 어둡다

灯蓋の下が暗い

近くにあるものはかえってよくわかりづらいということ。

例 가: 혹시 제 휴대폰 못 봤어요? 한 시간째 찾고 있는데 도저히
　　 못 찾겠어요.
　　A: もしかして、私の携帯電話を見ませんでしたか？　1時
　　　 間も探しているのですが、どうしても見つかりません。

　　나: 거기 책상 위에 있잖아요. 등잔 밑이 어둡다더니 그 말이
　　　 딱 맞네요.
　　B: そこの机の上にあるじゃないですか。灯台下暗しという
　　　 けれど、その言葉がぴったりですね。

🔍 電気がなかった昔は灯蓋に火をつけて使ったが、灯蓋のすぐ下は影に
　 なって暗くてよく見えなかった。ここから出た表現で、何かが近くに
　 あるのによく見つけられなかったり、それについてよくわからないと
　 きに使う。

★★★ 😀

매도 먼저 맞는 놈이
낫다

むちも先に打たれる奴
の方がまし

どうせやらなければならないことなら、前もってやって
しまった方がいいということ。

例 가: 태현아, 발표를 제일 먼저 하겠다고 했다면서?
　　A: テヒョン、発表を一番先にするって言ったんだって？

　　나: 응. 매도 먼저 맞는 놈이 낫다고 어차피 해야 하니까 빨리
　　　 하는 게 좋을 것 같아서 그랬어.
　　B: うん。むちも先に打たれる奴の方がましだと、どうせや
　　　 るなら早くした方がいいと思ったんだ。

🔍 むちを先に打たれたら、他の人が打たれるのを見て恐怖に震えなくて
　 もよくなる。このように、やらなければならないことは先送りせず、
　 できるだけ早くした方が良いと言うときに使う。

★★☆ 慣
빙산의 일각
氷山の一角

あることの大部分は隠されており、ごく一部だけが外に現れているということ。

例 가: 한 대학 교수가 자기 아들을 좋은 대학에 보내기 위해 성적을 조작했다면서요?

A: ある大学教授が自分の息子を良い大学に行かせるために成績を操作したそうですね？

나: 그건 빙산의 일각에 불과하대요. 봉사 활동뿐만 아니라 인턴 경험까지 허위로 기재했대요.

B: それは氷山の一角に過ぎないそうです。ボランティア活動だけでなくインターン経験まで虚偽で記載したそうです。

🔍 氷山は水より軽いため、90%は水に浸かり、10%だけが水の上に浮かぶ様子から出てきた表現だ。

★★☆ 慣
시간 가는 줄 모르다
時間が経つのを知らない

あることに没頭して時間がどれだけ経ったのかわからないということ。

例 가: 윤아 씨, 퇴근 안 하세요? 뭘 그렇게 열심히 보세요?

A: ユナさん、退勤しないんですか？　何をそんなに熱心に見ているのですか？

나: 어! 시간이 벌써 이렇게 됐군요. 내일 발표 자료를 보느라 시간 가는 줄 몰랐어요.

B: あ！　もうこんな時間になったんですね。明日の発表資料を見るのに時間が経つのも忘れていました。

🔍 普通、あることに集中して時間が長く経っていたことに気づいて驚いたときに使う。

★☆☆ 慣
싹수가 노랗다
見込みが黄色い

類 싹이 노랗다
芽が黄色い

人や物事が成功する可能性が最初から見えないということ。

例 가: 제가 훔친 거 아니에요. 정말이에요. 믿어 주세요.

A: 私が盗んだんじゃないです。本当です。信じてください。

나: 네가 훔친 게 맞잖아. 어린 게 벌써부터 거짓말이나 하고 아주 싹수가 노랗네.

B: 君が盗んだんじゃないか。こんな幼い頃からもう嘘をついて、全く見込みがないね。

✏️ 「싹 (芽)」は種や根から初めて芽生える若葉のことだが、人に使うときは「싹수」という。

🔍 芽が黄色いのは植物が病気にかかって死んでいくことを意味する。このようにある人の未来や希望が見えないときに使う。

★★★ 慣

알다가도 모르다
わかるようでわからない

ある物事がなかなか理解できないときに使う。

例 가: 하준아, 여자 친구하고 또 싸운 거야? 화해했다고 하지 않았어?
　A: ハジュン、彼女とまた喧嘩したの？　仲直りしたって言わなかった？

　나: 그러게, 내가 또 실수를 한 건지 기분이 상해서 화를 내더라고. 연애는 어떻게 하는 건지 알다가도 모르겠다니까.
　B: そうだね、僕がまた失敗したのか気分を害して怒らせたんだ。恋愛はどうするのかわかるようでわからないんだって。

🔎 主に「알다가도 모르겠다 (わかるようでわからない)」の形で使う。

★★★ 속

우물 안 개구리
井戸の中の蛙

類 우물 안 고기
　井戸の中の魚

広い世界を知らない人を指す。

例 가: 민지야, 이번 방학 때 미국으로 어학연수를 간다고?
　A: ミンジ、今度の休みにアメリカへ語学研修に行くの？

　나: 응, 넓은 세상을 경험해 봐야 우물 안 개구리가 되지 않을 것 같아서.
　B: うん、広い世界を経験してみないと井の中の蛙になりそうな気がして。

🔎 多くの経験をしてみたこともなく、見聞きしたこともあまりないのに、自分が知っていることがすべて正しいと思っている人に使う。

★☆☆ 慣

쥐뿔도 모르다
ネズミの角ほども知らない

何も知らないということ。

例 가: 제시카 씨가 컴퓨터에 대해 쥐뿔도 모르면서 자꾸 아는 척을 해서 짜증이 나요.
　A: ジェシカさんがコンピューターについて何も知らないくせに、しきりに知っているふりをしてイライラします。

　나: 그래요? 지난번에 보니까 제시카 씨도 컴퓨터에 대해 잘 아는 것 같던데요.
　B: そうですか？　この前見たらジェシカさんもコンピューターについて詳しいようですが。

🔎 主に「쥐뿔도 모르면서 아는 척하다 (何も知らないくせに知っているふりをする)」の形で使い、誰かが知っていることもないのに知っているふりをするときに使う。

★☆☆ 個

척하면 삼천리
ちらっとすれば三千里

相手の意図や状況を素早く察知するということ。

例 가: 어, 커피네! 안 그래도 마시고 싶었는데. 내가 커피 마시고
　　싶은 거 어떻게 알았어?

　　A: あ、コーヒーだね！　ちょうど飲みたかったのに。私が
　　コーヒーを飲みたいってどうしてわかったの？

　　나: 척하면 삼천리지. 수아 너 계속 하품했잖아.
　　B: すべてお見通しだよ。スア、君ずっとあくびしてたじゃ
　　ない。

✎ 「척하면」は一言だけ言えば、または若干の暗示さえすればという意味
　で、「삼천리 (三千里)」は朝鮮半島の土地全体を意味する。

🔎 誰かが一言だけ言ったが、それを聞いて朝鮮の地全体で起きたことが
　すべてわかるという意味で、ある人がとても気が利くときに使う。

★★★ 관

하나를 보고
열을 안다
一を見て十を知る

類 하나를 보면 열을 안다
　　一を見れば十を知る
　　하나를 보고 백을 안다
　　一を見て百を知る
　　하나를 보면 백을 안다
　　一を見れば百を知る

一部を見ただけで、それを基に全体を推し量ることがで
きるということ。

例 가: 지원 씨, 밥을 먹자마자 바로 설거지를 하는 거예요? 하나를
　　보고 열을 안다고 지원 씨가 얼마나 부지런하게 생활하는지
　　알겠네요.

　　A: ジウォンさん、ご飯を食べてすぐ皿洗いをするんですか？
　　一事が万事、ジウォンさんがどれほど勤勉に生活してい
　　るかがわかりますね。

　　나: 부지런하기는요. 냄새가 나는 게 싫어서 바로 하는 거예요.
　　B: 勤勉だなんて。においがするのが嫌だから、すぐにやる
　　んです。

🔎 ある人と付き合っていなくても、その人の言葉と行動だけで人となり
　がわかると言うときに使う。

11
判断

x

하나만 알고 둘은 모른다

一だけ知って二は知らない

ある物事の一面だけを見て、全体の様子はよくわからないということ。

例 가: 하나를 사면 하나를 더 준다고? 그럼 하나는 공짜네! 수아야, 우리 이거 사자.

A: 一つ買えばもう一つもらえるの？　じゃあ、一つは無料だね！　スア、私たちこれを買おう。

나: 민지 너는 하나만 알고 둘은 모르는구나. 공짜가 아니고 두 개 가격보다 조금 싸게 해서 많이 팔려는 상술이야.

B: ミンジ、あなたは一を知って二を知らずなんだね。無料じゃなくて、二つ分の価格より少し安くしてたくさん売ろうとする商法だよ。

🔍 融通が利かず幅広い考え方ができない人に使う。

한 치 앞을 못 보다

一寸先を見られない

知識や経験が足りず、これから起こることを予想できないということ。

例 가: 마크 씨, 구직 활동은 잘 되고 있어요?

A: マークさん、就職活動はうまくいっていますか？

나: 아니요, 마땅한 자리가 없네요. 아무리 한 치 앞을 못 보는 게 인생이라지만 잘 다니던 회사가 갑자기 망할 줄 누가 알았겠어요?

B: いいえ、適当な職がないですね。いくら一寸先は闇が人生だといっても、勤めていた会社が突然つぶれるとは誰も思わないでしょう？

✎ 「치 (寸)」は約3.03cmのことで、「一寸先」は非常に短い距離や非常に近い未来を意味する。

🔍 「저는 눈이 많이 나빠서 안경이 없으면 한 치 앞을 못 볼 정도예요. (私は目がとても悪くて眼鏡がないと一寸先も見えないほどです)」のように、視力が悪くて近くにあるものも見えないときにも使う。

12

인생
人生

----

① 성공 成功

Track 49

★★☆ 慣

간판을 따다
看板を取る

見せかけのために学歴や資格などを備えるということ。

例 가: 수아야, 1년 더 공부하더라도 재수를 해서 명문 대학에 가는 게 더 낫지 않겠니? 그래야 취업도 잘 되지.

A: スア、もう１年勉強するとしても浪人して名門大学に行った方がいいんじゃない？　そうしてこそ就職もうまくいくよ。

나: 엄마, 명문 대학 간판을 딴다고 해서 모두 다 취업이 잘 되는 건 아니잖아요. 그냥 다니고 싶은 곳에 갈래요.

B: お母さん、名門大学の学歴を得たからといってみんな就職がうまくいくわけではないじゃない。ただ通いたいところに行くよ。

✎ 「간판 (看板)」は俗語で、表向きに出す外見、学閥、経歴、資格などを意味する。

★☆☆ 慣

감투를 쓰다
冠を被る

高い地位に就いたり、重要な職責を引き受けること。

例 가: 우리 모임의 회장은 리더십이 있는 양양 씨가 하면 좋겠어요.

A: 私たちの会の会長はリーダーシップのあるヤンヤンさんにしてほしいです。

나: 말씀은 감사하지만 전 감투를 쓰는 게 좀 부담스러우니 다른 사람을 시키세요.

B: お話はありがたいですが、私は役職を担うのが少し負担になるので、他の人に頼んでください。

🔎 「감투」は昔、両班の家の男性たちが冠の下にかぶっていた帽子で、朝鮮時代に官職に就いた両班だけが被ることができた。一方、ある人が高い地位から降りてくるときは「감투를 벗다 (冠を脱ぐ)」を使う。

★★★ 웹

개천에서 용 난다
小川で龍が生まれる

困難で劣悪な環境から立派な人物が出てくるということ。

例 가: 요즘은 부모의 힘이 없으면 성공하기 힘든 것 같아요. 다들 개천에서 용 나던 시대는 끝났다고 하더라고요.
A: 最近は親の力がないと成功しにくいようです。とんびが鷹を生むような時代は終わったとみんな言ってますよ。

나: 그래도 저는 아직까지는 부모의 배경이 없어도 계속 노력하면 성공할 수 있다고 믿어요.
B: それでもなお、私は親の後ろ盾がなくても努力し続ければ成功できると信じています。

🔍 主に「개천에서 용 났네. (小川から龍が生まれたね)」の形で使い、良くない環境を克服し努力して成功した人に使う。

★☆☆ 관

꽃을 피우다
花を咲かせる

あることが実を結んだり繁栄したりするということ。

例 가: 윤아 씨는 드라마 '예쁜 누나'를 통해 연기 인생에 꽃을 피우기 시작하셨는데요. 앞으로의 각오가 있다면 한 말씀해 주세요.
A: ユナさんはドラマ「きれいなお姉さん」で俳優人生に花を咲かせ始めました。これからの覚悟があれば一言お願いします。

나: 많은 사랑을 주신 시청자 여러분께 감사드립니다. 앞으로도 기대에 어긋나지 않도록 더 노력하는 배우가 되겠습니다.
B: 多くの愛をくださった視聴者の皆さんに感謝します。これからも期待を裏切らないようにもっと努力する俳優になります。

🔍 誰かが成功したり、あることを成し遂げたときに使う。

☆☆☆ 웹

나는 새도 떨어뜨린다
飛ぶ鳥も落とす

権勢が非常に盛んで恐れることがなく、すべてのことを意のままにできるということ。

例 가: 그렇게 높은 자리에 있던 사람이 하루아침에 감옥에 가게 되다니 정말 한 치 앞도 모르는 게 인생인 것 같아요.
A: そんなに高い地位にいた人が一夜にして刑務所に行くなんて、本当に一寸先もわからないのが人生のようです。

나: 맞아요. 나는 새도 떨어뜨린다는 권력을 가졌던 사람이 저렇게 될 줄 누가 알았겠어요?
B: そうです。飛ぶ鳥も落とすほどの権力を持った人があんなふうになるとは、誰が想像したでしょう?

12
人生

난다 긴다 하다
飛ぶ、這うという

誰かの才能や能力が非常に優れているということ。

例 가: 수아야, 올해도 부산 영화제에 다녀왔어? 영화제를 보러 매년 부산까지 가다니 대단해!

A: スア、今年も釜山映画祭に行ってきたの？　映画祭を見に毎年釜山まで行くなんてすごい！

나: 난다 긴다 하는 영화계 사람들이 다 모이잖아. 직접 가서 보면 얼마나 좋은데.

B: ずば抜けた映画界の人たちがみんな集まるじゃない。直接行ってみたらどんなにいいか。

○ この表現はもともとユンノリ (すごろくのような遊び) がとても上手な人に使われたが、最近では能力が優れていて、あることがとても上手な人に使う。主に「난다 긴다 하는 사람 (ずば抜けている人)」の形で使う。

★★★ 慣

둘째가라면 서럽다
二番目と言われたら悔しい

類 둘째가라면 섦다
二番目と言われたら悲しい

特定の分野で誰もが認める最高に値するということ。

例 가: 이 집 음식이 그렇게 맛있어요?

A: この店の料理はそんなにおいしいですか？

나: 네, 여기 요리사가 둘째가라면 서러울 정도로 솜씨가 좋거든요.

B: はい、ここのシェフが右に出る者がいないほど腕がいいんですよ。

○ 普通「둘째가라면 서러울 정도로 (二番目と言われたら悔しいほど)」の形で使い、ある分野で皆が一番に挙げるほど実力が優れた人を話すときに使う。

★☆☆ 慣

떠오르는 별
浮上する星

ある分野に新しく登場して優れた才能を表わす人を指す。

例 가: 지원 씨, 저 사람이 누군지 알아요? 요즘 텔레비전만 켜면 나오던데.

A: ジウォンさん、あの人が誰なのか知ってますか？　最近テレビをつけると出てくるよ。

나: 요즘 방송계에서 새롭게 떠오르는 별이에요. 말도 재미있게 잘하고 끼도 많아서 인기가 많아요.

B: 最近、放送界で新たに頭角を現したスターです。話も面白く上手で多才で人気があります。

○ 普通、スポーツ、芸術分野や学界などで誰かが新しく登場し注目を集めるときに使う。

떼어 놓은 당상

取っておいた堂上

取っておいた堂上

あることが確実に計画したり思った通りに進められるということ。

例 가: 한선우 선수가 어제 경기에서 신기록을 세웠으니까 1위는 떼어 놓은 당상이겠죠?
　 A: ハン・ソヌ選手が昨日の試合で新記録を立てたから、1位は取ったも同然でしょう？

　 나: 글쎄요. 아직 이번 수영 대회가 다 끝나지 않았으니까 확신할 수는 없습니다.
　 B: まあね。まだ今回の水泳大会が終わっていないので、確信することはできません。

🔍 「当上 (堂上)」は高い官職のことで、彼らは身分を表すために帽子に金の装飾をつけていた。これは持ち主がはっきりしているので、取っても誰も持っていかず、失くしても簡単に見つけることができた。ここから出てきた表現だ。

★☆☆ 긘

미꾸라지 용 됐다

ドジョウが龍となった

取るに足らなかった人が大成したということ。

例 가: 우리 동창 민수 알지? 민수가 잘나가는 회사의 사장이 돼서 잡지에 나왔더라고.
　 A: 同窓生のミンス、知ってるよね？　ミンスがうまくいってる会社の社長になって雑誌に出ていたんだ。

　 나: 미꾸라지 용 됐다. 학교 다닐 때 공부는 안 하고 사고만 치던 민수가 사장이 되다니. 역시 인생은 모를 일이야.
　 B: ドジョウが龍になった。学校に通っていた頃は、勉強もせず問題ばかり起こしていたミンスが社長になるなんて。やっぱり人生はわからないね。

★☆☆ 慣

빛을 발하다

光を放つ

誰かの能力や実力が知られるということ。

例 가: 드디어 우리나라 선수들이 아시아 축구 대회에서 우승했습니다. 선수들의 실력이 대단하다는 찬사가 이어지고 있는데요. 어떻게 생각하십니까?
　 A: ついにわが国の選手たちがアジアサッカー大会で優勝しました。選手たちの実力がすばらしいという賛辞が続いています。どう思われますか？

　 나: 선수들의 실력도 실력이지만 이번 경기에서는 감독의 뛰어난 전술이 빛을 발한 것 같습니다.
　 B: 選手たちの実力もさることながら、今回の試合では監督の優れた戦術が光を放ったようです。

🔍 暗いところで光を放つとそれに集中するように、隠れて見えていなかった誰かの能力が注目を集めたときに使う。

★☆☆ 慣

이름을 남기다
名を残す

後世にまで名が伝わるということ。

例 가: 여성 중에서 역사에 **이름을 남긴** 인물에는 누가 있을까요?
　　A: 女性の中で歴史に名を残した人物には誰がいますか？

　　나: 우리가 잘 알고 있는 신사임당이 있습니다. 신사임당은 여성이 그림을 그리는 것을 존중받지 못하던 시대에도 뛰어난 그림 실력으로 명성을 떨쳤던 분입니다.
　　B: 私たちがよく知っている申師任堂がいます。申師任堂は、女性が絵を描くことを尊重されなかった時代にも、優れた絵の実力で名声を博した方です。

🔎 主に「역사에 이름을 남기다 (歴史に名を残す)」や「후대에 이름을 남기다 (後代に名を残す)」という形で使う。

★☆☆ 慣

청운의 꿈
青雲の夢

成功して世の中に名を馳せようとする夢を表す。

例 가: 다음 선거가 있으니까 낙선했다고 너무 기죽지 마십시오. 다음에는 잘될 겁니다.
　　A: 次の選挙があるから、落選したからといって気後れしすぎないでください。次はうまくいくでしょう。

　　나: 고맙습니다. **청운의 꿈**을 안고 정치계에 입문하려고 하는데 쉽지가 않네요.
　　B: ありがとうございます。青雲の志を抱いて政界に入門しようと思いますが、簡単ではないですね。

✎ 「청운 (青雲)」はもともと青い雲という意味だが、ここでは高い地位や官職という意味で使われている。

🔎 昔の人々は神仙や皇帝になる人がいるところには青い雲や五色の雲が浮かんでいると信じていたが、ここから出てきた表現だ。

★★☆ 慣

고생문이 훤하다

苦労する運命が明らか
だ

これから苦労するのは明白だということ。

例 가: 하준아, 해외 봉사를 가겠다고 자원했다면서? 고생문이 훤해 보이는데 왜 가려고 해?
　　A: ハジュン、海外ボランティアに行くと志願したんだって？ 苦労するのは明らかなのにどうして行こうとするの？

　　나: 고생이야 하겠지만 더 늦기 전에 하고 싶었던 걸 해 보려고.
　　B: 苦労はすると思うけど、もっと遅くなる前にやりたかったことをやってみようと思って。

🔎 普通、険しい未来がはっきり見えているときに使う。

★★★ 慣

귀에 못이 박히다

耳にたこができる

類 귀에 딱지가 앉다
　　耳にかさぶたができる

同じ言葉を何度も繰り返し聞くということ。

例 가: 동영상 좀 그만 보고 이제 공부 좀 할래? 그렇게 하다가는 대학 못 간다.
　　A: 動画を見るのはやめて、もう勉強したら？　そうしていては大学に行けないよ。

　　나: 알겠어요, 아빠. 대학 못 간다는 소리 좀 그만하세요. 귀에 못이 박히겠어요.
　　B: わかったよ、お父さん。大学に行けないと言うのはやめて。耳にたこができるよ。

✏ 「못 (たこ)」は手のひらや足の裏にできる硬い腫れ物のこと。

🔎 普通、小言や聞きたくないことを何度も言われてうんざりするときに使う。

★☆☆ 慣

귀에 익다

耳に慣れる

ある音を何度も聞いていて親しみがあるということ。

例 가: 이 노래 누가 불렀지? 목소리가 귀에 익은데.
　　A: この歌、誰が歌ったっけ？　声に聞き覚えがあるんだけど。

　　나: 그러게. 나도 많이 들어 본 노래인데 가수 이름이 기억이 안 나.
　　B: そうだね。僕もよく聞いた歌なのに、歌手の名前が思い出せない。

🔎 「옆집 아기가 우는 소리도 귀에 익어서 그런지 이제는 그렇게 힘든지 모르겠어요. (隣の家の赤ちゃんが泣く声にも聞き慣れたからか、今はそんなに気になりません)」のように、ある言葉や音をよく聞いて慣れているときにも使う。

★★☆ 慣

귓가에 맴돌다
耳元にぐるぐる回る

類 귓가에 돌다
　　耳元に回る
　　귓가를 맴돌다
　　耳元をぐるぐる回る

前に聞いた言葉や音が忘れられずに思い浮かぶということ。

例 가: 승원 씨, 뭘 그렇게 골똘히 생각해요?
　　A: スンウォンさん、何をそんなに深く考えているのですか？

　　나: 아까 마크 씨가 저한테 화를 내면서 했던 말이 자꾸 귓가에 맴돌아서요. 그런데 왜 화를 냈는지 아직도 잘 모르겠어요.
　　B: さっきマークさんが僕に怒って言った言葉が、ずっと耳に残っているんです。でも、なぜ怒ったのか未だによくわかりません。

🔎 「맴돌다 (ぐるぐる回る)」は同じ考えや感じなどが繰り返されるという意味だ。

☆☆☆ 慣

눈앞이 환해지다
目の前が明るくなる

世相がはっきりとわかるようになったということ。

例 가: 그때는 몰랐는데 나이가 들면서 눈앞이 점점 환해지니까 어릴 때 부모님께서 해 주셨던 말씀들이 이해가 가요.
　　A: そのときはわからなかったんですが、年を取るにつれて世の中のことがだんだんわかるようになってきたので、幼い頃両親が言ってくれた言葉が理解できます。

　　나: 그렇죠? 그때는 잔소리라고만 생각했는데 지금 보면 다 맞는 말씀이더라고요.
　　B: そうですよね？　そのときは小言だとしか思っていなかったんですが、今考えてみたら全部正しい言葉でした。

🔎 「1년이나 기다렸던 유학 비자를 받으니 눈앞이 환해지는 것 같아요. (1年も待っていた留学ビザを受け取ると目の前が明るくなるようです)」のように展望や前途がはっきりしてくるときにも使う。

★☆☆ 慣

눈에 밟히다
目に踏まれる

ある物事が忘れられずしきりに思い出されるということ。

例 가: 태현 엄마, 멍하게 앉아 계신 걸 보니 또 군대 간 아들 생각을 하시는 거군요?
　　A: テヒョンのお母さん、ぼんやり座っていらっしゃるのを見るに、また軍隊に行った息子さんのことを考えてるんですね？

　　나: 네, 아들이 눈에 밟혀서 밥도 안 넘어가요.
　　B: うん、息子が目に浮かんでご飯も喉を通らないのよ。

🔎 普通、過去に見た姿がやるせなく切ない気持ちになってしきりに思い出すときに使う。

★☆☆ 慣

눈에 아른거리다
目にちらつく

類 눈앞에 어른거리다
目の前にちらつく

ある人や事、物などに関する記憶がしきりに思い浮かぶ
ということ。

例 가: 아까 점심시간에 백화점에서 본 원피스가 눈에 아른거려서
　　 퇴근하고 사러 가야겠어.
　　A: さっき昼休みに百貨店で見たワンピースが目に浮かぶか
　　　 ら、退勤したら買いに行かなくちゃ。

　　나: 내가 그럴 줄 알았다. 웬일로 네가 안 사나 했어.
　　B: 僕もそうすると思った。どうして君が買わないのかと
　　　 思ったよ。

💭 普通、過去に見た物事をずっと思い出して忘れられないときに使う。

★★☆ 慣

눈에 익다
目に慣れる

何度も見ていて慣れているということ。

例 가: 어쩐지 저 사람이 눈에 익다고 생각했는데 아주 유명한 웹툰
　　 작가래요.
　　A: なんとなくあの人は見覚えがあると思っていたのですが、
　　　 とても有名なウェブ漫画家だそうです。

　　나: 그래요? 대표작이 뭐래요?
　　B: そうなんですか？　代表作は何ですか？

💭 普通、ある物や人、場所などをどこかで見たような気がすると話すと
　 きに使う。

★★★ 慣

눈을 뜨다
目を開く

ある分野の知識を得たり、事の道理や正しさを悟ること。

例 가: 저는 커피 맛을 구분 못 하겠던데 지원 씨는 어떻게 그렇게
　　 잘 알아요?
　　A: 私はコーヒーの味を区別できませんでしたが、ジウォン
　　　 さんはどうしてそんなによくわかるのですか？

　　나: 워낙 커피를 좋아해서 공부도 하고 다양한 원산지의 커피를
　　 많이 마시다 보니 커피 맛에 눈을 뜨게 됐어요.
　　B: なにしろコーヒーが好きで、勉強もしていろいろな原産
　　　 地のコーヒーをたくさん飲んでいたら、コーヒーの味に
　　　 目覚めるようになりました。

💭 主に「눈을 떴다 (目を覚ました)」、「눈을 뜨게 되었다 (目を覚ますよう
　 になった)」のように過去形で使い、以前は知らなかったことを新し
　 く知ったときに使う。

단맛 쓴맛 다 보다
甘味も苦味もすべて味
わう

쓴맛 단맛 다 보다
苦味も甘味もすべて味
わう

人生で喜びと楽しさ、苦痛と悩みをすべて経験したということ。

例 가: 그동안 사업을 하시면서 겪은 일들을 책으로 내셨다고요?
어떤 내용인지 궁금합니다.

A: これまで事業をしながら経験したことを本で出したんですって？　どんな内容なのか気になります。

나: 저는 20년 동안 사업을 하면서 단맛 쓴맛 다 보았습니다.
그 과정에서 느꼈던 점들을 진솔하게 써 봤습니다.

B: 私は20年間、事業をしながら酸いも甘いもかみ分けてきました。その過程で感じた点を率直に書いてみました。

🔎 主に「인생의 단맛 쓴맛 다 보았다 (人生の甘味、苦味をすべて味わった)」という形で使う。

듣기 좋은 꽃노래도
한두 번이지
聞こえの良い花の歌も
1回か2回だ

いくら良い言葉でも何度も繰り返し聞けば、聞きたくなくなるということ。

例 가: 아까 수아한테 예쁘다고 하니까 그만 놀리라면서 화를 내더라.

A: さっきスアにきれいだと言ったら、もうからかわないでって怒ってるんだよ。

나: 넌 수아만 보면 예쁘다고 하잖아. 듣기 좋은 꽃노래도
한두 번이지. 볼 때마다 예쁘다고 하니까 자기를 놀린다고
생각했을 수도 있어.

B: あなたはスアに会うたびにきれいだと言うじゃない。何度も聞けば嫌になっちゃうよ。会うたびにきれいだと言うから、自分をからかっていると思ったのかもしれないよ。

🔎 似たような意味で「듣기 좋은 이야기도 늘 들으면 싫다 (聞こえの良い話でもいつも聞けば嫌になる)」を使うこともある。

★☆☆ 慣

듣도 보도 못하다

聞くことも見ることも
ない

聞いたことも見たこともないので全く知らないということ。

例 가: 새로 시작한 드라마 '그 남자 그 여자' 봤어요? 재미있어서
　　　시간 가는 줄 모르겠더라고요.
　　A: 新しく始まったドラマ「その男、その女」を見ましたか？
　　　面白くて時間が経つのも忘れてしまいました。

　　나: 원래 그 드라마를 쓴 작가가 듣도 보도 못한 파격적인 소재를
　　　가지고 대본을 쓰잖아요.
　　B: 元々そのドラマを書いた作家が、見たことも聞いたこと
　　　もない型破りの題材で台本を書くじゃないですか。

★★☆ 慣

몸에 배다

身にしみつく

類 몸에 익다
　　身に慣れる

あることを何度もやってみて慣れているということ。

例 가: 마크 씨는 매너가 참 좋아요.
　　A: マークさんはマナーが本当に良いです。

　　나: 그렇죠? 매너가 몸에 밴 사람이에요.
　　B: そうですよね？　マナーが身についた人です。

🔎 普通、誰かが特定の行動を繰り返して、その行動が身について無意識
　　に現れるときに使う。

☆☆☆ こ

물은 건너 보아야
알고 사람은
지내보아야 안다

水は渡ってみてこそわ
かり、人は付き合って
こそわかる

類 사람은 겪어 보아야 알고
　　물은 건너 보아야 안다
　　人は経験してみてこそ
　　わかり、水は渡ってみ
　　てこそわかる

　　사람은 지내보아야 안다
　　人は付き合ってこそわ
　　かる

人は外見だけを見て知ることはできず、互いに長く付き
合ってみないとわからないということ。

例 가: 오빠, 제일 친한 친구가 내 흉을 보고 다닌다고 들어서 속상
　　　해.
　　A: お兄ちゃん、一番親しい友達が私の悪口を言いふらして
　　　いると聞いて辛い。

　　나: 물은 건너 보아야 알고 사람은 지내보아야 안다고 하잖아.
　　　이 기회에 그 사람이 어떤 사람인지 확실히 알게 됐으니까
　　　오히려 다행이라고 생각해.
　　B: 水は渡ってみてこそわかり、人は付き合ってこそわかる
　　　って言うじゃん。これを機にその人がどんな人なのかは
　　　っきりわかるようになったんだから、むしろ幸いだと思
　　　う。

🔎 どんな人でも時間をかけて見守ってこそ、その人についてきちんと知
　　ることができると言うときに使う。

★★★ 준

바늘 도둑이 소도둑 된다

針泥棒が牛泥棒になる

いくら小さなことでも悪事を何度もして癖になれば、後には大きな罪を犯すことになるということ。

例 가: 여보, 우리 아이가 제 지갑에 손을 댄 것 같은데 어떡하죠?
　　A: あなた、うちの子が私の財布に手を出したようですが、どうしよう?

　　나: **바늘 도둑이 소도둑 된다**고 따끔하게 혼을 내야 같은 일을 반복 안 할 거예요.
　　B: 針泥棒が牛泥棒になると厳しく叱ってこそ、同じことを繰り返さないと思う。

🔍 普通、子どもが悪いことをしたときにすぐ叱って、後でもっと悪いことをしないように教えなければならないと言うときに使う。

★★☆ 慣

밥 먹듯 하다

飯を食べるようにする

あることを頻繁に行うこと。

例 가: 민수 씨, 일은 좀 줄었어요?
　　A: ミンスさん、仕事は少し減りましたか?

　　나: 줄기는요. 요즘도 일이 많아서 야근을 **밥 먹듯** 하고 있어요.
　　B: 減るだなんて。最近も仕事が多くて夜勤が日常茶飯事になっています。

🔍 嘘、苦労、残業などの否定的なことを繰り返すときによく使う。

★★★ 慣

불을 보듯 훤하다

火を見るように明らかだ

類 불을 보듯 뻔하다
　　火を見るように明白だ

これから起こることは疑う余地がないほど明白だということ。

例 가: 경기가 안 좋아서 주가가 떨어질 게 **불을 보듯** 훤한데 주식을 사겠다고요?
　　A: 景気が悪くて株価が下がるのが火を見るより明らかなのに株を買うんですか?

　　나: 그러니까 지금 사 둬야지요. 쌀 때 사 둬야 돈을 벌 수 있어요.
　　B: だから今買っておかないと。安いときに買っておかないとお金を儲けられません。

🔍 火事が起きれば遠くからでも見えるように、未来に起こることが非常に確実だと言うときに使う。普通は否定的なことによく使うが、「이번에도 지원이 1등을 할 게 불을 보듯 훤해. (今回もジウォンが1位になるのが火を見るように明らかだ)」のように肯定的なことに使ったりもする。

★★★ㄹ

세 살 적 버릇이
여든까지 간다

三歳のときの癖が八十
まで行く

圍 어릴 적 버릇은 늙어서까
지 간다
幼い頃の癖は老いてま
で行く

세 살 적 마음이 여든까지
간다
三歳のときの心が八十
まで行く

幼い頃に身についた癖は、年を取っても直すのが難しい
ということ。

例 가: 지훈아, 손톱 좀 그만 물어뜯어. 세 살 적 버릇이 여든까지
간다더니 어른이 됐는데도 여전하구나!

A: ジフン、爪を噛むのはやめて。三つ子の魂百までという
けど、大人になっても相変わらずね！

나: 이모, 저도 고치고 싶은데 긴장을 하면 저도 모르게 그렇게
돼요.

B: おばさん、僕も直したいのに緊張すると思わずやってし
まうんです。

ℚ 一度ついた癖は直すのが大変なので、幼い頃から悪い癖がつかないよ
うに気をつけなければならないと言うときに使う。

★★★ㄹ

소문난 잔치에
먹을 것 없다

評判になった宴に食べ
る物がない

圍 이름난 잔치 배고프다
有名な宴で腹が空く

盛んな噂や大きな期待に比べて中身がなかったり、噂が
実際とは違うということ。

例 가: 지난주에 영화 '한라산'을 본다고 했죠? 어땠어요?

A: 先週、映画「漢拏山」を観ると言ってましたよね？　ど
うでしたか？

나: 소문난 잔치에 먹을 것 없다더니 내로라하는 배우들이 출연
을 한다고 해서 잔뜩 기대를 하고 봤는데 별로였어요.

B: 名物に旨いものなしというけど、我こそはという俳優た
ちが出演すると聞いてすごく期待して観たんですけど、
イマイチでした。

ℚ 何かについて良い噂や評判を聞いて大いに期待していたが、それが自
分の期待に及ばずがっかりしたときに使う。

손때가 묻다
手垢がつく

ある物を長く使って慣れているということ。

例 가: 이제 그 만년필은 그만 쓰고 좀 바꿔요. 너무 오래 써서 다 낡았잖아요.

　　A: もうその万年筆を使うのはやめて変えてください。あまりにも長く使いすぎてすっかり古くなってるじゃないですか。

　　나: 손때가 묻어서 얼마나 쓰기 편한데요. 전 앞으로도 계속 이걸 쓸 거예요.

　　B: 使い慣れてとても使いやすいから。私はこれからもずっとこれを使います。

✎ 「손때 (手垢)」は長い間手入れをしながら使って手に慣れた跡のこと。

🔎 「이 책들은 손때가 묻기는 했지만 볼 때마다 옛날 생각이 나서 버릴 수가 없어요. (これらの本は手垢がついたものの、見るたびに昔を思い出して捨てることができません)」のように、ある物を長く使って情が移ったときにも使う。

★★★ 慣

손에 익다
手に慣れる

ある仕事に手慣れているということ。

例 가: 사장님, 어떻게 이렇게 과일 무게를 정확히 맞춰서 포장할 수 있으세요?

　　A: 社長、どうやってこんなに果物の重さを正確に合わせて包装することができるのですか？

　　나: 워낙 오래 하다 보니까 손에 익어서 그렇지요.

　　B: なにしろ長くやっていて、手慣れているからだよ。

🔎 誰かが機械や器具、道具を長く扱っていて、使いこなしているときに使う。

★★☆ 慣

자리가 잡히다
場所が取られる

新しい仕事に慣れるということ。

例 가: 승원 씨, 이제 감사팀 일은 할 만해요?

　　A: スンウォンさん、もう監査チームの仕事は慣れましたか？

　　나: 네. 처음에는 정신이 하나도 없었는데 이제는 자리가 잡혀서 할 만해요.

　　B: はい。最初は気が気でなかったのですが、今はもう慣れてやりがいがあります。

🔎 「이제 새로운 교통질서가 자리가 잡혀 간다. (今や新しい交通秩序が定着しつつある)」のように新しい制度や規律などがきちんと定着していくときにも使う。

★★☆ 慣

잔뼈가 굵다

小骨が太い

長い間一つの分野で仕事をして、その仕事に慣れている
ということ。

例 가: 이번 사태에 대처하는 김 변호사님의 모습을 보니 정말
　　존경스럽습니다.

　A: 今回の事態に対処するキム弁護士の姿を見ると、本当に
　　尊敬に値します。

　나: 김 변호사님은 이 분야에서 잔뼈가 굵은 분이라 실력도 있고
　　경험도 많으시니까요.

　B: キム弁護士はこの分野に熟達していて、実力もあり経験
　　も多いですからね。

🔍 子どもの頃、小さくて弱かった骨が、大人になるにつれて次第に太く
　なるように、誰かが初めてあることを始めたときは下手だったが、そ
　の仕事を続けながら能力を備えて上手になったときに使う。

★★☆ 慣

판에 박은 듯하다

判に押したようだ

物の形が同じとき、あるいは同じことが繰り返されると
きに使う。

例 가: 교수님, 정부가 주택 정책을 발표할 때마다 집값이 오르는 건
　　문제가 있는 게 아닐까요?

　A: 教授、政府が住宅政策を発表するたびに住宅価格が上が
　　るのは、問題ではないでしょうか？

　나: 맞습니다. 표현만 다를 뿐 지난 정부 때와 판에 박은 듯한
　　정책을 계속 발표하고 있기 때문에 생기는 현상입니다.

　B: その通りです。表現が違うだけで、前政権のときと判で
　　押したように同じような政策を発表し続けているために
　　生じる現象です。

🔍 韓国の伝統菓子の一つである「다식 (茶食)」は型に押し込んでその形
　を同じように作ったが、ここから出てきた表現だ。

★★☆ 慣

피부로 느끼다
肌で感じる

直接自分の身をもって経験するということ。

例 가: 물가가 많이 올랐다더니 마트에 나와 보니까 피부로 확 느껴지네요.

　　A: 物価がだいぶ上がったといいますが、スーパーに来てみたら肌でぱっと感じられますね。

　　나: 그러게요. 산 것도 없는데 20만 원이 훌쩍 넘었어요.

　　B: そうですね。買ったものもそんなにないのに、20万ウォンを軽く超えました。

🔎 似たような意味で「피부에 와닿다 (肌に触れる)」を使うこともある。

★☆☆ 慣

하루에도 열두 번
一日に12回も

あることがとても頻繁に起こるということ。

例 가: 선생님, 무릎 건강을 지키려면 어떻게 해야 합니까?

　　A: 先生、膝の健康を守るにはどうすればいいですか?

　　나: 무릎은 하루에도 열두 번씩 굽혔다 폈다 하는 만큼 질병에 취약한 부위입니다. 오래 서 있거나 쪼그려 앉는 습관부터 고치는 것이 좋습니다.

　　B: 膝は何回も曲げたり伸ばしたりするので、病気にかかりやすい部位です。長く立っていたり、しゃがんで座っていたりする習慣から直した方がいいです。

✎ 「열두 번 (12回)」は非常に頻繁に、あるいは何回もという意味だ。

🔎 「지원이는 하루에도 열두 번 여행 계획을 바꿔. (ジウォンはとても頻繁に計画を変える)」のように、ある人が何かを確実に決めることができず、意見や考えをよく変えるときにも使う。

★★★ㄹ
호랑이도 제 말 하면 온다
虎も自分の話をすれば やって来る

ある人について話をしていたら偶然にもその人が現れる ときに使う。

例 가: 태현이는 무슨 일이든지 자기 고집대로만 하려고 해. 오늘도 같이 팀 과제를 하다가 짜증 나 죽는 줄 알았어.

A: テヒョンはどんなことでも自分の我を通そうとする。今 日も一緒にチーム課題をしていて、イライラして我慢で きなかった。

나: 쉿! 조용히 해. 호랑이도 제 말 하면 온다고 저기 태현이가 오 네.

B: しっ！　静かに。噂をすれば影がさすというけど、あそ こにテヒョンが来てるんだ。

★☆☆慣
홍역을 치르다
はしかにかかる

類 홍역을 앓다
はしかを患う

非常に苦労したり困難を経験したりするということ。

例 가: 전염병 확산으로 전 세계가 홍역을 치르고 있는데요. 김 기자, 드디어 백신이 개발됐다면서요?

A: 伝染病の拡散で全世界が大変なことになっています。キ ム記者、ついにワクチンが開発されたそうですね？

나: 네, 오늘 아침 여러 나라의 후원을 받은 한 제약 회사가 백신 개발을 마치고 임상 실험에 들어갔다고 밝혔습니다.

B: はい、今朝、いくつかの国の後援を受けた製薬会社が、 ワクチン開発を終えて臨床実験に入ったと発表しました。

🔎 昔は、はしかにかかると治療剤がなく、多くの人が亡くなるか死ぬほ どの苦痛を経験した。このように誰かがとても大変なことを経験した ときに使う。

실패 · 失敗

★★☆ 慣

가시밭길을 가다
いばらの道を行く

厳しくて困難な人生を送るということ。

例 가: 아버지, 저는 가수가 되고 싶어요. 왜 제 꿈을 지지해 주지 않으세요?
　　A: お父さん、私は歌手になりたいの。どうして私の夢を支持してくれないの？

　　나: 가수로 성공하기가 얼마나 힘든지 너도 알잖아. 자식이 가시밭길을 가겠다는데 안 말릴 부모가 어디 있겠니?
　　B: 歌手として成功するのがどれほど大変か、おまえも知っているじゃないか。子どもがいばらの道を行くというのに、止めない親がどこにいるんだ？

🔍 大きな問題がなく順調な生活を送るときは「꽃길만 걷다 (花道だけを歩く)」を使う。

★☆☆ 慣

개뿔도 없다
犬の角もない

ある人がお金や名誉、能力などを全く持っていないということ。

例 가: 승원 씨가 비싼 외제 차를 끌고 다니네요.
　　A: スンウォンさんが高い外車を運転していますね。

　　나: 그러게요. 개뿔도 없으면서 항상 비싼 차를 타더라고요.
　　B: そうですね。たいして何も持ってないくせにいつも高い車に乗っています。

✎ 「개뿔 (犬の角)」は何の価値もなく、あまり重要でないことを俗に言う言葉。

🔍 何も持っていないときは「쥐뿔도 없다 (ネズミの角もない)」を使う。俗語なので、目上の人や親しくない人にはどちらの表現も使わない方が良い。

★★☆ 慣

고배를 들다
苦杯を取る

類 고배를 마시다
苦杯を飲む
고배를 맛보다
苦杯を味わう

敗北や失敗などの辛い目に遭ったときに使う。

例 가: 합격을 정말 축하해요. 그렇게 원하던 회계사가 된 소감이 어때요?
　　A: 合格本当におめでとうございます。あれほど望んでいた会計士になった感想はどうですか？

　　나: 너무 기뻐요. 작년에 불합격의 고배를 들었을 때 포기했다면 오늘의 기쁨은 없었을 거예요.
　　B: とても嬉しいです。昨年、不合格の苦杯をなめたときに諦めていたら、今日の喜びはなかったでしょう。

✎ 「고배 (苦杯)」は苦い酒が入った杯という意味だが、ここでは苦い経験という意味で使われている。

★★☆ 償

낭패를 보다

狼狽を見る

あることが計画や期待通りにいかず困ってしまったということ。

例 가: 이사할 때 필요한 물건을 싸게 사려고 중고 거래 사이트를 이용하려고 하는데 어디가 좋을까요?

A: 引っ越しのときに必要なものを安く買おうと思って中古取引サイトを利用したいのですが、どこがいいでしょうか?

나: 저는 한 번 이용했다가 낭패를 본 적이 있어서 중고 거래는 별로 추천하고 싶지 않아요.

B: 私は一度利用して失敗したことがあるので、中古取引はあまりおすすめしたくありません。

♀ 「낭」と「패」は想像上の動物で、体が不自由で互いに頼ってこそ歩ける間柄だ。そのため、この二つの仲が悪くなると互いに頼れないので、歩くこともできず狩りもできなくて困った状況に陥ることになる。ここから出てきた表現だ。

★★☆ 故

닭 쫓던 개 지붕 쳐다보듯

鶏を追いかけた犬が屋根を眺めるよう

類 닭 쫓던 개 먼 산 쳐다보듯
鶏を追いかけた犬が遠くの山を眺めるよう

頑張って取り組んでいたことが失敗して、がっかりして気力を失った様子を表す。

例 가: 결국 한승우 선수 영입에 실패했다고요?

A: 結局、ハン・スンウ選手の迎え入れに失敗したんですって?

나: 네, 죄송합니다. 닭 쫓던 개 지붕 쳐다보듯 한다더니 저희가 딱 그 꼴이 됐습니다. 몇 달 동안이나 공을 들였는데 미국 구단에서 스카우트 제의를 받더니 그쪽하고 바로 계약을 해 버렸습니다.

B: はい、すみません。鶏を追いかけた犬が屋根を眺めるように、我々がまさにその格好になりました。何か月も力を入れたのにアメリカの球団からスカウトの提案を受けて、そちらとすぐに契約してしまいました。

♀ 鶏が食器に触れると犬が怒って鶏を追いかけた。ところが鶏が屋根に上がると犬は何もできず、ただ下からむなしく屋根を眺めるしかなかったが、ここから出てきた表現だ。

두손두발다들다
両手両足を上げる

ある仕事が自分の能力では手に負えず、やめるときに使う。

🗨 가: 김 간호사님, 305호 환자가 주사를 안 맞겠대요. 그분 고집에 저는 두 손 두 발 다 들었으니까 어떻게 좀 해 주세요.
　　A: キム看護師、305号の患者が注射を打たないそうです。その方の意地に私はお手上げなので、何とかしてください。

　　나: 알겠어요. 제가 가서 다시 한번 설득해 볼게요.
　　B: わかりました。私が行ってもう一度説得してみます。

땅에 떨어지다
地に落ちる

名誉や権威などが回復しがたいほど損なわれたということ。

🗨 가: 자동차 결함으로 화재가 계속 발생하고 있는데도 제조사가 방관만 하고 있어요. 그래서 그 회사에 대한 신뢰가 완전히 땅에 떨어지고 있대요.
　　A: 自動車の欠陥で火災が発生し続けているにもかかわらず、メーカーが傍観ばかりしているそうです。それで、その会社に対する信頼が完全に地に落ちているそうです。

　　나: 큰 사고로 이어질 수 있는데 큰 문제네요.
　　B: 大きな事故につながりかねず、大変な問題ですね。

🔍 普通、あることによって名誉や威信、信頼、士気、自尊心などが低くなる、あるいはなくなるときに使う。

무릎을 꿇다
膝を屈する

他の人に降伏または屈服するということ。

🗨 가: 어제 뉴스를 보니까 주민들의 반대 때문에 인천시가 쓰레기 소각장 건립 계획을 취소했어요.
　　A: 昨日のニュースを見たら、住民たちの反対で仁川市がゴミ焼却場建設計画を取り消したそうです。

　　나: 주민들의 거센 항의에 결국 시가 무릎을 꿇은 모양이네요.
　　B: 住民の激しい抗議に結局、市が屈したようですね。

🔍 誰かが抵抗する人を降伏させたり屈服させたときは「무릎을 꿇리다 (ひざまずかせる)」を使う。

★★★ 慣
미역국을 먹다
わかめスープを食べる

試験に落ちたということ。

例 가: 표정을 보니 이번에도 한식 조리사 시험에서 미역국을 먹은 모양이구나?

　　A: 表情を見るに、今回も韓国料理の調理師試験に落ちたようだね？

　　나: 응. 필기시험에 합격해야 실기 시험도 볼 수 있는데 자꾸 떨어지니까 속상해.

　　B: うん。筆記試験に合格しないと実技試験も受けられないのに、何度も落ちて悔しい。

🔍 「박 과장은 이번 프로젝트에 실패하면서 미역국을 먹었다. (パク課長は今回のプロジェクトに失敗し、昇進できなかった) 」のように、ある人が自分の地位を高めるのに失敗したときにも使う。

★☆☆ 慣
백기를 들다
白旗を上げる

相手に降伏したり屈服したりするときに使う。

例 가: 이 무역 전쟁에서 과연 어느 나라가 먼저 백기를 들게 될까요?

　　A: この貿易戦争で果たしてどの国が先に白旗を上げることになるのでしょうか？

　　나: 그건 중요한 문제가 아닌 것 같습니다. 무역 전쟁으로 인해 피해를 입는 나라들을 먼저 생각해야지요.

　　B: それは重要な問題ではないと思います。貿易戦争によって被害を受ける国々をまず考えなければなりません。

🔍 昔から戦争やスポーツの試合などで相手の力や勢いに押されて降伏するときは、これ以上戦う意思がないという意味で白い旗を掲げたが、ここから出てきた表現だ。

★☆☆ 慣
빛을 잃다
光を失う

価値が下がったりなくなったりするということ。

例 가: 김 기자, 오늘 김대성 선수의 활약이 대단했다고요?

　　A: キム記者、今日のキム・デソン選手の活躍がすごかったんですって？

　　나: 네, 결정적인 순간에 홈런을 쳐 팬들을 열광하게 만들었는데요. 하지만 팀의 패배로 멋진 플레이가 빛을 잃게 되어 아쉬움을 남겼습니다.

　　B: はい、決定的な瞬間にホームランを打ってファンを熱狂させました。しかし、チームの敗北で素晴らしいプレーが無駄になり、残念でした。

🔍 普通、ある人の努力や活躍などが無駄になったときに使う。また、ある思想、名声あるいは事物などが以前に比べて価値がなくなり、取るに足らなくなったときにも使う。

★★★ ㉣
엎질러진 물
こぼれた水

㊫ 엎지른 물
こぼした水
깨어진 그릇
割れた器

すでにやってしまったことは、再び正したり取り返しがつかないということ。

例 가: 가족 채팅방에 보낼 문자를 실수로 회사 단체 채팅방에 보내 버렸는데 어떡하지?

A: 家族のチャットルームに送る文を、間違えて会社のグループチャットルームに送ってしまったんだけど、どうしよう？

나: 이미 엎질러진 물인데 어쩌겠어? 그만 잊어버리고 밥이나 먹어.

B: 覆水盆に返らずなのにどうにかできる？　もう忘れてご飯でも食べなさい。

🔎 「쏘아 놓은 살이요 엎질러진 물이다 (射った弓であり、こぼれた水だ)」を短く略した言葉だ。

★★★ ㉣
원숭이도 나무에서 떨어진다
サルも木から落ちる

あることを長くやっていてとても上手な人も失敗するときがあるということ。

例 가: 이 선생님, 아까 수업 시간에 선생인 제가 수학 문제를 잘못 푸는 바람에 너무 당황했어요. 이제 창피해서 애들 얼굴을 어떻게 보죠?

A: イ先生、さっき授業時間に先生である私が数学の問題を間違って解いてしまって、とても慌てました。もう恥ずかしくて子どもたちに顔向けできません。

나: 원숭이도 나무에서 떨어진다고 우리도 사람이니까 실수할 때가 있는 거죠. 애들도 그렇게 이해해 줄 거예요.

B: サルも木から落ちるといいます。私たちも人間だからミスをするときだってあるんです。子どもたちもそう理解してくれると思います。

🔎 どんなに慣れていることでも失敗しないよう几帳面にしなければならないと話すとき、あるいは失敗して悲しんでいる人を慰めるときに使う。

★★☆ ㉙
죽을 쑤다
粥を炊く

あることを台無しにしたり失敗したりすること。

例 가: 연우야, 오늘 태권도 시합은 어땠어?

A: ヨヌ、今日のテコンドーの試合はどうだった？

나: 말도 마. 완전히 죽을 쒔어. 전에 다친 다리가 아파서 제대로 움직일 수가 없었거든.

B: 話さないで。全然ダメだったよ。前に怪我をした足が痛くて、まともに動けなかったんだ。

🔎 ご飯を炊こうとしたが、水の調節がうまくできずお粥になってしまったことから生まれた表現だ。

★★★ 慣

코가 납작해지다
鼻がぺちゃんこになる

恥をかいたり、気後れして威信が落ちたということ。

例 가: 하준아, 오늘 대회에서 졌다고 해서 그렇게 코가 납작해져 있을 필요 없어. 다음에 더 잘하면 되지.

A: ハジュン、今日の大会で負けたからといって、面目を失ったわけではないよ。次はもっと頑張ればいいじゃん。

나: 그래도 공격도 한 번 못해 보고 져서 너무 창피해.

B: とはいっても、攻撃も一度もできずに負けてとても恥ずかしい。

🔎 他人の勢いを落とすときは「코를 납작하게 만들다 (鼻をぺちゃんこにする)」を使う。

★☆☆ 慣

코를 빠뜨리다
鼻を落とす

何かを使えなくしたり、事を台無しにしたりするということ。

例 가: 김민수 씨! 계약을 체결하는 현장에서 문제점을 이야기하면 어떻게 해요? 민수 씨가 다 된 밥에 코를 빠뜨렸으니 책임을 지고 해결하세요.

A: キム・ミンスさん！ 契約を締結する現場で問題点を話したらどうするんですか？ ミンスさんが台無しにしたので、責任を持って解決してください。

나: 죄송합니다. 입이 열 개라도 드릴 말씀이 없습니다.

B: すみません。弁解の余地もありません。

🔎 出来上がった料理に鼻水が落ちれば、その料理は食べられない。このように、誰かがほとんど完成したことを台無しにしたときに使う。主に「다 된 밥에 코를 빠뜨리다 (出来上がったご飯に鼻を落とす)」、「다 된 일에 코를 빠뜨리다 (出来上がった仕事に鼻を落とす)」の形で使う。

⇒ 「다 된 죽에 코 풀기」 p.123, 「입이 열 개라도 할 말이 없다」 p.147

4 운·기회 | 運・機会

Track 52

★★★ 속

계란으로 바위 치기
卵で岩を打つ

類 달걀로 바위 치기
卵で岩を打つ

바위에 달걀 부딪치기
岩に卵がぶつかる

바위에 머리 받기
岩に頭を突く

相手が強すぎて、立ち向かって戦っても到底勝てないときに使う。

例 가: 회사를 상대로 소송을 하겠다고요? 힘든 싸움이 될 테니 그냥 참는 게 어때요?

A: 会社を相手に訴訟を起こすんですって？　大変な戦いになるから、そのまま堪えたらどうですか？

나: 너무 억울해서 참을 수가 없어요. 계란으로 바위 치기라고 해도 끝까지 싸울 거예요.

B: とても悔しくてたまりません。卵で岩を打つとしても最後まで戦います。

★☆☆ 관

길이 열리다
道が開ける

あることができるようになったり、可能性が見えるということ。

例 가: 박사님, 치매를 치료할 수 있는 길이 열렸다면서요?

A: 博士、認知症の治療法が見つかったんですって？

나: 네, 우리 대학 연구진이 치료제 개발에 박차를 가해서 드디어 성과가 나오고 있습니다.

B: はい、当大学の研究陣が治療剤の開発に拍車をかけ、いよいよ成果が出てきています。

★★★ 속

꿩 먹고 알 먹는다
キジを食べて卵も食べる

類 꿩 먹고 알 먹기
キジを食べて卵も食べる

一つのことをして二つ以上の利益を得るということ。

例 가: 아버지, 아침마다 일찍 일어나서 운동하는 게 힘들지 않으세요?

A: お父さん、毎朝早く起きて運動するのは大変じゃない？

나: 아침 일찍 일어나서 상쾌한 공기를 마시며 운동하면 기분도 좋고 건강도 좋아지니 꿩 먹고 알 먹는 건데 왜 힘들겠니?

B: 朝早く起きて、さわやかな空気を吸いながら運動すると気分も良くなって、健康にも良いから一挙両得なのに、どうして大変なんだ？

🔎 キジは母性愛が非常に強く、卵を産んだときはその卵を守るために何が起きても逃げない。したがって、キジが卵を抱いているときに捕まえるとキジも卵も得られるが、ここから出てきた表現だ。

★☆☆ 慣

날이 새다
日が明ける

事を成し遂げる時期や機会が過ぎて、見込みがないということ。

例 가: 대리님, 그 일은 제가 꼭 맡아서 해 보고 싶은데 기획안을 다시 써서 부장님께 제출하면 어떨까요?

A: 代理、その仕事は私がぜひ担当してやってみたいのですが、企画案を書き直して部長に提出してみてはどうでしょうか？

나: 지난번 회의 때 이미 윤아 씨가 하기로 결정된 일이잖아요. 날이 샌 일이니까 그만 포기하세요.

B: 前回の会議ですでにユナさんが担当することに決まったことじゃないですか。過ぎたことだからもう諦めてください。

✎「새다」は夜が明けてくるという意味だ。

◯ 夜が明けて新しい日になったため、すでに終わってしまったことは取り返しがつかないということだ。

★☆☆ 호

땅에서 솟았나 하늘에서 떨어졌나
地から湧いたか天から落ちたか

全く予想できなかった物事が突然現れたときに使う。

例 가: 어! 이거 네가 찾던 지갑 아니야?

A: あ！ これあなたが探していた財布じゃない？

나: 땅에서 솟았나 하늘에서 떨어졌나 그렇게 찾아도 없었는데 너 어디서 찾았어?

B: 地から湧いたか天から落ちたか、あんなに探してもなかったのに、君どこで見つけたの？

◯「땅에서 솟았나 하늘에서 떨어졌나, 부모님이 계시니까 민수 씨도 있는 거예요.(地から湧いたか天から落ちたか、両親がいらっしゃるからミンスさんもいるんです)」のように、親や先祖の大切さを知らなければならないと言うときにも使う。

★★★ 호

떡 본 김에 제사 지낸다
餅を見たついでに祭祀を行う

類 떡 본 김에 굿한다
餅を見たついでに儀式を行う

偶然できた良い機会にそれまでやろうとしていたことをするということ。

例 가: 약속 시간까지 시간이 좀 남았는데 잠깐 백화점에 들러서 구경이나 하고 갈까?

A: 約束の時間まで時間が少し残っているから、ちょっと百貨店に寄って見物でもして行こうか？

나: 좋아. 떡 본 김에 제사 지낸다고 사고 싶었던 옷이나 사야겠다.

B: いいね。行き掛けの駄賃っていうし、ついでに買いたかった服でも買おう。

◯ 餅は祭祀を行うときに必ず必要な食べ物で、祭祀のたびに別に時間を作って用意しなければならない。ところが、祭祀を行おうとしたところに偶然餅ができて、そのついでに祭祀を行うなら餅を用意する手間をかけなくても良い。このように偶然の機会をうまく活用してやろうとしていたことをするときに使う。

★★★ 관

마른하늘에 날벼락
青天に落雷

圓 마른하늘에 생벼락
青天に落雷
대낮에 마른벼락
真昼に乾いた落雷
마른하늘에 벼락 맞는다
青天に雷に打たれる

誰かが突然予期せぬ不幸に見舞われたときに使う。

例 가: 여보, 옆집 남편이 오늘 교통사고를 당했는데 지금 위독한
상황이래요.
A: あなた、お隣のご主人が今日交通事故に遭って、今危篤
な状況なんだって。

나: 뭐라고요? 마른하늘에 날벼락이라더니 갑자기 이게 무슨
일이죠?
B: 何だって？　青天の霹靂というけど、いきなりなんてこ
とだ？

✐ 「마른하늘 (青天)」は雨や雪が降らない澄んだ空をいう。

★☆☆ 관

문이 좁다
門が狭い

あることや状況が起こる確率が低いということ。

例 가: 김 기자, 올해 대기업들의 채용 계획은 어떻습니까?
A: キム記者、今年の大企業の採用計画はどうですか？

나: 상반기에 채용 계획이 없다는 대기업이 늘고 있습니다. 올해도
대기업 취업의 문이 좁을 것으로 예상됩니다.
B: 上半期に採用計画がないという大企業が増えています。
今年も大企業への就職が狭き門となるものと予想されま
す。

♀ あることや状況が起こる確率が高いときは「문이 넓다 (門が広い)」を
使う。

★★☆ 관

문턱이 높다
敷居が高い

入ることや接近することが非常に難しいということ。

例 가: 정부가 사정이 어려운 소상공인들을 위한 대출을 늘린다고
발표했으니까 주영 씨도 은행에 가서 한번 알아보세요.
A: 政府が、事情が厳しい小商工人たちのための融資を増や
すと発表したので、ジュヨンさんも銀行に行って一度調
べてみてください。

나: 안 그래도 은행에 신청을 하러 갔는데 문턱이 높더라고요.
저는 자격 조건이 안 된다고 거절당했어요.
B: そうでなくても銀行に申請に行ったら敷居が高かったん
です。私は資格条件に当てはまらないと断られました。

♀ どこかに近寄りがたくするときは「문턱을 높이다 (敷居を高くする)」
を使う。

봉을 잡다
鳳を取る

非常に高貴で立派な人や仕事を得るということ。

例 가: 민수 씨는 일도 잘하는 데다가 성격도 좋고 성실하기까지
해서 뭐 하나 빠지는 게 없어요.
　A: ミンスさんは仕事も上手で、性格もいいし真面目なので、
何一つ欠けていることがありません。

나: 맞아요. 민수 씨를 채용한 사장님이 봉을 잡은 거죠.
　B: そうです。ミンスさんを採用した社長は素晴らしい人材
を得ました。

✎ 「봉(鳳)」は中国の伝説に出てくる福を象徴する想像の鳥で、「봉황(鳳
凰)」とも呼ばれる。

🔍 想像の中にだけ存在する珍しい鳥である鳳凰を捕まえるという意味
で、良い機会を得たとき、あるいは交際関係で非の打ち所なく完璧な
相手に出会ったときにも使う。

★★☆ 慣

불똥이 튀다
火の粉が飛ぶ

良くないことやあることの結果が、無関係な人に影響し
て災いを及ぼすときに使う。

例 가: 어머니께서 형 때문에 화가 많이 나셨던데 내가 대신 변명해
줄까?
　A: お母さんが兄さんのせいですごく怒ってたけど、僕が代
わりに言い訳してあげようか？

나: 아니야, 괜히 너한테 불똥이 튈 수도 있으니까 그냥 가만히 있
어.
　B: いや、余計におまえに火の粉が飛ぶかもしれないからじ
っとしてて。

✎ 「불똥 (火の粉)」は燃えているものから飛び出す非常に小さな火の玉
という意味。

★☆☆ 慣

불행 중 다행
不幸中の幸い

不幸なことが起こったが、その程度で終わってよかった
ということ。

例 가: 어제 자동차 공장에서 큰 불이 났는데 다친 사람은 없다고
하네요.
　A: 昨日、自動車工場で大きな火事が発生しましたが、けが
人はいないそうです。

나: 사람이 안 다쳤다니 정말 불행 중 다행이네요.
　B: 誰も怪我をしなかったなんて本当に不幸中の幸いですね。

🔍 危うくもっと悪い状況になることもあったが、その程度で済んでそれ
さえも運が良かったと言うときに使う。

뼈도 못 추리다

骨もかき集められない

到底敵わない相手に立ち向かって、損ばかりしてひどい目に遭ったときに使う。

例 가: 너 요즘 승원이한테 왜 그렇게 까불어? 승원이가 화나면 얼마나 무서운데……. 잘못하다가는 뼈도 못 추릴 수 있으니까 조심해.

　A: あなた、最近スンウォンにどうしてそんなにふざけてるの？　スンウォンが怒ったらどんなに怖いか……。下手するとボコボコにされるかもしれないから気をつけなよ。

　나: 알겠어. 앞으로 조심할게.

　B: わかった。これから気をつけるよ。

人が死んだ後、骨を選び出せないほど体に大きな損傷を受けるという意味で、相手にむやみに突っかかったりふざけたりするなと話すときに使う。一方、「커닝했다가는 뼈도 못 추릴 거야. (カンニングしては骨もかき集められなくなるよ)」のように、むやみに行動すれば大きな損害を被ると言うときにも使う。

세월을 만나다

歳月に出会う

好機に出会って物事がうまくいくということ。

例 가: 결혼도 하고 승진도 하고 요즘 윤아 씨가 세월을 만났네요.

　A: 結婚もして昇進もして、最近ユナさんが時運に恵まれましたね。

　나: 그러게요. 정말 잘됐어요.

　B: そうですね。本当によかったです。

안되는 사람은 뒤로 넘어져도 코가 깨진다

うまくいかない人は後ろに倒れても鼻が割れる

類 안되는 사람은 자빠져도 코가 깨진다
うまくいかない人は転んでも鼻が割れる

運が悪い人は、普通の人には起こらない悪いことにまで見舞われるということ。

例 가: 수아야, 맹장염으로 갑자기 입원하는 바람에 입사 면접을 못 봤다면서?

　A: スア、盲腸炎で急に入院して入社面接を受けられなかったんだって？

　나: 응, 이번에 웬일로 서류 심사가 통과되나 했다. 안되는 사람은 뒤로 넘어져도 코가 깨진다더니 내가 딱 그 꼴이야.

　B: うん、今度はどうしたことか書類審査に通過したのに。うまくいかない人は後ろに倒れても鼻が割れるっていうけど、私がちょうどその格好だよ。

短く「뒤로 넘어져도 코가 깨진다 (後ろに倒れても鼻が割れる)」を使うこともある。

☆☆☆ 관

엎어진 김에 쉬어
간다

転んだついでに休んで
行く

閱 넘어진 김에 쉬어 간다
転んだついでに休んで
行く

好ましくない状況を良い機会と考え、うまく活用すると
いうこと。

例 가: 지원 씨, 입원했다면서요? 요즘 야근을 많이 하더니 몸에
무리가 됐나 봐요.

A: ジウォンさん、入院したんですって？　最近夜勤が多く
て体に無理がたたったようですね。

나: 네, 그래서 엎어진 김에 쉬어 간다고 며칠 휴가 내고 쉬면서
체력도 보충하고 새 프로젝트도 구상해 보려고요.

B: はい、それで転んだついでに休んで行くと、数日休みな
がら体力も補って、新しいプロジェクトも構想してみよ
うと思います。

✎ 「엎어지다 (前にのめる)」は前に倒れるという意味だ。

♀ あることをしていて突然予想できなかったことが起きれば、挫折した
り焦ったりすることもある。このとき、不自由な気持ちを持つより、
この状況を好機にしてうまく活用するときに使う。

★☆☆ 관

엎친 데 덮치다

転んだところに覆いか
ぶさる

悪いことが重なって起きるということ。

例 가: 범수 씨가 얼마 전에 이혼을 했는데 건강까지 안 좋아져서
입원했다고 하더라고요.

A: ボムスさんがこの前離婚したんですけど、健康まで害し
て入院したそうです。

나: 엎친 데 덮친 격이군요. 많이 힘들 텐데 전화라도 해 봐야겠어
요.

B: 泣き面に蜂ですね。とても大変だと思いますが、電話で
もしてみます。

♀ ある人が倒れているのに誰かがその上にのしかかるという意味で、誰
かに数々の良くないことが一度に迫ったときに使う。

★☆☆ 慣

온실 속의 화초
温室の中の草花

(類) 온실 속에서 자란 화초
温室の中で育った草花

困難や苦しみを経験せず、大事に育てられた人を指す。

(例) 가: 저는 너무 힘들게 살아와서 나중에 아이들에게는 조금이라도 힘든 일은 절대 안 시키려고 해요.
A: 私はとても苦労して生きてきたので、後で子どもたちには少しでも大変なことは絶対させないようにします。

나: 아이들을 너무 온실 속의 화초처럼 키우는 것도 좋지는 않아요.
B: 子どもたちをあまり温室の中の草花のように育てるのも良くはありません。

(P) 誰かの保護の下で育ち、一人では何もできない人や世間知らずの人に使う。

★☆☆ 속

원님 덕에 나팔 분다
郡守のおかげでラッパ
を吹く

(類) 원님 덕에 나발 분다
郡守のおかげでラッパ
を吹く

誰かのおかげで身に余るもてなしを受けるときに使う。

(例) 가: 이 골목에 있는 식당들은 모두 장사가 잘되는 거 같아요. 비결이 뭘까요?
A: この路地にある食堂はすべて商売が繁盛しているようです。秘訣は何でしょうか？

나: 저 돈가스집이 맛집으로 급부상하면서 이 근처 식당들도 덩달아서 장사가 잘된다고 하더라고요. 원님 덕에 나팔 부는 격이지요.
B: あのトンカツ屋さんが美味しい店として急浮上したので、この辺の食堂もつられて商売繁盛だそうです。ご相伴にあずかるようなものです。

(P) 昔は村を治める郡守が行幸すると、ラッパ吹きが先頭に立ってラッパを吹いた。すると民衆は道の端に退き、郡守に挨拶をした。このとき、地位の低いラッパ吹きも、郡守のおかげで民衆の挨拶を受けることになったが、ここから由来した表現だ。

☆☆☆ 속

재수가 옴 붙었다
財運に疥癬がついた

(類) 재수가 옴 붙다
財運に疥癬がつく

運が非常に悪いということ。

(例) 가: 출근길에 새똥을 맞았어. 아침부터 재수가 옴 붙었나 봐.
A: 出勤途中に鳥の糞に遭った。朝から縁起が悪いなあ。

나: 그 옷 어제 새로 산 거 아니야? 속상하겠다.
B: その服、昨日新しく買ったんじゃないの？ 残念だね。

(✎) 「옴（疥癬）」は寄生虫であるヒゼンダニが皮膚に付着して起こす伝染性が非常に強い皮膚病をいう。

(P) 急に良くないことが起きたり、物事がうまくいかないときに使う。

팔자가 늘어지다
運勢が伸びる

懸念や心配がなく、とても気楽に生きるということ。

例 가: 승원이가 또 해외여행을 간다고 하더라고. 돈이 어디서 나서 그렇게 여유 있게 살지?
　　A: スンウォンがまた海外旅行に行くって言ってたよ。お金がどこから出て、そんなに余裕を持って暮らしてるんだろう？

　　나: 승원이 아버지가 부자인 거 몰랐어? 아버지 덕에 팔자가 늘어지게 사는 거지.
　　B: スンウォンのお父さんがお金持ちだと知らなかったの？お父さんのおかげで楽に暮らせるんだよ。

✎ 「늘어지다 (伸びる)」は懸念や心配なく気楽になるという意味。

하늘에 맡기다
天に任せる

あることの結果を運命に任せるということ。

例 가: 의사 선생님, 저희 할아버지 수술은 잘됐나요?
　　A: お医者さん、祖父の手術はうまくいきましたか？

　　나: 수술은 잘됐습니다. 저희가 할 수 있는 것은 다했으니 이제 하늘에 맡기고 기다려 봅시다.
　　B: 手術はうまくいきました。我々にできることはすべてしたので、あとは天に任せて待ちましょう。

🔍 人の力ではどうにもできないことだが、そのことを解決するために最善を尽くした後、その結果は天の意思に任せると言うときに使う。

호박이 넝쿨째로 굴러떨어졌다
カボチャが蔓ごと転がり落ちた

類 굴러온 호박
転がってきたカボチャ

思いがけず良い物を得たり、考えもしなかった良いことが起きたときに使う。

例 가: 저번에 백화점에서 경품 행사를 하길래 재미 삼아 응모했는데 1등에 당첨돼서 자동차를 받게 됐어.
　　A: この前デパートで景品イベントをしていて、面白半分で応募したんだけど、1等に当選して車をもらうことになった。

　　나: 정말이야? 호박이 넝쿨째로 굴러떨어졌네.
　　B: 本当に？　棚からぼた餅だね。

🔍 カボチャは美味しくて捨てるところがなく、昔から食材として人気があった。そんなカボチャが蔓ごと転がり落ちたので、思わぬ儲けものをしたという意味。

★☆☆ 2

혹 떼러 갔다
혹 붙여 온다

こぶを取りに行って
こぶをくっつけてくる

負担を減らそうとしたが、むしろより多くの負担を抱え込むことになるということ。

例 가: 피부과에 점을 빼러 갔는데 점이 깨끗하게 빠지기는커녕 오히려 흉터가 생겨 버렸어요.

A: 皮膚科にほくろを取りに行ったのですが、ほくろがきれいに取れるどころか、むしろ傷跡ができてしまいました。

나: 어떡해요? 혹 떼러 갔다 혹 붙여 온 셈이잖아요.

B: どうするんですか？　こぶを取りに行って、こぶをくっつけてきてしまったじゃないですか。

🔎 こぶのある優しいおじいさんが鬼のおかげでこぶを取ったという噂を聞いた、他のこぶのある欲深いおじいさんが鬼を騙してこぶを取ろうとしたが、むしろこぶをもう一つくっつけてきたという昔話から出てきた表現だ。

★★★ 2

황소 뒷걸음치다가
쥐 잡는다

雄牛が後ずさりしながらネズミを捕まえる

偶然に幸運を得たり、思いがけず良い結果を得たときに使う。

例 가: 공부를 하나도 안 해서 그냥 다 찍었는데 시험에 합격한 거 있지?

A: 勉強を全然してなくて、ただ全部当てずっぽうだったんだけど、試験に合格したんだよね。

나: 황소 뒷걸음치다가 쥐 잡는다더니 딱 네가 그런 셈이네.

B: 雄牛が後ずさりしながらネズミを捕まえるっていうけど、ちょうど君がそういうわけだね。

🔎 牛はネズミを捕まえるつもりは全くなかったが、後ずさりしていたら意図せず通りかかったネズミを踏んだ状況から出てきた表現だ。一方、まぬけな人が愚かな行動をして思いがけず良い成果を得たときにも使う。

★☆☆ <small>慣</small>

가방끈이 길다
カバンのひもが長い

ある人の学歴が高いということ。

例 가: 민수는 대학원까지 나왔는데 어떻게 이런 것도 모를 수가 있지?

A: ミンスは大学院まで出たのに、どうしてこんなことも知らないの？

나: 가방끈이 길다고 해서 뭐든 다 잘 아는 건 아니잖아.

B: 高学歴だからといって何でもよく知っているわけではないじゃない。

🔎 学歴が低いときは「가방끈이 짧다 (カバンの紐が短い)」を使うが、相手に直接的に話すのは失礼なので気をつけなければならない。

★★☆ <small>こ</small>

검은 머리 파뿌리 되도록
黒い髪がネギの根のようになるまで

類 검은 머리 파뿌리 될 때까지
黒い髪がネギの根になるまで

非常に年老いるまで長生きするということ。

例 가: 신랑과 신부는 검은 머리 파뿌리 되도록 평생 사랑하며 행복하게 살겠습니까?

A: 新郎と新婦は友白髪になるまで一生愛し、幸せに暮らしますか？

나: 네, 그렇게 하겠습니다.

B: はい、そうします。

🔎 結婚する人に対して、夫婦がともに困難を克服し長く幸せに暮らすよう話すときに使う。

★★★ <small>慣</small>

국수를 먹다
麺を食べる

ある人が結婚式を挙げるということ。

例 가: 나 남자 친구에게 청혼 받았어.

A: 私、彼氏にプロポーズされたの。

나: 축하해. 언제 결혼하는 거야? 그날 꼭 국수를 먹으러 갈게.

B: おめでとう。いつ結婚するの？　その日必ず結婚式に行くよ。

🔎 昔、結婚式が終わった後に開く宴会でお客さんに麺をもてなしたことに由来した表現で、招待される立場の人が使う。

★★☆ 慣

날을 잡다

日にちを取る

類 날을 받다
日にちを受ける

結婚式の日取りを決めるということ。

例 가: 승원 씨, 곧 결혼한다면서요? 날을 잡은 거예요?

A: スンウォンさん、もうすぐ結婚するんですって？　日取りを決めたんですか？

나: 네, 다음 달 둘째 주 토요일로 잡았어요. 그날 꼭 와서 축하해 주세요.

B: はい、来月の第２土曜日に決めました。その日にぜひ来てお祝いしてください。

🔎 「언제 날을 잡아서 청소를 해야겠어. (いつか日取りを決めて掃除をしないと)」のように、あることをしようとあらかじめ日付を決めるときにも使う。

★★☆ 慣

눈에 흙이 들어가다

目に土が入る

類 눈에 흙이 덮이다
目に土が覆いかぶさる

人が死んで土に埋められるということ。

例 가: 아버지, 그 사람과 꼭 결혼하고 싶어요. 제발 허락해 주세요.

A: お父さん、その人と絶対結婚したいの。どうか許して。

나: 안 돼. 내 눈에 흙이 들어가기 전에는 절대로 이 결혼을 허락할 수 없어.

B: ダメだ。私の目の黒いうちは絶対にこの結婚を許すことはできない。

🔎 普通「눈에 흙이 들어가기 전에는 (目に土が入る前には)」の形で使い、あることに強く反対するときに使う。

★★☆ 慣

더위를 먹다

暑さを食べる

類 더위가 들다
暑さが入る

暑さのために体に問題が生じたときに使う。

例 가: 우리 심심한데 나가서 농구할래?

A: 退屈だから外に出てバスケットボールする？

나: 이렇게 더운데 밖에서 농구하면 더위를 먹을 거야. 그냥 집에 있자.

B: こんなに暑いのに外でバスケットボールをしたら夏バテするよ。そのまま家にいよう。

🔎 暑い天気によって体温が上がって食欲がなくなったり、頭がくらくらしたり、突然お腹を下したりするなど、体に異常な症状が生じたときに使う。

★☆☆ 慣

더위를 타다
暑さに乗る

ある人が暑さに耐えられないということ。

例 가: 아, 너무 덥다. 나는 더위를 많이 타는 편이라 여름이 너무 힘들어.

A: ああ、暑すぎる。俺はとても暑がりだから夏がとても大変。

나: 나도 그래. 더위 식히러 팥빙수나 먹으러 갈래?

B: 俺もそう。暑さを冷ましにパッピンスでも食べに行く？

✎ 「타다 (乗る)」は季節や天気の影響を受けやすいという意味。

🔎 誰かが他の人に比べて特に暑いのが耐えられないときに使う。

★★☆ 慣

세상을 떠나다
世を去る

類 세상을 뜨다
世を離れて浮く
세상을 등지다
世に背を向ける
세상을 버리다
世を捨てる
세상을 하직하다
世に別れの挨拶をする

人が死ぬことを婉曲にいう言葉。

例 가: 오늘 지원 씨가 출근을 안 했네요. 무슨 일이 있나 봐요.

A: 今日ジウォンさんが出勤しなかったですね。何かあったようです。

나: 아직 사내 공지를 못 봤군요. 어제 지원 씨 할머니께서 세상을 떠나셨대요.

B: まだ社内のお知らせを見ていないんですね。昨日ジウォンさんのおばあさまが亡くなったそうです。

🔎 普通「세상을 떠났다 (世を去った)」という過去形を使う。

★☆☆ 慣

자리를 털고 일어나다
寝床をはたいて起きる

類 자리를 걷고 일어나다
寝床をたたんで起きる

病気で横になっていた人が元気になって起きて活動するということ。

例 가: 장모님, 아직도 많이 편찮으세요?

A: お義母さん、まだかなり具合が悪いですか？

나: 응, 많이 아파. 내가 어서 자리를 털고 일어나야 자네도 걱정을 안 할 텐데 미안하네.

B: うん、すごく痛い。私が早く元気になって起きさえすればあなたも心配しないのに、すまないね。

🔎 「시계를 보니 집에 갈 시간이라서 자리를 털고 일어났다. (時計を見ると家に帰る時間だったので席を外して立ち上がった)」のように、他のところに行くために自分がいた場所を離れるときにも使う。

★★☆ 慣

자리에 눕다
床に伏す

誰かが病気になって寝込んでいるということ。

例 가: 사장님 아내 분이 병으로 자리에 누운 지 벌써 3년이 다 되어
가요. 사장님께서 얼마나 힘드실까요?
A: 社長の奥様が病気で寝込んで３年になりますね。社長は
どれほど大変でしょうか？

나: 그래도 내색을 전혀 안 하시잖아요. 저희가 신경을 많이 써
드려야겠어요.
B: でもそんな素振りを全く見せないじゃないですか。私た
ちがもっと気を遣わなければなりません。

🔎 誰かが外で活動できないほど非常に具合が悪くて、長い間横になって
生活するときに使う。

★☆☆ 慣

장래를 약속하다
将来を約束する

二人が結婚すると約束したということ。

例 가: 윤아 씨와 민수 씨는 참 잘 어울리는 것 같아요. 서로 챙겨
주는 모습이 보기도 좋고요.
A: ユナさんとミンスさんは本当によくお似合いだと思いま
す。お互いに気遣う姿がすてきです。

나: 그렇죠? 어제 물어보니 장래를 약속했다고 하더라고요.
B: そうですよね？　昨日聞いたら、将来を約束したそうで
す。

✎ 「장래 (将来)」はこれからの未来を意味する。
🔎 ２人の男女が結婚を約束して真剣に交際するときに使う。

★★★ ㄷ

짚신도 제짝이 있다
草鞋にも対がある

類 짚신도 짝이 있다
草鞋にも対がある

どんなにつまらない人でも、結ばれる縁があるというこ
と。

例 가: 짚신도 제짝이 있다는데 도대체 내 짝은 어디 있을까? 나도
연애하고 싶어.
A: 破れ鍋に綴じ蓋というけど、いったい私のパートナーは
どこにいるんだろう？　私も恋愛したい。

나: 곧 나타날 거야. 조금만 기다려 봐.
B: じきに現れるよ。少しだけ待ってみて。

🔎 昔はほとんどの人が草鞋を履いていたが、形がどれも似ていて、脱い
でおくと自分のペアを探すのが容易ではなかった。それでも人々は数
足の中で自分のものをきちんと見つけて履いていたが、ここから出た
表現だ。

★★☆ 慣
추위를 타다
寒さに乗る

寒さを感じやすくて耐えられないということ。

例 가: 겨울이 끝난 지가 언제인데 아직까지 겨울 코트를 입고
다녀요? 안 더워요?

A: 冬が終わってずいぶん経つのに、まだ冬のコートを着て
いるんですか？　暑くないですか？

나: 전 추위를 많이 타서 봄까지 이렇게 입고 다녀요.

B: 私はとても寒がりなので、春までこうやって着ています。

🔎 誰かが他の人に比べて特に寒いのが耐えられないときに使う。

★☆☆ 慣
피가 끓다
血が沸く

若くて血気が盛んだということ。

例 가: 어제 TV에서 보니까 요즘에는 혼자서 세계 여행을 떠나는
20대들이 많더라고요.

A: 昨日テレビで見たら、最近は一人で世界旅行に出かける
20代が多いんですって。

나: 멋있네요. 20대면 한창 피가 펄펄 끓을 나이지요.

B: 立派ですね。20代といえば血気盛んな年頃ですよね。

🔎 若者たちがあることにとても挑戦的で積極的に取り組むときに使う。
一方、「저를 무시하는 말을 들으니 피가 끓는 것 같았어요. (私を軽んじ
る言葉を聞くと、血が沸くようでした)」のように感情が非常に強く
込み上げるときにも使う。

★★☆ 慣
하늘이 노랗다
空が黄色い

大きな衝撃を受けて目がくらむということ。

例 가: 삼수를 했는데도 대학교 불합격 소식을 듣고 나니 하늘이
노랗네. 어떡하지?

A: 二浪したのに大学不合格の知らせを聞いて、絶望したよ。
どうしよう？

나: 추가 합격자 발표도 있으니까 너무 낙담하지 말고 기다려 봐.

B: 追加合格者の発表もあるから、あまり落胆しないで待っ
てみて。

🔎 「발표 준비를 하느라 종일 굶었더니 하늘이 노랗고 어지러워요. (発表の準
備をしていて一日中食事を抜いていたら、空が黄色くなってめまいが
します)」のように、気力が非常に弱くなったときにも使う。

화촉을 밝히다
華燭を灯す

結婚式を挙げるということ。

例 가: 주말에 있었던 언니 결혼식은 잘 끝났어요?

　A: 週末にあったお姉さんの結婚式は無事に終わりましたか？

　나: 네, 많은 사람들의 축복 속에서 화촉을 밝혔어요. 이제 잘 살 일만 남았지요.

　B: はい、多くの人たちの祝福の中で結婚式を挙げました。あとはもう幸せに暮らしてくれたらいいです。

🔍 「화촉 (華燭)」は多様な色で作られたロウソクのことだが、昔はとても高くて貴重で、結婚式でなければ普通見ることもできなかった。したがって、人々は「화촉」と言えば自然に結婚式を思い浮かべるようになり、結婚を象徴するようになったことから出てきた表現だ。

환갑 진갑 다 지내다
還暦も翌年の誕生日も
過ごす

ある人がとても長生きするということ。

例 가: 잡지에서 80세가 넘은 교수님의 인터뷰를 봤는데 환갑 진갑 다 지내시고도 학문에 대한 열정은 젊은 학자들 못지않으신 것 같더라고요.

　A: 雑誌で80歳を過ぎた教授のインタビューを見ましたが、あれほど長生きされても学問に対する情熱は若い学者たちに劣らないようでした。

　나: 저도 봤어요. 아직 강의도 하신다고 하던데 정말 대단하신 것 같아요.

　B: 私も見ました。まだ講義もされるそうですが、本当にすごいと思います。

🔍 「환갑 (還甲)」は満60歳の誕生日を、「진갑 (進甲)」は還甲 (還暦) 翌年の誕生日をいう。昔は平均寿命が短くて60年以上生きる人が少なく、60歳を過ぎて長生きする人にこう言ったことから出てきた表現だ。

13

이치

道理

★★★ ㉒
고생 끝에 낙이 온다
苦労の末に楽が来る

㉝ 고생 끝에 낙이 있다
苦労の末に楽がある

困難や苦労を経験した後には必ず良いことが起こるということ。

例 가: 월급을 받아도 대부분 학자금 대출을 갚는 데에 쓰니까 여행도 제대로 못 다니고 사고 싶은 것도 못 사. 일하는 보람이 없어.
　A: 給料をもらってもほとんど学資ローンの返済に使うから、旅行にもろくに行けず、買いたいものも買えない。仕事をする甲斐がない。

　나: 고생 끝에 낙이 온다고 그렇게 열심히 갚다 보면 금방 다 갚을 거야. 그 후에 하고 싶은 거 다 하면 되지.
　B: 苦労の末に楽が来るというから、それだけ熱心に返せばすぐに全部返済できるよ。その後にやりたいことを全部やればいいんだよ。

🔎 普通、大変な状況に置かれている人にいつかは良いことが起こると話すときに使う。

★★★ ㉒
구슬이 서 말이라도 꿰어야 보배라
玉が三斗あっても通してこそ宝だ

いくら良いものでも役立ててこそ価値があるということ。

例 가: 민지야, 집에 책이 정말 많다.
　A: ミンジ、家に本が本当に多いね。

　나: 책만 많으면 뭐 해. 구슬이 서 말이라도 꿰어야 보배라고 잘 안 읽어서 장식품에 가까워.
　B: 本ばかり多くてどうするの。三斗の玉もつないでこそ宝だと、あまり読まないから装飾品に近いよ。

✐ 「꿰다 (通す)」は糸を玉の穴に入れてネックレスのようにつなげるという意味。

🔎 良いものがあっても使わなかったり、能力があっても行動しなければ何の役にも立たないので、それをうまく活用するよう言うときに使う。

★☆☆ 🄴
남의 눈에 눈물 내면 제 눈에는 피눈물이 난다

人の目に涙を出せば
自分の目には血の涙が
出る

他人に悪いことをすれば、自分はそれよりさらに重い罰を受けるということ。

例 가: 이 과장, 왜 그렇게 김 대리를 혼내? 남의 눈에 눈물 내면 제 눈에는 피눈물이 나는 거 몰라?
　　A: イ課長、どうしてそんなにキム代理を叱るんだ？　人の目に涙を出せば、自分の目には血の涙が出るのを知らないのか？

　　나: 실수를 한두 번 해야 혼 안 내지요.
　　B: ミスが1、2回であれば叱らないですよ。

🔍 他の人に対して悪い行動をしないよう言うときに使う。

★☆☆ 🄴
두 손뼉이 맞아야 소리가 난다

二つの手のひらを合わ
せてこそ音が出る

類 도둑질을 해도 손발이 맞아야 한다
盗みをしても手足が合わなければならない

도둑질을 해도 눈이 맞아야 한다
盗みをしても目が合わなければならない

何事も互いの意が合ってこそ成し遂げられるということ。

例 가: 재료 손질할 것이 많아서 혼자 하려면 힘들 테니 다른 분들하고 좀 나눠서 하세요.
　　A: 材料の下準備が多くて一人でするのは大変だから、他の方々と分けてやってください。

　　나: 영양사님, 두 손뼉이 맞아야 소리가 나죠. 제대로 하는 사람이 없어서 차라리 저 혼자 하는 게 나아요.
　　B: 栄養士さん、二つの手のひらを合わせてこそ音が出ます。きちんとできる人がいないので、むしろ私一人でやった方がましです。

★☆☆ 🄴
뱁새가 황새를 따라가면 다리가 찢어진다

ダルマエナガがコウノ
トリについていくと脚
が裂ける

自分の能力や身の程をわきまえず、他人の真似をしてはかえって害だけを受けるということ。

例 가: 엄마, 저도 유명 브랜드 옷 좀 사 주세요. 친구들은 다 입고 다닌단 말이에요.
　　A: お母さん、僕にも有名ブランドの服を買って。友達はみんな着ているんだよ。

　　나: 우리 형편대로 살아야지. 뱁새가 황새를 따라가면 다리가 찢어져.
　　B: うちの事情に合わせて暮らさないと。鵜の真似をするカラスが水に溺れるというでしょ。

🔍 他の人がするからといって手に余ることを無理にしようとすれば苦労をするので、自分の状況に合わせて行動するよう話すときに使う。

コウノトリ　　ダルマエナガ

13
道
理

비 온 뒤에 땅이 굳어진다

雨が降った後に地面が固まる

ある試練を経験した後、さらに強くなるということ。

例 가: 김 감독님, 선수들 간의 불화설이 생기면서 부진을 면치 못하던 팀이 최근 연승을 거듭하고 있어서 놀랍습니다. 어떻게 된 일인가요?

A: キム監督、選手間の不和説が出て不振を免れなかったチームが最近連勝を重ねていて驚きです。どうしてこうなったのでしょうか？

나: **비 온 뒤에 땅이 굳어진다고** 선수들이 다투면서 서로 이해할 수 있게 되었습니다. 그러면서 팀의 분위기도 좋아지고 성적도 좋아졌습니다.

B: 雨降って地固まると、選手たちが争いながら理解し合えるようになりました。そうしながらチームの雰囲気も良くなり、成績も良くなりました。

뿌린 대로 거두다

蒔いたとおりに刈り取る

自分のした行動による結果を受けるということ。

例 가: 어제 제 결혼식에 친구들이 많이 와 줘서 너무 고마웠어요.

A: 昨日、私の結婚式に友達がたくさん来てくれてとてもありがたかったです。

나: **뿌린 대로 거둔다고** 평소에 승원 씨가 친구들에게 잘해서 그래요.

B: 因果応報だと、普段スンウォンさんが友達によくしていたからです。

🔎 良い種を蒔けば穀物を多く得られる反面、良くない種を蒔けば収穫できる穀物は少なく品質も良くない。このように人も普段自分が行動したとおりに結果が出るので、普段から良い行いをするよう言うときに使う。

★★★ 근

서당 개 삼 년에
풍월을 읊는다

書堂の犬三年に風月を
詠む

類 서당 개 삼 년에 풍월을
한다
書堂の犬三年に風月を
する

서당 개 삼 년에 풍월을 짓
는다
書堂の犬三年に風月を
作る

ある分野に長くいれば、その分野をよく知らなかった人
もある程度の知識と経験を持つようになるということ。

例 가: 지원 씨가 중국어를 할 줄 아는지 몰랐어요. 언제 배웠어요?
　　A: ジウォンさんが中国語を話せるとは知りませんでした。
　　　 いつ習ったんですか？

　　나: 제대로 배운 적은 없어요. 서당 개 삼 년에 풍월을 읊는다고
　　　 업무 때문에 매일 중국 사람들과 만나다 보니까 이제 간단한
　　　 단어는 알아듣겠더라고요.
　　B: ちゃんと習ったことはありません。門前の小僧習わぬ経
　　　 を読むとはこのこと。業務のために毎日中国人と会って
　　　 いるうちに、簡単な単語は聞き取れるようになりました。

🔍 「풍월 (風月)」は心地よい風と明るい月を題材に詩歌を作ること。
「서당 (書堂)」、つまり寺子屋で３年間暮らしながら毎日文章を読む音
を聞けば、犬でさえも文章を読む音を出すことができるという意味だ。
このように誰でもある分野に長く従事していれば、非常に秀でていな
くてもある程度はできるようになると話すときに使う。「서당 개 삼 년
이면 풍월을 읊는다 (書堂の犬三年すれば風月を詠む)」を使うこともあ
る。

★★★ 근

아니 땐 굴뚝에
연기 날까

火のない煙突に煙が立
つだろうか

原因がなければ結果もあり得ないということ。

例 가: 밤새 천장에서 물이 뚝뚝 떨어져서 윗집에 누수 검사를 해
　　　 보라고 하니까 자기네 집 문제가 아니라고 화를 내더라.
　　A: 一晩中天井から水がぽたぽた落ちてきて、上の家に漏水
　　　 検査をしてみてと言ったら、自分の家の問題ではないと
　　　 怒ってた。

　　나: 아니 땐 굴뚝에 연기 나겠냐고 따져 보지 그랬어. 너무하다.
　　B: 火のないところに煙は立たぬと問い詰めればよかったの
　　　 に。ひどい。

🔍 「최근 드라마를 같이 찍은 남녀 배우의 열애설이 돌던데 아니 땐 굴뚝에 연
기 나겠어요? 뭔가 있으니까 소문이 났지요. (最近ドラマを一緒に撮
った男女俳優の熱愛説が流れていますが、火のない煙突に煙が出ます
か？　何かあるから噂になってるんでしょうね)」のように、実際に
何事かがあったから噂になるのだと言うときにも使う。

13
道理

❶ 因果　375

★★☆ 속

어른 말을 들으면
자다가도 떡이
생긴다

大人の言うことを聞くと
寝ていても餅が手に入る

親の言うことをよく聞いて従えば良いことが起きるとい
う言葉。

例 가: 아빠, 아빠 말씀대로 친구들을 배려하고 양보했더니 친구들
이 저를 회장 후보로 추천해 줬어요.

A: お父さん、お父さんの言うとおりに友達に気を配って譲
歩したら、友達が私を会長候補に推薦してくれたの。

나: 그것 봐. 부모 말을 들으면 자다가도 떡이 생긴다고 했잖아.

B: それ、ごらん。親の言うことを聞くと寝ていても餅が手
に入るって言うじゃないか。

🔍 「부모 말을 들으면 자다가도 떡이 생긴다 (親の言うことを聞くと寝てい
ても餅が手に入る)」を使うこともある。

★☆☆ 속

지렁이도 밟으면
꿈틀한다

ミミズも踏めば
ぴくりと動く

類 지렁이도 다치면 꿈틀한다
ミミズも傷つけばぴく
りと動く

지렁이도 디디면 꿈틀한다
ミミズも踏めばぴくり
と動く

取るに足らない人でも、軽視したり無礼に接したりすれ
ば反抗するということ。

例 가: 아까 회의 시간에 민수 씨가 이사님한테 따지는 거 봤어요?
얌전하던 민수 씨가 웬일이죠?

A: さっき会議の時間にミンスさんが理事に問い詰めるのを
見ましたか？ おとなしかったミンスさんがどうしたの
でしょう？

나: 지렁이도 밟으면 꿈틀한다고 민수 씨도 더 이상 참지 않기로
했나 봐요.

B: 一寸の虫にも五分の魂と、ミンスさんもこれ以上我慢し
ないことにしたようです。

★★★ 속

지성이면 감천

至誠なら感天

何事も誠意を尽くせば、困難もうまく解決して良い結果
を得るということ。

例 가: 할머니! 옆집 아저씨가 오늘 아침에 드디어 퇴원하셨대요.

A: おばあちゃん！ 隣のおじさんが今朝ついに退院したそ
うです。

나: 그래? 지성이면 감천이라고 가족들이 지극정성으로 돌보더
니 잘됐다.

B: そう？ 至誠天に通ず、家族が真心を尽くして世話をし
てよかった。

🔍 真心を尽くせば天も感動するという意味で、どんなことでも最善を尽
くすよう話すときに使う。

★☆☆ㄹ

참는 자에게
복이 있다

忍ぶ者に福がある

悔しくてやりきれないことがあっても、我慢して耐える
人に良い結果があるということ。

例 가: 저 차는 저렇게 위험하게 운전하면 어쩌자는 거야? 아무래도
　　　한마디 해야겠어.
　　A: あの車はあんなに危険な運転をして何がしたいの？　ど
　　　うしても一言言わないと。

　　나: 아무 일 없었으니까 네가 참아. 참는 자에게 복이 있다는 말
　　　도 있잖아.
　　B: 何事もなかったからあなたが我慢して。忍ぶ者に福があ
　　　るというじゃない。

★★★ㄹ

콩 심은 데 콩 나고
팥 심은 데 팥 난다

大豆を植えたところに
大豆が生え、小豆を植
えたところに小豆が生
える

類 팥을 심으면 팥이 나오고
콩을 심으면 콩이 나온다
小豆を植えると小豆が
出てきて、大豆を植え
ると大豆が出てくる

すべてのことには原因に見合う結果が現れるということ。

例 가: 여보, 쟤는 누굴 닮아서 저렇게 고집이 셀까요?
　　A: あなた、あの子は誰に似てあんなに頑固なんでしょう？

　　나: 콩 심은 데 콩 나고 팥 심은 데 팥 나는 법인데 당신 아니면
　　　나를 닮았지 누굴 닮았겠어요?
　　B: 大豆を植えたところに大豆が生え、小豆を植えたところ
　　　に小豆が生えるものだよ。君じゃないなら私に似ないで
　　　誰に似るんだい？

🔍 主に子どもの外見や性格などを親と比較するときに使う。

★☆☆ㄹ

호랑이 굴에 가야
호랑이 새끼를
잡는다

虎の穴に行かないと虎
の子を捕まえられない

望む結果を得るためには、それに見合う努力をしなけれ
ばならないということ。

例 가: 이 형사님, 요즘 매일 클럽에서 살다시피 하신다면서요?
　　A: イ刑事、最近毎日クラブに通い詰めているようですね？

　　나: 네. 호랑이 굴에 가야 호랑이 새끼를 잡는다고 범인이 자주
　　　다니던 곳에 가서 기다리는 게 좋을 것 같아서요.
　　B: はい。虎穴に入らずんば虎子を得ず、犯人がよく通っ
　　　ていたところに行って待った方がいいと思いまして。

🔍 世の中に自ずと得られるものはないので、望むもののためには積極的
にそれに見合う努力をしなければならないと話すときに使う。

13
道
理

자연 自然

★☆☆ 즉

고인 물이 썩는다
溜まった水が腐る

類 고여 있는 물이 썩는다
溜まっている水が腐る

自分を発展させなければ、その場に留まるか他の人に後れを取るということ。

例 가: 윤아야, 취직도 했는데 아직도 영어 학원을 다녀?
　　A: ユナ、就職もしたのにまだ英語塾に通っているの？

　　나: 그럼. **고인 물이 썩는다고** 계속 자기 계발을 해야 발전이 있지.
　　B: そうだよ。淀む水は腐るといって、自己啓発を続けてこそ発展があるんだから。

☆☆☆ 즉

굳은 땅에 물이 괸다
固い地面に水が溜まる

節約する人こそが財産を蓄えられるということ。

例 가: 봄에 입을 옷이 마땅치 않네. 여보, 외투나 한 벌 사러 갈까?
　　A: 春に着られる服がないね。上着でも一着買いに行く？

　　나: 작년에 산 거 있잖아. **굳은 땅에 물이 괸다고** 아껴야 잘 살지.
　　B: 去年買ったのがあるよ。固い地面に水が溜まるといって、節約してこそ豊かに暮らせるのよ。

🔎 「단단한 땅에 물이 괸다 (固い地面に水が溜まる)」を使うこともある。

★☆☆ 즉

나이는 못 속인다
年はごまかせない

年齢はいくらごまかそうとしても、言葉と行動から自然と年相応な様子が現われるということ。

例 가: 민지야, 좀 쉬자. 힘들어서 더 못 치겠어. 역시 **나이는 못 속이겠네.**
　　A: ミンジ、ちょっと休もう。しんどくてもう動けない。やっぱり年はごまかせないね。

　　나: 삼촌, 테니스를 치기 시작한 지 15분밖에 안 됐는데 벌써 힘드시다고요?
　　B: おじさん、テニスを始めて15分しか経ってないのにもう疲れたんですか？

🔎 言葉や考え、行動などは出さないようにしても年齢に相応なものが出てくるので、実際の年齢は隠すことができないと言うときに使う。

★★☆ ㄹ

달도 차면 기운다
月も満ちれば傾く

世間の万事はうまくいくときもあれば、そうでないときもあるということ。

例 가: 지금 가수로서 최고의 인기를 누리고 있는데 왜 벌써부터
　　　미래 걱정을 하세요?
　　A: 今歌手として最高の人気を博しているのに、どうしてもう
　　　将来の心配をするんですか?

　　나: 달도 차면 기우는 법이잖아요. 언제 인기가 식을지 모르니까
　　　미래를 미리 생각할 수 밖에 없어요.
　　B: 月も満ちれば欠けるものじゃないですか。いつ人気が冷め
　　　るかわからないので、将来を事前に考えるしかありません。

🔍 何事も一度隆盛を極めれば、また衰えていくものだと言うときに使う。

★☆☆ ㄹ

모난 돌이 정 맞는다
角立った石が打たれる

性格が丸くなければ対人関係も円満にはならないということ。

例 가: 아까 지점장님한테 또 한 소리 들었어요. 왜 저한테만 싫은
　　　소리를 하실까요?
　　A: さっき支店長にまた叱られたんです。どうして私にだけ
　　　嫌なことを言うんでしょうか?

　　나: 모난 돌이 정 맞는다고 다른 사람들은 다 가만히 있는데
　　　지원 씨만 자꾸 지점장님 의견에 반대하니까 그런 것 같아요.
　　B: 出る杭は打たれるもの。他の人たちは皆おとなしくして
　　　いるのにジウォンさんだけ何度も支店長の意見に反対す
　　　るからだと思います。

🔍 尖った石は使いにくいので、のみで打って丸くして使う。このように
人も気難しいと、叱咤と非難を受けることになるという言葉だ。一方、
「모난 돌이 정 맞는다고 매번 일등을 하는 지원이는 친구가 없어요. (出る
杭は打たれると、毎回1位になるジウォンには友達がいません)」の
ように、とても優れた人は他人から嫌われやすいと言うときにも使う。

☆☆☆ ㄹ

물고기도 제 놀던
물이 좋다 한다
魚も自分が遊んでいた
水が良いという

自分が生まれ育った故郷や慣れ親しんだところの方が、
不慣れなところよりましだということ。

例 가: 할머니, 여행을 마치고 집에 오니까 좋으시죠?
　　A: おばあちゃん、旅行から家に帰ってきたら落ち着くで
　　　しょ?

　　나: 그럼. 물고기도 제 놀던 물이 좋다 한다고 뭐니 뭐니 해도
　　　집이 최고지.
　　B: そうだよ。魚も自分が遊んでいた水が良いというからね。
　　　何といっても家が最高だよ。

🔍 魚でさえも育った場所を忘れることができないように、人は誰もが不
慣れで不便なところより慣れていて楽なところの方が好きだと言うと
きに使う。

☆☆☆ 🇨

물이 깊어야
고기가 모인다

水が深ければこそ
魚が集まる

自身の人格が立派であってこそ、他の人が従うようにな
るということ。

例 가: 교수님, 수아하고는 조별 과제를 같이 못하겠어요. 제대로
하는 일이 하나도 없어서 답답해요.
A: 教授、スアとはグループ別課題を一緒にできません。満
足にできることが一つもなくてもどかしいです。

나: 물이 깊어야 고기가 모인다고 다른 사람의 실수도 너그럽게
이해해 줘야지. 하나씩 천천히 가르쳐 주면 잘할 거야.
B: 徳がなければついてくる人はいないよ。他の人のミスも
寛大に理解してあげないと。一つずつゆっくり教えてあ
げればうまくできるよ。

★★★ 🇨

벼 이삭은 익을수록
고개를 숙인다

稲穂は実るほど頭を下
げる

能力が優れていたり高い位置にいる人ほど、自分を低く
謙遜して行動するということ。

例 가: 나 이번 학기에 전액 장학금을 받았어. 부럽지?
A: 私、今学期に全額奨学金をもらったの。うらやましいで
しょ？

나: 벼 이삭은 익을수록 고개를 숙인다는데 수아 너, 너무 잘난
척하는 거 아냐?
B: 実るほど頭を垂れる稲穂かなっていうでしょ。スア、偉
そうにしすぎじゃない？

🔍 稲は実るほど穂が重くなって下に垂れるようになるが、この姿がまる
で人が頭を下げながら丁寧に挨拶する姿のように見えて生まれた表現
だ。「벼는 익을수록 고개를 숙인다 (稲は実るほど頭を下げる)」を使う
こともある。

★★☆ 🇨

송충이는 솔잎을
먹어야 한다

マツケムシは松葉を食
べなければならない

分相応に行動しなければならないということ。

例 가: 민수 씨, 우리 결혼식을 호텔에서 하는 건 어떨까요?
A: ミンスさん、私たちの結婚式をホテルで挙げるのはどう？

나: 송충이는 솔잎을 먹어야 한다고 전세금도 대출 받았는데 우
리 형편에 호텔 결혼식은 무리라고 생각해요.
B: マツケムシは松葉を食べなければならないというじゃな
い。家賃も融資を受けたのに、僕らの状況ではホテルの
結婚式は無理だと思う。

십 년이면 강산도 변한다

十年もすれば江山も変わる

(類) 십 년이면 산천도 변한다
十年もすれば山河も変
わる

年月が経てば何もかもが変わるということ。

(例) 가: 지원아! 진짜 오랜만이다. 고등학교를 졸업하고 처음 보는 것 같은데. 십 년이면 강산도 변한다고 하던데 어쩜 너는 그대로 니?

A: ジウォン! 本当に久しぶりだね。高校を卒業してから初めて会うような気がするけど。十年一昔というのに、どうしてあなたはそのままなの？

나: 윤아 너도 여전하네. 학교 다닐 때랑 똑같다.

B: ユナも相変わらずだね。学校に通っていたときと同じだ。

○ 時間が経っても依然として変わっていないことを見て、感嘆や驚きを表現するときに使う。また、時間が経つにつれて大きく変わった姿を見て、残念さと切なさを表現するときにも使う。

★★☆ 관

썩어도 준치

腐ってもヒラ

もともと良くて立派だったものは、古くなったり変わったりしてもある程度の価値があるということ。

(例) 가: 하준이 너는 게임을 그만둔 지가 오래됐다면서 아직도 손이 빠르고 실력도 여전하네.

A: ハジュン、あなたはゲームをやめて久しいと言いながら、まだ手が速くて実力も相変わらずだね。

나: 썩어도 준치라고 하잖아. 옛날 실력이 어디 가겠어?

B: 腐ってもタイって言うじゃん。昔の実力がどこに消えるって言うんだ？

○ 「준치 (ヒラ)」は味が良いことで有名な魚で、傷んだり腐ったりしても味が良いという。このように本来価値があったものは、時間が経ったり若干の問題が生じたりしても、依然として価値があると話すときに使う。「물어도 준치, 썩어도 생치 (腐ってもヒラ, 腐ってもキジ肉)」も使う。

☆☆☆ 관

양지가 음지 되고 음지가 양지 된다

日なたが日陰になって日陰が日なたになる

(類) 음지가 양지 되고 양지가 음지 된다
日陰が日なたになって日なたが日陰になる

世間の万事は巡り巡っているということ。

(例) 가: 아버지, 장사도 접었는데 저는 이제 뭘 먹고 살지요? 왜 이렇게 되는 일이 없는지 모르겠어요.

A: お父さん、商売もやめたのに、私はこれから何を食べて生きていけばいいの？ なぜこんなに上手くいかないのかわかりません。

나: 힘내라! 양지가 음지 되고 음지가 양지 된다고 곧 좋은 날이 오겠지.

B: 頑張れ！ 天下は回り持ちと言うだろ。すぐにいい日が来るだろう。

○ 良いときがあれば悪いときもあり、悪いときがあれば良いときもあるので、あまり苦しんだり失望したりしないよう慰めるときに使う。

★★★ 2
옥에도 티가 있다
玉にも瑕がある

いくら立派な人や物でもつぶさに見れば欠点があるということ。

例 가: 우리 감독님은 다 좋은데 말투가 너무 딱딱해. 좀 부드럽게 연기 지도를 해 주시면 좋을 텐데 말이야.
　　A: うちの監督は全部良いけど、話し方が堅苦しすぎる。ちょっと柔らかく演技指導をしてくれたらいいのに。

　　나: 너무 많은 걸 바라는 거 아냐? 옥에도 티가 있듯이 완벽한 사람은 없어.
　　B: あまりに多くを望んでいるんじゃない？　玉にも瑕があるように完璧な人はいないよ。

🔍 完璧に見える人や物にも欠点があるという言葉で、この世に完璧な人や物はないと言うときに使う。一方、立派なものや良いものにある小さな欠点を言うときは「옥에 티 (玉に瑕)」を使う。

★★★ 2
윗물이 맑아야 아랫물이 맑다
上流の水が澄んでこそ下流の水も澄む

地位や身分の高い目上の人が正しい行いをすれば、目下の人もならって正しい行いをするようになるということ。

例 가: 우리 연우가 하루 종일 스마트폰만 봐서 걱정이에요.
　　A: うちのヨヌが一日中スマートフォンばかり見ていて心配です。

　　나: 윗물이 맑아야 아랫물이 맑다고 연우 엄마도 손에서 스마트폰을 못 놓잖아요. 부모가 모범을 보여야 아이들이 따라와요.
　　B: 上清ければ下濁らず。ヨヌのお母さんもスマートフォンを手放せないじゃないですか。

🔍 普通、人々は親あるいは自分より地位や身分が高い目上の人たちの行動を見て真似するため、子どもまたは目下の人の前では行動に気をつけなければならないと言うときに使う。

★☆☆ 2
이 없으면 잇몸으로 살지
歯がなければ歯茎で生きる

類 이 없으면 잇몸으로 산다
歯がなければ歯茎で生きる

重要なものがなくても何とかして生きられるということ。

例 가: 깜빡하고 노트북을 안 가져왔는데 어쩌지?
　　A: うっかりしてノートパソコンを持ってこなかったんだけど、どうしよう？

　　나: 이 없으면 잇몸으로 살면 돼. 핸드폰으로도 작업할 수 있으니까 걱정하지 마.
　　B: 歯がなければ歯茎で生きればいい。携帯電話でも作業できるから心配しないで。

🔍 その場で必要なものがなければならないようでも、いくらでも他のものに代替できるので、必要なものがないと心配したり失望したりしないよう言うときに使う。

쥐구멍에도 볕 들 날 있다

ネズミの穴にも陽が射す日がある

非常に苦労しながら生きる人生でも、良い日がやって来るということ。

🔲 가: 건물 주인이 월세를 또 올려 달라고 해서 걱정이네요. 우리는 언제쯤 우리 가게를 가질 수 있을까요?

　　A: 建物のオーナーが家賃をまた上げてくれと言うから心配だね。僕らはいつお店を持つことができるんだ？

　　나: 여보, 쥐구멍에도 볕 들 날 있다고 하잖아요. 몇 년만 더 고생하면 그렇게 될 거예요.

　　B: あなた、待てば海路の日和ありと言うじゃないですか。あと数年ばかり苦労すればそうなるでしょう。

🔎 ネズミの穴は小さくて低いところにあり、日の光が入りにくい。しかし、日が低くなるとネズミの穴にも日差しが入って明るくなる。このようにいくら厳しい状況にあっても、いつかは良いことが起こるから元気を出すよう言うときに使う。

차면 넘친다

満ちれば溢れる

すべてのことがうまくいって良いときもあれば、そうでないときもあるということ。

🔲 가: 그렇게 잘나가던 마크 씨네 회사도 결국 문을 닫게 되었대요.

　　A: あんなにうまくいっていたマークさんの会社も、結局廃業することになったそうです。

　　나: 차면 넘친다고 사업이 항상 잘될 수만은 없나 봐요.

　　B: 満ちれば溢れるといって、事業がいつもうまくいくとは限らないようです。

🔎 「차면 넘친다고 민수 씨가 너무 예의를 차려도 다른 사람들은 불편할 수 있어요. (満ちれば溢れる〔過ぎたるはなお及ばざるが如し〕といって、ミンスさんが礼儀正しくしすぎても、他の人は窮屈かもしれません)」のように、度を超えるのはむしろ良くないと言うときにも使う。

★★★ 🇰🇷

하늘이 무너져도 솟아날 구멍이 있다

天が崩れてもわき出る穴がある

類 사람이 죽으란 법은 없다
人が死ぬという法はない

いくら厳しい状況にぶつかっても解決する方法は確かにあるということ。

例 가: 최 조교님, 이번 학기에 국가 장학금을 신청했는데 자격이 안 돼서 못 받는대요. 등록금을 마련하지 못했는데 어쩌지요?

A: チェ助教、今学期に国家奨学金を申請しましたが、資格がなくてもらえないそうです。授業料を用意できなかったのですが、どうしましょう？

나: 하늘이 무너져도 솟아날 구멍이 있다고 하니까 같이 방법을 찾아보자. 내가 다른 장학금도 한번 알아봐 줄게.

B: 天が崩れてもわき出る穴があるというから、一緒に方法を探してみよう。私が他の奨学金も調べてみる。

🔎 困難な問題にぶつかって苦しんでいる人に希望を持つよう話すときに使う。

★☆☆ 🇰🇷

흐르는 물은 썩지 않는다

流れる水は腐らない

人はいつでも懸命に努力してこそ後れを取らないということ。

例 가: 전에 같이 일했던 지원 씨가 해외 명문 대학 MBA에 합격해서 유학을 가게 됐대요.

A: 以前一緒に働いていたジウォンさんが、海外の名門大学のMBAに合格して留学することになったそうです。

나: 그래요? 흐르는 물은 썩지 않는다고 끊임없이 노력하더니 결국 그렇게 됐군요.

B: そうなんですか？　流れる水は腐らないというから、絶えず努力していたので結果そうなったんですね。

🔎 人は努力しなければ発展できないので、絶えず自己啓発をしなければならないと言うときに使う。

★★★ 코
공든 탑이 무너지랴
念入りに築き上げた塔が崩れようか

努力と真心を尽くしてしたことは決して無駄ではないということ。

例 가: 형, 내가 내일 대학수학능력시험을 잘 볼 수 있을까? 너무 떨려.

A: 兄さん、僕、明日、大学修学能力試験をうまく受けられるかな？ すごく緊張する。

나: 공든 탑이 무너지랴라는 말이 있잖아. 그동안 잠도 줄여 가며 열심히 공부했으니까 분명히 잘 볼 거야. 너무 떨지 마.

B: 「念入りに築き上げた塔が崩れようか」という言葉があるだろ。これまで睡眠も減らしながら一生懸命勉強したんだから、きっとうまくいくよ。緊張しすぎないで。

🔍 塔を丹念に積み上げたなら、その塔は丈夫で崩れることはない。このようにあることを成し遂げるために最善を尽くせば、良い結果が得られると言うときに使う。

★★★ 코
뛰는 놈 위에 나는 놈 있다
走る者の上に飛ぶ者がいる

いくら才能が優れている人がいても、それより優れた人がいるということ。

例 가: 나 이번에 공부도 별로 안 했는데 한국어능력시험 4급에 합격했어. 잘했지?

A: 私、今回勉強もあまりしなかったのに韓国語能力試験4級に合格したの。よくやったよね？

나: 뛰는 놈 위에 나는 놈 있다고 같은 반 푸엉 씨는 이번에 6급에 합격했대. 그러니까 너무 잘난 척하지 마.

B: 上には上がいるものだよ。同じクラスのプオンさんは今回6級に合格したんだって。だからあまり偉そうにしないで。

🔍 自分より実力がさらにある人は常にいるものなので、少し上手だからといって威張らないで謙遜するよう言うときに使う。

뜻이 있는 곳에
길이 있다
★☆☆ 🔵

意志のあるところに道
がある

あることを成し遂げようとする意志があれば、その方法
も見つけられるということ。

例 가: 항공사에 입사하고 싶어서 계속 준비하고 있는데 자리가
　　　안 나네요.
　　A: 航空会社に入社したくてずっと準備しているのに席が空
　　　かないですね.

　　나: 뜻이 있는 곳에 길이 있다는데 눈을 돌려 해외 항공사도 한번
　　　알아보는 게 어때요?
　　B: 意志あるところに道は開ける. 視点を変えて海外の航空
　　　会社も調べてみたらどうですか?

모르면 약이요
아는 게 병
★★★ 🔵

知らなければ薬、知る
のが病

類 아는 것이 병
　　知ることが病
　　아는 것이 탈
　　知ることが病

知らなければ気が楽で良いが、何かを少しでも知ると、
心配になって良くないということ。

例 가: 어제 텔레비전에서 봤는데 샴푸에 화학 성분이 많이 들어
　　　있어서 좋지 않대요. 앞으로 샴푸를 쓰지 말아야겠어요.
　　A: 昨日テレビで見ましたが, シャンプーに化学成分がたく
　　　さん入っていてよくないそうです. これからはシャンプ
　　　ーを使わないようにします.

　　나: 샴푸를 안 쓰고 머리를 어떻게 감으려고요? 모르면 약이요
　　　아는 게 병이라고 때로는 모르고 사는 게 나을 수도 있어요.
　　B: シャンプーを使わずに髪をどうやって洗うんですか?
　　　知らぬが仏だと, 時には知らずに生きていくのがましか
　　　もしれません.

무소식이 희소식
★★★ 🔵

便りがないのは良い便
り

何の知らせもないのは無事だという意味だから, 嬉しい
知らせに他ならないということ。

例 가: 해외여행을 떠난 동생이 며칠 동안 감감무소식이라 애가 타요.
　　A: 海外旅行に行った弟が何日間もさっぱり知らせがなくて,
　　　気が気ではありません.

　　나: 무소식이 희소식이라고 잘 있으니까 연락이 없을 거예요.
　　B: 便りがないのは良い便り, 元気にしているから連絡がな
　　　いのでしょう.

🔍 誰かに連絡がなくてもあまり心配しないでと言うときに使う.

백 번 듣는 것이 한 번 보는 것만 못하다

百回聞くことが一回見ることに及ばない

(類) 열 번 듣는 것이 한 번 보는 것만 못하다
十回聞くことが一回見ることに及ばない

何度も聞くより実際に見た方がいいということ。

例 가: 여의도 불꽃 축제 사진을 봤는데 멋지더라고요. 윤아 씨는 불꽃 축제에 가 봤어요?
　　A: 汝矣島花火大会の写真を見たんですが、すてきでした。ユナさんは花火大会に行きましたか？

　　나: 네. 작년에 직접 가서 봤는데 너무 좋았어요. 백 번 듣는 것이 한 번 보는 것만 못하다고 제시카 씨도 올해에는 꼭 가서 보세요.
　　B: はい。去年、直接行って見たんですが、とても良かったです。百聞は一見に如かずと、ジェシカさんも今年はぜひ行って見てください。

🔎 どんなことでも直接体験してみるのがいいと言うときに使う。

★★★ ⊇

백지장도 맞들면 낫다

白紙の一枚も一緒に持てばましだ

(類) 백지 한 장도 맞들면 낫다
白紙の一枚も一緒に持てばましだ

종잇장도 맞들면 낫다
紙切れも一緒に持てばましだ

どんなに簡単なことでも、互いに助け合ってやればもっと簡単にできるということ。

例 가: 하준아, 이렇게 짐이 많은데 혼자 이사하려고 했어? 내가 도와주니까 좀 낫지?
　　A: ハジュン、こんなに荷物が多いのに一人で引っ越そうとしたの？　僕が手伝ってあげたら少しましだよね？

　　나: 응, 백지장도 맞들면 낫다고 태현이 네가 도와주니까 빠르고 확실히 힘이 덜 드네. 고마워.
　　B: うん、白紙の一枚も一緒に持てばましだ。テヒョンが手伝ってくれるから早くて、確かに大変じゃないね。ありがとう。

★★★ ⊇

빈 수레가 요란하다

空の荷車が騒がしい

(類) 빈 달구지가 요란하다
空の荷車が騒がしい

実力や知識など中身のない人の方がかえって騒ぎ立てるということ。

例 가: 캠핑을 갔는데 친구가 고기 굽는 것은 자기 전문이라면서 큰소리치더니 고기를 다 태워 놨어요.
　　A: キャンプに行ったら友達が肉を焼くのは自分の専門だと大口を叩いて、肉を全部焦がしてしまったよ。

　　나: 원래 빈 수레가 요란한 법이잖아요.
　　B: 中身のない人ほど騒ぐものよ。

🔎 車に荷物がないと車輪が転がるたびにガタガタと音が大きく鳴る。このように誰かが実力もないのに知っているふりをしたり、偉そうにしたりするのを見て話すときに使う。

☆☆☆ 관

사람 위에 사람 없고
사람 밑에 사람 없다

人の上に人なく
人の下に人なし

人は生まれたときから平等な権利を持っているということ。

例 가: 어떤 회사 사장이 직원들에게 폭언을 했다면서요?
　　A: ある会社の社長が社員たちに暴言を吐いたそうですね？

　　나: 네. 사람 위에 사람 없고 사람 밑에 사람 없다는데 어떻게
　　　　그럴 수가 있죠?
　　B: はい。天は人の上に人を造らず、人の下に人を造らずというのに、どうしてそんなことができるんでしょう？

🔎 他人を軽んじるような言葉や行動をしてはいけないと言うときに使う。

★★★ 관

세월이 약

歳月が薬

いくら心が痛くて苦しいことでも、時間が経てば自然と忘れるようになるということ。

例 가: 누나, 헤어진 여자 친구가 계속 생각이 나서 너무 괴로워.
　　A: 姉さん、別れた彼女をずっと思い出してとても辛いよ。

　　나: 세월이 약이라고 지금은 힘들어도 시간이 지나면 잊힐 거야.
　　　　집에만 있지 말고 외출도 좀 하고 친구도 만나 봐.
　　B: 歳月が薬といって、今は辛くても時間が経てば忘れられるでしょう。家にずっといないで外に少し出て友達にも会ってみなよ。

🔎 主に良くないことが起きて、悲しんだり苦しんだりしている人を慰めるときに使う。

★☆☆ 관

쌀독에서 인심 난다

米びつから人情がわく

自分の暮らしが豊かであってこそ、他人も助けることができるということ。

例 가: 올해 불우 이웃 돕기 성금이 예년에 비해 적었다는 기사를
　　　　보니 마음이 좀 안 좋네요.
　　A: 今年は恵まれない人々を助けるための寄付金が例年に比べて少なかったという記事を見ると、ちょっと気分が良くないですね。

　　나: 쌀독에서 인심 난다고 요즘 불황이라 다들 먹고살기 힘들어
　　　　서 그런 것 같아요.
　　B: 米びつから人情がわくといって、最近不況でみんな食べていくのが大変だからだと思います。

🔎 似たような意味で「광에서 인심 난다 (蔵から人情がわく)」を使うこともある。

☆☆☆ ❷

인간 만사는 새옹지마라

人間万事は
塞翁が馬だ

良いことと悪いことは巡り巡るため、人生はいつどうなるか簡単には予測できないということ。

例　가: 아는 사람이 로또 1등에 당첨됐었는데 사기를 당해서 그 돈을 다 날렸다.

A: 知り合いがロトの1等に当選したのに、詐欺にあってそのお金を全部失ったんだって。

나: 인간 만사는 새옹지마라고 하잖아. 로또에 당첨됐을 때는 정말 좋았을 텐데 그 돈을 사기당해서 날릴 줄 누가 알았겠어?

B: 人間万事は塞翁が馬だって言うじゃん。ロトに当たったときは本当に良かったのに、そのお金を騙し取られるとは誰が想像しただろう？

🔍 「새옹지마 (塞翁が馬)」は「새옹의 말 (塞翁の馬)」という意味。昔、「새옹 (塞翁)」という老人が飼っていた馬が家を出て心配したが、その馬が立派な馬を連れて帰ってきた。そんなある日、息子がその馬から落ちて足を怪我したが、おかげで息子は戦場に出なくて済んだという話から出てきた言葉だ。

★★★ ❷

입에 쓴 약이 병에는 좋다

□に苦い薬が病には良い

他人の忠告や批判は聞きたくないものでも、それを受け入れれば自分の助けになるということ。

例　가: 언니, 직장 선배가 나처럼 일 처리가 느리면 앞으로 사회생활 하기 힘들 거라고 빨리 빨리 좀 하래. 어떻게 그런 말을 할 수 있지?

A: お姉ちゃん、職場の先輩が私みたいに仕事の処理が遅いと、これから社会生活が大変だからテキパキしろって。どうしてそんなことが言えるの？

나: 입에 쓴 약이 병에는 좋은 법이야. 다 윤아 너한테 도움이 되는 얘기니까 기분 나쁘게 생각하지 말고 잘 새겨들어.

B: 良薬は□に苦しだよ。全部ユナの役に立つ話だから、気分悪く思わないでよく聞いておきなさい。

🔍 良い薬は□には苦いが病気を治すのには良い。このように他人の忠告や助言を聞くときには、耳障りでもその通りにすれば役に立つと言うときに使う。似た表現で「입에 쓴 약이 몸에 좋다 (□に苦い薬が体に良い)」を使うこともある。

★☆☆ 🔵

집 떠나면 고생이다

家を出たら苦労する

何だかんだいっても自分の家が一番いいということ。

例 가: 아들, 독립해서 살아 보니까 어때? 힘들지?
　A: 息子、独立して暮らしてみてどうだ？　大変だろ？

　나: 네, 아빠. 집안일도 힘들고 월세 내는 날은 왜 이렇게 빨리
　　돌아오는지 집 떠나면 고생이라는 말을 실감하고 있어요.
　B: はい、父さん。家事も大変で、家賃を払う日がなぜこん
　　なに早く巡ってくるのか、家を出たら苦労するという言
　　葉を実感しています。

★★★ 🔵

첫술에 배부르랴

最初の一さじで腹いっぱいになろうか

何事も一度で満足することはできないということ。

例 가: 저도 사부님처럼 발차기를 잘하고 싶은데 어렵네요.
　A: 私も師匠のように蹴りが上手くなりたいですが、難しい
　　ですね。

　나: 첫술에 배부르랴는 말이 있어요. 제시카 씨는 태권도를
　　시작한 지 얼마 안 됐잖아요.
　B: 最初の一さじで腹いっぱいになろうかという言葉があり
　　ます。ジェシカさんはテコンドーを始めたばかりじゃな
　　いですか。

🔍 どんなことでも最初は大きな成果が出ないので、焦らず地道に努力す
るよう言うときに使う。

★☆☆ 🔵

털어서 먼지 안 나는 사람 없다

はたいてほこりが出ない人はいない

誰もが小さな弱点や隙を持っているということ。

例 가: 연구 부장님이 연구비로 받은 돈을 연구원들에게 주지 않고
　　전부 사적으로 쓰셨대요.
　A: 研究部長が研究費として受け取ったお金を、研究員たち
　　に与えずに全部私的に使ったそうです。

🔁 주머니 털어 먼지 안 나오
는 사람 없다
巾着をはたいてほこり
が出ない人はいない

　나: 털어서 먼지 안 나는 사람 없다더니 청렴하기로 소문난 분도
　　돈 앞에서는 어쩔 수 없나 봐요.
　B: はたいてほこりが出ない人はいないというけど、清廉だ
　　と有名な方もお金の前では仕方ないようです。

✏️ 「털다 (はたく)」は何かを見つけようとくまなく探すという意味だ。

🔍 完璧に見える人にも欠点があるという意味で、この世に完璧な人はい
ないと言うときに使う。

★★☆ ㄹ

하늘은 스스로 돕는 자를 돕는다

天は自ら助ける者を助ける

何かを成し遂げるためには自らの努力が重要だということ。

例 가: 형, 해외로 어학연수를 가고 싶은데 모아 둔 돈이 턱없이 부족해. 부모님께서 좀 도와주셨으면 좋겠는데 어떻게 말씀드리지?

A: 兄さん、海外に語学研修に行きたいんだけど、貯めておいたお金が全然足りない。両親にちょっと助けてもらえたらいいんだけど、どうやって伝えようかな？

나: 하늘은 스스로 돕는 자를 돕는다고 하잖아. 부모님한테 기댈 생각하지 말고 네가 돈을 조금 더 모은 후에 가는 게 어때?

B: 天は自ら助く者を助くと言うだろ。親に頼ることは考えずに、おまえがお金をもう少し貯めてから行くのはどうだ？

🔍 他人を頼みにせず、自ら努力するよう言うときに使う。

★☆☆ ㄹ

한 번 실수는 병가의 상사

一度の失策は兵家の常

何かをしていれば、ミスや失敗をすることもあり得るということ。

例 가: 교양 수업에서 발표를 했는데 시간도 못 지키고 내용도 다 외우지 못해서 완전히 망쳤어. 너무 창피해. 앞으로 발표가 있는 수업은 선택하지 않을래.

A: 教養の授業で発表をしたけど、時間も守れないし内容も全部覚えられなくて、完全に台無しにした。すごく恥ずかしい。これから発表のある授業は選ばない。

나: 한 번 실수는 병가의 상사라는 말이 있어. 너무 자책하지 마. 다음에는 잘할 수 있을 거야.

B: 勝敗は兵家の常という言葉があるよ。自分を責めすぎないで。次はうまくできるよ。

🔍 「병가의 상사 (兵家の常)」とは、軍事の専門家も戦争で勝つこともあれば負けることもよくあるということ。このようにミスは誰でもし得るので失望したり挫折したりしないよう話すときに使う。「한 번 실수는 병가지상사 (一度の失策は兵家の常)」を使うこともある。

호랑이에게 물려 가도 정신만 차리면 산다

虎に噛まれてもしっか
りしていれば生きる

非常に危険な状況でも気さえしっかりしていれば、その
危機を逃れることができるということ。

例　가: 어떡하지? 차가 고장 났나 봐. 하필 핸드폰도 안 되는 이런
　　　 산길에서 차가 멈추다니.
　　A: どうしよう？　車が故障したみたい。よりによって携帯
　　　 電話も使えないこんな山道で車が止まるなんて。

　　나: **호랑이에게 물려 가도 정신만 차리면 산다고** 했어. **침착하게**
　　　 방법을 생각해 보자.
　　B: しっかりしていれば切り抜けられるよ。落ち着いて方法
　　　 を考えてみよう。

　🔍 いくら危急な状況でも冷静沈着に考えて行動すれば、解決策を見つけ
　　 ることができると言うときに使う。

부록
付録

「가슴이 아프다（胸が痛い）」という私の友人、どこが痛いのでしょうか？

마음　생각

　もし韓国の友人が皆さんの悲しい知らせや便りを聞いて「가슴이 아프다（胸が痛い）」と言っていたら、本当にお腹と首の間の前の部分である胸が痛むという意味だろうか？　実はこのときの「가슴（胸）」は「마음（心）」を指すもので「心が痛い」という意味だ。

　では、韓国人たちはなぜ「心」という単語の代わりに「胸」という単語を活用して自分の感情を表現するのだろうか？　その理由は、胸を使えば自分の感情をより効果的に表現できるからだ。例えば「나는 너를 걱정하고 있어.（私はあなたを心配している）」という言葉の代わりに「네 걱정을 하느라고 내 가슴이 다 타 버렸어.（あなたの心配をして私の胸が燃え尽きた）」と言えば、胸が焼けるような苦痛を感じるほど相手を心配する気持ちがよく伝わる。また、誰かが言った言葉によって傷ついたとき「네 말 때문에 가슴이 찢어질 것 같아.（あなたの言葉のせいで胸が裂けそう）」と言えば、胸が裂けるようなひどい傷を受けたということをもう少し鮮明に表現できる。

　それでは、ある感情を表現したいときに「가슴（胸）」が入った表現を活用して、皆さんの感情をより適切に表現してみよう。

「간이 떨어지다（肝が落ちる）」だなんて、それがあり得るでしょうか？

　机に座って集中しながら一生懸命勉強している姉の部屋に弟がこっそり入ってきて「누나, 뭐 해?（姉さん、何してるの？）」と言ったと想像してみよう。その瞬間、姉は大きく驚いて「깜짝이야. 간 떨어질 뻔했잖아!（びっくりした。肝が落ちるところだった！）」と叫ぶだろう。果たしてこの言葉はどういう意味だろうか？

　昔から韓医学では「간（肝臓）」をエネルギーを作る器官であると同時に、人の魂と関連した器官と見なしてきた。したがって「간 떨어지다（肝が落ちる）」は肝臓と連結された魂が落ちた状態、すなわち「죽음（死）」を意味するといえる。あまりにも驚いて死にそうだったということを誇張して表現しているのだ。過度に勇敢に行動する友人に「너는 참 간도 크다!（お前は本当に肝も大きい！）」というのも、やはり韓医学から見た肝臓の意味と関連がある。肝臓に熱がたまって熱くなると肝臓が大きくなり、たいていのことを怖がらなくなるという。それで恐れしらずの勇敢な人を「간이 크다（肝が大きい）」と表現するのだ。

　今度は怖いときや驚くとき、不安で焦ったときに韓国人のように「간（肝）」が入った慣用表現を使ってみよう。「너무 놀랐어.（とても驚いた）」よりは「간 떨어질 뻔했어.（肝が落ちるところだった）」を、「너무 불안해.（とても不安だ）」よりは「간이 콩알만 해졌어.（肝が豆粒くらいになった）」を使えば、自分の感情をより効果的に表現できるだろう。

甘くておいしい「干し柿（곶감）」を見ても 我慢しなければならないときがあります

　熟していない柿（감）を取って皮をむいた後、長い鉄や木の棒に一つずつ刺して乾かせば、自然に水分が抜けて柔らかくなり、干し柿（곶감）が作られる。こうすれば甘みが強くなり、歯ごたえもはるかに良くなる。

　甘いおやつが多くなかった時代に干し柿は最高のおやつであり、冬にも食べられて栄養を補給できた。また、韓国人たちは祭祀を行うとき、祭祀膳には干し柿を欠かさず載せ、伝統飲料であるスジョングァ（수정과）にも入れて食べた。

　このように好んで食べられる干し柿は、ことわざではどのような意味で使われるのだろうか？　「당장 먹기엔 곶감이 달다（今すぐ食べるには干し柿が甘い）」ということわざがある。すぐ目の前にある干し柿を食べるとおいしくて気分がいいが、食べ過ぎるとお腹を壊すこともある。そのため、このことわざは未来のことは考えず、今すぐ良いと思われるものを選ぶという意味で使われる。また「곶감 뽑아 먹듯（干し柿を抜いて食べるように）」という表現もあるが、おいしい干し柿を抜いて食べているとすぐに全部食べてしまうように、集めておいた財産や物をさらに増やせずに少しずつ使ってしまうことをたとえて話すときに使う。干し柿が甘くておいしいだけに自制心を失いやすいため、注意を与えるためにことわざに干し柿を入れて表現したのだ。

　皆さんも干し柿を食べる機会があったら、こういう表現を思い浮かべながら食べてみよう。

「줄행랑을 치다（一目散に逃げる）」の 「줄행랑」はどういう意味でしょうか？

　昔の両班の家には門の両側に部屋が多く並んでいたが、この部屋を「행랑（行廊）」と呼んだ。行郎には主に使用人たちが居住し、地位の高い両班や大きな金持ちの家には部屋が列（줄）のように並んでいる様子から、これを「줄행랑」と呼んだ。使用人を多く置くことができるほど権力と財産が多い金持ちを指すときも、この「줄행랑」という言葉を使った。

　ところで「줄행랑」がなぜ「도망（逃亡）」を意味する言葉になったのだろうか？　昔は「줄행랑」のある家の主人が、その家をこれ以上維持できない厳しい状態になったとき、突然家を捨てて逃げることがしばしばあったという。それで「줄행랑」と「달아나다（逃げる）」という言葉が合わさって「줄행랑을 놓다」あるいは「줄행랑을 부르다」という表現ができ、これが「도망치다（素早く逃げる）」、「도망가다（逃げていく）」、「피하여 달아나다（人目を避けて急いで逃げる）」という意味に変わったという。

　「줄행랑」を持つ人も突然逃げなければならないことがあるほど、誰もが暮らしながら困難なことを経験しうる。しかし、逃げたからといって問題が解決するわけではない。「줄행랑을 치고 싶다（さっさと逃げたい）」と思うほど難しい状況が訪れても、問題を回避せずに何とかぶつかって解決しようとする姿勢を持ってみよう。ぶつかってみると、予期せぬ方法で問題を解決できるかもしれない。

사돈이 남의 말을 한다！
姻戚が他人の話をする！

사돈

「사돈（姻戚）」という言葉は結婚した両家の両親が互いを呼ぶ呼称であり、広くは結婚関係で結ばれた両家の親戚を意味する。男女が結婚することを「사돈 맺는다（姻戚を結ぶ）」とも言うが、結婚によって関係を結ぶことになったが、互いに知らなかった家柄同士で結ばれるので、姻戚は難しい関係にならざるを得ない。そのため、韓国では誰かと遠い間柄、あるいは難しい間柄だということを言いたいときに「사돈」と関連した表現をよく使う。

その中で韓国人たちがよく使う言葉に「사돈 남 말 한다（姻戚が他人の話をする）」という表現がある。姻戚に何か不満があるとき、これを直接言うのはとても難しい。したがって、姻戚の前で遠慮なしに話すことができず、他人の話をするように遠回しに話すが、その姻戚は察しがつかず自分の話なのかも知らずに、他人の話だと考えて悪口を言うという意味だ。言い換えれば、自分の過ちは知らずに他人の過ちにだけ悪口を言うという意味だ。

ひょっとして、あなたの周りに悪口をたくさん言う人がいるだろうか？　その人は自分の行動が間違っているとは知らずに他人の悪口を言ってはいないだろうか？　その場合、その人の話を止めたければ、笑いながら「사돈 남 말 하지 마.（姻戚が他人の話をしないで）」と言ってみよう。気が利く人ならすぐに察しがついて話を止めるだろう。

恐ろしいけれど威厳があると
認められていた動物「호랑이（虎）」

　昔から韓国人たちにとって最も身近な動物と考えられている「개（犬）」や「소（牛）」はことわざにも多く登場する。そして、この犬と牛に劣らずことわざに多く登場する動物として「호랑이（虎）」がいる。昔、虎はもともと森が生い茂り、人の足が届かない深い山奥に住んでいたが、餌となる食糧が落ちていると食べ物を求めてたびたび村に降りてくることもあった。虎が村に降りてくると、人々は力が強くてどう猛な虎を相手にできなかったため、恐れていた。したがって、虎は恐怖の対象として韓国のことわざに多く登場する。

　「호랑이에게 물려 가도 정신만 차리면 산다（虎に噛まれても気さえしっかりすれば生きる）」という表現は、怖くて恐ろしい虎に捕まるような緊急な場合にも、しっかりしていれば危機を逃れることができるという意味だが、これは虎を恐怖の対象として表現したものだ。また「호랑이 없는 골에 토끼가 왕 노릇 한다（虎のいない谷でウサギが王の役割をする）」という表現は、虎を王のような威厳と権威を持った存在と考え、山の中に王がいなければ力の弱いウサギが偉そうに出ていこうとするという意味を持っている。すなわち、力が強くて優れた人がいないところで、取るに足らない人が権力を得ようとすることを表している。

　この他にも韓国のことわざには虎が入った表現が多くあり、日常生活でもよく使われる。虎と関連した他のことわざにはどのようなものがあるのか、一度探してみよう。

「발을 끊다 (足を切断する)」だなんて？ どうやってですか？

　友人が新年の目標で「난 올해부터 술집에 발을 끊겠어. (私は今年から飲み屋に行く足を切断する)」と言う。足をどうやって切断するというのだろうか？ここでいう「발을 끊다 (足を断つ)」は「飲み屋に行くのをやめる」という意味だ。このようにあることをやめたり、ある場所に行くのをやめたり、あるいはある人との交際をやめたりするときに「발을 끊다」が使える。

　では、あることを始めるときはどう言えるだろうか？　まさに「첫발을 떼다 (第一歩を踏み出す)」または「첫발을 디디다 (第一歩を踏む)」を使うことができる。もし友人が新しい仕事を始めたときは「첫발을 무사히 뗀 것을 축하해. (第一歩を無事に踏み出しておめでとう)」と言って祝ってあげるのが良いだろう。

　このように韓国には「발 (足)」と関連した表現が多い。足で移動して人々に会うため、足が行動や関係を意味するのだ。自分が「第一歩を踏み出したい」こと、または「足を断ちたい」ことは何か考えてみよう。

値段が同じときにはどうして
「다홍치마（紅のチマ）」を選ぶのでしょうか？

値段が同じなら
何を選ぼうかな？

　同じか似たような値段の品物が陳列されているとき、何を選ぶか誰もが悩んだ経験があるだろう。そのような場合、値段が同じならその中で品質が良いかデザインがきれいなものを選ぶ場合が多い。「같은 값이면 다홍치마（同じ値段なら紅のチマ）」ということわざは、まさにこのような状況で使うことができる。

　「다홍치마（紅のチマ）」とは濃い赤色のチマをいうが、朝鮮時代は地位の高い人だけがこれを着ることができた。地位が高くない女性たちは、紅のチマを一生に一度だけ、結婚式の日にだけ着ることができた。このように特別な日にだけ着る紅のチマは、色が美しいだけに貴重で高かった。それで値段が同じチマの中から一つを選ぶなら、どうせなら紅のチマを選ぶという言葉ができた。

　私たちは物を買うとき以外にも、何かをするときにより良い条件を選ぼうとする。そして同じ条件なら自分に有利で良い物事を選択する。このように「같은 값이면 다홍치마」は、同じ努力をするよりはもう少し良いものを選んだ方が良いという意味でも使われる。

　これから品物を選ぶときやあることをするときは、「같은 값이면 다홍치마」とあれこれ几帳面に計算してみて、少しでもより良い物事を選択するように努力してみよう。

「도토리（どんぐり）」はリスが
食べるものじゃないんですか？

　皆さんはひょっとして「도토리（どんぐり）」で作った「도토리묵（どんぐりこんにゃく）」、「도토리 냉면（どんぐり冷麺）」、「도토리 빈대떡（どんぐりチヂミ）」、「도토리 수제비（どんぐりすいとん）」などを食べたことはあるだろうか？　全世界でどんぐりを使った料理を作って食べる国は韓国が唯一だという。韓国では15世紀から食べ物がないときに備えて、穀物と果物の良さを兼ね備えたどんぐりの木を植えてその実を食べ始めたという。

　どんぐりは「멧돼지（イノシシ）」や「다람쥐（リス）」のような動物たちにも人気の食べ物だが、犬だけはどんぐりを食べないという。昔は犬を外で飼うことが多く、木から落ちたどんぐりが犬のエサ皿に入る場合があった。ところが、飼い主の言う通りに何でも好き嫌いなくよく食べる犬が、どんぐりだけは食べずに残したという。このように犬のエサ皿にどんぐりだけが残っている様子が、まるで群れに入れず仲間はずれにされた人のように見えて、いじめられる人を「개밥에 도토리（犬のエサにどんぐり）」というようになったそうだ。

　もし皆さんの周りに、周囲の人たちと仲良く過ごしたいのに、それができず「개밥에 도토리」になったような気分を感じる人がいたら、その人にまず先に手を差し伸べてみてはどうだろうか？

10章 状況・状態

「가는 날이 장날（行った日が市の日）」なら良いことじゃないんですか？

テヒョンは家にいますか？

今、市に行きました。

　「장（市）」は多くの人が集まっていろいろな物を売り買いするところで、「장날（市の日）」はこのような市が開かれる日をいう。最近は市場やスーパーがあって買いたい物をいつでもどこでも買えるが、昔は普通だと三日や五日に一度ずつ市が開かれるときだけ物を買うことができた。そのため、人々はその日を指折り数えて待っていた。

　「가는 날이 장날（行った日が市の日）」ということわざは、思いがけないことや状況が起きたときに主に使う。多くの人が待ちわびていた市の日なのに、なぜ思いがけないことや状況が起きたときを意味するようになったのだろうか？

　昔、ある人が遠くに住んでいる友人に用事があって、わざわざ時間を作って訪ねて行った。ところがちょうどその日、友人が住む村で市が開かれていたため、友人は市に行って家を空けていた。それで結局、友人に会えずに無駄足を踏んで帰ってきたが、ここからこのことわざができた。その後、せっかくあることをしようとしているのに、思いがけず何かが起きたときに使うようになったのだ。

　皆さんもせっかく思い切っておいしいものを食べに行ったのに食堂が閉まっていたとか、久しぶりに買い物をしようと百貨店に行ったのに定休日で買い物ができなかったなら、このことわざを使って話してみよう。

寝ていてどうやって「떡 (餅)」ができるんですか？

　韓国を代表する食べ物といえば、どんな食べ物が思い浮かぶだろうか？　たぶん「김치 (キムチ)」を思い浮かべる人が多いだろう。ところで、キムチに劣らず韓国の代表的な食べ物として挙げられるのが、まさに「떡 (餅)」だ。餅は穀物の粉を蒸したり炊いたりした後、こねて形作って食べるものだが、主に主食である「쌀 (米)」を利用して作った。韓国人たちは昔から旧正月 (설날) や秋夕 (추석) のような名節のときだけでなく、1歳のお祝い (돌잔치) や誕生日 (생일) など大小の行事がある度に餅を作って食べていた。そして引っ越しや開業など良いことがあれば、餅を作って隣近所に配った。

　そのためか、「떡 (餅)」はことわざや慣用表現で「望むこと」や「利益になること」を象徴する意味として主に使われた。例えば「어른 말을 들으면 자다가도 떡이 생긴다 (大人の話を聞けば寝ていても餅ができる)」ということわざは、自分より人生経験が多い大人たちの話を聞いて得られる利益を「떡」で表現したものだ。そして「그림의 떡 (絵の餅)」の「떡」は、気に入ったとしても実際には使えないか持てないもの、つまり欲しいけれど手にできないものを表現している。

　皆さんが本当に欲しいけれど手にできない「그림의 떡」には何があるだろう？　欲しいものを考え続けながら、それを手に入れるために行動に移してみよう。いつかはそれが「그림의 떡」ではなく、「내 손에 있는 떡 (私の手にある餅)」になるかもしれない。

짚신의 짝!　草鞋の対！

　「짚신（草鞋）」は藁でできた履物で、韓国では約2000年前から朝鮮時代まで履いていた。一般の民から身分の高い両班まで誰でもこれを履いたが、昔は農作業が暇な冬に村の人々が集まって、一年の間に履く草鞋を編んだりした。

　草鞋を作るときは右側と左側を区別せず、大きさだけ同じにして一組になった。したがって、大きさが似ている草鞋はすべて対になることができた。草鞋は形が変わる材料の特性上、何度か履くと左と右それぞれが足の形に合わせて変形し、対になった。言い換えれば、草鞋は初めには対がなかったが、履く人の足の形によって対になって一組の履物になるが、このような由来で「짚신도 제짝이 있다（草鞋にも対がある）」という言葉ができた。そして、この言葉は草鞋が形に合う対になって一組を成すように、人にもどこかに自分に合うパートナーがいるという意味で使われるようになった。

　もしかして周りに結婚したいとか、相手を見つけたいのに思い通りにいかない人はいるだろうか？　そういうときは、「짚신도 제짝이 있으니 조금 더 기다려 보라（草鞋にも対があるから、もう少し待ってみなよ）」と言ってあげよう。

なぜ韓国のことわざや慣用句には
「콩 (豆)」がたくさん登場するのでしょうか？

　韓国には「가뭄에 콩 나듯 한다 (日照りに豆が生えるようにする)」、「간이 콩 알만 해지다 (肝が豆粒ほどになる)」、「마음이 콩밭에 있다 (心が豆畑にある)」、「번갯불에 콩 볶아 먹겠다 (稲妻の火で豆を炒って食べる)」、「콩 심은 데 콩 나고 팥 심은 데 팥 난다 (大豆を植えたところに大豆が生えて、小豆を植えたところに 小豆が生える)」といったことわざや慣用表現がある。豆 (大豆) という植物一 つをとってこのように多くの表現が生まれたのを見れば、韓国人の生活に「콩 (豆)」がどれほど深く根差しているかがわかる。

　大豆は「밭에서 나는 쇠고기 (畑から出る牛肉)」と呼ばれるほどタンパク質と 脂質が豊富で栄養素が多い。肉の代わりに野菜を主に食べていた昔、韓国の人 たちにとって豆は肉の代わりにタンパク質と脂質を補ってくれる立派な食材だ った。それで韓国人たちは昔から大豆で味噌玉麹や豆腐、大豆油などを作り、 韓国料理の基本的な調味料であるカンジャン (간장) やテンジャン (된장)、コチ ュジャン (고추장) もやはり大豆から作って食べていた。最近は豆乳 (두유) のよ うな加工食品にも使われている。

　このように「콩」は韓国人に食べ物を提供するありがたい作物で、長い間韓 国人と共にしてきたため、豆にたとえた表現が多くなったものと見られる。

01 감정·정신 | ❶ 감동·감탄 ~ ❷ 걱정·고민

1 맞는 문장을 고르십시오.

① 친구가 너무 걱정돼서 몸살이 날 지경이에요.

② 아이가 너무 속을 썩여서 화를 내고 말았어요.

③ 합격 소식을 듣고 나니 간장이 녹는 것 같네요.

④ 어제 일 때문에 밤을 새웠더니 마음이 무겁네요.

2 빈칸에 들어갈 알맞은 말을 고르십시오.

가 와, 정말 잘 그렸네요!
나 그렇지요? 민수 씨 그림 솜씨가 _____.

① 여간이 아니에요

② 더할 나위 없어요

③ 콧등이 시큰해지는 느낌이에요

④ 벌린 입을 다물지 못하더라고요

[3-6] 다음 중에서 알맞은 것을 골라 빈칸에 쓰십시오.

마음에 걸리다	걱정이 태산이다
발이 떨어지지 않다	고양이한테 생선을 맡기다

3 가: 나 때문에 민수가 화가 난 것 같아서 계속 _____ -아/어/해.

　 나: 그렇게 계속 마음이 불편하면 문자라도 보내 보지 그래?

4 가: 일기 예보에서 이번 주 내내 비가 내릴 거라고 하더라고요.

　 나: 저도 들었어요. 농사를 지으시는 부모님께서 작년에 이어 올해도 홍수가 날까 봐
_____ (이)세요.

5 가: 민수 씨네 회사 직원이 회삿돈 20억 원을 가지고 몰래 도망쳤다고 하더라고요.

　 나: 아이고, _____ -았/었/했군요.

6 가: 어제 왜 모임에 안 나왔어?

　 나: 룸메이트가 많이 아팠거든. 걱정이 돼서 _____ -더라고.

1 빈칸에 들어갈 알맞은 말을 고르십시오.

> 올해 팀의 우승을 이끌어 내야 한다는 부담감이 ＿＿＿＿＿＿ 잠이 안 올 지경이에요.

① 손이 매워서
② 뼈에 사무쳐서
③ 어깨를 짓눌러서
④ 가슴에 못을 박아서

2 밑줄 친 부분에 어울리는 표현을 고르십시오.

> 가 우리 다른 노래 좀 들을까? 이 노래는 여러 번 들어서 이제 지겨워.
> 나 그래? 잠깐만 기다려 봐. 다른 노래를 찾아볼게.

① 귀가 닳다
② 피가 마르다
③ 머리에 쥐가 나다
④ 가슴에 멍이 들다

[3-6] 다음 중에서 알맞은 것을 골라 빈칸에 쓰십시오.

뼈를 깎다	눈물을 머금다
몸살을 앓다	등골이 빠지다

3 범수 씨는 사업을 성공시키기 위해 ＿＿＿＿＿＿＿＿＿ -도록 일만 했다.

4 그 선수는 ＿＿＿＿＿＿＿＿ -는 노력을 한 결과 드디어 올림픽에서 메달을 땄다.

5 휴가철이 되면 산과 바다는 사람들이 버리고 간 쓰레기로 ＿＿＿＿＿＿ -는/ㄴ다.

6 명철 씨는 가족을 먹여 살리기 위해 ＿＿＿＿＿＿ -고 꿈을 포기할 수밖에 없었다.

1 밑줄 친 부분과 바꾸어 쓸 수 있는 말을 고르십시오.

> 나는 새해를 맞이하여 건강을 위해 매일 새벽에 운동하기로 <u>결심했다</u>.

① 마음에 두었다
② 마음에 들었다
③ 마음을 먹었다
④ 마음을 붙였다

2 빈칸에 들어갈 알맞은 말을 고르십시오.

> 가 사거리에 있는 백화점에서 다음 주부터 전 품목 50% 세일을 한대요.
>
> 나 정말요? _____ 소식이네요.

① 마음에 없는
② 가슴에 불붙는
③ 머리에 맴도는
④ 귀가 번쩍 뜨이는

[3-6] 다음 중에서 알맞은 것을 골라 빈칸에 쓰십시오.

> 이를 악물다   고삐를 조이다
>
> 일손이 잡히다   귀가 솔깃하다

3 가: 집에 마스크가 이렇게 많은데 또 샀어?

　나: 자외선은 물론 미세먼지도 막아준다고 하니까 _____ -아/어/해서
　　　샀어.

4 가: 이번 마라톤 대회에서 신기록을 세우셨는데 비결이 무엇입니까?

　나: 매일 _____ -고 고된 훈련을 견뎌냈기에 가능했던 것 같습니다.

5 가: 병원에 혼자 누워 계시는 어머니가 걱정돼서 _____ -지 않아요.

　나: 아이고, 남은 일은 제가 할 테니까 빨리 병원에 가 보세요.

6 가: 내년에 출시될 신제품 개발을 위해 더욱 _____ -아/어/해 주기
　　　바랍니다.

　나: 네, 사장님. 최선을 다하겠습니다.

1 맞는 문장을 고르십시오.

① 친구의 말이 너무 기분 나빠서 가시가 돋을 것 같았다.

② 지하철에서 노인에게 무례하게 구는 사람을 보니 눈에 불이 났다.

③ 지나간 일을 생각하니 너무 후회가 돼 속이 뒤집히는 기분이었다.

④ 친한 친구가 내 흉을 봤다는 소리를 듣고 나니 뒷맛이 쓰게 느껴졌다.

2 밑줄 친 부분에 어울리는 표현을 고르십시오.

가: 주말에 동창회에 간다고 했잖아. 재미있었어?

나: 아니. 한 친구가 돈 좀 벌었다고 어찌나 잘난 척하며 으스대던지 보기 좀 그랬어.

① 속이 터지다

② 혈안이 되다

③ 골수에 맺히다

④ 비위가 상하다

[3-6] 다음 중에서 알맞은 것을 골라 빈칸에 쓰십시오.

말을 잃다	가슴을 치다
치가 떨리다	눈에 거슬리다

3 현관문에 붙어 있는 광고 전단지들이 _____ ‒아/어/해서 떼 버렸다.

4 빌린 돈을 갚지 않고 도망간 친구를 생각하면 억울하고 분해서 _____ ‒는/ㄴ다.

5 아버지는 할머니께서 돌아가셨다는 소식을 듣고 _____ ‒(으)며 통곡하셨다.

6 우리나라가 축구 결승전 진출에 실패하자 응원하던 가족들은 _____ ‒고 멍하니 텔레비전 화면만 쳐다보았다.

1 빈칸에 들어갈 알맞은 말을 고르십시오.

> 가: 부모님께 내가 도자기를 깼다고 말씀드렸어. 모른 척하자니 ＿＿＿＿＿＿＿
> 　　안 되겠더라고.
> 나: 잘했어. 언젠가는 알게 되실 텐데 사실대로 말씀드리는 게 낫지.

① 발을 굴러서　　　　　　　　　② 가슴에 찔려서
③ 등골이 서늘해져서　　　　　　④ 간이 콩알만 해져서

2 밑줄 친 부분과 바꾸어 쓸 수 있는 말을 고르십시오.

> 두 팀 중에서 어느 팀이 이길지 예측할 수 없어서 경기를 보는 내내 <u>조마조마했다</u>.

① 마음을 졸였다　　　　　　　　② 간이 철렁했다
③ 간담이 떨어졌다　　　　　　　④ 살얼음을 밟았다

[3-6] 다음 중에서 알맞은 것을 골라 빈칸에 쓰십시오.

속이 타다	가슴이 뜨끔하다
손에 땀을 쥐다	머리털이 곤두서다

3 가: 오늘 새벽에 운전하는데 길에 흰옷을 입은 사람이 쓰러져서 손을 흔들고 있는 거야.
　　나: 정말? 생각만 해도 ＿＿＿＿＿＿＿＿＿＿ -는 것 같아. 그래서 어떻게 했어?

4 가: 하준이는 어떻게 저렇게 거짓말을 잘할까?
　　나: 그러니까 말이야. 나는 거짓말을 할 때마다 ＿＿＿＿＿＿＿＿＿＿ -아/어/해서
　　　　못 하겠던데······.

5 가: 어제 그 드라마 봤어? 어땠어?
　　나: 재미있었어. 주인공이 범인에게 잡힐까 봐 ＿＿＿＿＿＿＿＿＿＿ -고 봤어.

6 가: 어제 길이 많이 막히던데 면접 시간에 안 늦었어요?
　　나: 네. 저도 차가 밀려서 지각할까 봐 ＿＿＿＿＿＿＿＿＿＿ -았/었/했는데 다행히
　　　　제시간에 도착했어요.

1 맞는 문장을 고르십시오.

① 어머니는 동생이 무사하다는 소식을 듣고 <u>가슴을 쓸어내리셨다.</u>

② 나는 화가 난 아내의 <u>마음을 비우기</u> 위해 사과했지만 소용이 없었다.

③ 태현이는 최종 불합격 소식을 듣고 나서 <u>천하를 얻은 듯이</u> 기뻐했다.

④ 민수는 일이 마무리될 때까지 최선을 다해서 <u>한숨을 돌리겠다고</u> 했다.

2 빈칸에 들어갈 알맞은 말을 고르십시오.

> 가: 요즘 새로 출시된 음식물 쓰레기 처리기가 큰 인기를 끌고 있다고요?
>
> 나: 네, 어떤 음식물 쓰레기라도 그 양을 10분의 1로 줄여 주는데요. 이것이 소비자들의
> _____ 평가를 받고 있습니다.

① 고삐를 늦췄다는

② 마음을 풀었다는

③ 다리를 뻗고 잤다는

④ 가려운 곳을 긁어 줬다는

[3-6] 다음 중에서 알맞은 것을 골라 빈칸에 쓰십시오.

마음을 놓다	어깨가 가볍다
머리를 식히다	직성이 풀리다

3 막내딸까지 결혼하여 독립하고 나니 한결 _____ -아/어/해진 느낌이다.

4 언니는 무슨 일이든 시작하면 끝까지 해야 _____ -는 성격이다.

5 고된 업무에 지친 두 사람은 _____ -(으)ㄹ 겸 바람을 쐬러 공원에 가기로 했다.

6 나는 아들이 미국에 잘 도착했다는 소식을 듣고서야 _____ -(으)ㄹ 수 있었다.

1 빈칸에 들어갈 알맞은 말을 고르십시오.

> 남편은 구경하는 옷마다 _____ 않는지 계속 다른 매장에 가 보자고 했다.

① 눈에 차지 ② 눈을 의심하지
③ 눈에 불을 켜지 ④ 눈을 똑바로 뜨지

2 밑줄 친 부분에 어울리는 표현을 고르십시오.

> 가: 학점도 안 좋고 영어 점수도 낮은 수아가 어떻게 대기업에 합격했지? 말도 안 돼.
> 나: 우린 친구잖아. 친구가 잘 되는 것을 기뻐해 주지 않고 질투하면 안 되지.

① 그림의 떡 ② 눈에 쌍심지를 켜다
③ 놓친 고기가 더 크다 ④ 사촌이 땅을 사면 배가 아프다

[3-6] 다음 중에서 알맞은 것을 골라 빈칸에 쓰십시오.

> 면목이 없다 필름이 끊기다
> 정신을 차리다 어처구니가 없다

> 어제 새벽 영화배우 배영호 씨가 지인들과 생일 파티를 마치고 귀가하던 중 자신의 차로 가로등을 들이받는 사고를 냈다. 사고를 내고 도망가던 배 씨를 잡은 경찰이 음주 측정을 한 결과, 배 씨는 면허 취소 수준으로 술을 마신 상태였다. 경찰에 따르면 배영호 씨는 술을 마신 후 **3** _____ -아/어/해서 자신이 어떻게 운전대를 잡았는지 전혀 기억이 나지 않고 **4** _____ -아/어/해 보니 경찰서였다고 진술했다고 한다. 한편 배영호 씨는 소속사를 통해 공인으로서 음주 사고로 사회적 물의를 일으켜 **5** _____ -다면서 앞으로 모든 활동을 중단하고 자숙하겠다는 입장을 밝혔다. 이에 대중들은 **6** _____ -다는 반응을 보이고 있다.

1 빈칸에 들어갈 알맞은 말을 고르십시오.

> 가: 민지 때문에 조별 과제 주제를 다섯 번이나 바꿨어. 이제 그만 좀 바꾸면 좋겠어.
>
> 나: 걔가 좀 _____. 열정이 넘쳐서 그런 거니까 우리가 좀 이해해 주자.

① 입이 싸잖아　　　　　　　　② 콧대가 높잖아

③ 하늘 높은 줄 모르잖아　　　④ 변덕이 죽 끓듯 하잖아

2 밑줄 친 부분에 어울리는 표현을 고르십시오.

> 가: 저희 부모님께서는 형제 중에서 저를 가장 사랑하시니까 분명히 저에게 모든 재산을 물려주실 거예요. 그러면 그 돈으로 개인 사업을 시작하려고요.
>
> 나: 부모님께서는 전혀 그럴 생각이 없으신데 혼자 착각하는 거 아니에요?

① 공자 앞에서 문자 쓴다

② 간에 붙었다 쓸개에 붙었다 한다

③ 남의 잔치에 감 놓아라 배 놓아라 한다

④ 떡 줄 사람은 생각도 않는데 김칫국부터 마신다

[3-6] 다음 중에서 알맞은 것을 골라 빈칸에 쓰십시오.

> 목마른 놈이 우물 판다　　　　　남의 떡이 더 커 보인다
>
> 우물에 가 숭늉 찾는다　　　　　하룻강아지 범 무서운 줄 모른다

3 가: 언니, 오늘 같이 청소하기로 해 놓고 혼자 다 했네?

　　나: _____ –는/ㄴ다고 네가 집에 빨리 안 오길래 내가 해 버렸어.

4 가: 이번에 동아리에 들어온 신입생이 박 선배에게 말대꾸했다가 엄청 혼났대요.

　　나: _____ –는/ㄴ다고 박 선배가 얼마나 무서운지 몰랐군요.

5 가: 어? 네 국에 고기가 더 많이 들어 있는 거 같은데 우리 바꿔 먹을래?

　　나: 원래 _____ –는 법이야. 그냥 먹어.

6 가: 김 대리님, 오늘 오후까지 각 지점 매출 현황을 정리해 줄 수 있어요?

　　나: _____ –겠어요. 지점이 수백 개인데 어떻게 오후까지 정리를 다 해요?

1 밑줄 친 부분과 바꾸어 쓸 수 있는 말을 고르십시오.

> 내 동생은 <u>자존심이 강해서</u> 절대 다른 사람에게 먼저 사과하는 일이 없다.

① 모가 나서　　　　　　　　② 콧대가 세서
③ 배포가 커서　　　　　　　　④ 속이 시커매서

2 빈칸에 들어갈 알맞은 말을 고르십시오.

> 가: 부장님께서 승원 씨가 일 처리를 빈틈없이 잘한다고 칭찬하시더라고요.
> 나: 맞아요. 승원 씨가 일하는 것을 보면 정말 _____.

① 뒤끝이 흐려요　　　　　　　② 맺힌 데가 없어요
③ 물 샐 틈이 없어요　　　　　　④ 겉 다르고 속 달라요

[3-6] 다음 중에서 알맞은 것을 골라 빈칸에 쓰십시오.

> 낯을 가리다　　　　　　엉덩이가 무겁다
> 얼굴이 두껍다　　　　　간도 쓸개도 없다

3 태현이는 _____ -아/어/해서 한번 자리에 앉으면 일어날 줄을 모른다.

4 민수는 자기의 일을 도와 달라며 _____ -는 사람처럼 계속 부탁을 했다.

5 친구가 자기는 _____ -는 성격이라서 사람들을 쉽게 사귀지 못한다고 했다.

6 수아는 _____ -아/어/해서 그런지 잘 모르는 사람에게도 이런저런 얘기를 잘한다.

1 맞는 문장을 고르십시오.

① 언니는 내 말을 못 들은 척하면서 <u>고개를 숙였다.</u>

② 김 대리 능력으로는 그 일도 <u>어깨에 힘을 주듯</u> 할 것이다.

③ 길에서 학생들이 싸우고 있었지만 어른들은 <u>강 건너 불구경이었다.</u>

④ 민수는 영어에 능숙해 외국인들과 <u>엿장수 마음대로</u> 대화할 수 있다.

2 밑줄 친 부분에 어울리는 표현을 고르십시오.

> 가: 부장님이 5년이나 같이 일한 김 대리를 다른 부서로 보내 버리셨다면서요?
>
> 나: 부장님은 원래 <u>자기의 이익에 따라 움직이는</u> 사람이잖아요. 이제 김 대리가 더 이상 필요 없다고 느끼셨나 보죠.

① 눈 가리고 아웅   ② 달면 삼키고 쓰면 뱉는다

③ 잘되면 제 탓 못되면 조상 탓   ④ 개구리 올챙이 적 생각 못 한다

[3-6] 다음 중에서 알맞은 것을 골라 빈칸에 쓰십시오.

입맛대로 하다	몸 둘 바를 모르다
어깨에 힘을 주다	귓등으로도 안 듣다

3 가: 태현이는 왜 저렇게 _____ –고 다니는 거야?

     나: 졸업하기도 전에 대기업에 취직을 했으니 그럴 만도 하지.

4 가: 작가님, 이번 작품도 어찌나 재미있던지 다 읽을 때까지 손에서 책을 못 놓겠더라고요.

     나: 과찬이세요. 제 작품에 대해 그렇게 말씀해 주시니 _____ –겠습니다.

5 가: 동생과 사이좋게 지내라고 했는데 또 싸운 거야? 왜 아빠 말을 _____ –니?

     나: 죄송해요, 아빠. 근데 동생이 제 말을 너무 안 들어요.

6 가: 이번 일은 제 의견에 따라 주셨으면 해요.

     나: 지난번 일도 지원 씨 의견대로 했잖아요. 모든 일을 지원 씨 _____ –(으)ㄹ 수만은 없어요. 이번에는 지원 씨가 양보해 주세요.

1 빈칸에 들어갈 알맞은 말을 고르십시오.

> 나는 어렸을 때 아버지께서 해 주신 말씀을 _____ 살아가고 있다.

① 꼼짝 않고
② 고개를 들고
③ 어깨를 펴고
④ 가슴에 새기고

2 밑줄 친 부분과 바꾸어 쓸 수 있는 말을 고르십시오.

> 제시카 씨가 제가 준 선물을 <u>쳐다보지도 않아서</u> 기분이 좀 그랬어요.

① 눈 딱 감아서
② 눈 하나 깜짝 안 해서
③ 눈이 빠지게 기다려서
④ 눈도 거들떠보지 않아서

[3-6] 다음 중에서 알맞은 것을 골라 빈칸에 쓰십시오.

시치미를 떼다	어깨를 으쓱거리다
손꼽아 기다리다	촉각을 곤두세우다

3 푸엉은 대학을 졸업하고 고향에 돌아갈 날만을 _____ -고 있다.

4 하준이는 장학금을 받게 되었다는 소식을 듣고 _____ -(으)며 다녔다.

5 언니는 내 과자를 몰래 다 먹어 놓고도 먹지 않은 척 _____ -았/었/했다.

6 영업부 사람 모두가 오후에 예정되어 있는 경쟁사의 신제품 발표에 _____ -고 있다.

1 맞는 문장을 고르십시오.

① 민수는 아내의 말이라면 떡 주무르듯 쉽게 믿었다.

② 친구가 한 농담이 너무 재미있어서 코웃음을 쳤다.

③ 산 정상에서 내려다보는 경치가 기가 차게 아름다웠다.

④ 서영이는 노는 것에 한눈을 팔지 않고 열심히 공부했다.

2 밑줄 친 부분에 어울리는 표현을 고르십시오.

> 가: 동호회 총무인 수아가 회계 일도 하겠다고 했다면서?
>
> 나: 응. 안 그래도 혼자서 이일 저일 다하니까 동호회 사람들이 불만이 많은데 그걸 모르나 봐.

① 병 주고 약 준다   ② 북 치고 장구 치다

③ 은혜를 원수로 갚다   ④ 숭어가 뛰니까 망둥이도 뛴다

[3-6] 다음 중에서 알맞은 것을 골라 빈칸에 쓰십시오.

혀를 차다	한술 더 뜨다
등을 떠밀다	뜬구름을 잡다

3 가: 언니, 왜 내 이야기를 들으면서 _____ –는 거야?

　　나: 갑자기 아이돌이 되겠다니……. 네가 말도 안 되는 이야기를 하니까 그렇지.

4 가: 나한테는 여자 친구를 사귈 마음이 없다고 하더니 어제 소개팅을 했다면서?

　　나: 친한 친구가 _____ –는 바람에 어쩔 수 없이 나간 거야.

5 가: 이번 달부터 월급을 모두 복권 사는 데 투자하면 언젠가는 1등에 당첨되겠죠?

　　나: 이제 제발 정신 좀 차리고 그런 _____ –는 소리 좀 그만 하세요.

6 가: 지훈아, 사랑이랑 왜 말을 안 해? 또 다퉜어?

　　나: 자기가 잘못해 놓고 사과하기는커녕 _____ –아/어/해서 내가 잘못한 거라고 하면서 화를 내잖아.

1 빈칸에 들어갈 알맞은 말을 고르십시오.

> 선생님께서는 나에게 다른 사람의 _____ 말고 소신껏 행동하라고 하셨다.

① 속을 긁지   ② 초를 치지

③ 눈치를 보지   ④ 산통을 깨지

2 밑줄 친 부분에 어울리는 표현을 고르십시오.

> 가: 너 남자 친구랑 헤어졌다면서? 그럴 줄 알았어. 내가 너희는 안 어울린다고 했잖아.
> 나: 너는 화가 난 사람을 더 화나게 하는구나! 네가 친구라면 위로를 해 줘야지.

① 울며 겨자 먹기   ② 다 된 죽에 코 풀기

③ 불난 집에 부채질한다   ④ 못 먹는 감 찔러나 본다

[3-6] 다음 중에서 알맞은 것을 골라 빈칸에 쓰십시오.

> 발을 빼다   꼬리를 내리다
> 뜸을 들이다   찬물을 끼얹다

3 민수는 누가 질문을 하면 한참 동안 _____ -(으)ㄴ 후에 대답하는 버릇이 있다.

4 수많은 논란에도 입장을 밝히지 않던 그 기업은 시민들이 불매 운동에 나서자 마지못해 _____ -(으)며 사과를 했다.

5 다른 사람들은 모두 일이 잘될 거라고 용기를 북돋아 주는데 김 대리 혼자만 부정적인 이야기를 늘어놓으며 _____ -았/었/했다.

6 사업을 계속 하면 할수록 손해를 보게 된다는 사실을 알고 있지만 동업자와의 의리 때문에 _____ -(으)ㄹ 수가 없었다.

1 맞는 문장을 고르십시오.

① 두 사람은 성격이 딱 부러지게 잘 맞아서 빨리 친해졌다.

② 전염병이 확산되자 보건 당국은 발이 빠르게 움직이기 시작했다.

③ 아이가 바르게 크기 위해서는 부모들이 먼저 본때를 보여야 한다.

④ 그는 갑자기 머리가 너무 아파서 머리를 쥐어짜며 의자에 앉았다.

2 빈칸에 들어갈 알맞은 말을 고르십시오.

> 가: 민수 씨가 회사 일만으로도 힘들 텐데 야간에 대리운전을 한다고 하더라고요.
>
> 나: 아버지께서 많이 편찮으셔서 병원비가 많이 드나 봐요. 그래서 돈을 벌기 위해서 _____ 일을 하는 모양이에요.

① 손을 뻗고

② 총대를 메고

③ 머리를 싸매고

④ 물불을 가리지 않고

[3-6] 다음 중에서 알맞은 것을 골라 빈칸에 쓰십시오.

> 눈을 돌리다   얼굴을 들다
>
> 마음을 사다   발 벗고 나서다

3 승원 씨는 누군가에게 어려운 일이 생기면 항상 _____ -는 사람이
   다.

4 그 회사는 좁은 국내 시장을 벗어나 넓은 해외 시장으로 _____
   -았/었/했다.

5 그 정치인은 따뜻한 인품과 시원시원한 말솜씨로 국민들의 _____
   -았/었/했다.

6 수아는 별것도 아닌 일로 화를 낸 것이 부끄러워서 친구들 앞에서 _____
   -(으)ㄹ 수 없었다.

1 빈칸에 들어갈 알맞은 말을 고르십시오.

> 이모는 사촌 동생이 소방관 시험에 합격했다며 _____ 자랑을 하셨다.

① 입만 아프도록   ② 입이 간지럽도록
③ 입에 침이 마르도록   ④ 입에 자물쇠를 채우도록

2 밑줄 친 부분에 어울리는 표현을 고르십시오.

> 가: 제시카 씨, 결혼한다면서요? 축하해요.
> 나: 어머, 어떻게 알았어요? 지원 씨에게만 말했는데……. 말이 정말 순식간에 퍼지네요.

① 속에 뼈 있는 소리   ② 혀 아래 도끼 들었다
③ 발 없는 말이 천 리 간다   ④ 나중에 보자는 사람 무섭지 않다

[3-6] 다음 중에서 알맞은 것을 골라 빈칸에 쓰십시오.

> 어림 반 푼어치도 없다   입이 열 개라도 할 말이 없다
> 손가락에 장을 지지겠다   말 한마디에 천 냥 빚도 갚는다

3 가: 사랑아, 오늘 기분이 안 좋아 보인다. 무슨 일 있어?
　　나: 나중에 가수가 될 거라고 했더니 연우가 노래를 못하는 네가 가수가 되면
　　　　_____ -다고 하잖아.

4 가: 의원님, 지난밤 음주 단속에 걸리셨는데 시민들께 하실 말씀 없으십니까?
　　나: _____ -습/ㅂ니다. 정말 면목이 없습니다.

5 가: 형, 형이 타는 차를 나한테 주고 형은 새로 사면 안 돼?
　　나: 뭐라고? 산 지 6개월도 안 됐는데 _____ -는 소리 좀 하지 마.

6 가: 테니스 대회 예선에서 떨어졌다면서? 너무 실망하지 마. 사실 우승하기에는 네
　　　　실력이 좀 부족하기는 했잖아.
　　나: _____ -는/ㄴ다는데 말 좀 따뜻하게 해 줄 수 없니?

1 빈칸에 들어갈 알맞은 말을 고르십시오.

> 가: 이렇게 하면 되잖아요. 승원 씨는 입사한 지가 제법 됐는데 아직도 그걸 몰라요?
> 나: 선배님, _____ 같은 말이라도 좀 듣기 좋게 해 주시면 감사하겠습니다.

① 말이 씨가 된다고
② 핑계 없는 무덤이 없다고
③ 아 해 다르고 어 해 다르다고
④ 똥 묻은 개가 겨 묻은 개 나무란다고

2 밑줄 친 부분에 어울리는 표현을 고르십시오.

> 가: 저 사람이 지금 나한테 욕한 거 너도 들었지?
> 나: 응. 그런데 네가 먼저 기분 나쁘게 말하기는 했어.
>   네가 좋게 말해야 상대방도 좋게 말하지.

① 쓰다 달다 말이 없다
② 말이 많으면 쓸 말이 적다
③ 입은 비뚤어져도 말은 바로 해라
④ 가는 말이 고와야 오는 말이 곱다

[3-6] 다음 중에서 알맞은 것을 골라 빈칸에 쓰십시오.

> 꼬집어 말하다   입에 달고 다니다
> 말만 앞세우다   아픈 곳을 건드리다

3 친구가 아프다는 말을 _____ -아/어/해서 가끔 짜증이 난다.

4 새로 온 대표는 계획을 행동으로 옮기기보다는 _____ -는
사람이다.

5 과장님은 동기들 중에서 나만 승진을 못한 데에는 이유가 있을 거라면서
_____ -았/었/했다.

6 이 보고서는 무엇이 문제인지 정확히 _____ -(으)ㄹ 수는 없지만
전체적인 흐름이 좀 이상합니다.

1 빈칸에 들어갈 알맞은 말을 고르십시오.

> 지훈이는 미안하다는 말이 _____ 하고 나오지 않았다.

① 입에 담기만   ② 입을 다물기만
③ 입방아를 찧기만   ④ 입 안에서 뱅뱅 돌기만

2 밑줄 친 부분에 어울리는 표현을 고르십시오.

> 가: 연우야, 있잖아. 음……. 아니야, 너 바쁜 거 같은데 나중에 말할게.
> 나: 그래도 할 말은 해야지. 무슨 말인지 빨리 해 봐.

① 고양이 목에 방울 달기   ② 잘 나가다 삼천포로 빠지다
③ 싸움은 말리고 흥정은 붙이랬다   ④ 말은 해야 맛이고 고기는 씹어야 맛이다

[3-6] 다음 중에서 알맞은 것을 골라 빈칸에 쓰십시오.

운을 떼다	말을 돌리다
토를 달다	쐐기를 박다

3 가: 수아야, 정말 미안한데 음…….
   나: 무슨 말인데 그렇게 _____ -기 어려워하니?
   편하게 이야기해 봐.

4 가: 여보, 어제 만난 친구 사업은 잘돼 간대요?
   나: 사업 이야기를 꺼내니까 자꾸 _____ -(으)면서 딴 이야기를 하
   더라고요. 아마 잘 안 되는 모양이에요.

5 가: 서영아, 아까 할아버지께 혼나던데 뭘 잘못한 거니?
   나: 어른 말씀에 버릇없이 _____ -는/ㄴ다고 한 말씀하셨어요.

6 가: 거래처에 계약 조건을 변경해 달라고 요청해 보는 게 어때요?
   나: 안 그래도 이야기했는데 이미 계약이 끝난 거니까 안 된다고 _____
   -더라고요.

1 밑줄 친 부분과 바꾸어 쓸 수 있는 말을 고르십시오.

> 얼굴색 하나 변하지 않고 거짓말을 하는 친구의 모습을 보니 어이가 없어서 말이 안 나온다.

① 기가 막혀서　　　　　　　　② 경종을 울려서
③ 사족을 못 써서　　　　　　　④ 피가 되고 살이 돼서

2 빈칸에 들어갈 알맞은 말을 고르십시오.

> 가: 지원 씨, 월세 계약을 연장하는 건데 왜 그렇게 계약서를 꼼꼼히 봐요?
> 나: _____ 혹시 몰라서 다시 한번 확인하는 거예요.

① 우물을 파도 한 우물을 파라고　　② 돌다리도 두들겨 보고 건너라고
③ 누울 자리 봐 가며 발을 뻗으라고　④ 못 오를 나무는 쳐다보지도 말라고

[3-6] 다음 중에서 알맞은 것을 골라 빈칸에 쓰십시오.

고생을 사서 한다	쇠뿔도 단김에 빼랬다
꼬리가 길면 밟힌다	사공이 많으면 배가 산으로 간다

3 가: 회의는 잘 끝났어요?
　나: 아니요. _____ –는/ㄴ다고 다들 자기 의견만 내세우다 보니 결정된 거 하나 없이 끝나고 말았어요.

4 가: 승원 씨, 우리 언제 밥 한번 먹어요.
　나: _____ –다고 지금 먹으러 갈까요? 때마침 점심시간이기도 하고요.

5 가: 집에서 술을 담그는 게 이렇게 어려울 줄 몰랐어요.
　나: 그냥 마트에서 사 먹지 _____ –는/ㄴ다고 뭐 하러 직접 담그고 그래요?

6 가: 너 오늘은 일찍 들어가. _____ –는/ㄴ다고 그렇게 자꾸 거짓말하고 밤늦게까지 놀러 다니다가 부모님께 걸리면 어쩌려고 그래?
　나: 안 그래도 좀 불안해서 오늘은 일찍 들어가려고.

1 빈칸에 들어갈 알맞은 말을 고르십시오.

> 가: 승원 씨는 여자 친구의 말이라면 _____ 따르는 거 같아요.
>
> 나: 너무 좋아해서 그런가 봐요. 사귀게 되기까지 여러 번 고백했다고 들었거든요.

① 팥으로 메주를 쑨대도 곧이듣고　　② 늦게 배운 도둑이 날 새는 줄 모르고

③ 종로에서 뺨 맞고 한강에서 눈 흘기고　　④ 미꾸라지 한 마리가 온 웅덩이를 흐려 놓고

2 밑줄 친 부분에 어울리는 표현을 고르십시오.

> 가: 아까 보니까 시에서 다리 보수 공사를 하더라고요.
>
> 나: 이제야 공사를 한다고요? 장마 때 홍수가 나서 이미 피해를 봤는데 <u>뒤늦게 손을 쓰는 것이 무슨 소용이 있겠어요?</u>

① 해가 서쪽에서 뜨다　　② 제가 제 무덤을 판다

③ 소 잃고 외양간 고친다　　④ 어물전 망신은 꼴뚜기가 시킨다

[3-6] 다음 중에서 알맞은 것을 골라 빈칸에 쓰십시오.

> 걱정도 팔자다　　　　달밤에 체조하다
>
> 앞뒤가 막히다　　　　손가락 하나 까딱 않다

3 가: 급하니까 이 일을 먼저 처리해 달라고 승원 씨에게 부탁해 볼까요?

　나: 글쎄요. 워낙 _____ -(으)ㄴ 사람이라 들어줄지 모르겠어요.
무조건 순서대로만 일을 처리하는 사람이잖아요.

4 가: _____ -는 것도 아니고 이 밤중에 왜 갑자기 줄넘기를 하고 그래요?

　나: 오늘부터 매일 하겠다고 결심했는데 깜빡했거든요.

5 가: 주말마다 나는 청소하느라 바쁜데 내 룸메이트는 _____ -고
책만 읽어. 처음에는 그러려니 했는데 이제는 좀 짜증이 나.

　나: 그럼 같이 하자고 이야기해 봐.

6 가: 민지네 언니가 오늘 소개팅을 한다고 하던데 잘 만났는지 모르겠어. 이번에는 잘
돼야 할 텐데……

　나: _____ (이)네. 네 언니도 아닌데 왜 그런 걱정을 하니?

1 맞는 문장을 고르십시오.

① 할아버지께서는 씨도 먹히지 않을 정도로 화를 내셨다.

② 춤에 푹 빠진 수아는 클럽에 문턱이 닳도록 드나들었다.

③ 민수는 요즘 일이 너무 많아서 밥줄이 끊길까 봐 걱정했다.

④ 나는 반드시 성공해서 친구를 골탕을 먹이겠다고 다짐했다.

2 빈칸에 들어갈 알맞은 말을 고르십시오.

| 부모님께서 열심히 일하셔서 이제 가게가 어느 정도 _____ 되었다. |

① 발을 끊게   ② 등에 업게

③ 자리를 잡게   ④ 문턱을 낮추게

[3-6] 다음 중에서 알맞은 것을 골라 빈칸에 쓰십시오.

| 덕을 보다 | 꼬리표가 붙다 |
| 한턱을 내다 | 손가락질을 받다 |

3 가: 제시카 씨, 생일 축하해요.

　　나: 고마워요. 오늘 생일 기념으로 제가 저녁에 _____ -기로 했는데 민수 씨도 오세요.

4 가: 그동안 배우 활동을 하면서 힘든 점은 없었나요?

　　나: 처음에는 '가수 출신 배우'라는 _____ -아/어/해서 비중 있는 역할을 맡기 힘들었는데 지금은 괜찮습니다.

5 가: 엄마, 이거 제 첫 월급이에요. 그동안 저 키우느라 고생 많으셨어요.

　　나: 고마워. 이제 내가 우리 아들 _____ -네.

6 가: 저 연예인, 그동안 학력을 속였다면서요? 순수해 보여서 좋아했는데 실망스러워요.

　　나: 거짓말 때문에 한순간에 사람들에게 _____ -는 신세가 돼 버린 거죠.

1 맞는 문장을 고르십시오.

① 두 사람은 <u>다람쥐 쳇바퀴 돌듯</u> 같은 주장만 반복했다.

② 그 사람과 나는 <u>아귀가 맞는</u> 성격이라서 금방 친해졌다.

③ 나는 <u>더도 말고 덜도 말고</u> 번지 점프에 도전해 보기로 했다.

④ 언니는 시험에 합격하게 위해 <u>칼자루를 쥐며</u> 공부에 몰두했다.

2 밑줄 친 부분에 어울리는 표현을 고르십시오.

> 가: 요즘 아파트 분양에 당첨되는 것이 <u>매우 어렵다고</u> 하더라고요. 내 집 마련은 언제쯤
> 할 수 있을까요?
>
> 나: 뉴스에서 보니까 월급을 하나도 안 쓰고 8년을 모아야 집을 살 수 있대요.

① 뜨거운 감자   ② 모래 위에 선 집

③ 땅 짚고 헤엄치기   ④ 낙타가 바늘구멍 들어가기

[3-6] 다음 중에서 알맞은 것을 골라 빈칸에 쓰십시오.

> 둘도 없다   꼬리에 꼬리를 물다
>
> 죽도 밥도 안 되다   손가락 안에 꼽히다

3 가: 할머니, 제가 그렇게 예뻐요?

    나: 그럼. 너처럼 예쁜 아이는 세상에 _____ -지.

4 가: 오빠, 나 대학 그만두려고.

    나: 내년에 졸업인데 지금 그만두면 _____ -아/어/해. 한번 더 생
각해 봐.

5 가: 김수지 씨, 갑자기 3년 동안 연예 활동을 쉰 이유가 궁금합니다.

    나: 개인적으로 나쁜 일들이 _____ -고 일어나다 보니 좀 쉬어야
겠다는 생각이 들었어요.

6 가: 뉴스 봤어요? 윤아 씨네 회사가 망했대요.

    나: 네, 봤어요. 한때는 국내에서 _____ -는 기업이었는데 어쩌다
가 그렇게 됐는지 모르겠어요.

1 밑줄 친 부분과 바꾸어 쓸 수 있는 말을 고르십시오.

> 민지는 건축 기사 자격증 시험에 합격하기 위해서 <u>있는 힘을 다해서</u> 공부했다.

① 기를 쓰고　　　　　　　　　② 간판을 걸고
③ 몸으로 때우고　　　　　　　④ 문을 두드리고

2 빈칸에 들어갈 알맞은 말을 고르십시오.

> 가: 휴가를 길게 다녀왔더니 일이 ＿＿＿＿＿＿＿＿＿＿ 않아요. 너무 놀았나 봐요.
> 나: 그래요? 저는 오래 쉬면 일하고 싶다는 생각이 간절하던데요.

① 손을 보지　　　　　　　　　② 손을 쓰지
③ 손에 잡히지　　　　　　　　④ 손이 빠르지

[3-6] 다음 중에서 알맞은 것을 골라 빈칸에 쓰십시오.

뿌리를 뽑다	첫발을 떼다
진땀을 빼다	앞에 내세우다

3 10년 전에 나는 작은 회사에서 사회생활의 ＿＿＿＿＿＿＿＿＿＿ -았/었/했다.

4 언니는 과자를 달라며 엉엉 우는 동생을 달래느라 ＿＿＿＿＿＿＿＿＿＿
-았/었/했다.

5 대통령 후보들은 자신이 당선된다면 반드시 부정부패의 ＿＿＿＿＿＿＿＿＿＿
-겠다고 선언했다.

6 그 전자 제품 회사는 다른 회사와 차별을 두기 위해서 10년 무상 애프터서비스를
＿＿＿＿＿＿＿＿＿＿ -았/었/했다.

1 빈칸에 들어갈 알맞은 말을 고르십시오.

> 가: 사랑아, 음식을 골고루 먹어야지. 편식하면 건강에 안 좋아.
> 나: 저도 알지만 싫어하는 음식에는 ＿＿＿＿＿＿＿＿＿＿ 않아요.

① 손이 가지　　　　　　　　　② 손을 놓지
③ 손을 떼지　　　　　　　　　④ 손을 씻지

2 밑줄 친 부분에 어울리는 표현을 고르십시오.

> 가: 민수 씨는 음식을 왜 그렇게 빨리 먹는지 같이 밥을 먹으면 저까지 급하게 먹게 돼서 항상 체해요.
> 나: 그래서 저는 민수 씨가 같이 밥을 먹자고 하면 다른 약속이 있다고 해요.

① 시장이 반찬
② 금강산 구경도 식후경
③ 마파람에 게 눈 감추듯
④ 둘이 먹다가 하나가 죽어도 모르겠다

[3-6] 다음 중에서 알맞은 것을 골라 빈칸에 쓰십시오.

끝이 보이다	둥지를 틀다
뚜껑을 열다	마침표를 찍다

3 직원들은 ＿＿＿＿＿＿＿＿＿-지 않는 일 때문에 스트레스를 받고 있다.

4 김 교수님께서는 이번 학기를 끝으로 교직 생활에 ＿＿＿＿＿＿＿＿＿-(으)셨다.

5 승원이는 취업과 동시에 집을 떠나 회사 근처에 ＿＿＿＿＿＿＿＿＿-기로 했다.

6 모두들 지훈이는 당연히 합격할 거라고 했지만 막상 ＿＿＿＿＿＿＿＿＿-고 보니 지훈이는 떨어지고 연우만 합격했다.

1 맞는 문장을 고르십시오.

① 나는 돈을 굴리기 위해 취직을 하기로 했다.

② 우리 가게만 손님이 없어 파리를 날리고 있다.

③ 언니는 우리 대화에 한몫 잡아서 잔소리를 시작했다.

④ 그는 가진 것은 국물도 없으면서 매번 큰소리만 친다.

2 빈칸에 들어갈 알맞은 말을 고르십시오.

가: 동현 씨, 세계 복싱 챔피언에게 도전하신다면서요?
나: 네, 지더라도 좋은 경험이 될 것 같아서 _____ 마음으로 나가기로 했어요.

① 밑져야 본전이라는

② 싼 것이 비지떡이라는

③ 티끌 모아 태산이라는

④ 같은 값이면 다홍치마라는

[3-6] 다음 중에서 알맞은 것을 골라 빈칸에 쓰십시오.

손이 크다	날개가 돋치다
돈을 만지다	바가지를 씌우다

3 범수 씨는 과감한 부동산 투자로 큰 _____ -게 되었다.

4 새로운 전기 차 모델이 출시되자마자 _____ -은/ㄴ 듯이 팔려 나갔다.

5 어머니는 _____ -(으)셔서 식사 때마다 음식을 아주 푸짐하게 차려 주신다.

6 경찰은 여름철 휴가지에서 관광객들에게 _____ -는 상점들을 단속하겠다고 발표했다.

1 빈칸에 들어갈 알맞은 말을 고르십시오.

> 가: 민지 엄마, 민지가 외국에서 대학을 다닌다면서요? 돈이 많이 들지요?
> 나: 네, 비싼 학비와 생활비를 마련하느라 이 일 저 일 닥치는 대로 하다 보니까
> _____ 지경이에요.

① 배가 부를   ② 허리가 휠
③ 손가락을 빨   ④ 호주머니를 털

2 밑줄 친 부분에 어울리는 표현을 고르십시오.

> 가: 오빠, 이 식당 너무 비싸다. 다른 데 가서 먹자.
> 나: 오늘 월급을 받아서 <u>돈이 충분히 있으니까</u> 걱정하지 말고 먹고 싶은 걸로 시켜.

① 깡통을 차다   ② 돈방석에 앉다
③ 입에 풀칠하다   ④ 주머니가 넉넉하다

[3-6] 다음 중에서 알맞은 것을 골라 빈칸에 쓰십시오.

> 손을 벌리다   바닥이 드러나다
> 허리를 펴다   허리띠를 졸라매다

3 가: 수아야, 왜 이렇게 아르바이트를 많이 해?
　　 나: 부모님께 _____-지 않고 내 힘으로 대학을 다니고 싶어서…….

4 가: 민수야, 일을 쉰 지 벌써 2년이 다 돼 가는데 이제 취직해야 하지 않겠니?
　　 나: 안 그래도 모아 둔 돈이 _____-고 있어서 다시 일을 시작하려
　　　　고 해.

5 가: 승원아, 너 학자금 대출은 다 갚았어?
　　 나: 응, 지난달에 다 갚아서 이제 _____-고 살 수 있을 것 같아.

6 가: 그동안 _____-(으)며 용돈을 모으더니 드디어 스마트폰을 바
　　　　꿨구나!
　　 나: 응, 예쁘지?

1 맞는 문장을 고르십시오.

① 그는 모범생과는 거리가 생긴 불량 학생에 가깝다.

② 언니에게 미운털이 박혀 있는 말을 들어서 마음이 아프다.

③ 친구들 토론에 끼어들었다가 불꽃이 튈까 봐 모른 척했다.

④ 그는 동네 사람들에게 큰돈을 빌린 후에 자취를 감춰 버렸다.

2 빈칸에 들어갈 알맞은 말을 고르십시오.

> 가: 승원 씨네 부부가 그렇게 싸우더니 결혼 삼 년 만에 이혼했대요.
>
> 나: 결국 그렇게 됐군요. 다시 회복할 수 없을 만큼 둘 사이에 _____ 봐요.

① 골이 깊었나

② 어깨를 견줬나

③ 눈총을 맞았나

④ 뒤통수를 맞았나

[3-6] 다음 중에서 알맞은 것을 골라 빈칸에 쓰십시오.

등을 돌리다	쌍벽을 이루다
눈 밖에 나다	으름장을 놓다

3 승원 씨는 회사에 지각을 자주 하는 바람에 상사의 _____ -고 말았다.

4 두 선수는 국내의 모든 골프 경기에서 일, 이 등을 다투며 _____ -았/었/했다.

5 수아는 자신의 거짓말 때문에 친구들이 _____ -았/었/했다는 것을 알고 후회했다.

6 언니는 한 번만 더 자기 옷을 입고 나가면 가만두지 않겠다고 나에게 _____ -았/었/했다.

1 빈칸에 들어갈 알맞은 말을 고르십시오.

김 간호사는 병원에서 일하는 모든 사람과 알고 지낼 정도로 _____.

① 발이 넓다

② 입의 혀 같다

③ 죽고 못 산다

④ 양다리를 걸친다

2 밑줄 친 부분과 바꾸어 쓸 수 있는 말을 고르십시오.

나는 일이 많아서 동창회에 잠시 <u>참석한</u> 후에 서둘러 회사로 돌아갔다.

① 코가 꿰인

② 얼굴을 내민

③ 다리를 놓은

④ 올가미를 씌운

[3-6] 다음 중에서 알맞은 것을 골라 빈칸에 쓰십시오.

우는 아이 젖 준다	웃는 낯에 침 못 뱉는다
친구 따라 강남 간다	미운 아이 떡 하나 더 준다

3 가: 왜 사람들은 제시카 씨만 도와주는 걸까요. 저도 바쁜데······.

나: 제시카 씨는 항상 먼저 도와 달라고 하잖아요. _____ -는/ㄴ다 고 지원 씨도 그렇게 해 봐요.

4 가: 나도 서영이처럼 사관 학교에 지원해서 여군이 될까 봐.

나: _____ -는/ㄴ다고 서영이가 하는 건 다 따라 하고 싶니?

5 가: 여보, 지훈이 들어오면 혼내 준다고 하더니 왜 아무 말도 안 해요?

나: _____ -는/ㄴ다고 기분 좋게 들어오는 걸 보니 혼낼 수가 없네요.

6 가: 수아야, 예전에 서영이가 너 괴롭힌다고 하지 않았어? 근데 왜 그렇게 잘해 줘?

나: 그냥 _____ -는/ㄴ다는 마음으로 잘해 주고 있어.

1 맞는 문장을 고르십시오.

① 두 사람은 미리 발을 맞춰서 사람들을 속였다.

② 나쁜 사람이 벌을 받는 것을 보면 깨가 쏟아지는 것 같다.

③ 이미 콩깍지가 씌어서 그런지 민지의 모든 행동이 밉기만 했다.

④ 오랜만에 말이 통하는 친구를 만나 이야기를 나누니 기분이 좋다.

2 밑줄 친 부분에 어울리는 표현을 고르십시오.

> 가: 아까 일은 분명히 지원 씨 잘못 아니에요? 부장님이 자기 팀원이라고 무조건 감싸는
>   걸 보니 속이 상하더라고요.
> 나: 사람은 누구나 자신과 가까운 사람의 편을 드는 법이잖아요.

① 피는 물보다 진하다

② 팔이 안으로 굽는다

③ 이웃이 사촌보다 낫다

④ 열 손가락 깨물어 안 아픈 손가락이 없다

[3-6] 다음 중에서 알맞은 것을 골라 빈칸에 쓰십시오.

손을 잡다	손발이 맞다
입을 모으다	머리를 맞대다

3 두 사람은 _____ -아/어/해서 함께 일하면 늘 결과가 좋다.

4 우리 회사는 해외 시장 진출을 위해 세계 최대 쇼핑몰과 _____
-기로 했다.

5 우리는 수학 문제를 풀기 위해 몇 시간 동안 _____ -았/었/했지만
결국 실패했다.

6 전문가들은 환경 문제를 해결하려면 일회용품 사용부터 줄여야 한다고 _____
-았/었/했다.

10 상황·상태 | ❶ 결과 ~ ❷ 곤란

1 빈칸에 들어갈 알맞은 말을 고르십시오.

> 대기업이 편의점 사업에 진출하면서 동네 슈퍼들은 ＿＿＿＿＿＿＿＿ 몰리고 있다.

① 파리 목숨으로 　　　　　　　　② 막다른 골목으로
③ 독 안에 든 쥐로 　　　　　　　　④ 숨이 넘어가는 소리로

2 밑줄 친 부분에 어울리는 표현을 고르십시오.

> 가: 아까 보니까 차장님께서 승원 씨를 엄청 칭찬하시더라고요.
> 나: 그래요? 차장님께서 누군가를 칭찬하는 일은 아주 드문데 별일이 다 있네요.

① 가뭄에 콩 나듯 한다 　　　　　　② 까마귀 날자 배 떨어진다
③ 고래 싸움에 새우 등 터진다 　　　④ 물에 빠지면 지푸라기라도 잡는다

[3-6] 다음 중에서 알맞은 것을 골라 빈칸에 쓰십시오.

> 물 건너가다 　　　　　　　　가시방석에 앉다
> 파김치가 되다 　　　　　　　도마 위에 오르다

3 가: 엄마, 서영이 저녁 먹으라고 깨울까요?
　　나: 그냥 자게 둬. 등산하느라 힘들었는지 ＿＿＿＿＿＿＿＿＿ -아/어/해서 돌아
　　　　 왔던데.

4 가: 어제 부서 회식 자리에 갑자기 사장님께서 오셨다면서요?
　　나: 네, 제 옆자리에서 이것저것 물어보셔서 식사하는 내내 ＿＿＿＿＿＿＿＿＿
　　　　 -아/어/해 있는 것 같았어요.

5 가: 올해 회사 실적이 좋아서 연말에 특별 상여금이 나올 수도 있다면서요?
　　나: 아직 이야기 못 들었어요? 계약 하나가 잘못돼서 회사 손실이 커지는 바람에 특별
　　　　 상여금은 ＿＿＿＿＿＿＿＿＿ -은/ㄴ 지 오래래요.

6 가: 뉴스에서 보니 그 정치인의 발언이 또다시 여론의 ＿＿＿＿＿＿＿＿＿ -았/었/
　　　　 했더라고요.
　　나: 인터뷰 때마다 국민들을 무시하는 듯한 발언을 하니 그런 거지요.

1 빈칸에 들어갈 알맞은 말을 고르십시오.

태풍으로 인해 비행기 운항이 중단되어 승객들은 공항에서 _____ 말았다.

① 활개를 치고   ② 발이 묶이고
③ 숨통을 틔우고   ④ 오금이 쑤시고

2 밑줄 친 부분에 어울리는 표현을 고르십시오.

가: 지난 10년간 꾸준히 기부를 해 오셨는데 어떻게 기부를 시작하게 되셨습니까?
나: 사실 저도 형편이 어려워서 다른 사람을 돌볼 여유가 없기는 하지만 저보다 더 어려운
   사람들을 돕고 싶다는 마음이 들어 시작하게 됐습니다.

① 갈수록 태산   ② 뛰어야 벼룩
③ 내 코가 석 자   ④ 가는 날이 장날

[3-6] 다음 중에서 알맞은 것을 골라 빈칸에 쓰십시오.

골치가 아프다	발목을 잡히다
벽에 부딪치다	하늘을 찌르다

3 요즘 층간 소음 때문에 너무 시끄러워서 어떻게 해결해야 할지 _____
   -다.

4 대회를 앞두고 고된 훈련을 마친 선수들의 자신감이 _____ -을/ㄹ
   것 같았다.

5 부장님께서 시키신 일에 _____ -아/어/해서 내 일은 아무 것도 못
   하고 있다.

6 한창 잘되던 사업이 자금 부족이라는 _____ -(으)면서 급격히 어려
   워지기 시작했다.

1 맞는 문장을 고르십시오.

① 그는 조용히 공부하고 있는 친구에게 <u>바람을 일으켰다</u>.

② 수아는 막냇동생의 모습에 <u>눈과 귀가 쏠려서</u> 계속 생각났다.

③ 평일이라 그런지 공원은 <u>입추의 여지가 없을</u> 정도로 사람이 없었다.

④ 하준이와 민지는 시험에서 1등을 하기 위해 <u>분초를 다투어</u> 공부를 했다.

2 빈칸에 들어갈 알맞은 말을 고르십시오.

> 가: 민 기자님, 같이 점심 먹을래요?
>
> 나: 미안하지만 지금 마감 시간이 얼마 남지 않아서 _____. 전 나중에 먹을게요.

① 눈에 띄어요

② 눈길을 모아요

③ 눈에서 벗어나요

④ 눈코 뜰 사이 없어요

[3-6] 다음 중에서 알맞은 것을 골라 빈칸에 쓰십시오.

> 담을 쌓다   발을 디딜 틈이 없다
>
> 각광을 받다   발등에 불이 떨어지다

3 동생은 나와 달리 꼭 _____ −아/어/해야 일을 시작하는 버릇이
있다.

4 설 연휴를 앞두고 백화점은 쇼핑을 즐기려는 사람들로 _____
−았/었/했다.

5 최근 젊은이들 사이에서 적은 수의 하객만을 초대해서 하는 작은 결혼식이
_____ −고 있다.

6 고등학교 졸업 후에 공부와는 _____ −고 살아서 공무원 시험공부
를 시작하려고 하니 겁부터 났다.

1 빈칸에 들어갈 알맞은 말을 고르십시오.

> 가: 어제 태현이가 약속 시간보다 30분이나 늦게 온 거 있지?
> 나: 30분? 그건 _____. 난 두 시간을 기다린 적도 있어.

① 새 발의 피야   ② 양손의 떡이야
③ 꿈보다 해몽이 좋아   ④ 아닌 밤중에 홍두깨야

2 밑줄 친 부분에 어울리는 표현을 고르십시오.

> 가: 어제 길에서 핸드폰을 잃어버렸거든. <u>어떻게 해야 할지 몰라서 발만 동동 구르고</u> 있었는데 어떤 아주머니께서 찾아 주셨어.
> 나: 정말 고마운 분이네.

① 눈이 돌아가다   ② 눈앞이 캄캄하다
③ 눈 뜨고 볼 수 없다   ④ 눈에 보이는 것이 없다

[3-6] 다음 중에서 알맞은 것을 골라 빈칸에 쓰십시오.

> 앞뒤를 재다   갈피를 못 잡다
> 꿈도 못 꾸다   색안경을 끼고 보다

3 가: 요즘 젊은 사람들은 문신을 많이 하는 것 같아요.
　　나: 예전에는 문신한 사람을 _____-는 경우가 많았는데 요즘은 개성 표현의 수단이라고 생각하는 사람들이 많더라고요.

4 가: 신입 사원이 일에 _____-고 실수를 반복하네요.
　　나: 처음이라 그럴 테니 승원 씨가 옆에서 좀 도와주세요.

5 가: 마라톤 풀코스를 완주하셨다고요? 저는 체력이 약해서 _____-는 일을 해내셨군요.
　　나: 민수 씨도 노력하면 할 수 있어요. 저랑 같이 해 볼래요?

6 가: 아직도 유학을 갈지 말지 결정을 못 했니? 신중한 것도 좋지만 지나치게 _____-다 보면 중요한 기회를 놓칠 수도 있단다.
　　나: 네, 아빠. 빨리 결정하도록 할게요.

1 맞는 문장을 고르십시오.

① 그 산의 아름다운 풍경에 등산객들 모두가 <u>인상을 썼다</u>.

② 아버지는 <u>고사리 같은 손으로</u> 무엇이든 쉽게 만들어 내셨다.

③ 사랑이는 영화를 보는 내내 <u>허파에 바람이 든</u> 것처럼 울었다.

④ 사장님은 사람을 <u>보는 눈이 있어서</u> 능력 있는 사람을 잘 알아봤다.

2 빈칸에 들어갈 알맞은 말을 고르십시오.

> 가: 할아버지, 아까 말씀드렸는데 또 잊어버리셨어요?
>
> 나: 나이가 드니까 _____ 그런지 자꾸 잊어버려. 아까 뭐라고 했지?

① 머리가 굳어서   ② 머리를 흔들어서

③ 머리가 잘 돌아가서   ④ 머리 회전이 빨라서

[3-6] 다음 중에서 알맞은 것을 골라 빈칸에 쓰십시오.

귀가 밝다	코를 찌르다
눈이 높다	얼굴에 씌어 있다

3 가: 별일 아니니까 신경 쓰지 마세요.

    나: 어떻게 신경을 안 써요? 걱정이 있다고 민수 씨 _____ -는데요.

4 가: 수아야, 민지 생일 선물로 이 가방 어때?

    나: 글쎄. 민지가 워낙 _____ -아/어/해서 마음에 들어 할지
       모르겠어.

5 가: 음식물 쓰레기 냄새가 _____ -네. 빨리 지나가자.

    나: 누가 여기에다가 음식물 쓰레기를 버린 거야? 정말 너무한다.

6 가: 여윳돈으로 주식 투자 좀 해 보고 싶은데 어떤 회사 주식을 사면 좋을까요?

    나: 저는 잘 몰라요. 승원 씨가 주식 투자에 대해서 _____ -은/ㄴ
       편이니까 한번 물어보세요.

1 맞는 문장을 고르십시오.

① 나는 너무 배가 불러서 <u>가죽만 남을</u> 지경이었다.

② 지원이는 개그 프로그램을 보며 <u>사시나무 떨듯</u> 웃었다.

③ 우리는 허울 좋은 물건을 사기 위해 하루 종일 돌아다녔다.

④ 수아는 대학생이 되더니 <u>때를 벗고</u> 세련된 모습으로 나타났다.

2 밑줄 친 부분에 어울리는 표현을 고르십시오.

> 가: 누나, 이 차는 디자인이 별로인데 왜 이걸 사려고 그래?
>
> 나: 네가 잘 몰라서 그래. 겉모습은 보잘것없어 보여도 성능은 정말 훌륭한 차야.

① 꽁지 빠진 새 같다   ② 작은 고추가 더 맵다

③ 뚝배기보다 장맛이 좋다   ④ 보기 좋은 떡이 먹기도 좋다

[3-6] 다음 중에서 알맞은 것을 골라 빈칸에 쓰십시오.

그늘이 지다	모양이 사납다
얼굴이 피다	때 빼고 광내다

3 가: 태현아, 오늘 영화 보러 갈래?

　　나: 미안해. 과제하느라 며칠 동안 밤을 새웠더니 ＿＿＿＿＿＿＿＿＿＿ -아/어/해.
　　　　오늘은 좀 쉬어야겠어.

4 가: 민지야, 그렇게 ＿＿＿＿＿＿＿＿＿＿ -고 어디 가?

　　나: 남자 친구 만나러. 한 달 만에 만나는 거라 신경 좀 썼어.

5 가: 민수 씨, ＿＿＿＿＿＿＿＿＿＿ -은/ㄴ 걸 보니 무슨 좋은 일이 있나 봐요?

　　나: 아니에요. 제가 요즘 보약을 먹어서 살도 좀 찌고 안색도 좋아져서 그런가 봐요.

6 가: 무슨 걱정이라도 있어요? 왜 이렇게 얼굴에 ＿＿＿＿＿＿＿＿＿＿ -아/어/해
　　　　있어요?

　　나: 요즘 불경기라 그런지 장사가 잘 안돼서 걱정이 돼서요.

1 밑줄 친 부분과 바꾸어 쓸 수 있는 말을 고르십시오.

> 대화를 하면 할수록 누나의 생각은 나의 생각과 <u>차이가 있다는</u> 생각이 들었다.

① 거리가 멀다는　　　　　　　　② 그렇고 그렇다는

③ 눈치가 빠르다는　　　　　　　④ 한 치 앞을 못 본다는

2 빈칸에 들어갈 알맞은 말을 고르십시오.

> 친하게 지내던 친구가 갑자기 왜 연락을 끊었는지 ＿＿＿＿＿＿＿＿＿ 일이다.

① 쥐뿔도 모를　　　　　　　　　② 알다가도 모를

③ 눈치코치도 모를　　　　　　　④ 시간 가는 줄 모를

[3-6] 다음 중에서 알맞은 것을 골라 빈칸에 쓰십시오.

> 하나를 보고 열을 안다　　　　　　가랑비에 옷 젖는 줄 모른다
> 매도 먼저 맞는 놈이 낫다　　　　　될성부른 나무는 떡잎부터 알아본다

3 가: 수아야, 이제 네 차례야. 떨지 말고 연주 잘해.

　　나: ＿＿＿＿＿＿＿＿＿＿-다고 차라리 맨 처음에 할 걸 그랬어. 다른 사람들이
　　　　연주하는 걸 보고 나니 더 떨려.

4 가: 저 아역 배우는 연기를 참 잘하네요!

　　나: 맞아요. ＿＿＿＿＿＿＿＿＿-는/ㄴ다고 앞으로 크게 될 것 같아요.

5 가: 커피를 하루에 한 잔씩 사 마셨더니 그 돈도 꽤 되더라고요.

　　나: ＿＿＿＿＿＿＿＿＿-는/ㄴ다고 적은 돈이라도 매일 쓰면 큰돈이 되는 법이
　　　　지요.

6 가: 윤아 씨는 볼 때마다 웃으면서 인사를 하는 모습이 보기 좋아요.

　　나: 맞아요. ＿＿＿＿＿＿＿＿＿-는/ㄴ다고 분명히 예의 바르고 착한 사람일 거
　　　　예요.

12 인생 | ❶ 성공 ~ ❷ 습관·경험

1 빈칸에 들어갈 알맞은 말을 고르십시오.

> 졸업 후 10년 만에 찾아간 학교 앞 거리는 여전히 ＿＿＿＿＿＿＿＿＿ 정겨웠다.

① 눈을 뜨고   ② 눈에 익고

③ 눈에 밟히고   ④ 눈에 아른거리고

2 밑줄 친 부분에 어울리는 표현을 고르십시오.

> 가: 스마트폰을 새로 샀군요? 요즘 그 제품이 인기가 많던데 써 보니까 어때요?
> 나: 광고를 보고 <u>엄청 기대했는데 생각보다 별로예요.</u>

① 개천에서 용 난다

② 바늘 도둑이 소도둑 된다

③ 호랑이도 제 말 하면 온다

④ 소문난 잔치에 먹을 것 없다

[3-6] 다음 중에서 알맞은 것을 골라 빈칸에 쓰십시오.

손에 익다	불을 보듯 훤하다
귀에 못이 박히다	둘째가라면 서럽다

3 하준이는 우리 학교에서 ＿＿＿＿＿＿＿＿＿ -을/ㄹ 정도로 탁구를 잘 친다.

4 그렇게 공부는 안 하고 놀기만 하는 걸 보니 시험에 떨어질 것이 ＿＿＿＿＿＿＿
-다.

5 아들에게 위험하니까 길을 걸을 때 스마트폰을 보지 말라고 ＿＿＿＿＿＿＿＿＿
-도록 잔소리를 해도 소용이 없다.

6 입사한 지 일 년쯤 되니까 일이 ＿＿＿＿＿＿＿＿＿ -아/어/해서 빠르고 정확하게
처리할 수 있게 되었다.

12 인생 | ❸ 실패

1 맞는 문장을 고르십시오.

① 영화가 크게 성공하면서 그는 감독으로서 <u>빛을 잃기</u> 시작했다.

② 수아는 장학금을 받기 위해 <u>두 손 두 발 다 들</u> 정도로 노력했다.

③ 당연히 이길 줄 알았던 선수들은 시합에서 지자 <u>코가 납작해졌다</u>.

④ 나는 세 번 만에 운전면허 시험에서 <u>미역국을 먹게</u> 돼 매우 기뻤다.

2 빈칸에 들어갈 알맞은 말을 고르십시오.

> 가: 태현아, 형은 교사 임용 시험 준비 잘하고 있어?
>
> 나: 응, 지난 시험에서 _____ 후에 한동안 힘들어하더니 지금은
> 다시 열심히 공부하고 있어.

① 고배를 든   ② 백기를 든

③ 땅에 떨어진   ④ 코를 빠뜨린

[3-6] 다음 중에서 알맞은 것을 골라 빈칸에 쓰십시오.

죽을 쑤다	낭패를 보다
무릎을 꿇다	가시밭길을 가다

3 가: 너 오늘 자격증 시험 본다고 했지? 신분증은 챙겼어?

　　나: 아, 깜빡했다. 네가 이야기해 주지 않았으면 큰 _____ -을/ㄹ
　　　　뻔했어.

4 가: 이번 시험은 완전히 _____ -은/ㄴ 것 같아. 아는 문제가 하나
　　　　도 없더라고.

　　나: 그러니까 평소에 공부 좀 열심히 하지 그랬어.

5 가: 그 정치인이 아들 문제 때문에 결국 국민들에게 사과했더라고요.

　　나: 네, 국민들이 국회의원을 그만둘 것을 요구하니까 어쩔 수 없이 _____
　　　　-은/ㄴ 것 같아요.

6 가: 민수야, 멀쩡한 직장을 그만두고 연기 공부를 하겠다고? 왜 스스로 힘든
　　　　_____ -(으)려고 하니?

　　나: 예전부터 하고 싶었는데 지금이라도 도전하지 않으면 나중에 후회할 것 같아서
　　　　그래.

1 맞는 문장을 고르십시오.

① 김 감독은 이번 올림픽 대표 팀의 봉을 잡았다.

② 결혼을 한 민수는 엎친 데 덮친 격으로 승진까지 했다.

③ 그가 포기하지 않는 모습을 보니 희망의 날이 샌 것 같았다.

④ 나는 할머니께서 하루빨리 <u>자리를 털고 일어나시기를</u> 기도했다.

2 빈칸에 들어갈 알맞은 말을 고르십시오.

> 가: 윤아 씨, 잃어버렸던 돈을 다시 찾았다면서요? 정말 다행이에요.
>
> 나: 네, 어떤 분이 경찰서에 맡겨 놓았더라고요. 5년간 모은 돈을 잃어버린 줄 알았을 때 는 정말 _____.

① 문턱이 높았어요   ② 불똥이 튀었어요

③ 자리에 누웠어요   ④ 하늘이 노랬어요

[3-6] 다음 중에서 알맞은 것을 골라 빈칸에 쓰십시오.

> 꿩 먹고 알 먹는다   떡 본 김에 제사 지낸다
>
> 짚신도 제짝이 있다   황소 뒷걸음치다가 쥐 잡는다

3 가: 수아야, 인터넷 쇼핑몰에서 수제 쿠키를 팔기 시작했다면서? 안 힘들어?

    나: 내가 쿠키를 만드는 게 취미잖아. 취미 생활도 하고 돈도 벌 수 있으니까

    _____ -는/ㄴ 셈이지.

4 가: 이번 주에 동창회를 한다고 하던데 _____ -는/ㄴ다고 모두 모 인 자리에서 청첩장을 돌려야겠어.

    나: 그래. 그거 정말 좋은 생각이다.

5 가: 누나, 뭐 좋은 일 있어? 왜 그렇게 웃어?

    나: _____ -는/ㄴ다고 책이 오래돼서 버리려고 꺼냈는데 그 안에 오만 원이 들어 있지 뭐니.

6 가: 절대 결혼하지 않을 거라던 동생이 결혼할 여자를 집에 데리고 왔더라고요.

    나: 그런 걸 보면 _____ -다는 말이 맞나 봐요.

13 이치 | ❶ 인과 ~ ❷ 자연

1 빈칸에 들어갈 알맞은 말을 고르십시오.

> 가: 그 휴대폰 회사가 망했다니 충격이에요. 한때는 모든 사람들이 그 회사 제품을 사용할 정도였는데 말이에요.
>
> 나: _____ 법이잖아요. 계속 잘나가기만 할 수는 없는 거 같아요.

① 달도 차면 기우는
② 모난 돌이 정 맞는
③ 십 년이면 강산도 변하는
④ 쥐구멍에도 볕 들 날 있는

2 밑줄 친 부분에 어울리는 표현을 고르십시오.

> 가: 어제 공원에 갔는데 어떤 사람이 쓰레기를 주우니까 그걸 보고 아이들도 따라 줍더라고요. 참 보기 좋았어요.
>
> 나: 역시 어른이 잘해야 아이들도 따라서 잘하게 되는 것 같아요.

① 윗물이 맑아야 아랫물이 맑다
② 두 손뼉이 맞아야 소리가 난다
③ 하늘이 무너져도 솟아날 구멍이 있다
④ 어른 말을 들으면 자다가도 떡이 생긴다

[3-6] 다음 중에서 알맞은 것을 골라 빈칸에 쓰십시오.

> 고생 끝에 낙이 온다
> 비 온 뒤에 땅이 굳어진다
> 서당 개 삼 년에 풍월을 읊는다
> 벼 이삭은 익을수록 고개를 숙인다

3 가: 와, 태현이 너 요리 실력이 이렇게 좋았어? 너무 맛있다.

　나: _____ -는/ㄴ다고 식당에서 아르바이트를 하다 보니 어깨너머로 배우게 되더라고.

4 가: 방금 미술관에서 이번 전시회에 내 작품을 전시하기로 했다고 연락이 왔어.

　나: 축하해. _____ -는/ㄴ다고 포기하지 않더니 드디어 해냈구나.

5 가: 올해 회사 사정이 많이 어려워져서 걱정이에요.

　나: _____ -는/ㄴ다고 이번 어려움을 잘 극복하면 우리 회사가 더 성장할 거라 믿어요.

6 가: 김 교수님은 상도 많이 받으시고 명성도 높으신데 _____ -는/ㄴ다고 한결같이 겸손하신 것 같아요.

　나: 그래서 많은 사람들에게 존경을 받으시는 거지요.

1 빈칸에 들어갈 알맞은 말을 고르십시오.

> 가: 저 신발, 지난주에 십만 원이나 주고 샀는데 지금 50% 할인해서 팔고 있네요.
> _____ 차라리 몰랐으면 좋았을 텐데…….
> 나: 아이고, 정말 속상하겠어요.

① 세월이 약이라고   ② 무소식이 희소식이라고
③ 한 번 실수는 병가의 상사라고   ④ 모르면 약이요 아는 게 병이라고

2 밑줄 친 부분에 어울리는 표현을 고르십시오.

> 가: 지난달에 처음으로 한국어능력시험을 봤는데 생각보다 너무 어려웠어요.
> 나: 어떤 일이든지 한 번에 만족할 수는 없는 법이니까 포기하지 말고 계속 노력해 보세요.

① 첫술에 배부르랴   ② 공든 탑이 무너지랴
③ 쌀독에서 인심 난다   ④ 하늘은 스스로 돕는 자를 돕는다

[3-6] 다음 중에서 알맞은 것을 골라 빈칸에 쓰십시오.

빈 수레가 요란하다	입에 쓴 약이 병에는 좋다
백지장도 맞들면 낫다	뛰는 놈 위에 나는 놈 있다

3 가: 요즘 아버지께서 잔소리를 많이 하셔서 너무 괴로워.
    나: _____ -다고 지금은 잔소리처럼 들려도 언젠가 도움이 될 테
    니까 새겨들어.

4 가: 누나, 설거지가 많은 거 같은데 좀 도와줄까?
    나: 그럴래? _____ -다고 네가 도와주면 빨리 끝낼 수 있을 거야.

5 가: 어제 뉴스에서 봤는데 어떤 도둑이 훔친 돈을 또 다른 도둑에게 **빼앗겼대요.**
    나: 정말요? _____ -다더니 그 말이 딱 맞네요.

6 가: 하준이는 평소에 자기가 컴퓨터 박사라고 늘 큰소리치며 다니더니 막상 컴퓨터가
    고장 나서 고쳐 달라고 하니까 못 고치고 헤매고 있더라.
    나: 원래 _____ -은/ㄴ 법이야.

1장 | 감정·정신

[1-2] 다음을 읽고 물음에 답하십시오.

서비스업에 종사하는 감정 노동자들은 어떤 상황에서도 자신의 감정을 누르고 항상 미소를 지으며 고객을 대한다. 그러다 보니 근무 중에 고객들로부터 부당한 대우를 받거나 억울한 일을 당해도 다른 사람에게 말도 못하고 (   ) 혼자 참는 경우가 많다. 그렇기 때문에 이들은 일반인에 비해 우울증 등과 같은 정신 질환에 걸릴 확률이 높다고 한다. 실제로 한 조사에 따르면 감정 노동자 중 30% 이상이 치료가 필요한 우울증을 앓고 있는 것으로 나타났다. 따라서 기업들이 나서서 감정 노동자들의 정신 건강에 관심을 가지고 건강하게 일할 수 있는 환경을 조성해야 한다.

1 (   )에 들어갈 말로 가장 알맞은 것을 고르십시오.

① 속을 끓이며

② 머리를 쓰며

③ 가슴을 울리며

④ 마음에 걸리며

2 윗글의 내용과 같은 것을 고르십시오.

① 고객들은 기업에게 억울한 일을 당해도 참는다.

② 감정 노동자는 자신의 감정을 누르지 않아도 된다.

③ 감정 노동자들의 대부분이 심각한 우울증을 겪고 있다.

④ 기업은 노동자들이 건강하게 일할 수 있도록 도와야 한다.

[1-2] 다음을 읽고 물음에 답하십시오.

유아기의 아이들은 세상이 흥미진진하다고 느끼는 동시에 낯설고 위험하다고 느끼기도 한다. 그래서 아이들은 어떤 때는 겁이 없고 용감해지지만 또 어떤 때는 아주 부끄러워하고 소심해질 때가 있다. 부모들은 아이가 소심해졌을 때 더욱더 관심을 기울여야 한다. 소심해진 아이들은 어떤 사람을 처음 보면 (   ) 하는데 그것은 새로 만난 사람이 싫어서가 아니라 그 상황이 익숙하지 않기 때문이다. 이때 부모가 아이에게 새로 만난 사람과 억지로 친해지라고 하면 아이는 겁을 먹고 울지도 모른다. 따라서 부모는 아이가 새로운 상황에 익숙해질 때까지 지켜보며 기다려 주는 것이 좋다.

1 (   )에 들어갈 말로 가장 알맞은 것을 고르십시오.

① 낯을 가리기도
② 뒤끝이 흐리기도
③ 얼굴에 철판을 깔기도
④ 변덕이 죽 끓듯 하기도

2 윗글의 내용과 같은 것을 고르십시오.

① 유아기 아이들은 세상이 위험하다고 느껴 운다.
② 유아기 아이들은 처음 만난 사람과도 쉽게 친해진다.
③ 부모는 아이가 용감해졌을 때 더 관심을 기울이는 편이다.
④ 부모는 아이가 새로운 상황에 적응할 때까지 기다리는 것이 좋다.

[1-2] 다음을 읽고 물음에 답하십시오.

> 자신의 상황이나 경제적 형편 등을 충분히 고려하지 않고 단순히 귀여워서 혹은 남들을 따라 하려고 반려동물을 구입하는 사람들이 있다. 그리고 이들 중 일부는 반려동물이 병에 걸렸거나 자신의 경제적 상황이 나빠지면 (   ) 쉽게 반려동물을 버리기도 한다. 이런 일을 막기 위해서는 무엇보다도 사람들의 생각이 바뀌어야 한다. 사람들은 반려동물을 언제든지 사거나 버릴 수 있는 대상이 아니라 평생을 함께 갈 친구이자 귀중한 생명체로 여기고 아끼는 마음을 가져야 할 것이다.

1 (   )에 들어갈 말로 가장 알맞은 것을 고르십시오.

① 뒷짐을 지듯

② 헌신짝 버리듯

③ 손꼽아 기다리듯

④ 간이라도 빼어 줄 듯

2 윗글의 내용과 같은 것을 고르십시오.

① 사람들이 반려동물을 구입하는 이유는 하나이다.

② 사람들의 변심으로 버려지는 반려동물들이 있다.

③ 반려동물에 대한 사람들의 인식이 달라지고 있다.

④ 반려동물을 기를 수 있는 여건이 되는 사람들이 적다.

[1-2] 다음을 읽고 물음에 답하십시오.

> 올림픽은 전 세계인이 하나가 되어 화합하는 지구촌 최대의 스포츠 축제이다. 4년마다 열리는 올림픽 경기를 위해 각국의 선수들은 땀을 흘리며 최선을 다해 노력한다. 과거에는 사람들이 누가 금메달을 땄는지 혹은 어떤 국가가 메달을 몇 개 땄는지 등 결과나 순위에만 관심을 보였다. 그래서 선수들은 부상을 입어도 자신의 몸을 돌보지 않거나 금지된 약물을 복용하는 등 (   ) 메달을 따는 데에만 관심을 두었다. 그러나 요즘에는 다행스럽게 분위기가 많이 바뀌었다. 과거와 달리 경기 결과에 상관없이 최선을 다한 선수들의 모습에 박수를 보내며 올림픽을 즐기는 사람들이 늘었기 때문이다.

1 (   )에 들어갈 말로 가장 알맞은 것을 고르십시오.

① 가면을 벗고

② 약을 올리고

③ 물불을 가리지 않고

④ 이리 뛰고 저리 뛰고

2 윗글의 내용과 같은 것을 고르십시오.

① 선수들은 메달을 따는 데에만 관심을 가진다.

② 올림픽에 참가하는 선수들에 대한 관심이 줄었다.

③ 올림픽에 대한 사람들의 생각과 태도가 예전과 달라졌다.

④ 선수들은 부상을 당하지 않도록 자신의 몸을 돌보고 있다.

[1-2] 다음을 읽고 물음에 답하십시오.

> 남들이 알아주지 않는 누군가의 능력을 발견해서 칭찬해 주면 그 사람과의 관계에 도움이 될 뿐만 아니라 그 사람의 능력을 계발시킬 수 있다. 그러나 무조건 (   ) 칭찬하면 안 된다. 그렇게 하면 상대방이 그 칭찬이 진심인지 아닌지 의심하게 되어 칭찬의 효과가 떨어질 수 있기 때문이다. 따라서 상대방이 성장할 수 있도록 돕기 위해서는 일의 결과가 아니라 일을 대하는 자세와 태도, 일을 할 때 들인 노력에 대해 칭찬하는 것이 좋다. 그래야 상대방이 진심이 담긴 칭찬으로 받아들이고 자신의 능력을 계발시키기 위해 더욱 노력하게 되기 때문이다.

1 (   )에 들어갈 말로 가장 알맞은 것을 고르십시오.

  ① 두말 못하게

  ② 말문을 열게

  ③ 혀가 꼬부라지게

  ④ 입에 침이 마르게

2 윗글의 내용과 같은 것을 고르십시오.

  ① 칭찬은 인간관계에 도움이 되지 않는다.

  ② 칭찬할 때는 일의 결과를 가지고 해야 한다.

  ③ 칭찬으로 다른 사람의 능력을 계발시킬 수 있다.

  ④ 칭찬을 자주 들으면 상대방의 진심을 의심하게 된다.

[1-2] 다음을 읽고 물음에 답하십시오.

> 보통 사람들은 피로를 해소하기 위해서는 하루 종일 침대에 누워 (   ) 쉬는 것
> 이 좋다고 생각한다. 그러나 짧은 시간 안에 효과적으로 피로를 해소하려면 몸을 적절히
> 움직여야 한다. 몸을 움직여야 혈액 순환이 되고 몸에 산소를 공급해 쌓여 있는 피로 물
> 질이 분해되기 때문이다. 따라서 피로를 해소하기를 원하는 사람들은 가벼운 스트레칭
> 이나 마사지 등을 하면서 몸을 움직이는 것이 좋다. 그렇지만 땀을 흘릴 정도로 힘들게
> 운동을 할 경우에는 오히려 만성 피로, 불면증, 두통 등이 생길 수 있으므로 주의해야 한
> 다.

1 (   )에 들어갈 말로 가장 알맞은 것을 고르십시오.

① 기가 막히게
② 사족을 못 쓰고
③ 피가 되고 살이 되게
④ 손가락 하나 까딱 않고

2 윗글의 내용과 같은 것을 고르십시오.

① 피로를 풀려면 가볍게 몸을 움직이는 것이 좋다.
② 가만히 누워 쉬는 것이 피로 회복에 도움이 된다.
③ 가볍게 운동해도 불면증, 두통 등이 생길 수 있다.
④ 힘이 들 정도로 운동해야 피로를 빨리 회복할 수 있다.

[1-2] 다음을 읽고 물음에 답하십시오.

보통 사람들은 예술가는 일정한 월급을 받는 직업이 아니라고 생각한다. 그러나 예술가들도 생활을 하려면 경제 활동에 참여해 돈을 벌어야 한다. 그런데 예술을 전공한 사람들이 진출할 수 있는 곳은 매우 제한적이므로 젊은 예술가들이 일자리를 찾는 것은 사실상 하늘의 별 따기다. 사정이 이렇다 보니 예술을 전공하려는 젊은이들이 해마다 줄고 중간에 (   ) 사람들도 생기고 있다. 이렇게 예술가들이 적어지면 일상생활에서 예술적 경험을 누리지 못하며 살 가능성이 높다. 따라서 지금부터라도 관련 기관에서는 젊은 예술가의 작품 활동을 위한 지원을 늘리고 일자리를 제공해야 할 것이다.

1 (   )에 들어갈 말로 가장 알맞은 것을 고르십시오.

① 덕을 보는
② 손을 놓는
③ 자리를 잡는
④ 문을 두드리는

2 윗글의 내용과 같은 것을 고르십시오.

① 예술을 전공하는 사람들의 수가 늘고 있다.
② 젊은 예술가들은 일자리를 구하기가 어렵다.
③ 관련 기관은 예술가들에게 지원을 아끼지 않는다.
④ 많은 곳에서 예술을 전공한 사람들과 일하기를 원한다.

[1-2] 다음을 읽고 물음에 답하십시오.

> 최근 한 광고에 등장한 모델이 사람이 아닌 AI 모델이라는 사실이 알려지면서 큰 화제
> 가 되었다. 이 AI 모델은 이미 10만 명이 넘는 SNS 구독자를 가졌으며 여러 기업과 광
> 고 계약도 맺었다. 이처럼 기업들이 AI 모델을 선호하는 이유에는 여러 가지가 있다. 먼
> 저 젊은 층이 선호하는 외모를 가지고 있는 데다 시간과 장소의 제약 없이 광고를 만들
> 수 있다는 점이 가장 큰 이유이다. 또한 기업이 원하는 대로 이미지를 제작할 수 있을뿐
> 더러 사생활 논란이 일어날 일이 없다는 점도 큰 이유이다. 이렇게 수요가 늘면서 AI 모
> 델의 몸값도 많이 올라 AI 모델을 제작한 회사는 (   ) 되었다.

1 (   )에 들어갈 말로 가장 알맞은 것을 고르십시오.

① 깡통을 차게

② 돈방석에 앉게

③ 파리를 날리게

④ 바닥이 드러나게

2 윗글의 내용과 같은 것을 고르십시오.

① 기업은 AI 모델의 사생활에 관심이 많다.

② AI 모델은 SNS 상에서만 활동할 수 있다.

③ AI 모델을 선호하는 기업들이 많아지고 있다.

④ 많은 기업이 AI 모델 제작에 투자하려고 한다.

[1-2] 다음을 읽고 물음에 답하십시오.

성장기 아이들은 자신들이 듣는 이야기에 쉽게 영향을 받는다. 따라서 심리학자들은 성장기의 아이들을 키우는 부모들은 아이들 앞에서 항상 말조심을 해야 한다고 (   ). 대부분의 부모는 아이들이 어른의 이야기에 관심이 없을 거라고 생각한다. 그래서 아이들 앞에서 무심코 다른 사람에 대한 험담을 하기도 하는데 그렇게 하면 부모의 부정적인 생각이 아이들에게 그대로 전달된다고 한다. 실제로 한 연구 결과에서도 우연히 다른 사람이나 집단에 대한 부정적인 말을 듣게 된 아이들은 그렇지 않은 아이들에 비해 부정적인 태도를 가질 가능성이 훨씬 더 높은 것으로 나타났다.

1 (   )에 들어갈 말로 가장 알맞은 것을 고르십시오.

① 벽을 쌓는다

② 입을 모은다

③ 장단을 맞춘다

④ 눈총을 맞는다

2 윗글의 내용과 같은 것을 고르십시오.

① 대부분의 부모는 아이의 이야기에 크게 관심이 없다.

② 아이들은 성장하면서 부모의 말에 영향을 덜 받게 된다.

③ 부모의 적극적인 의사소통은 아이의 성장에 도움을 준다.

④ 부정적인 말을 들은 아이들은 부정적인 태도를 가질 수 있다.

[1-2] 다음을 읽고 물음에 답하십시오.

흔히 지루함은 부정적인 상태로 인식된다. 그런데 최근의 한 연구에 의하면 지루함이 창의적인 생각을 키우는 긍정적인 측면이 있다고 한다. 연구자들은 실험을 통해 사람들이 아무 생각도 하지 않고 멍하게 있는 지루한 상태에서 창의적인 아이디어를 많이 떠올린다는 사실을 알게 됐다. 지루한 상태에 있던 사람들은 뭔가 새로운 것을 찾으려고 노력하는데 이 과정에서 창의적인 아이디어가 나오는 것이다. 따라서 창의적인 아이디어를 얻기 원하는 사람들은 (   ) 바쁘더라도 아무 생각 없이 멍하게 있는 시간을 가지는 것이 필요하다.

1 (   )에 들어갈 말로 가장 알맞은 것을 고르십시오.

① 하루가 멀다고
② 오도 가도 못하게
③ 눈코 뜰 사이 없이
④ 발을 디딜 틈이 없이

2 윗글의 내용과 같은 것을 고르십시오.

① 지루함은 사람들을 부정적으로 생각하게 만든다.
② 사람들은 지루한 상태를 견디지 못해 힘들어 한다.
③ 사람들은 창의적인 아이디어를 얻기 위해 바쁘게 움직인다.
④ 사람들은 지루한 상태에서 더 창의적인 아이디어를 떠올린다.

[1-2] 다음을 읽고 물음에 답하십시오.

사람들은 보통 운동을 하면 살이 빠질 거라고 생각한다. 그러나 오랫동안 다이어트에 대해 연구해 온 한 의사는 운동이 칼로리를 태워 체중을 줄여준다는 믿음은 사실과 (   ) 말한다. 그는 사람들이 아무리 운동을 열심히 해도 칼로리는 많이 소모되지 않기 때문에 운동만으로는 체중을 줄이지 못한다고 주장한다. 그럼에도 전문가들이 운동을 권하는 이유는 운동이 호르몬 조절에 영향을 미치기 때문이다. 운동을 하면 식욕을 억제하는 호르몬이 나오므로 먹는 양이 줄어 자연스럽게 체중이 줄게 되는 것이다.

1 (   )에 들어갈 말로 가장 알맞은 것을 고르십시오.

① 허울 좋다고

② 거리가 멀다고

③ 꿈도 못 꾼다고

④ 모양이 사납다고

2 윗글의 내용과 같은 것을 고르십시오.

① 운동으로 칼로리를 소모시켜 체중을 줄일 수 있다.

② 운동보다 먹는 음식을 바꿔야 다이어트에 성공한다.

③ 살이 빠지면 자연스럽게 식욕을 억제할 수 있게 된다.

④ 운동할 때 나오는 호르몬은 체중 조절에 도움이 된다.

[1-2] 다음을 읽고 물음에 답하십시오.

우리는 일상적으로 (   ) 많은 전화 통화를 하며 살고 있다. 그러나 전화 공포증이 있는 사람들에게는 이런 전화 통화가 어려움을 넘어 두려움으로 인식되기도 한다. 전화 공포증은 중·장년층보다는 20·30대에서 주로 나타나는데 전문가들은 이들이 대면보다는 비대면에, 전화 통화보다는 메신저 소통에 익숙하기 때문이라고 말한다. 따라서 전화 공포증에서 벗어나고 싶다면 습관적으로 전화를 피하기보다는 먼저 자신이 편하게 느끼는 사람과 전화 통화 연습을 하는 것이 필요하다. 연습을 통해 전화 통화에서 필요한 대화 기술을 훈련함으로써 전화 통화에 대한 두려움을 극복할 수 있기 때문이다.

1 (   )에 들어갈 말로 가장 알맞은 것을 고르십시오.

① 청운의 꿈으로

② 떠오르는 별처럼

③ 불행 중 다행으로

④ 하루에도 열두 번씩

2 윗글의 내용과 같은 것을 고르십시오.

① 전화 통화를 어려워하는 중·장년층이 많은 편이다.

② 꾸준한 훈련을 통해 전화 공포증을 극복할 수 있다.

③ 전화 공포증이 있는 사람은 전화를 피하는 것이 좋다.

④ 전화 통화가 두려워 전문가를 찾는 사람들이 늘고 있다.

[1-2] 다음을 읽고 물음에 답하십시오.

우리가 흔히 사용하는 세안제, 치약 등의 생활용품에는 미세 플라스틱이 들어있는데 이 것은 크기가 작아 걸러지지 않고 그대로 바다로 흘러 들어가게 된다. 물고기나 조개들이 이 미세 플라스틱을 먹이로 착각해 먹게 되고, 사람들이 그 물고기나 조개를 먹으면 사 람들의 몸에도 미세 플라스틱이 쌓여 건강에 악영향을 미치게 된다. (   ) 환경 오 염은 생각하지 않고 편리함만 생각하다가 건강을 잃게 될 지경에 이른 것이다. 따라서 우리의 건강을 위해서라도 이제부터는 미세 플라스틱을 배출하는 제품을 사용하지 말 아야 한다.

---

1 (   )에 들어갈 말로 가장 알맞은 것을 고르십시오.

① 뿌린 대로 거둔다고

② 고생 끝에 낙이 온다고

③ 흐르는 물은 썩지 않는다고

④ 비 온 뒤에 땅이 굳어진다고

2 윗글의 내용과 같은 것을 고르십시오.

① 크기가 작은 미세 플라스틱은 바다에서 만들어진다.

② 미세 플라스틱은 물고기나 조개들에게 좋은 먹이이다.

③ 사람의 몸에 쌓인 미세 플라스틱은 건강을 잃게 만든다.

④ 생활용품에 들어있는 미세 플라스틱은 문제가 되지 않는다.

확인해 봅시다
確認してみましょう

01 감정·정신

❶ 감동·감탄 ~ ❷ 걱정·고민

1 ②
2 ①
3 마음에 걸려
4 걱정이 태산이세요
5 고양이한테 생선을 맡겼군요
6 발이 떨어지지 않더라고

❸ 고통

1 ③
2 ①
3 등골이 빠지도록
4 뼈를 깎는
5 몸살을 앓는다
6 눈물을 머금고

❹ 관심

1 ③
2 ④
3 귀가 솔깃해서
4 이를 악물고
5 일손이 잡히지
6 고삐를 조여

❺ 불만·분노

1 ②
2 ④
3 눈에 거슬려서
4 치가 떨린다
5 가슴을 치며
6 말을 잃고

❻ 불안·초조

1 ②

2 ①
3 머리털이 곤두서는
4 가슴이 뜨끔해서
5 손에 땀을 쥐고
6 속이 탔는데

❼ 안도

1 ①
2 ④
3 어깨가 가벼워진
4 직성이 풀리는
5 머리를 식힐
6 마음을 놓을

❽ 욕심·실망 ~ ❾ 정신 상태

1 ①
2 ④
3 필름이 끊겨서
4 정신을 차려
5 면목이 없다면서
6 어처구니가 없다는

02 소문·평판

❶ 간섭·참견

1 ④
2 ④
3 목마른 놈이 우물 판다고
4 하룻강아지 범 무서운 줄 모른다고
5 남의 떡이 더 커 보이는
6 우물에 가 숭늉을 찾겠어요

❷ 긍정적 평판 ~ ❸ 부정적 평판

1 ②
2 ③
3 엉덩이가 무거워서
4 간도 쓸개도 없는
5 낯을 가리는
6 얼굴이 두꺼워서

03 태도

❶ 겸손·거만 ~ ❷ 선택

1 ③
2 ②
3 어깨에 힘을 주고
4 몸 둘 바를 모르겠습니다
5 귓등으로도 안 듣니
6 입맛대로 할

❸ 의지

1 ④
2 ④
3 손꼽아 기다리고
4 어깨를 으쓱거리며
5 시치미를 뗐다
6 촉각을 곤두세우고

04 행동

❶ 대책 ~ ❷ 반응

1 ④
2 ②
3 혀를 차는
4 등을 떠미는
5 뜬구름을 잡는
6 한술 더 떠서

❸ 방해 ~ ❹ 소극적 행동

1 ③
2 ③
3 뜸을 들인
4 꼬리를 내리며
5 찬물을 끼얹었다
6 발을 뺄

❺ 적극적 행동

1 ②
2 ④
3 발 벗고 나서는

4 눈을 돌렸다
5 마음을 샀다
6 얼굴을 들

05 언어

❶ 과장

1 ③
2 ③
3 손가락에 장을 지지겠다고
4 입이 열 개라도 할 말이 없습니다
5 어림 반 푼어치도 없는
6 말 한마디에 천 냥 빚도 갚는다는데

❷ 말버릇

1 ③
2 ④
3 입에 달고 다녀서
4 말만 앞세우는
5 아픈 곳을 건드렸다
6 꼬집어 말할

❸ 행위

1 ④
2 ④
3 운을 떼기
4 말을 돌리면서
5 토를 단다고
6 쐐기를 박더라고요

06 조언·훈계

❶ 권고·충고 ~ ❷ 조롱

1 ①
2 ②
3 사공이 많으면 배가 산으로 간다고
4 쇠뿔도 단김에 빼랬다고
5 고생을 사서 한다고
6 꼬리가 길면 밟힌다고

❸ 핀잔

1 ①
2 ③
3 앞뒤가 막힌
4 달밤에 체조하는
5 손가락 하나 까딱 않고
6 걱정도 팔자네

07 일·생활

❶ 사회생활

1 ②
2 ③
3 한턱을 내기로
4 꼬리표가 붙어서
5 덕을 보네
6 손가락질을 받는

❷ 속성

1 ①
2 ④
3 둘도 없지
4 죽도 밥도 안 돼
5 꼬리에 꼬리를 물고
6 손가락 안에 꼽히는

❸ 실행

1 ①
2 ③
3 첫발을 뗐다
4 진땀을 뺐다
5 뿌리를 뽑겠다고
6 앞에 내세웠다

❹ 의식주 ~ ❺ 종결

1 ①
2 ③
3 끝이 보이지
4 마침표를 찍으셨다

5 둥지를 틀기로
6 뚜껑을 열고

08 경제 활동

❶ 손익·소비

1 ②
2 ①
3 돈을 만지게
4 날개가 돋친
5 손이 크셔서
6 바가지를 씌우는

❷ 형편

1 ②
2 ④
3 손을 벌리지
4 바닥이 드러나고
5 허리를 펴고
6 허리띠를 졸라매며

09 관계

❶ 갈등·대립

1 ④
2 ①
3 눈 밖에 나고
4 쌍벽을 이뤘다
5 등을 돌렸다는
6 으름장을 놓았다

❷ 대우 ~ ❸ 사교·친교

1 ①
2 ②
3 우는 아이 젖 준다고
4 친구 따라 강남 간다고
5 웃는 낯에 침 못 뱉는다고
6 미운 아이 떡 하나 더 준다는

❹ 사랑·정 ~ ❺ 소통·협력

1 ④
2 ②
3 손발이 맞아서
4 손을 잡기로
5 머리를 맞댔지만
6 입을 모았다

10 상황·상태

❶ 결과 ~ ❷ 곤란

1 ②
2 ①
3 파김치가 돼서
4 가시방석에 앉아
5 물 건너간
6 도마 위에 올랐더라고요

❸ 문제·문제 해결 ~ ❹ 분위기·여건

1 ②
2 ③
3 골치가 아프다
4 하늘을 찌를
5 발목을 잡혀서
6 벽에 부딪치면서

❺ 시간·거리 ~ ❻ 흥미

1 ④
2 ④
3 발등에 불이 떨어져야
4 발을 디딜 틈이 없었다
5 각광을 받고
6 담을 쌓고

11 판단

❶ 변별

1 ①
2 ②

---

3 색안경을 끼고 보는
4 갈피를 못 잡고
5 꿈도 못 꾸는
6 앞뒤를 재다

❷ 신체 기관

1 ④
2 ①
3 얼굴에 씌어 있는데요
4 눈이 높아서
5 코를 찌르네
6 귀가 밝은

❸ 외모·외형

1 ④
2 ③
3 모양이 사나워
4 때 빼고 광내고
5 얼굴이 핀
6 그늘이 져

❹ 인지·인식

1 ①
2 ②
3 매도 먼저 맞는 놈이 낫다고
4 될성부른 나무는 떡잎부터 알아본다고
5 가랑비에 옷 젖는 줄 모른다고
6 하나를 보고 열을 안다고

12 인생

❶ 성공 ~ ❷ 습관·경험

1 ②
2 ④
3 둘째가라면 서러울
4 불을 보듯 훤하다
5 귀에 못이 박히도록
6 손에 익어서

❸ 실패

1 ③
2 ①
3 낭패를 볼
4 죽을 쑨
5 무릎을 꿇은
6 가시밭길을 가려고

❹ 운·기회 ~ ❺ 일생

1 ④
2 ④
3 꿩 먹고 알 먹는
4 떡 본 김에 제사 지낸다고
5 황소 뒷걸음치다가 쥐 잡는다고
6 짚신도 제짝이 있다는

13 이치

❶ 인과 ~ ❷ 자연

1 ①
2 ①
3 서당 개 삼 년에 풍월을 읊는다고
4 고생 끝에 낙이 온다고
5 비 온 뒤에 땅이 굳어진다고
6 벼 이삭은 익을수록 고개를 숙인다고

❸ 진리

1 ④
2 ①
3 입에 쓴 약이 병에는 좋다고
4 백지장도 맞들면 낫다고
5 뛰는 놈 위에 나는 놈 있다더니
6 빈 수레가 요란한

TOPIK 속 관용 표현과 속담
TOPIKに出てくる慣用表現とことわざ

01 감정·정신
1 ①　　　2 ④

02 소문·평판
1 ①　　　2 ④

03 태도
1 ②　　　2 ②

04 행동
1 ③　　　2 ③

05 언어
1 ④　　　2 ③

06 조언·훈계
1 ④　　　2 ①

07 일·생활
1 ②　　　2 ②

08 경제 활동
1 ①　　　2 ③

09 관계
1 ②　　　2 ④

10 상황·상태
1 ③　　　2 ④

11 판단
1 ②　　　2 ④

12 인생
1 ④　　　2 ②

13 이치
1 ①　　　2 ③

ㄷ

ㅈ

カバーデザイン：岩目地英樹（コムデザイン）

翻訳協力：전유리　チョン・ユリ

編集協力：김현대　キム・ヒョンデ

監　　修：iTEP Japan